企业所得税
新申报表填报攻略和案例解析

郝龙航 王 骏／主编

GUIDE and
CASE ANALYSIS of
the New Corporate Income Tax
Return Filling and Filing

中国市场出版社
·北京·

图书在版编目（CIP）数据

企业所得税新申报表填报攻略和案例解析/郝龙航，王骏主编. —北京：中国市场出版社，2015.2

ISBN 978-7-5092-1345-2

Ⅰ.①企… Ⅱ.①郝… ②王… Ⅲ.①企业所得税-税收管理-中国 Ⅳ.①F812.424

中国版本图书馆 CIP 数据核字（2014）第 301183 号

企业所得税新申报表填报攻略和案例解析

郝龙航　王骏　主编

出版发行： 中国市场出版社

社　　址： 北京月坛北小街 2 号院 3 号楼　　　　**邮政编码**　100837

电　　话： 编 辑 部（010）68037344　读者服务部（010）68022950

　　　　　　发 行 部（010）68021338　68020340　68053489

　　　　　　　　　　68024335　68033577　68033539

　　　　　　总 编 室（010）68020336

　　　　　　盗版举报（010）68020336

邮　　箱： 943341659@qq.com

经　　销： 新华书店

印　　刷： 河北鑫宏源印刷包装有限责任公司

规　　格： 170 mm×240 mm　16 开本　　　　**版　　次：** 2015 年 2 月第 1 版

印　　张： 33.25　　　　　　　　　　　　　　**印　　次：** 2015 年 2 月第 1 次印刷

字　　数： 580 000　　　　　　　　　　　　　**定　　价：** 90.00 元

Guide and Case Analysis of
the New Corporate Income Tax
Return Filling and Filing

企业所得税新申报表填报攻略和案例解析 编委

主　编　郝龙航（北京中翰联合税务师事务所）

　　　　王　骏（北京中翰联合税务师事务所）

编委：（排名不分先后）

刘海英　淄博中翰

曹德志　襄阳中翰

王占伟　郑州中翰

宋云华　武汉中翰

杨昌睿　云南省武定地税

司宇佳　石家庄信息工程学院

序　言

PREFACE

融自己的专业、经验和对企业所得税纳税申报表的理解，历数十日，终于完成书稿，经团队补充、王骏审阅之后终于成行，顿感轻松。

本书并非创造性的工作成果，每个人都是自己的心灵作家。希望在众多的书籍中，我们的付出会激发出专业的浪花，希望您"不只是花钱买到一个填报说明"。作为《企业所得税政策与实践深度分析 2015》（暂定名）的姊妹篇，我们希望在所得税学习的道路上走得更踏实！当然也希望您关注本人的《第三只眼微信集》（公众号"hlhtax"），相关问题可以随时找到小编的意见。

辞旧迎新，2014 年的诸多税收政策的变化激发了很多青春的热情。2014年版企业所得税年度纳税申报表的发布，带来诸多的神秘和挑战，道听途说的风险非常多、非常大，而作为一直伴随且进行实践操作的本人来讲，申报表仅仅是换了件外套，人还是那个人，性别还是那个性别！

新申报表正式颁布也不易，几易其稿。一方面申报成本、征管成本不能太高，另一方面要能真正发现风险点。要做到这两点，还是需要很高智慧的。我们欣喜地看到，表的数量增加了，但表的拆分融合更有逻辑性了。当然，纳税申报表的填表说明也是需要不断完善的，要避免产生依靠填表说明得到的填表结果与税法规定的冲突，部分事项本人也会在本书中提供我们的建议。

新版申报表的明细数据辅助项填写要求多了，既然填的数据多了，就要更加"认真"，不要留下"把柄"或"自我暴露"。面对新的纳税申报表，很多人没有唐僧取经的"九九八十一难"不退缩的精神，而是希望走捷径取得"真经"，这成就了名目繁多的各类培训。且不说许多培训是否有"真经"，纵然得了"大师"的真传，能否运用自如仍需要自己修炼。抛开嘈杂之声，我们静下心来钻研，就是想通过本书，从更系统、专业的角度，给你点对点的解决意见与建议。本书与《企业所得税政策与实践深度分析》侧重不同，那是政策层面的有追求的同仁们所研讨的。中翰中国出品，代表品质、追求、实用，更代表专业，这是我们的风格，也是我们成长的阶梯。

当然，本书不光站在纳税人的角度来分析，我们还从中介机构出具鉴证或者咨询意见、税务机关发挥征管功能等角度探讨、发现申报风险。这本书的追求是理想化的，我们希望能全方位服务纳税人、征管机关、税务中介。

各方我们都不"得罪"！这话权当调侃，希望你带着娱乐的心情来学习这套枯燥的申报表。

这一年，我们中翰中国的团队在成长、成熟，每个有志向的年轻人在这里吸取和传递正能量，无论你未来走向何方，希望中翰中国的经历带给你的是一种负责、感恩的态度，乐于分享、勤于学习的品格。我们各地的机构，都将为年度汇算清缴提供有价值的服务。

最后常规啰嗦的几句是，由于各地口径的差异，由于税法的不时更新，由于水平有限与才疏学浅，不足之处请同行多加指导，同时请多关注税法的变化。不过，你也不需要过分担心，只要你持续关注我们的产品，许多问题就会及时解决。我们会努力提供更新、更好的互联网产品与服务。

最后，要特别感谢支持我们完成此书的团队与朋友！有大家持续不断的支持，我们才能提供一流的作品。祝大家汇算清缴痛痛快快，乐在其中！发现价值，创造价值！

郝龙航

2014.12.24

目 录
CONTENTS

第 11 章　税额抵免优惠政策 / 425

第 14 章　汇算清缴风险点观察 / 465

附录　2014 年发布的主要税收法规 / 471

01

第1章

快速认识纳税申报表，做好准备

不啰嗦，直接切入正题，2008 年度开始使用的申报表完成了 6 年的使命，载入史册。新机遇、新机会，我们办税人员又有点忙了！我们的企业和中介机构也行动起来了。

2014 年 11 月，《国家税务总局关于发布〈中华人民共和国企业所得税年度纳税申报表（A 类，2014 年版）〉的公告》（国家税务总局公告 2014 年第 63 号）发布，自 2015 年 1 月 1 日起施行。由于申报表属于企业所得税征管政策，根据"实体法从旧、程序法从新"的基本原则，新的申报表自然也就适用于 2014 年度企业所得税汇算清缴，因为这项工作需要在 2015 年 1 月 1 日至 5 月 31 日[1]之间完成。事实上，国家税务总局办公厅发布的 64 号公告解读稿也特别清楚地指出，该公告实施时间为 2015 年 1 月 1 日，适用于查账征收的企业所得税纳税人。即实行查账征收的企业所得税纳税人，从 2014 年度企业所得税汇算清缴开始。适用新申报表这项程序性要求，有别于一般实体政策的施行，即旧账旧算，新账新算。下面我们就来看看适用于 A 类纳税人的纳税申报表内容。

1.1 纳税申报表的组成介绍

表 1-1　　　　　　　　　　41 张纳税申报表

目的	序号	名称	附表层级
企业信息	A000000	企业基础信息表	信息表
主表	A100000	中华人民共和国企业所得税年度纳税申报表（A 类）	主表
收支明细表	A101010	一般企业收入明细表	一级
	A101020	金融企业收入明细表	一级
	A102010	一般企业成本支出明细表	一级
	A102020	金融企业支出明细表	一级
	A103000	事业单位、民间非营利组织收入、支出明细表	一级
	A104000	期间费用明细表	一级

[1]　根据《税收征收管理法》的规定，最后一天为法定休假日的，可以顺延。

续表

目的	序号	名称	附表层级
纳税调整项目明细表	A105000	纳税调整项目明细表	一级
视同销售	A105010	视同销售和房地产开发企业特定业务纳税调整明细表	二级
收入调整	A105020	未按权责发生制确认收入纳税调整明细表	二级
	A105030	投资收益纳税调整明细表	二级
	A105040	专项用途财政性资金纳税调整明细表	二级
支出调整	A105050	职工薪酬纳税调整明细表	二级
	A105060	广告费和业务宣传费跨年度纳税调整明细表	二级
	A105070	捐赠支出纳税调整明细表	二级
	A105080	资产折旧、摊销情况及纳税调整明细表	二级
	A105081	固定资产加速折旧、扣除明细表	三级
	A105090	资产损失税前扣除及纳税调整明细表	二级
	A105091	资产损失（专项申报）税前扣除及纳税调整明细表	三级
特殊事项调整	A105100	企业重组纳税调整明细表	二级
	A105110	政策性搬迁纳税调整明细表	二级
	A105120	特殊行业准备金纳税调整明细表	二级
弥补亏损	A106000	企业所得税弥补亏损明细表	一级
减免税收入及加计扣除	A107010	免税、减计收入及加计扣除优惠明细表	一级
	A107011	符合条件的居民企业之间的股息、红利等权益性投资收益优惠明细表	二级
	A107012	综合利用资源生产产品取得的收入优惠明细表	二级
	A107013	金融、保险等机构取得的涉农利息、保费收入优惠明细表	二级
	A107014	研发费用加计扣除优惠明细表	二级
所得减免	A107020	所得减免优惠明细表	一级
所得抵扣	A107030	抵扣应纳税所得额明细表	一级

续表

目的	序号	名称	附表层级
减免所得税	A107040	减免所得税优惠明细表	一级
	A107041	高新技术企业优惠情况及明细表	二级
	A107042	软件、集成电路企业优惠情况及明细表	二级
税额抵免	A107050	税额抵免优惠明细表	一级
境外所得	A108000	境外所得税收抵免明细表	一级
	A108010	境外所得纳税调整后所得明细表	二级
	A108020	境外分支机构弥补亏损明细表	二级
	A108030	跨年度结转抵免境外所得税明细表	二级
汇总纳税	A109000	跨地区经营汇总纳税企业年度分摊企业所得税明细表	一级
	A109010	企业所得税汇总纳税分支机构所得税分配表	二级

新申报表主要从收入、支出、纳税调整、减免税、境外抵免及总分机构方面展开，采取层层分解、环环相扣的申报体系（见图1-1），在征管复核上有了较大改变。即一级形成主表数据，二级体现计算校验过程，三级辅助控制作用。

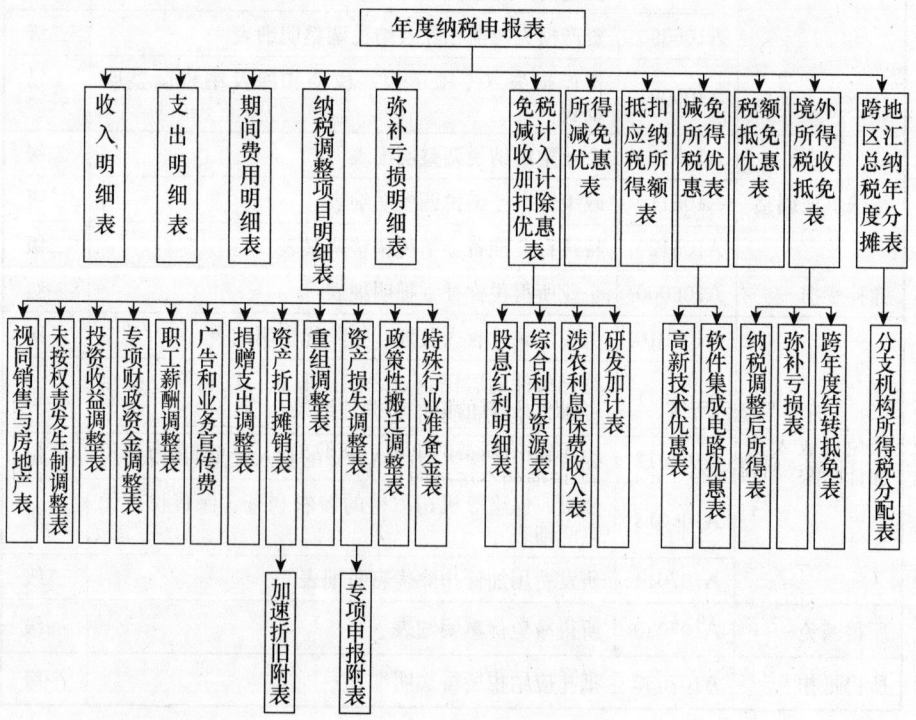

图1-1　年度纳税申报表体系

1.2　纳税申报表的计算逻辑

看到一堆表格，是不是有点"没头绪"的感觉？原来可是只有 11 张表的，而且可以直接称其为附表一、附表二、附表三，等等。但是，这也许不是坏事，如果我们把这套新申报表的结构理清楚，说不定还会对工作有所帮助呢。帮助在哪呢，企业的报税人员可不想算错税、报错数，责任挺大的；中介的同志们也是一样，如果没有表格，对于风险更多是告诉纳税人如何如何，纳税人也是将信将疑。新申报表明确了该如何调整，这是官方的文件，说得来，道得清。作为税务工作人员，也不用担心某张表看不懂数据的所以然，有了附注信息，就有机会发现背后更多的问题！也节省了很多时间去问东问西，甚至要找纳税人"喝咖啡"！

表 1-2　　　　　　　　　　　　纳税申报表的逻辑说明

步聚	名字	说明
一	利润总额	取自年度利润表，是否审计没有要求，根据企业最终报表填写
1	减：境外所得	因为境外所得单独计算抵免，即按主表中第 29、30 行来计算，因此先从利润总额中包括的金额划出去，如为负值，则体现为负数
2	加：纳税调整增加额	取自附表的调增金额，常规是体现为正数
3	减：纳税调整减少额	取自附表的调减金额，常规是体现为正数
4	减：免税、减计收入及加计扣除	此为收入基数的免税，以及加计扣除的增加扣除部分，单独列示
5	加：境外应税所得抵减境内亏损	用境外应税所得来抵减境内亏损的金额，为下一步弥补亏损准备
二	纳税调整后所得	此为计算的第一步调整结果
1	减：所得减免	项目有所得的事项，在此处扣除（注意有负数的查阅后面的分析说明）
2	减：抵扣应纳税所得额	对于特定投资的事项，折合金额抵减应纳税所得额
3	减：弥补之前年度亏损	追溯前 5 年弥补亏损（税收上的亏损）
三	应纳税所得额	要开始算税了
1	税率（25%）	这里是固定税率，要享受低税率，须通过后续减免处理
四	应纳所得税额	应纳税所得额乘以 25% 计算结果

续表

步聚	名字	说明
1	减：减免所得税	如高新技术企业的税率为 15%，这里要扣除 10% 的计算部分
2	减：抵免所得税	如特定设备投资按 10% 抵免所得税的扣除
五	应纳税额	计算税款
1	加：境外所得应纳税	实际上将境外所得按纳税调整后的逻辑在这儿单独计算税款，只是没有上述那些步骤，附表也省了，只要结果
2	减：抵免所得税	这是在境外缴纳税款，回来抵免上述按中国税法规定的计算方式算出来的税
六	实际应纳所得税额	
1	减：当年实际已预缴所得税额	根据当年预缴金额填写，这里需要关注不能扣除的情形，如异地施工被不合规多征的税款
七	本年应补（退）所得税额	轧差计算补或退的金额

1.3 逻辑是否有实质性的变化

我们可以这样理解，申报表的产生基于税法，在税法既定的情形之下，旧申报表一样可以完成使命，但新申报表体现了一种计算的过程，如将原来纳税调增、调减中的内容拆分出来，单独列示，看着更清晰，说白了，还是离不开增与减的关系。

为后续章节埋下伏笔的是，"纳税调整后所得"行次发生改变，将"项目所得减免"与"抵扣应纳税所得额"排在其后，这一点会有何变化呢？其实这对于抵扣应纳税所得额没有影响，无非就是一个数值，但是对于所得减免，则其有可能是正数，也有可能是负数，如何是好呢，这里面就有"秘密机关"了，因此需要我们仔细思考并参照一下后续章节的说明。

所以呢，换汤不换药，主表基本上是按照这样一个逻辑延续下来的，但给我们的挑战是附表的增多，这需要一定的工作量，更是一个智力的考验。

1.4 如何做好年度汇算清缴

更多时候，我们会被误导，以为申报表的变化是汇算清缴中最核心的挑战，其实真正核心的挑战是，你是否在政策合规的框架下，进行了恰当的事前准备、处理，形成有利的证据，如果你说，我过了年，到快5月份再处理也不迟！其实，税法上的东西，有时过了这个村，就没有这个店了，并且在有些时候，形式主义、会计提前处理都是一种"坦白"，如果处理不好，自己往往会非常被动。

脱离了所得税实体政策，光看懂报表说明是不行的，事实上不懂实体政策也不会完全搞懂申报表，你还必须要知道报表背后的"游戏规则"，如下，我们特别梳理了2014年读者可能需要关注的事项，权当作热身之用。

1.4.1　2014年发布的最新政策的影响

2014年发布的税收政策如表1-3、表1-4、表1-5、表1-6所示。

表 1-3　　　　　　　　　　税收优惠方面

文件号	名称	内容简述
财税〔2014〕2号	《财政部、国家税务总局关于2014、2015年铁路建设债券利息收入企业所得税政策的通知》	对企业持有2014年和2015年发行的中国铁路建设债券取得的利息收入，减半征收企业所得税。
财税〔2014〕13号	《财政部、国家税务总局关于非营利组织免税资格认定管理有关问题的通知》	重新发布了认证标准、程序与提供资料的要求，相较于财税〔2009〕123号，将非营利组织活动范围主要在中国境内的条款删除。
财税〔2014〕26号	《财政部、国家税务总局关于广东横琴新区、福建平潭综合实验区、深圳前海深港现代化服务业合作区企业所得税优惠政策及优惠目录的通知》	对设在横琴新区、平潭综合实验区和前海深港现代化服务业合作区的鼓励类产业企业减按15%的税率征收企业所得税。
财税〔2014〕34号	《财政部、国家税务总局关于小型微利企业所得税优惠政策有关问题的通知》	自2014年1月1日至2016年12月31日，对年应纳税所得额低于10万元（含10万元）的小型微利企业，其所得减按50%计入应纳税所得额，按20%的税率缴纳企业所得税。
财税〔2014〕55号	《财政部、国家税务总局关于公共基础设施项目享受企业所得税优惠政策问题的补充通知》	企业投资经营符合《公共基础设施项目企业所得税优惠目录》规定条件和标准的公共基础设施项目，采用一次核准、分批次（如码头、泊位、航站楼、跑道、路段、发电机组等）建设的，凡同时符合规定条件的，可按每一批次为单位计算所得，并享受企业所得税"三免三减半"优惠。

续表

文件号	名称	内容简述
财税〔2014〕59号	《财政部、国家税务总局、商务部、科技部、国家发展改革委关于完善技术先进型服务企业有关企业所得税政策问题的通知》	自2014年1月1日起至2018年12月31日止，在北京、天津、上海、重庆、大连、深圳、广州、武汉、哈尔滨、成都、南京、西安、济南、杭州、合肥、南昌、长沙、大庆、苏州、无锡、厦门等21个中国服务外包示范城市（以下简称示范城市）继续实行以下企业所得税优惠政策： 1. 对经认定的技术先进型服务企业，减按15%的税率征收企业所得税。 2. 经认定的技术先进型服务企业发生的职工教育经费支出，不超过工资薪金总额8%的部分，准予在计算应纳税所得额时扣除；超过部分，准予在以后纳税年度结转扣除。
财税〔2014〕75号	《财政部、国家税务总局关于完善固定资产加速折旧企业所得税政策的通知》	规定了加速折旧的适用范围、条件、时限，对2014年度汇算清缴产生较大影响。
财税〔2014〕81号	《财政部、国家税务总局、证监会关于沪港股票市场交易互联互通机制试点有关税收政策的通知》	内地企业投资者通过沪港通投资香港联交所上市股票的股息红利所得税： 1. 对内地企业投资者通过沪港通投资香港联交所上市股票取得的股息红利所得，计入其收入总额，依法计征企业所得税。其中，内地居民企业连续持有H股满12个月取得的股息红利所得，依法免征企业所得税。 2. 香港联交所上市H股公司应向中国结算提出申请，由中国结算向H股公司提供内地企业投资者名册，H股公司对内地企业投资者不代扣股息红利所得税款，应纳税款由企业自行申报缴纳。 3. 内地企业投资者自行申报缴纳企业所得税时，对香港联交所非H股上市公司已代扣代缴的股息红利所得税，可依法申请税收抵免。

表1-4　　　　　　　　具体税收政策

文件号	名称	内容简述
国家税务总局公告2014年第29号	《国家税务总局关于企业所得税应纳税所得额若干问题的公告》	非常重要的一个实施性的政策规定，值得具体关注。

续表

文件号	名称	内容简述
国家税务总局公告 2014 年第 35 号	《国家税务总局关于房地产开发企业成本对象管理问题的公告》	房地产开发企业应依据计税成本对象确定原则确定已完工开发产品的成本对象，并就确定原则、依据，共同成本分配原则、方法，以及开发项目基本情况、开发计划等出具专项报告，在开发产品完工当年企业所得税年度纳税申报时，随同《企业所得税年度纳税申报表》一并报送主管税务机关。 房地产开发企业将已确定的成本对象报送主管税务机关后，不得随意调整或相互混淆。如确需调整成本对象的，应就调整的原因、依据和调整前后成本变化情况等出具专项报告，在调整当年企业所得税年度纳税申报时报送主管税务机关。
国家税务总局公告 2014 年第 64 号	《国家税务总局关于固定资产加速折旧税收政策有关问题的公告》	细化了财税〔2014〕75 号文件关于优惠政策的落实。

表 1-5　　　　　　　　　　　非居民类税收政策

文件号	名称	内容简述
财税〔2014〕79 号	《财政部、国家税务总局、证监会关于 QFII 和 RQFII 取得中国境内的股票等权益性投资资产转让所得暂免征收企业所得税问题的通知》	从 2014 年 11 月 17 日起，对合格境外机构投资者（简称 QFII）、人民币合格境外机构投资者（简称 RQFII）取得来源于中国境内的股票等权益性投资资产转让所得，暂免征收企业所得税。在 2014 年 11 月 17 日之前 QFII 和 RQFII 取得的上述所得应依法征收企业所得税。 本通知适用于在中国境内未设立机构、场所，或者在中国境内虽设立机构、场所，但取得的上述所得与其所设机构、场所没有实际联系的 QFII、RQFII。
国家税务总局公告 2014 年第 24 号	《国家税务总局关于委托投资情况下认定受益所有人问题的公告》	对于委托投资情况下受益所有人身份的认定问题进行了补充。
国家税务总局公告 2014 年第 37 号	《非居民企业从事国际运输业务税收管理暂行办法》	除执行税收协定涉及的其他税种外，本办法仅适用于企业所得税。

表 1-6   税收征管类政策

文件号	名称	内容简述
国家税务总局公告 2014 年第 9 号	《国家税务总局关于依据实际管理机构标准实施居民企业认定有关问题的公告》	按本公告实施居民企业认定时，经省级税务机关确认后，30 日内抄报国家税务总局，由国家税务总局网站统一对外公布。国家税务总局适时开展检查，对不符合条件的，责令其纠正。 境外注册中资控股企业自其被认定为居民企业的年度起，从中国境内其他居民企业取得以前年度（限于 2008 年 1 月 1 日以后）的股息、红利等权益性投资收益，应按照《中华人民共和国企业所得税法》第二十六条[1] 及其实施条例第十七条[2]、第八十三条[3] 的规定处理。
国家税务总局公告 2014 年第 18 号	《国家税务总局关于企业因国务院决定事项形成的资产损失税前扣除问题的公告》	企业因国务院决定事项形成的资产损失，应以专项申报的方式向主管税务机关申报扣除。专项申报扣除的有关事项，按照国家税务总局 2011 年第 25 号公告规定执行。
国家税务总局公告 2014 年第 38 号	《国家税务总局关于居民企业报告境外投资和所得信息有关问题的公告》	在企业所得税预缴申报及汇算清缴时，需要提供相应的信息。
国家税务总局公告 2014 年第 54 号	《国家税务总局关于特别纳税调整监控管理有关问题的公告》	税务机关发现纳税人存在特别纳税调整风险的，应当向纳税人送达《税务事项通知书》，提示其存在特别纳税调整风险，并要求纳税人按照有关规定 20 日之内提供同期资料或者其他有关资料。纳税人应当审核分析其关联交易定价原则和方法等特别纳税调整事项的合理性，可以自行调整补税。

---

[1]　第二十六条　企业的下列收入为免税收入：（一）国债利息收入；（二）符合条件的居民企业之间的股息、红利等权益性投资收益；（三）在中国境内设立机构、场所的非居民企业从居民企业取得与该机构、场所有实际联系的股息、红利等权益性投资收益；（四）符合条件的非营利组织的收入。

[2]　第十七条　企业所得税法第六条第（四）项所称股息、红利等权益性投资收益，是指企业因权益性投资从被投资方取得的收入。

[3]　第八十三条　企业所得税法第二十六条第（二）项所称符合条件的居民企业之间的股息、红利等权益性投资收益，是指居民企业直接投资于其他居民企业取得的投资收益。企业所得税法第二十六条第（二）项和第（三）项所称股息、红利等权益性投资收益，不包括连续持有居民企业公开发行并上市流通的股票不足 12 个月取得的投资收益。

续表

文件号	名称	内容简述
		纳税人要求税务机关确认关联交易定价原则和方法等特别纳税调整事项的，税务机关应当按照有关规定启动特别纳税调查调整程序，确定合理调整方法，实施税务调整。
国家税务总局公告2014年第63号	《国家税务总局关于发布〈中华人民共和国企业所得税年度纳税申报表（A类，2014年版）〉的公告》	国家税务总局修订后的《中华人民共和国企业所得税年度纳税申报表（A类，2014年版）》及《中华人民共和国企业所得税年度纳税申报表（A类，2014年版）填报说明》予以发布，自2015年1月1日施行。
财税〔2014〕109号	《财政部、国家税务总局关于促进企业重组有关企业所得税处理问题的通知》	一、关于股权收购 将《财政部、国家税务总局关于企业重组业务企业所得税处理若干问题的通知》（财税〔2009〕59号）第六条第（二）项中有关"股权收购，收购企业购买的股权不低于被收购企业全部股权的75％"规定调整为"股权收购，收购企业购买的股权不低于被收购企业全部股权的50％"。 二、关于资产收购 将财税〔2009〕59号文件第六条第（三）项中有关"资产收购，受让企业收购的资产不低于转让企业全部资产的75％"规定调整为"资产收购，受让企业收购的资产不低于转让企业全部资产的50％"。 三、关于股权、资产划转 对100％直接控制的居民企业之间，以及受同一或相同多家居民企业100％直接控制的居民企业之间按账面净值划转股权或资产，凡具有合理商业目的、不以减少、免除或者推迟缴纳税款为主要目的，股权或资产划转后连续12个月内不改变被划转股权或资产原来实质性经营活动，且划出方企业和划入方企业均未在会计上确认损益的，可以选择按以下规定进行特殊性税务处理： 1. 划出方企业和划入方企业均不确认所得。 2. 划入方企业取得被划转股权或资产的计税基础，以被划转股权或资产的原账面净值确定。 3. 划入方企业取得的被划转资产，应按其原账面净值计算折旧扣除。 四、本通知自2014年1月1日起执行。本通知发布前尚未处理的企业重组，符合本通知规定的可按本通知执行。

续表

文件号	名称	内容简述
财税〔2014〕116号	《财政部、国家税务总局关于非货币性资产投资企业所得税政策问题的通知》	居民企业（以下简称企业）以非货币性资产对外投资确认的非货币性资产转让所得，可在不超过5年期限内，分期均匀计入相应年度的应纳税所得额，按规定计算缴纳企业所得税。

1.4.2　2014年税收政策的分析

这些政策当中，最重要而且影响力也最广的就是国家税务总局2014年第29号公告及财税〔2014〕75号和与其配套的国家税务总局2014年第64号公告。这几个文件对于纳税申报表的填写会有哪些影响呢，我们来一一找找其间的内在关联。

1.4.2.1　国家税务总局2014年第29号公告要点

（1）企业接收县级以上人民政府划入资产时，依规定确定为投资或不征税收入，在此之外的要作为所得税的收入。一般的企业都是作为资本公积处理，相当于国家投资处理，如此纳税申报时不必作为收入做纳税调整处理。

（2）企业接收股东划入资产时，凡合同、协议约定作为资本金（包括资本公积）且在会计上已做实际处理的，不计入企业的收入总额，企业应按公允价值确定该项资产的计税基础。企业接收股东划入资产，凡作为收入处理的，应按公允价值计入收入总额，计算缴纳企业所得税，同时按公允价值确定该项资产的计税基础。

所以会计处理如何决定了是否要作为应税收入来确认，试想股东的资产，再缴一次所得税，最多四分之一就没有了，如何是好呢！

（3）核力发电企业为培养核电厂操纵员发生的培养费用，可作为企业的发电成本在税前扣除。如果企业将该费用放在职工教育经费中混淆列支，就说不清楚了，因此自己要先处理明白，不然受到限额扣除影响。

（4）固定资产折旧政策的调整方式如表 1-7 所示。

表 1-7　　　　　　　　　固定资产折旧政策的调整方式

适用情形	调整方法	对申报表的影响
会计折旧年限＜税法最低折旧年限	按税法最低折旧年限调整，做每年的时间性差异管理	需要纳税调整
会计折旧年限＞税法最低折旧年限	按会计折旧年限计算扣除，不允许做纳税调减的处理	不需要纳税调整
计提过减值准备的	仍可按税法原值计提折旧税前扣除	需要纳税调整
适用税法的加速折旧的[1]	按加速折旧办法计算的折旧额可全额在税前扣除	需要纳税调整
石油天然气开采企业	会计与税法规定计算方法不同导致的折耗（折旧）差异，应按税法规定进行纳税调整	需要纳税调整

1.4.2.2　财税〔2014〕75 号及国家税务总局 2014 年第 64 号公告规定的固定资产加速折旧政策的要点

（1）优惠政策的适用方法。

加速折旧是优惠政策，企业有选择权，可以选择加速也可以不选择加速，可以选择最优的方式，也可以部分选择享受，也未限制必须何时要享受，企业可以选择未来享受。但是如果选择了，建议是不宜"反悔"及调整方法了。也不宜追溯享受。

（2）会计处理与税前扣除的协调。

折旧数据离不开会计数据的支持，其前提是建立在利润总额基础之上的调整。因此要理清楚这两者的关系。固定资产税收优惠政策的适用方法如表1-8 所示。

---

[1]　此处的加速折旧政策，尚在财税〔2014〕75 号文件出台之前，主要是依据《国家税务总局关于企业固定资产加速折旧所得税处理有关问题的通知》（国税发〔2009〕81 号）具体规定的条件进行的。财税〔2014〕75 号文件实际上也是延续了这样一种处理的原则，即允许不用会计先加速折旧处理，税法上可以做纳税调整享受加速折旧优惠政策。

表 1-8 优惠政策的适用方法

适用情形	固定资产类型	用途	金额	税前扣除	原有资产
六大行业[1]	不限	不限	不限	加速折旧[2]	不适用
六大行业中的小型微利企业[3]	仪器、设备	研发和生产经营共用	≤100 万元	一次性扣除	不适用
			>100 万元	加速折旧	
全部	仪器、设备	研发	≤100 万元	一次性扣除	不适用
			>100 万元	加速折旧	
全部	不限	不限	≤5 000 元	一次性扣除	适用[4]

如果会计上采用了与税收上一致的处理方法，那就不需要再在税务口径下重新计算一次，作纳税调整之用。但这种情形较少，一般会计上仍遵照原来折旧的方法进行，而税收上先做纳税调减处理，后续如果会计上继续折旧就不认可税前扣除了，做纳税调增处理。

因此对于加速折旧而言，并不是强制要求会计上同步实施，这是对纳税人的利益考虑，本身会计亦不能决定税法的计算，不宜从两边都得便宜的角度思考税务问题，认为人家没有在会计上处理就是放弃，这是不恰当的。

（3）何谓"新购进"。

其实国家税务总局答记者问已经解决了这个问题，只是可能有人会担

---

[1] 依据国家税务总局公告 2014 年第 64 号，生物药品制造业，专用设备制造业，铁路、船舶、航空航天和其他运输设备制造业，计算机、通信和其他电子设备制造业，仪器仪表制造业，信息传输、软件和信息技术服务业等行业企业，简称六大行业。六大行业按照国家统计局《国民经济行业分类与代码（GB/4754—2011）》确定。今后国家有关部门更新国民经济行业分类与代码，从其规定。六大行业企业是指以上述行业业务为主营业务，其固定资产投入使用当年主营业务收入占企业收入总额 50%（不含）以上的企业。所称收入总额，是指企业所得税法第六条规定的收入总额。注意，这里只管投入当年收入比例，之后年度如果不满足，也不影响已加速的处理。

[2] 指不低于企业所得税法规定折旧年限的 60% 缩短折旧年限，或选择采取双倍余额递减法或年数总和法进行加速折旧。

[3] 所称小型微利企业，是指企业所得税法第二十八条规定的小型微利企业。即是指从事国家非限制和禁止行业，并符合下列条件的企业：（一）工业企业，年度应纳税所得额不超过 30 万元，从业人数不超过 100 人，资产总额不超过 3 000 万元；（二）其他企业，年度应纳税所得额不超过 30 万元，从业人数不超过 80 人，资产总额不超过 1 000 万元。这与享受流转税优惠的小微企业的适用范围是不一样的。

[4] 企业在 2013 年 12 月 31 日前持有的单位价值不超过 5 000 元的固定资产，其折余价值部分，2014 年 1 月 1 日以后可以一次性在计算应纳税所得额时扣除。这里的 5 000 元是原值，而不是截止到 1 月 1 日净值的金额。当然如果仅余残值的情形，也可以一次性扣除。只是要做好税会差异管理。

心，是不是要考虑发票之类的问题，我们先来看看问题解答的内容：

问：新购进的固定资产如何理解？

答：这里"新购进"中的"新"字，只是区别于原已购进的固定资产，不是规定非要购进全新的固定资产，即包括企业2014年以后购进的已使用过的固定资产。固定资产的取得包括外购、自行建造、投资者投入、融资租入等多种方式。公告明确的"购进"是指：以货币购进的固定资产和自行建造的固定资产。考虑到自行建造固定资产所使用的材料实际也是购入的，因此把自行建造的固定资产也看作是"购进"的。

问：新购进固定资产的时间点如何把握？

答：新购进的固定资产，是指2014年1月1日以后购买，并且在此后投入使用。设备购置时间应以设备发票开具时间为准。采取分期付款或赊销方式取得设备的，以设备到货时间为准。企业自行建造的固定资产，其购置时间点原则上应以建造工程竣工决算的时间点为准。

如此，我们可以得出如下结论：

一是新购进，并不是购进一个新的固定资产，可以买二手的，只是加速折旧时，其最低折旧年限不得低于实施条例规定的最低折旧年限减去已使用年限后剩余年限的60%；当然，低于5 000元的（二手价）也可以一次性计入税前扣除。如果买入电子设备，已使用三年，最低折旧年限也是三年，那理论上有一次性扣除的可能，但也建议考虑合理期限，人家说最低的适用条件。

二是新购进，是指2014年1月1日及以后购买投入使用。但分三种情形，通常是以设备发票开具时间为准。采取分期付款或赊销方式取得设备的，以设备到货时间为准。企业自行建造的固定资产，其购置时间点原则上应以建造工程竣工决算的时间点为准。

也就是说，欠账的，没有发票，没有问题，可以挂账，以设备到货形成固定资产为准。2013年购入形成发票的，但计入在建工程，2014年竣工决算的，应以这个时点来判断。所以这是与发票脱离了——对应的绑定关系。

也有人说了，依据企业所得税法实施条例的规定，固定资产从投入次月开始折旧，那2013年12月入账的固定资产，2014年1月计提折旧，算不算"新购进"呢？这还真有点技术性的挑战呢，我们来看，本次的优惠政策仅限于新购进，至于折旧时点，本来就是技术处理的问题，即最早2014年2

月计提折旧。所以从我们的角度看，这一点是要被拒绝的。

还有企业有这样的情况，2014 年 1 月办理的固定资产的会计入账，但实际上 2013 年 11 月就投入使用了，于是在入账时，一次性补提了 12 月份的折旧。对于这种情况，我们的理解是，虽然国家税务总局的解答可能是支持加速折旧的选择的，但是基于解答的常规理解，仍应以尊重事实为前提，所以倾向于认为是 2013 年 11 月已形成了固定资产，不应再享受这一优惠政策。

（4）抵扣的增值税进项税额是否影响固定资产原值金额。

从规定上看，如果抵扣了进项税额，那就按抵扣后的金额确认固定资产的价值，反之，如果不能抵扣，就只能按含进项税额的金额确认固定资产的价值。这主要是看形成的会计结果如何。这一点不需要过多纠结。

（5）一次性计入成本费用的资产支出，未办理备案等程序，是否就不予认可。

这一点其实是税务机关同志应该思考的一个问题，原来企业经常按自己的标准核算固定资产，如购入一部电话机，依据超过一年的固定资产认列标准，一次性计入费用，税务机关依规定让企业做纳税调整，对固定资产折旧调整进行处理。现在，不超过 5 000 元的固定资产允许一次性扣除，但是需要备案，企业已经费用化了，还有备案的必要吗？要备案的话，如何备案？这个范围是个大争议。

按照我们的理解，与其有一个形式上的备案，不如完全放开，因为结果都是让企业一次性扣除。

（6）加速折旧好政策，可否不采用。

这个不强制，不是应当，是"可以与允许"的描述，所以，如果企业认为，管理固定资产折旧所花费的成本比节约的资金时间价值还大，何苦呢，企业就可以不选择加速折旧，没有半点影响。

例如软件企业，这几年一直享受减免税，不需要加速折旧，对企业也没有好处，就大可不必选择加速折旧。

（7）会计与税法采取不同口径对于利润表的影响。

［例 1-1］　某企业 2014 年购入一台不含税金额为 100 万元的研发设备，

会计上按 10 年计提折旧，为简化计算，2014 年至 2023 年每年会计折旧计 10 万元。在税务上符合条件可以一次性计入当期成本费用。假设无其他影响，企业所得税税率为 25%。（注：如有研发加计扣除仍按照会计年折旧金额即 10 万元进行计算加计扣除）2014 年至 2023 年递延所得税负债余额计算如表 1-9 所示（单位：万元）。

表 1-9　　　　　　　2014 年至 2023 年递延所得税负债余额

项目	2014 年	2015 年	2016 年	……	2023 年
实际成本（a）	100	100	100	……	100
累计会计折旧（b）	10	20	30	……	100
账面价值（c＝a－b）	90	80	70	……	0
累计计税折旧（d）	100	100	100	……	100
计税基础（e＝a－d）	0	0	0	……	0
暂时性差异（f＝c－e）	90	80	70	……	0
适用税率（25%）	25%	25%	25%	……	25%
递延所得税负债余额（f×25%）	22.5	20	17.5	……	0

由于税务上一次性计入成本费用，固定资产的账面价值与计税基础出现了暂时性差异，直到 2023 年为止。2014 年递延所得税负债余额为 22.5 万元，意味着 2014 年将"少缴"企业所得税 22.5 万元，而这"少缴"的 22.5 万元企业所得税会在 2015 年至 2023 年每年"补缴"2.5 万元。

如 2014 年度利润总额是 1 000 万元，所得税费用是 250 万元（1 000×25%），除上述事项外，没有纳税调整，则实际计算应缴纳的所得税为：(1 000－90)×25%＝227.50 万元，则分录如下：

借：所得税费用　　　　　　　　　　　　　　　250

　贷：应交税费——应交所得税　　　　　　　227.50

　　　递延所得税负债　　　　　　　　　　　　22.50

如果 2015 年上述利润总额仍是 1 000 万元，应交所得税为：(1 000＋10)×25%＝252.50 万元，则分录如下：

借：所得税费用　　　　　　　　　　　　　　　250

　　递延所得税负债　　　　　　　　　　　　　2.50

　贷：应交税费——应交所得税　　　　　　　252.50

执行固定资产加速折旧政策，利润表是没有变化的，但企业所得税延迟缴纳，相当于税务机关给予企业一笔无息贷款，何乐而不为？

1.4.3 填表之前企业的准备工作

申报表是呈递给税务机关的纳税结果书，这样的结果将决定未来企业承担的税务风险的大小，例如企业实际收入 1 000 万元，但只填写了 980 万元，那肯定有少缴税的结果存在。

因此要从政策的角度来判断，要填写的金额是想填的，而且是合规的、对纳税人自己利益有保护的填写结果。有的企业委托中介机构来填报数据，中介机构如果从责任方面考虑多调整一点有风险的，就会被认为不为企业考虑。试想，打铁还要自身硬，所以，找到好的铁矿才是关键。

1.4.3.1 从税法规定的角度来填写申报表

2008 年度的汇算清缴申报表也经历了一次修订，本次的申报表版本涉及逻辑关系、表格更多，填表说明也规定得很详细，但是这个逻辑是否体现了税法的规定？是否就是纳税人可以参照的依据？显然，我们仍需要从税法规定的角度来完成，而不是一味地跟着申报表的填表说明来填，何况已有披露的填表说明有误、进行修订的说法。而且从我们的实践来看，的确有需要再次明确的地方，甚至有需要修订的地方。不管最终是否会得到修订，对于申报表的逻辑都不要迷信，申报表是所得税政策的浓缩，所有的政策都会在申报表中得到一定程度的反映，但是这种反映是否切合政策的本意我们还要结合具体业务做具体分析。解决矛盾的关键还是"一把钥匙开一把锁"，而不是囫囵吞枣或者"眉毛胡子一把抓"。

另外需要关注的是，国家税务总局 2014 年第 63 号公告确认废止的不仅仅是旧的申报表文件，还确认了《国家税务总局关于印发〈中华人民共和国企业所得税年度纳税申报表〉的通知》（国税发〔2008〕101 号）、《国家税务总局关于〈中华人民共和国企业所得税年度纳税申报表〉的补充通知》（国税函〔2008〕1081 号）、《国家税务总局关于企业所得税年度纳税申报口径问题的公告》（国家税务总局公告 2011 年第 29 号）、《国家税务总局关于做好 2009 年度企业所得税汇算清缴工作的通知》（国税函〔2010〕

148 号）同时废止。

我们知道，国税函〔2010〕148 号文件对于视同销售、免税项目所得是有实质性的规定内容的，此文件的废止是否明确了新的规则，通过填表说明进行了规定？显然应用法规的文件发布才更具有专业性。而且废止意味着新的规则如何实施，于纳税人有利还是不利，这些都需要以企业所得税法及其实施条例为基础进行明确。

1.4.3.2　如何做

"如何做"才是关键，前面"形式主义"的描述，估计大伙都清楚，告诉大家如何做，才是实话。对此我们从几个逻辑线上考虑有哪些事项需要在申报前处理完。（见表 1-10）

表 1-10　　　　　　　　需要在申报前处理完的事项

类型	具体事项	关注点
税收优惠	最实在的是符合优惠政策的指标	有些指标与年度数值有关系，如高新技术企业指标、软件与集成电路企业指标、六大行业加速折旧的指标、小型微利企业优惠的指标等，如果达不到这些指标，谁都帮不上忙，只能从主观经济交易中来处理，而且这是企业自己的事，不是别人说是不是的问题。
	取得凭证	➢ 在做 2014 年度的所得税申报时，对于股息、红利，属于 2014 年的，那明白的就标识为 2014 年的分红决议，这不像上市公司的分红年报，小股东往往不易控制； ➢ 不征税收入要满足三个条件[1]，不能完全满足的话，要及时行动并"拾遗补缺"，切不可"挂一漏万"，以致"功亏一篑"。

---

[1]　《财政部、国家税务总局关于专项用途财政性资金企业所得税处理问题的通知》（财税〔2011〕70 号）规定：企业从县级以上各级人民政府财政部门及其他部门取得的应计入收入总额的财政性资金，凡同时符合以下条件的，可以作为不征税收入，在计算应纳税所得额时从收入总额中减除：（一）企业能够提供规定资金专项用途的资金拨付文件；（二）财政部门或其他拨付资金的政府部门对该资金有专门的资金管理办法或具体管理要求；（三）企业对该资金以及以该资金发生的支出单独进行核算。

类型	具体事项	关注点
税前扣除	票据取得	相较于收入，税前扣除往往是"千夫所指"，任何人都是热衷于这一块的，所以，教科书的理论是，要想在2014年度税前扣除，一是相应的合规票据要保证在汇算清缴前（2015年5月31日，偶尔有节假日顺延）之前取得，越早越好；二是对于固定资产的工程款项，应在固定资产投入使用后12个月内进行。否则要先做纳税调整，而且后续追调的成本很高。
	成本费用归集年度	有的时候企业认为12月25日已经结账，不再以发票作账了，如果26日的发票入在了次年度，是有理由要求次年度作纳税调整处理的，达违背权责发生制，是纵有万般理解，只能动之以情、晓之以理，却无税法规定依据的说法，沟通的成本也可能很高。
税前扣除	费用支出的额度测算	➤ 工资薪金，如果当地规定以12月31日[1]为截止统计点，那一定要早点发放； ➤ 职工福利费，如果超标了，能缓缓次年支付也行，超标会造成永久性差异，以后也无法减回来； ➤ 工会经费，如果非强制收取，参照职工福利费用去搭配一下； ➤ 职工教育经费，如果必须超标，超标金额应作为未来抵回的准备； ➤ 捐赠支出，以利润总额的12%为基准处理； ➤ 补充医疗、养老保险，要注意测算与当年度工资薪金各5%[2]及实际支出的安排。
	资产损失	如果实际发生了资产损失，但是企业还未来得及处理，建议在12月31日前处理完毕，收据等体现在这个最后的月份，谁都说不出不是。如果次年1月处理，税务机关可以不是当年度发生为理由，先做纳税调整。当然会计处理也要同时达到条件，才是资产损失的确认条件。
收入	确认时点	收入的问题，更多是确认时点，以及与增值税、营业税差异确认是否没有问题，不过税法规定了分期纳税的适用条件，如果当年度货款收不回来，可以在合同上作相应考虑。
	折扣、折让、退回	如果是产品质量等原因造成的，应及时处理，不要一方面挂着应收款项，一方面收不回来，这样会先计税，未来还要通过资产损失处理，都不划算。

[1] 目前认可较多的是允许次年5月31日前发放的当年度的工资薪金，作为税前扣除的条件处理。

[2] 其实《财政部、国家税务总局关于补充养老保险费、补充医疗保险费有关企业所得税政策问题的通知》（财税〔2009〕27号）并未指明是当年度税前扣除的工资薪金，实践当中有人认为是全部年份工资的口径，有人认为是上一年度的税前扣除工资薪金，观点不一而足，但是现在的纳税申报表说明支持的是当年度税前扣除的工资薪金的5%。这一点值得探讨。

续表

类型	具体事项	关注点
资料准备	备案	➤ 尽管现在更多趋向于事后备案，但该准备的还是提前准备好，如加计扣除（部分还要通过科委）、加速折旧、设备抵免等，具体参照企业的情况找到适应的事项； ➤ 有些备案的数据，需要其他部门协助的，应及早进行确认； ➤ 复核单据，如当年度预缴税款的核对、工会经费票据的核对、保险单据的核对。
会计政策	影响所得税处理的事项	➤ 如有的企业将发生坏账金额较高情形，按未达到会计收入确认标准处理，但税收上并不放弃这项收入的权利； ➤ 如固定资产净残值，一经确定，就不得变更，因此如果有变化，就要作纳税调整的准备；但折旧年限没有限制，也没有审批之类的程序。
重大交易、事项	需要单独进行纳税调整的事项	➤ 如当年度的并购重组、对外投资事项； ➤ 政策性搬迁是否存在； ➤ 分支机构有无补缴税款的情形，是否分摊给总机构，这虽不影响汇算清缴，但未带来补税问题，需要一并考虑。
税务政策的实施	稽查案例影响	➤ 如某一分支机构的检查不认可事项，是否其他机构同样调整； ➤ 如税务机关对某一企业的稽查或检查意见，是否也要参照，这些对于税收不确定的事项，建议内部建立起预估及风险预防的方式。

1.4.3.3 如何与会计处理对接

有的单位是会计人员负责会计核算，其间也有税务事项的处理，如进项税额转出、递延所得税处理，或许会彼此沟通一下，也或者由税务岗位的人员完成。但是这里要说明的是，税务调整中的时间性差异与递延所得税是有关系的，但并不是全部，特别是年末结账已经处理，但汇算清缴时调整了数据，因此两者之间的协调需要有明细的支持，这种处理不到位的情形有时较多。

有的单位使用数据采集软件，自动生成纳税申报表，这个结果理解上是通的，但是前提是基础数据是符合税法确认标准的。比如职工教育经费，其中有个人报销的部分，这部分是需要人工标识确认的，因此需要二次加工。

反向也是一样，如果税务机关的人员在看审计报告时，发现其递延所得税有调整变化，那相应的纳税申报表上也会有相应的调整结果，这一点可以好好关注一下。

其实申报表本来可能是想解决时间性差异管理的，但是基于复杂性、追溯时间长，难以将全部的数据归集到位等，因此简单地采用了会计变化数据的取数逻辑。如企业当年度冲回准备金 1 000 万元，理论上是需要作纳税调减处理的，但是，这 1 000 万元是否要确认之前年度作纳税调增过？如果我们认为，那是之前年度事，企业少缴了税，应承担结果，今年该调减就调减是不负责任的，因此我们建议还是从平衡角度来看，特别是中介机构、税务人员，看到调减的大数，应谨慎起见多关注一下，避免出现"无人地带"。

1.4.3.4　时间安排

凡事理论上是越早越好，早起的鸟儿有食吃，但对于汇算清缴的工作，建议还是适当为好，原因如下：一是如上面提到的发票截止取得的时点，工资薪金的发放等，需要到后期才更明确，前面的估计可能会变化；二是税收政策的发布，有可能次年 5 月份还会发布适用于当年度的汇算清缴政策。

为了更好地把握主动性，汇算清缴的时点还是控制在中后期为好，但是，之前该准备的备案之类的事项，应该整理齐备，处理完毕，这个越早越好。

1.4.4　填表之前中介机构的准备工作

前面讲的都是企业该如何如何，对处于风头中的中介机构来讲，注册税务师的"注册"两字，被念念不忘的想去掉，其实这也没有关系，叫什么不重要，关键是得有价值。至于当前明确的不得强制鉴证的说法，中介机构的"例行业务"肯定会受影响。但是，如果企业认为你的工作有价值，强不强制，企业一样愿意做！最主要的是提供有价值的服务。这也是中介机构的同仁们需要急切改善的。这无关大与小、几 A 的身份问题，而是去掉花架子，提供实质的服务。

基于合规事项，申报表的修订激活了一批税务培训的市场，无论好与坏，大家都在努力，企业至少不浪费时间，学习了新的东西。

优惠方面的实施是真切的、看得见的，这是中介机构应着力发挥的地方，比如设备抵免、研究开发费用加计扣除、高新认定的合规化准备等，有些事项企业的领导同志可能认为，税务筹划之类有风险，其实这就是照章纳税，不是筹划钻国家的漏洞，政策就是让企业去享受的，结果我们一味地认为是不好下场的诱饵，所以中介机构的作用还是任重道远的。

最后，打铁还须自身硬，中介机构不能光挂在嘴边说关系如何，关键是专业水平如何，客户购买服务，就是基于专业服务本身来出发的，所以追求专业的机构才是具有正能量的机构。

至于中介机构的产品如何设计、如何提供，那就各显其能了。

1.4.5 税务机关人员应关注的事项

要想发现别人的错，首先自己会的技能要更多。但是由于企业的多样性，基层的同志事务也繁忙，因此及时修炼是关键。

单就 2014 年度的汇算清缴来讲，申报表是否应该先搞清楚，哪里可能存在问题，哪些需要备案管理，哪些需要重点审核，这些是要结合税收政策来处理的。

对于一些未明确的事项，如何了解把握的度，如何应对企业的招，这些虽然是提供纳税服务的角度，但也要有保护国家税收利益的大方向，同时也是自身价值的体现，所以，本书也尝试写一点提示，虽不及同志们理解的深度，但也是希望税企双方能很好地完成一个年度的汇算清缴。

当心里想到的这些事项准备妥当的时候，是不是我们就该动手了呢！那我们就从完成汇算清缴的顺序角度开始吧！

1.5 各地税收政策口径的差异如何协调

尽管我们说起税法来头头是道，但是在具体的地方政策差异上，各省（市）可能有千差万别的理解，这也是中国税法落地的难为之处。本来同样一项政策，实施之后尺度却有差异，有的人看着眼红，有的人认为不对，有的人认为对企业有利就支持，不一而足。其实中国这么大，中文这样复杂，有政策却理解不同，没政策理解更是差异大，所以这也是一个现状。全国层面每天出台很细的明确规定，是令人期待的，但也是需要等待的。

1.5.1　政策口径的差异

政策是在税法的框架下实施的，因此是具体情况具体适用的，如《企业所得税法实施条例》规定，企业依照国务院有关主管部门或者省级人民政府规定的范围和标准为职工缴纳的基本养老保险费、基本医疗保险费、失业保险费、工伤保险费、生育保险费等基本社会保险费和住房公积金，准予扣除。

五险一金是税法明确规定可以税前扣除的，只是中国地域广大，各地其他法规规定的适用条件是有差异的，因此税法也要参照各地其他法规的标准或口径来实施。

例如，某公司北京总机构的住房公积金比例是公司部分按 12% 缴纳，上海的分公司可能按 15% 缴纳，深圳的分公司可能按 20% 缴纳，这个是各家按自己的标准统计，由总机构统一合并来计算扣除的，所以不必纠结。

1.5.2　政策口径的理解不同

政策口径理解层面问题比较多，比如这边不认可通过劳务派遣公司发放的工资作为支出单位的工资薪金归集口径，那边认为可以归集，但要证明派遣公司没有两重再扣除一次得便宜（主要是以基数计算福利费之类的便宜）；这边认为资产损失必须处置才形成税前扣除的损失，那边认可暂估 5% 残值申报的情形，这种差异其实已背离了税法的统一性，让纳税人头疼，因此税务的管理层面也很高。最主要的是要有一种从严口径的想法在前，这对于纳税人的应对也是挑战。

对于总分机构而言，理论上总机构的主管税务机关是法人所得税的管理机关，政策都应依其规定执行，分支机构只管理分摊所得税就行。但是，因为各地税务机关也有检查权，也要进行处理，所以如果让总机构的税务人员到地方上检查，估计会很混乱。只有联合办公才有实践意义，但是不同的人口径不同，所以会出现一个机构的税务机关要求补税，另一个机构的税务机关认为可以理解的结果。

所以谨慎起见，机构参照地方性的严口径来实施政策的情形也较多，也就是说，选择都不利的角度是安全的，这样对于时间性的调整可能还比较容易接受，但是对于永久性的调整，就得好好合计一下了。

1.6　填报表单及简要功能说明

企业所得税年度纳税申报表填报表单如表 1-11 所示。

表 1-11　　　　　　　企业所得税年度纳税申报表填报表单

表单编号	表单名称	选择填报情况	
		填报	不填报
A000000	企业基础信息表	√	×
A100000	中华人民共和国企业所得税年度纳税申报表（A类）	√	×
A101010	一般企业收入明细表		
A101020	金融企业收入明细表		
A102010	一般企业成本支出明细表		
A102020	金融企业支出明细表		
A103000	事业单位、民间非营利组织收入、支出明细表		
A104000	期间费用明细表		
A105000	纳税调整项目明细表		
A105010	视同销售和房地产开发企业特定业务纳税调整明细表		
A105020	未按权责发生制确认收入纳税调整明细表		
A105030	投资收益纳税调整明细表		
A105040	专项用途财政性资金纳税调整明细表		
A105050	职工薪酬纳税调整明细表		
A105060	广告费和业务宣传费跨年度纳税调整明细表		
A105070	捐赠支出纳税调整明细表		
A105080	资产折旧、摊销情况及纳税调整明细表		
A105081	固定资产加速折旧、扣除明细表		
A105090	资产损失税前扣除及纳税调整明细表		
A105091	资产损失（专项申报）税前扣除及纳税调整明细表		
A105100	企业重组纳税调整明细表		
A105110	政策性搬迁纳税调整明细表		

表单编号	表单名称	选择填报情况	
		填 报	不填报
A105120	特殊行业准备金纳税调整明细表		
A106000	企业所得税弥补亏损明细表		
A107010	免税、减计收入及加计扣除优惠明细表		
A107011	符合条件的居民企业之间的股息、红利等权益性投资收益优惠明细表		
A107012	综合利用资源生产产品取得的收入优惠明细表		
A107013	金融、保险等机构取得的涉农利息、保费收入优惠明细表		
A107014	研发费用加计扣除优惠明细表		
A107020	所得减免优惠明细表		
A107030	抵扣应纳税所得额明细表		
A107040	减免所得税优惠明细表		
A107041	高新技术企业优惠情况及明细表		
A107042	软件、集成电路企业优惠情况及明细表		
A107050	税额抵免优惠明细表		
A108000	境外所得税收抵免明细表		
A108010	境外所得纳税调整后所得明细表		
A108020	境外分支机构弥补亏损明细表		
A108030	跨年度结转抵免境外所得税明细表		
A109000	跨地区经营汇总纳税企业年度分摊企业所得税明细表		
A109010	企业所得税汇总纳税分支机构所得税分配表		

说明：企业应当根据实际情况选择需要填表的表单。

1.6.1 风险点评

在上述的表格中，我们注意到，一般企业、金融企业、事业单位与民间非营利组织，是三选一的方式，即每个企业只就其中之一进行选择，比如金融企业包括商业银行、保险公司、证券公司等金融企业，但是现实当中并未分得那样清楚，同为融资租赁公司，可能有的企业仍按一般企业填写，有的企业就按金融企业填写，这取决于划分的标准，这也是税法看似清楚却未尽明确的地方。甚至有的财务公司还用一般企业的报表，这些情形，其实对申报没有太大的影响，只要填写的数据能够核对上，风险并不大，而且这是税务机关设定的使用格式，并不是企业自己选择的方式。

例如，一家保险资产管理公司咨询，自己应按照哪一张表去填报。性质上肯定是金融企业，但是保险资产管理公司和保险公司并不相同，保险资产管理公司跟证券公司其实更加接近，如果直接填到证券公司里边，确实又有点心虚，其实，这个大可不必，按照上一段处理的逻辑处理即可。

表格的填报选择需要填写的，不需要填写的不必申报，也不需要打印，不用上报税务机关，这一点可能还要看具体的操作者。

1.6.2　表单填报说明

本表列示申报表全部表单名称及编号。纳税人在填报申报表之前，请仔细阅读这些表单，并根据企业的涉税业务，选择"填报"或"不填报"。选择"填报"的，需完成该表格相关内容的填报；选择"不填报"的，可以不填报该表格。对选择"不填报"的表格，可以不上报税务机关。有关项目填报说明如下：

1.《企业基础信息表》（A000000）。

本表为必填表。主要反映纳税人的基本信息，包括纳税人基本信息、主要会计政策、股东结构和对外投资情况等。纳税人填报申报表时，首先填报此表，为后续申报提供指引。

2.《中华人民共和国企业所得税年度纳税申报表（A类）》（A100000）。

本表为必填表。是纳税人计算申报缴纳企业所得税的主表。毋庸置疑，这张表需要每个申报主体都要切实掌握。

3.《一般企业收入明细表》（A101010）。

本表适用于除金融企业、事业单位和民间非营利组织外的企业填报，反映一般企业按照国家统一会计制度规定取得收入情况。

4.《金融企业收入明细表》（A101020）。

本表仅适用于金融企业（包括商业银行、保险公司、证券公司等金融企业）填报，反映金融企业按照企业会计准则规定取得收入情况。

5.《一般企业成本支出明细表》（A102010）。

本表适用于除金融企业、事业单位和民间非营利组织外的企业填报，反映一般企业按照国家统一会计制度的规定发生成本费用支出情况。

6.《金融企业支出明细表》（A102020）。

本表仅适用于金融企业（包括商业银行、保险公司、证券公司等金融企业）填报，反映金融企业按照企业会计准则规定发生成本支出情况。

7.《事业单位、民间非营利组织收入、支出明细表》（A103000）。

本表适用于事业单位和民间非营利组织填报，反映事业单位、社会团体、民办非企业单位、非营利性组织等按照有关会计制度规定取得收入、发生成本费用支出情况。

8.《期间费用明细表》（A104000）。

本表由纳税人根据国家统一会计制度规定，填报期间费用明细项目。

9.《纳税调整项目明细表》（A105000）。

本表填报纳税人财务、会计处理办法（以下简称会计处理）与税收法律、行政法规的规定（以下简称税法规定）不一致，需要进行纳税调整的项目和金额。

10.《视同销售和房地产开发企业特定业务纳税调整明细表》（A105010）。

本表填报纳税人发生视同销售行为、房地产企业销售未完工产品、未完工产品转完工产品特定业务，会计处理与税法规定不一致，需要进行纳税调整的项目和金额。

11.《未按权责发生制确认收入纳税调整明细表》（A105020）。

本表填报纳税人发生会计上按照权责发生制确认收入，而税法规定不按照权责发生制确认收入，需要按照税法规定进行纳税调整的项目和金额。

12.《投资收益纳税调整明细表》（A105030）。

本表填报纳税人发生投资收益，会计处理与税法规定不一致，需要进行纳税调整的项目和金额。

13.《专项用途财政性资金纳税调整明细表》（A105040）。

本表填报纳税人发生符合不征税收入条件的专项用途财政性资金，会计处理与税法规定不一致，需要进行纳税调整的金额。

14.《职工薪酬纳税调整明细表》（A105050）。

本表填报纳税人发生的职工薪酬（包括工资薪金、职工福利费、职工教育经费、工会经费、各类基本社会保障性缴款、住房公积金、补充养老保险、补充医疗保险等支出），会计处理与税法规定不一致，需要进行纳税调整的项目和金额。

15.《广告费和业务宣传费跨年度纳税调整明细表》（A105060）。

本表填报纳税人本年发生的广告费和业务宣传费支出，会计处理与税法规定不一致，需要进行纳税调整的金额。

16.《捐赠支出纳税调整明细表》（A105070）。

本表填报纳税人发生捐赠支出，会计处理与税法规定不一致，需要进行纳税调整的项目和金额。

17.《资产折旧、摊销情况及纳税调整明细表》（A105080）。

本表填报纳税人资产折旧、摊销情况及会计处理与税法规定不一致，需要进行纳税调整的项目和金额。

18.《固定资产加速折旧、扣除明细表》（A105081）。

本表填报纳税人符合《财政部　国家税务总局关于完善固定资产加速折旧税收政策有关问题的通知》（财税〔2014〕75 号）规定，2014 年及以后年度新增固定资产加速折旧及允许一次性计入当期成本费用税前扣除的项目和金额。

19.《资产损失税前扣除及纳税调整明细表》（A105090）。

本表填报纳税人发生资产损失，以及由于会计处理与税法规定不一致，需要进行纳税调整的项目和金额。

20.《资产损失（专项申报）税前扣除及纳税调整明细表》（A105091）。

本表填报纳税人发生的货币资产、非货币资产、投资、其他资产损失，以及由于会计处理与税法规定不一致，需要进行纳税调整的项目和金额。

21.《企业重组纳税调整明细表》（A105100）。

本表填报纳税人发生企业重组所涉及的所得或损失，会计处理与税法规定不一致，需要进行纳税调整的项目和金额。

22.《政策性搬迁纳税调整明细表》（A105110）。

本表填报纳税人发生政策性搬迁所涉及的所得或损失，由于会计处理与税法规定不一致，需要进行纳税调整的项目和金额。

23.《特殊行业准备金纳税调整明细表》（A105120）。

本表填报保险公司、证券行业等特殊行业纳税人发生特殊行业准备金，会计处理与税法规定不一致，需要进行纳税调整的项目和金额。

24.《企业所得税弥补亏损明细表》（A106000）。

本表填报纳税人以前年度发生的亏损，需要在本年度结转弥补的金额，本年度可弥补的金额以及可继续结转以后年度弥补的亏损额。

25.《免税、减计收入及加计扣除优惠明细表》（A107010）。

本表填报纳税人本年度所享受免税收入、减计收入、加计扣除等优惠的项目和金额。

26.《符合条件的居民企业之间的股息、红利等权益性投资收益优惠明细表》（A107011）。

本表填报纳税人本年度享受居民企业之间的股息、红利等权益性投资收益免税项目和金额。

27.《综合利用资源生产产品取得的收入优惠明细表》（A107012）。

本表填报纳税人本年度发生的综合利用资源生产产品取得的收入减计收入的项目和金额。

28.《金融、保险等机构取得的涉农利息、保费收入优惠明细表》（A107013）。

本表填报纳税人本年度发生的金融、保险等机构取得的涉农利息、保费收入减计收入项目和金额。

29.《研发费用加计扣除优惠明细表》（A107014）。

本表填报纳税人本年度享受研发费加计扣除情况和金额。

30.《所得减免优惠明细表》（A107020）。

本表填报纳税人本年度享受减免所得额（包括农、林、牧、渔项目和国家重点扶持的公共基础设施项目、环境保护、节能节水项目以及符合条件的技术转让项目等）的项目和金额。

31.《抵扣应纳税所得额明细表》（A107030）。

本表填报纳税人本年度享受创业投资企业抵扣应纳税所得额优惠金额。

32.《减免所得税优惠明细表》（A107040）。

本表填报纳税人本年度享受减免所得税（包括小微企业、高新技术企业、民族自治地方企业、其他专项优惠等）的项目和金额。

33.《高新技术企业优惠情况及明细表》（A107041）。

本表填报纳税人本年度享受高新技术企业优惠的情况和金额。

34.《软件、集成电路企业优惠情况及明细表》（A107042）。

本表填报纳税人本年度享受软件、集成电路企业优惠的情况和金额。

35.《税额抵免优惠明细表》（A107050）。

本表填报纳税人本年度享受购买专用设备投资额抵免税额情况和金额。

36.《境外所得税收抵免明细表》（A108000）。

本表填报纳税人本年度来源于或发生于不同国家、地区的所得，按照我国税法规定计算应缴纳和应抵免的企业所得税额。

37.《境外所得纳税调整后所得明细表》（A108010）。

本表填报纳税人本年度来源于或发生于不同国家、地区的所得，按照我国税法规定计算调整后的所得。

38.《境外分支机构弥补亏损明细表》（A108020）。

本表填报纳税人境外分支机构本年度及以前年度发生的税前尚未弥补的非实际亏损额和实际亏损额、结转以后年度弥补的非实际亏损额和实际亏损额。

39.《跨年度结转抵免境外所得税明细表》（A108030）。

本表填报纳税人本年度发生的来源于不同国家或地区的境外所得按照我国税收法律、法规的规定可以抵免的所得税额。

40.《跨地区经营汇总纳税企业年度分摊企业所得税明细表》（A109000）。

本表填报跨地区经营汇总纳税企业总机构，按规定计算总分机构每一纳税年度应缴的企业所得税，总、分机构应分摊的企业所得税。

41.《企业所得税汇总纳税分支机构所得税分配表》（A109010）。

本表填报总机构所属年度实际应纳所得税额以及所属分支机构在所属年度应分摊的所得税额。

02

第2章

纳税申报表封面与基础信息表填写

本章内容理论上就照实填写，这些信息与纳税申报有着直接或者间接的关联，首先要填写准确，另外，相关信息之间也存在一定的因果关系，因此也需要谨慎对待。

我们认为，基础信息表的作用在于：

其一，是纳税人自行披露重要涉税基础信息的平台；

其二，为税务机关后续管理提供企业重要基本情况；

其三，为纳税人减负，如可替代小型微利企业年度备案资料；

其四，可与CTAIS机内已有信息进行比对，提高税务登记信息质量。

2.1 纳税申报表封面

《中华人民共和国企业所得税年度纳税申报表》封面的格式如表 2-1 所示。

表 2-1

中华人民共和国企业所得税年度纳税申报表
（A类，2014 年版）
税款所属期间：2014 年 1 月 1 日至 2014 年 12 月 31 日
纳税人识别号：
纳税人名称：
金额单位：人民币元（列至角分）
谨声明：此纳税申报表是根据《中华人民共和国企业所得税法》、《中华人民共和国企业所得税法实施条例》、有关税收政策以及国家统一会计制度的规定填报的，是真实的、可靠的、完整的。
法定代表人（签章）：　　　　年　月　日
纳税人公章：　　代理申报中介机构公章：　　主管税务机关受理专用章： 会计主管：　　　　经办人：　　　　　　　受理人： 　　　　　　　　经办人执业证件号码：
填表日期：　年　月　日　代理申报日期：　年　月　日　受理日期：　年　月　日
国家税务总局监制

2.1.1　风险点评

封面的填写，结合我们的理解，需要关注以下事项：

封面通常是法人企业作为纳税人来填写的，至于分支机构进行纳税申报是否同样填写，则需要结合各地税务机关的样本进行，如纳税人名称按照税务登记证信息填写。

如果纳税人中间发生停业、破产等情形，后面还没有清理完的如何处理？其实这属于正常经营期结束，算一个年度，因为企业所得税法规定：企业所得税按纳税年度计算。纳税年度自公历 1 月 1 日起至 12 月 31 日止。企业在一个纳税年度中间开业，或者终止经营活动，使该纳税年度的实际经营期不足十二个月的，应当以其实际经营期为一个纳税年度。企业依法清算时，应当以清算期间作为一个纳税年度。因此该纳税申报表未考虑清算，余下的清算期要单独作为一个纳税年度来计算所得额，相当于以非公历年度为基础设置了一个纳税期间（年度）。

关于法定代表人签章。其实法定代表人大多是不懂财务、税务的，签章的作用在于表明申报表是经过企业管理层确认的、有法律责任的申报表，而不是无聊之时申报的一个不负责任的东西。

对于中介机构来讲，代理申报中介机构盖章不是轻易做的，因为如果是鉴证机构，那这里不是该盖章的事，而是代理企业去申报，并非鉴证即是代理的意思。征管法实施细则对此是有明确规定的：税务代理人违反税收法律、行政法规，造成纳税人未缴或者少缴税款的，除由纳税人缴纳或者补缴应纳税款、滞纳金外，对税务代理人处纳税人未缴或者少缴税款 50％以上 3 倍以下的罚款。

所以中介机构代理轻易也不好做。至于鉴证的法律责任，由于税务机关对于一些事项各地存在口径差异，让中介机构承担争议补税的结果，本身也是有争议的。因此鉴证的意义并不是中介机构代税务机关鉴证，即使做了鉴证，税务机关也可能不予认可。但是如果中介机构做鉴证，企业处理会更有底一些，这才是所谓鉴证应发挥的作用。

税务人员应注意，如果发现其本身的期限是不完整的，就需要关注纳税人是刚开业，还是有中间停业的事项，有无自己调整的问题。

尽管现在的申报都是网上申报，却大多是由纳税人再打印一份盖章送到税务机关，这本身就有重复浪费的问题。但是，如果是网上申报，没有盖章，将来的责任谁承担呢，因此这还需要从更深远的角度来考虑。对于某些地方实施的无纸化申报（或部分），倒不失为一种创举。

2.1.2 封面填报说明

1. "税款所属期间"：正常经营的纳税人，填报公历当年1月1日至12月31日；纳税人年度中间开业的，填报实际生产经营之日至当年12月31日；纳税人年度中间发生合并、分立、破产、停业等情况的，填报公历当年1月1日至实际停业或法院裁定并宣告破产之日；纳税人年度中间开业且年度中间又发生合并、分立、破产、停业等情况的，填报实际生产经营之日至实际停业或法院裁定并宣告破产之日。

2. "纳税人识别号"：填报税务机关统一核发的税务登记证号码。

3. "纳税人名称"：填报税务登记证所载纳税人的全称。

4. "填报日期"：填报纳税人申报当日日期。

5. 纳税人聘请中介机构代理申报的，加盖代理申报中介机构公章，并填报经办人及其执业证件号码等，没有聘请的，填报"无"。

2.2 企业基础信息表

企业基础信息表格式如表2-2所示。

表 2-2 企业基础信息表

正常申报□	更正申报□		补充申报□
100 基本信息			
101 汇总纳税企业	是（总机构□ 按比例缴纳总机构□）		否□
102 注册资本（万元）	106 境外中资控股居民企业	是□	否□
103 所属行业明细代码	107 从事国家非限制和禁止行业	是□	否□
104 从业人数	108 存在境外关联交易	是□	否□
105 资产总额（万元）	109 上市公司	是（境内□境外□）	否□

200 主要会计政策和估计		
201 适用的会计准则或会计制度	企业会计准则（一般企业□ 银行□　证券□ 保险□ 担保□） 小企业会计准则□ 企业会计制度□ 事业单位会计准则（事业单位会计制度□　科学事业单位会计制度□　医院会计制度□　高等学校会计制度□　中小学校会计制度□　彩票机构会计制度□） 民间非营利组织会计制度□ 村集体经济组织会计制度□ 农民专业合作社财务会计制度（试行）□ 其他□	
202 会计档案的存放地		203 会计核算软件	
204 记账本位币	人民币□ 其他□	205 会计政策和估计是否发生变化	是□　　　　否□
206 固定资产折旧方法	年限平均法□　工作量法□　双倍余额递减法□　年数总和法□　其他□	
207 存货成本计价方法	先进先出法□　移动加权平均法□　月末一次加权平均法□　个别计价法□　毛利率法□　零售价法□　计划成本法□　其他□	
208 坏账损失核算方法	备抵法□　　　　直接核销法□	
209 所得税计算方法	应付税款法□　资产负债表债务法□　其他□	
300 企业主要股东及对外投资情况		
301 企业主要股东（前 5 位）		

股东名称	证件种类	证件号码	经济性质	投资比例	国籍（注册地址）

302对外投资（前5位）					
被投资者名称	纳税人识别号	经济性质	投资比例	投资金额	注册地址

2.2.1　风险点评

2.2.1.1　申报表的修订

"正常申报"、"更正申报"，这种事项原来就有，也就是说，在纳税申报期内，随时都可以去修改你的申报表，例如1月申报完了，补缴了100万元的税款，但在5月份发现数据不对，可再次修改，这是没有限制的。但是需要注意的是，由于网络申报的缘故，企业在自己的远程申报端可能无法修改，那么就需要企业去税务局的大厅找人授权后才能修改，否则会造成管理混乱。这时如果还有补税，没有问题，继续补，那怕5月31日最后一天补，都可以，没有处罚，也没有滞纳金，这是正常的纳税人权利。但是如果更正申报，发现原来是补税，现在要退税，那可能会费点力气，税务机关可能要等到汇算清缴结束之后统一安排退税，而不是来一个补一个。或者不退，来年再抵税，家底不丰厚时经常有这样的情形。纳税申报表主表中也恰当地保留了这样一行，显然这并不是税法中介绍的"企业应当自年度终了之日起五个月内，向税务机关报送年度企业所得税纳税申报表，并汇算清缴，结清应缴应退税款。"这样简单，所以更多时候还是要争取一次性处理完。

申报期后，存在由于纳税人自查、主管税务机关评估等发现以前年度申报有误而更改申报为"补充申报"的情形。现状是，税务机关评估等处理的较多，原来是手工填表后到税务机关申报一下就可以了，现在有了这样一个标识供使用。补充申报是纳税人所不乐见的，因为要承担相应的责任，还可能要缴滞纳金。而滞纳金多数情况下是计算机自动计算的，除非混淆在当年度的税项中一块处理了。滞纳金是从汇算清缴结束的第二日开始计算的，以日万分之五计算，时间一长，有可能比税款还多，期待征管法修订对此多考虑一下。

2.2.1.2　101 汇总纳税企业

一般企业是总分机构且所得税预缴时分摊的，都直接选择"总机构"，如果是单一的企业，即使外面有分支机构，如分公司、或未改名的老办事处，但都是没有参与分摊所得税预缴的，也是选择"否"，因为这里不是所得税总分机构分摊的概念，如果上面选择了总机构，则必须填写附表 A109000 和 A109010。

按比例缴纳总机构不是一般企业能享受的，《国家税务总局关于印发〈跨地区经营汇总纳税企业所得税征收管理办法〉的公告》（国家税务总局公告 2012 年第 57 号）规定，国有邮政企业（包括中国邮政集团公司及其控股公司和直属单位）、中国工商银行股份有限公司、中国农业银行股份有限公司、中国银行股份有限公司、国家开发银行股份有限公司、中国农业发展银行、中国进出口银行、中国投资有限责任公司、中国建设银行股份有限公司、中国建银投资有限责任公司、中国信达资产管理股份有限公司、中国石油天然气股份有限公司、中国石油化工股份有限公司、海洋石油天然气企业（包括中国海洋石油总公司、中海石油（中国）有限公司、中海油田服务股份有限公司、海洋石油工程股份有限公司）、中国长江电力股份有限公司等企业缴纳的企业所得税（包括滞纳金、罚款）为中央收入，全额上缴中央国库，其企业所得税征收管理不适用本办法。铁路运输企业所得税征收管理不适用本办法。如果这些企业的二级分支机构（或其他层级）有在当地按比例预缴部分的（毕竟是需要为当地做点贡献的），则通常是按比例来的，所以这个选择多是为它们准备的。

2.2.1.3　102 注册资本

2014 年《公司注册资本登记管理规定》（国家工商行政管理总局令第 64 号）颁布之后，注册资本就从实缴登记制改为了认缴登记制，执照上多数情形下看不到实收资本的信息了，因此这个地方的填写，取决于营业执照的注册资本信息。

2.2.1.4　103 所属行业明细代码

根据《国民经济行业分类》（GB/4754—2011）填写，如果是多业的，就多填写一些，如果填写的地方有限，就尽量择其主要的填写。这一信息要反映主要的特征。由于目录较长，在此不作列示，后面会以附录形式加工好作为本书的赠阅材料。

2.2.1.5　104 从业人数

从业人数范围需要明确一下，首先不单是企业有劳动关系的雇佣人员，还包括劳务派遣的人员。有人认为，依照国家税务总局 2012 年第 15 号公告，雇用季节工、临时工、实习生、返聘离退休人员也应算在内，这也是建立劳动关系，而不仅仅是只有劳动合同（通常指办理社保之类的正式工）。

至于这个计算，还是有点繁杂的，这与之前年度的申报表说明是不一样的，不是简单的取年初与年末的人数进行平均，填报说明中解释如下：

月平均值＝（月初值＋月末值）÷2

全年月平均值＝全年各月平均值之和÷12

年度中间开业或者终止经营活动的，以其实际经营期作为一个纳税年度确定上述相关指标。

这里要填的是全年月平均值，至于填报说明中的全年从业人员计算说明，基本没有意义，一般不计算累计值。

从业人数非常具有判断价值，因为小型微利企业的税收优惠取决于此因素，包括低税率、减半征收企业所得税、经营与研发共用仪器、设备的加速折旧政策，如果不达标，后续填写享受该优惠政策，会直接被否定。

小型微利企业的标准为：①工业企业，年度应纳税所得额不超过 30 万元，从业人数不超过 100 人，资产总额不超过 3 000 万元；②其他企业，年度应纳税所得额不超过 30 万元，从业人数不超过 80 人，资产总额不超过 1 000 万元。

所以算准了再说，如多二人，那为满足条件，裁二人如何？要基于事实，恰当处理。当然还要与上面的行业明细代码对应，如工业企业、其他企业之分，特别是涉及多业时，应从谨慎的角度多考虑。

2.2.1.6　105 资产总额

资产总额的算法与从业人数一样，计算公式如下（单位：万元）：

月平均值＝(月初值＋月末值)÷2

全年月平均值＝全年各月平均值之和÷12

2.2.1.7　106 境外中资控股居民企业

将境外注册的公司认定为中国的居民企业，是企业所得税法提出来的实际管理机构的概念，即所称居民企业，是指依法在中国境内成立，或者依照外国（地区）法律成立但实际管理机构在中国境内的企业。

这一规定具有国家主权税收的深远意义，一是中国要明确征税管辖权，二是与对方国家或地区的交涉对待。目前认定为居民企业的情形，更多是自愿的，原因主要是有税收利益。如中国大陆的企业 A，通过在境外设立上市主体 B，再通过返程投资将境内的实体企业 C 装入上市主体，这样是为了海外上市操作的便利。由于企业所得税法明确规定居民企业之间的股息、红利免税，因此，如果不认定 B 为居民企业，那 C 向 B 分配利润时，首先要依协定税率或实施条例规定的税率 10% 代扣代缴其企业所得税，B 再向境内 A 分配利润时，可能境外是避税地，没有税，而且对于这种境内是二级投资地的情况，并没有明确可以延续到境内抵免所得税，因此又可能被要求按 25% 缴税，这样就增加了税收负担。如果认定为居民企业，居民企业之间分配的两个环节都免税。

现在，这一权限从国家税务总局下放到省级税务机关，就变得灵活了。当然，这些都是基于企业所得税法的框架来实施的，是符合税法规定的。虽然税法规定比较明确，但是这种对外拓展的力度，要视不同国家或地区的对接来完成，因为一方认可而对方国家或地区不认可，自然不易协调。目前很多红筹上市模式的民营企业基本上是符合认定标准的，只是我们对外拓展的力度还未前进得那么快。

但是有一点要关注，如果认定其为居民企业，那该公司再对其他国家或地区的股东分红，就要依据中国与其协定的规则来考虑，理论上更多的是需要代扣代缴其所得税。但是这里对居民企业的认定，仅仅限于企业所得税，在增值税与营业税上，尚没有这个概念，即如果涉及这两个税种的代扣代缴等，仍无法改变境外单位的范围，不能突破认为是两个境内企业之间的交易，这一点要有针对性的区别。

2.2.1.8　107 从事国家非限制和禁止行业

这一项对填写来说比较清楚，但是填写之前还需要确认，信息来源可以直接查阅产业结构调整指导目录（2011 年本，2013 年修正），目录中清楚地列出了限制类和淘汰类，其中的禁止类可以参照淘汰类的时限说明来比对。

2.2.1.9　108 存在境外关联交易

有境外关联交易就填写，没有就不填写，这其中包括作为中国居民企业的外商投资企业，也包括"走出去"的中国企业。从目前反避税的角度来看，外资企业的反避税做得更多一些，而对于走出境外投资的央企，还有一些透过海外规划上市的民营企业，将财富转移至海外的富贵阶层。显然这是让存在境外关联交易的情形先自已喊一声，至于税务机关如何关注，或者说我们该如何关注，就非常值得品味了。

至于当前各地有较多推动对外支付特许权等费用的企业，税务机关要求提供各种凭据、文档等，也是一项不小的工作，当然接下来可能就是彼此的沟通渠道了。

2.2.1.10　109 上市公司

是上市公司的要区分境内、境外，境外包括香港在内，当然也有在台湾上市的，目前也只能参照香港按境外选择。如果是上市公司，公告资料查询比较方便，这里如果再要求加上上市代码效果会更好。

对于当前的所谓"新三板"，是不是也属于上市公司呢，虽然被忽悠的比较多，但也是机会，不过上了这个板的公司也不是上市公司，因为其只是提供了股权交易的平台，并非公开募集资金的过程，所以"新三板"挂牌公司还不是上市公司。目前只有在上交所、深交所挂牌的机构才是境内的上市公司。

2.2.1.11　201 适用的会计准则或会计制度

这项内容其实还是有作用的，主要是不同的核算规则会影响纳税调整的一些调整逻辑，而现在的国有企业及上市公司，基本上都采用了《企业会计准则（2006）》，而大部分外资公司、民营企业采用的是老的会计制度，还有的小企业采用的是小企业会计准则。

2013年起施行的《事业单位会计准则》适用于各级各类事业单位。而且要求对固定资产进行折旧，对无形资产进行摊销处理，这跟原来买入资产就当花钱出去，同时在所有者权益中记录原值的处理发生了变化，一定程度上也是跟税务处理的要求进行了接轨。

农民专业合作社也是法人单位，即也是企业，所以也列入了表格的信息披露中。

2.2.1.12　202会计档案存放地

这项内容看着简单，如张三公司在北京，账也在北京，这是正常的，但是这个档案涉及电子的，也有纸质的，而当前大家认为的多是纸质的概念，因为原来都是手工凭据，或者有了电子的，还是要打印出来，再贴上花。电子档案的管理也是亟需纳入标准体系的，《会计档案管理办法》的修订版估计也有待发布了。

而对于总分公司，其档案存放于各地，这要如何填呢，总不至于一个小框要填几十家吧，所以此时建议填写总机构的档案存放地，至于何时需要，能找到就好。

现在很多企业做集中财务管理，例如总部的会计人员给下面的企业做账，凭据寄到北京来，如果当地的税务机关需要检查，就会出现麻烦。理论上这个档案是存放在单位所在地的，但目前显然存在较多脱离这一情形的状况。

2.2.1.13　203会计核算软件

该项填报会计电算化系统的会计核算软件，如ERP。显然这里并没有说明要填写用友、金蝶之类的名字。企业自己开发的，也可以叫ERP，所以这个名字并不重要。

但是根据征管法的相关规定，从事生产、经营的纳税人的财务、会计制度或者财务、会计处理办法和会计核算软件，应当报送税务机关备案。说认真点，现在有几家去备案的呢，如果税务机关一旦发怒了，看来是可以适当处罚一下的。

2.2.1.14　204 记账本位币

《中华人民共和国会计法》明确规定，会计核算以人民币为记账本位币。业务收支以人民币以外的货币为主的单位，可以选定其中一种货币作为记账本位币，但是编报的财务会计报告应当折算为人民币。

《企业所得税法实施条例》规定：

企业所得以人民币以外的货币计算的，预缴企业所得税时，应当按照月度或者季度最后一日的人民币汇率中间价，折合成人民币计算应纳税所得额。年度终了汇算清缴时，对已经按照月度或者季度预缴税款的，不再重新折合计算，只就该纳税年度内未缴纳企业所得税的部分，按照纳税年度最后一日的人民币汇率中间价，折合成人民币计算应纳税所得额。

经税务机关检查确认，企业少计或者多计前款规定的所得的，应当按照检查确认补税或者退税时的上一个月最后一日的人民币汇率中间价，将少计或者多计的所得折合成人民币计算应纳税所得额，再计算应补缴或者应退的税款。

企业在货币交易中，以及纳税年度终了时将人民币以外的货币性资产、负债按照期末即期人民币汇率中间价折算为人民币时产生的汇兑损失，除已经计入有关资产成本以及与向所有者进行利润分配相关的部分外，准予扣除。

好在现在的人民币汇率还在稳定期，否则外币计算的结果与折算的人民币有可能产生反向移动。

例如，外币应税所得预缴时按 1 000 美元计算，汇率是 1∶6.1，人民币折合 6 100 元，汇算清缴时，若按 990 美元计算，汇率是 1∶6.2，人民币折合 6 138 元，两者相减，美元少了，但是人民币却要补税 38 元，其实我们知道，如果企业平时按人民币记账，就不考虑美元了，只是这样会让人感觉有问题，其实记账本位币全是人民币也应是这样的结果。

2.2.1.15　205 会计政策和估计是否发生变化

首先要明白哪些是会计政策变化，哪些是会计估计变化。根据科班标准的会计政策变更理论，一般要追溯调整，追溯调整后，有的收入调到了以前年度，有的成本费用也调到了以前年度，即调到了未分利润当中，这里有可能忽略了一些可能应税或税前扣除的风险。

从我们的经历来看，换个会计师事务所，有时那个账能整个底朝天，真不知道为何差距这么大呢，一堆堆的以前年度调整，让税务申报如何悲伤呢。当然有一些是政策规定的情形，如盘盈的固定资产，执行会计制度的公司一般作盘盈收入处理，但执行新会计准则的企业却认为是会计差错，应调整以前年度损益（即理论上天上没有掉下来的馅饼，是原来搞错了），所以有时可能原来的处理没错，如果有盘盈资产或收入，要作为应税收入处理，《企业所得税法实施条例》中的其他收入中也给予了明确。

由此我们一般非常建议税务机关、中介机构的同志去比较企业两年的会计报表的期初与上一年的期末数，特别是可以以未分配利润加上当年净利润，扣除分红之类的影响来核对，看看利润有没有变化。不然这里面的文章多的是，你说企业什么东西都往未分配利润装，我们还按套数跟人家讲当年度的纳税调整呢，这种被隐藏的风险，需要特别关注，尤其是有的企业是用外语做账的，更宜谨慎处理。

至于会计估计，影响的是未来变化，如会计折旧年限变化，影响的是未来年度，之前的不追溯处理。

哪些是会计政策变化，哪些是会计估计变化，《企业会计准则第 28 号——会计政策、会计估计变更和差错更正》说得不明白，很多时候对于非专业人士，只能是瞎猜，所以我们就此整理一下，以供参照。

如下为摘自网络整理的会计政策变更：
①发出存货成本的计量。②长期股权投资的后续计量。③投资性房地产的后续计量。④固定资产的初始计量，是指企业取得的固定资产初始成本的计量。例如，企业取得的固定资产初始成本是以购买价款，还是以购买价款的现值为基础进行计量。⑤无形资产的确认，是指对研究开发项目的支出是否确认为无形资产。⑥非货币性资产交换的计量，是指非货币性资产交换事项中对换入资产的计量。⑦收入的确认，是指收入确认所采用的会计原则。⑧借款费用的处理，是指借款费用的会计处理方法，即是采用资本化，还是采用费用化。⑨合并政策，是指编制合并会计报表所采纳的原则。

如下为摘自网络整理的会计估计变更：
①存货可变现净值的确定。②采用公允价值模式下的投资性房地产公允

价值的确定。③固定资产的预计使用寿命与净残值；固定资产的折旧方法。④生物资产的预计使用寿命与净残值；各类生产性生物资产的折旧方法。⑤使用寿命有限的无形资产的预计使用寿命与净残值。⑥可收回金额按照资产组的公允价值减去处置费用后的净额确定的，确定公允价值减去处置费用后的净额的方法；可收回金额按照资产组预计未来现金流量的现值确定的，预计未来现金流量及其折现率的确定。⑦合同完工进度的确定。⑧权益工具公允价值的确定。⑨债务人债务重组中转让的非现金资产的公允价值、由债务转成的股份的公允价值和修改其他债务条件后债务的公允价值的确定；债权人债务重组中受让的非现金资产的公允价值、由债权转成的股份的公允价值和修改其他债务条件后债权的公允价值的确定。⑩预计负债初始计量的最佳估计数的确定。⑪金融资产公允价值的确定。⑫承租人对未确认融资费用的分摊；出租人对未实现融资收益的分配。⑬探明矿区权益、井及相关设施的折耗方法；与油气开采活动相关的辅助设备及设施的折旧方法。⑭非同一控制下企业合并成本的公允价值的确定。⑮其他重要会计估计。

2.2.1.16 206 固定资产折旧方法

根据实际情况，折旧方法是可以多选择的，所得税法规中只提供了按直线法进行折旧，至于按工作量法，这只是企业的一种方法，理论上是需要与最低折旧年限比较调整的。对于加速折旧而言，应加上年数总和法、双倍余额递减法。对于按最低折旧年限的60％加速的，则只能填写其他。所以填写了这张表，就要注意填写加速折旧的表。

所得税法规并未限制调整折旧年限，但是却对净残值明确规定，一经确定，不得变更，不得变更的意思是税法上不可以变更，但是企业账上还是可以变更的，这时就要做纳税调整处理了。

由于现在的经济情况变化较多，上市公司经常变更折旧年限，如原来按10年计提折旧，现在改为50年，一下子一年折旧扣除少了2 000万元，利润增加了很多。在这种情形之下，会计政策有指引支持，税务机关有没有限制呢？目前来看，确实没有限制，也没有所谓的报备之说。上面说的是折旧年限增多，减少也是一样的处理思路。

但是这个信息反馈的信息，对于税务机关的作用可能不大，还不如增加一项是否当年度存在调整，该表类似风控表，主要是让纳税人自己预防问题。

2.2.1.17　207 存货成本计价方法

所得税法规规定：企业使用或者销售的存货的成本计算方法，可以在先进先出法、加权平均法、个别计价法中选用一种。计价方法一经选用，不得随意变更。

这里填表说明中的移动加权平均及月末一次加权平均法，就是上面提到的加权平均法，选择了前面四个，还是符合提倡的方法的。下面提到的毛利率法、零售价法及计划成本法（见表 2-3）是会计上的概念，也需要加以关注。

表 2-3　　　　　　　　毛利率法、零售价法及计划成本法

方法	简述	所得税影响
毛利率法	根据本期销售总金额乘以上期实际（或本期计划）毛利率匡算本期销售毛利，并据以计算发出存货和期末结存存货成本的一种方法。	这是估计的方法，用于商场之类的成本倒轧计算，不具有真实性，理解这是需要据实调整的，但是调整的成本估计难以保持经常的更新。
零售价法	商品零售企业经常采用的一种存货计价方法。在这种方法下，首先用成本占零售价的百分比计算出期末存货成本，然后倒挤出本期的销售成本。	这种方法也是用总体指标解决个别成本的综合结转，因此也有与实际不一定相符的结果。但也是一种实际成本的结转方法。
计划成本法	计划成本法是指企业存货的日常收入、发出和结余均按预先制定的计划成本计价，另设"材料成本差异"科目进行与实际成本的正负调整。	这种方法如果调整差异后（以差异率计算调整），相当于调整为实际成本。

这里建议加上后进先出法，只要选择了该方法，就必须进行调整，其他方法中，有时估计会误导很多信息的传递。

2.2.1.18　208 坏账损失核算方法

备抵法就是事前先计提出来坏账准备，但计提时，除了金融类企业有相应比例的税前扣除标准外，其余都是不允许税前扣除的，因此计提时多数要进行纳税调整。在发生坏账时，直接冲减坏账准备，冲销时，由于没有计入当期损益表，如果这笔损失又取得了税务机关的损失申报，就要在利润表基

础上纳税调减该笔损失。

直接核销法下，损失直接计入利润表，必须进行申报才能扣除，如果不申报，需对应地在利润表的基础上作纳税调增处理。

2.2.1.19　209 所得税会计核算方法

所得税会计核算方法通常包括应付税款法及资产负债表债务法，其中，应付税款法就是当期缴多少税，就列多少所得税费用扣除，利润总额减去这个费用后就是净利润，简单易懂。而《企业会计准则（2006）》颁布之后，我们从国外引入了资产负债表债务法，这个算法虽然源于会计标准，却和税混在一块，处理起来比较麻烦。

有时我们会发现非常有趣的结果，如某公司的利润总额 2014 年是－500万元，纳税调整后为－6 000 万元，这个金额估计未来可以弥补亏损回来，所以作为一项资产，未来使用较好，因此，当期的所得税费用是－1 500 万元（6 000×25%），这样净利润反而是 1 000 万元。会计分录如下：

借：递延所得税资产　　　　　　　　　　　　　　15 000 000

贷：所得税费用——递延所得税费用　　　　　　15 000 000

所以不需要多思考，不清楚就看审核报告，一般大企业都用资产负债表债务法，小企业、部分外资企业采用应付税款法。

2.2.1.20　301 企业主要股东（前 5 位）

根据需要填报本企业投资比例前 5 位的股东情况。包括股东名称，证件种类（税务登记证、组织机构代码证、身份证、护照等），证件号码（纳税人识别号、组织机构代码号、身份证号、护照号等），经济性质（单位投资的，按其登记注册类型填报；个人投资的，填报自然人），投资比例，国籍（注册地址），即大股东的信息，这一信息对于税务机关的作用是了解，当然如果对比上一年有变化，说明可能对方有投资收益的关注问题。

这些信息应比较容易取得，根据会计师的报告就可以填写，或查询公司的登记信息。只要根据说明找到相关证件，就可以找到相关信息。至于单位投资的经济性质，可以参照企业的登记证件填写，如国有、私营、集体、外资等。国外非居民企业证件种类和证件号码可不填写，这也是考虑了办税人员的难度。

2.2.1.21　302 对外投资（前 5 位）

填报本企业对境内投资金额前 5 位的投资情况。这里并不要求填写境外投资的情形，只以金额为标准，不需要看其他的比例之类的信息。

2.2.2　基础信息表填报说明

纳税人在填报申报表前，首先填报基础信息表，为后续申报提供指引。基础信息表主要内容包括表头、基本信息、主要会计政策和估计、企业主要股东及对外投资情况等部分。有关项目填报说明如下：

1. 纳税人根据具体情况选择"正常申报"、"更正申报"或"补充申报"。

正常申报：申报期内，纳税人第一次年度申报为"正常申报"；更正申报：申报期内，纳税人对已申报内容进行更正申报的为"更正申报"；补充申报：申报期后，由于纳税人自查、主管税务机关评估等发现以前年度申报有误而更改申报为"补充申报"。

2. "101 汇总纳税企业"：纳税人根据情况选择。纳税人为《国家税务总局关于印发〈跨地区经营汇总纳税企业所得税征收管理办法〉的公告》（国家税务总局公告 2012 第 57 号）规定的跨地区经营企业总机构的，选择"总机构"，选择的纳税人需填报表 A109000 和 A109010；纳税人根据相关政策规定按比例缴纳的总机构，选择"按比例缴纳总机构"；其他纳税人选择"否"。

3. "102 注册资本"：填报全体股东或发起人在公司登记机关依法登记的出资或认缴的股本金额（单位：万元）。

4. "103 所属行业明细代码"：根据《国民经济行业分类》（GB/4754—2011）标准填报纳税人的行业代码。如所属行业代码为 7010 的房地产开发经营企业，可以填报表 A105010 中第 21 至 29 行；所属行业代码为 06** 至 50**，小型微利企业优惠判断为工业企业；所属行业代码为 66** 的银行业，67** 的证券和资本投资，68** 的保险业，填报表 A101020、A102020。

5. "104 从业人数"：填报纳税人全年平均从业人数，从业人数是指与企业建立劳动关系的职工人数和企业接受的劳务派遣用工人数之和；从业人数指标，按企业全年月平均值确定，具体计算公式如下：

月平均值＝(月初值＋月末值)÷2

全年月平均值＝全年各月平均值之和÷12

全年从业人数＝月平均值×12

年度中间开业或者终止经营活动的，以其实际经营期作为一个纳税年度确定上述相关指标。

6. "105 资产总额（万元）"：填报纳税人全年资产总额平均数，依据和计算方法同"从业人数"口径，资产总额单位为万元，小数点后保留 2 位小数。

7. "106 境外中资控股居民企业"：根据《国家税务总局关于境外注册中资控股企业依据实际管理机构标准认定为居民企业有关问题的通知》（国税发〔2009〕82 号）规定，境外中资控股企业被税务机关认定为实际管理机构在中国境内的居民企业选择"是"。其他选择"否"。

8. "107 从事国家非限制和禁止行业"：纳税人从事国家非限制和禁止行业，选择"是"，其他选择"否"。

9. "108 境外关联交易"：纳税人存在境外关联交易，选择"是"，不存在选择"否"。

10. "109 上市公司"：纳税人根据情况，在境内上市的选择"境内"；在境外（含香港）上市的选择"境外"；其他选择"否"。

11. "201 适用的会计准则或会计制度"：纳税人根据采用的会计准则或会计制度选择。

12. "202 会计档案存放地"：填报会计档案的存放地。

13. "203 会计核算软件"：填报会计电算化系统的会计核算软件，如 ERP。

14. "204 记账本位币"：纳税人根据实际情况选择人民币或者其他币种。

15. "205 会计政策和估计是否发生变化"：纳税人本年会计政策和估计与上年度发生变更的选择"是"，未发生的选择"否"。

16. "206 固定资产折旧方法"：纳税人根据实际情况选择，可选择多项。

17. "207 存货成本计价方法"：纳税人根据实际情况选择，可选择多项。

18. "208 坏账损失核算方法"：纳税人根据实际情况选择。

19. "209 所得税会计核算方法"：纳税人根据实际情况选择。

20. "301 企业主要股东（前 5 位）"，填报本企业投资比例前 5 位的股东情况。包括股东名称，证件种类（税务登记证、组织机构代码证、身份证、护照等)，证件号码(纳税人识别号、组织机构代码号、身份证号、护照号等)，经济性质(单位投资的，按其登记注册类型填报；个人投资的，填报自然人)，投资比例，国籍(注册地址)。

国外非居民企业证件种类和证件号码可不填写。

21. "302 对外投资(前 5 位)"，填报本企业对境内投资金额前 5 位的投资情况。包括被投资者名称、纳税人识别号、经济性质、投资比例、投资金额、注册地址。

03

第3章

企业会计准则修订新增对于所得税的影响

2014 年修订发布并于 2014 年 7 月 1 日起开始生效的八个会计准则，带来了切实的变化，尽管多数情形下是理论方面的，但是我们必须关注其对所得税的影响。其中涉及主要的修订准则包括：

(1)《企业会计准则第 2 号——长期股权投资》；

(2)《企业会计准则第 9 号——职工薪酬》；

(3)《企业会计准则第 39 号——公允价值计量》；

(4)《企业会计准则第 30 号——财务报表列报》。

这些准则主要有哪些变化，是我们第一步要搞清楚的，知道换了件什么样的"马甲"，才能正确对其进行调整，比如虽然我们知道税法上的条条框框，但是如果不知道会计核算涉及的哪些内容会在这个框里，肯定是做不好工作的。

3.1 长期股权投资准则的修订

核算为长期股权投资的适用范围发生变化，主要是用其他的准则规则处理，至于是否纳入合并报表反映，并不影响企业所得税的法人体系计算。

对于成本法下投资收益的确认，旧准则规定，投资企业确认投资收益，仅限于被投资单位接受投资后产生的累积净利润的分配额，所获得的利润或现金股利超过上述数额的部分作为初始投资成本的收回。而新准则则规定，被投资单位宣告分派的现金股利或利润，应当确认为当期投资收益。这一修订其实在准则实施之后的《企业会计准则解释第 2 号》中已经作了明确，即不再视为投资成本的收回。其实这个问题还是有些争议的，如：甲公司 2014 年 7 月购买了乙公司 85％的股权，投资成本 1 000 万元，结果因为公司原来利润多，效益好，年末一次性分红 1 500 万元。依照会计准则，1 500 万元全部计入投资收益。关于这一点，有的税务机关人员认为，税法上只认可投资后累计产生的利润（会计利润）分配享受免税，而不是原来的利润都享受。其实我们知道，原来的利润企业没有分配，也没有享受相应的政策，现在分红给另外一家，国家的政策没有因此产生税收损失，同时，也不宜认为这是原来投资者无偿赠送给接手投资者的，因为原来的利润已经含在股权转让中了。如果真要计算投资后产生的可分配的利润是多少，就很难了，如上市公司股票交易频繁，如何对应计算其分红时享受的购买后的利润？而且很多公司涉及投资前后会计调账、年末集中产生利润的情形，如何分得清楚每个月产生的利润呢？所以这一切看似区分得有道理，但却无法明确操作。实际上企业也是合规地享受相应的政策，反而原来冲减投资成本的处理，没有进行股息红利的确认，在税收上是缺少了这样一个环节的。现在会计上也简单化处理了，所以企业所得税也正好对应上了，不宜再复杂化考虑处理。

长期股权投资会计处理的复杂性就在于其计量成本、收益的变化，而在税务处理上以不变应万变，投出去多少钱就算多少成本，未来转让收回都以此为基数确认。税务上区分为一般性税务处理与特殊性税务处理，新的纳税申报表对此也有专门的调整明细表。

3.2　职工薪酬准则的修订

这个准则的变化与纳税人关系密切，如下我们特此也进行了关注（见表3-1）。

表 3-1　　　　　　　　　　职工薪酬准则的主要关注点

事项	会计规定	税务处理
职工	职工，是指与企业订立劳动合同的所有人员，含全职、兼职和临时职工，也包括虽未与企业订立劳动合同但由企业正式任命的人员。包括通过企业与劳务中介公司签订用工合同而向企业提供服务的人员。劳务派遣工明确纳入，其实之前也多有纳入职工薪酬。	国家税务总局 2012 年第 15 号公告[1]明确了工资薪金的口径，不再局限于劳动合同的偏窄理解。
职工薪酬的范围	职工薪酬包括短期薪酬、离职后福利、辞退福利和其他长期职工福利。企业提供给职工配偶、子女、受赡养人、已故员工遗属及其他受益人等的福利，也属于职工薪酬。	目前来看，退休人员的统筹外补贴都难以扣除，更何况离职后福利、子女的费用了，因为这些费用理论上是交给社保处理了[2]。

----

[1]　国家税务总局公告 2012 年第 15 号，即《国家税务总局关于企业所得税应纳税所得额若干税务处理问题的公告》。

[2]　比如有的境外公司，其海外派遣的工作人员（与境内的外商投资企业签订劳动合同）在离职后，公司仍要承担其一年等不同期限的工资补贴，要将这类费用视为辞退福利、离职补偿呢，目前来看，还是较难获得认可的。

事项	会计规定	税务处理
养老保险费、失业保险费	这两项费用已纳入离职后福利的范围。	在税法上是明确属于职工工作期间的支出，而不是离职之后的支出，所以税前扣除还是认可的。
非货币性福利	原则上按公允价值确认收入、成本。	对于此部分，如果企业在这儿已作真正的会计上的收入成本处理，就不需要再填写纳税申报表中表 A105010 中的视同销售的内容。
离退休福利	这部分费用原来企业可能已列入福利费科目，只是现在在职工薪酬中涉及科目调整分类。	在没有新的规定之前，所得税上仍按原来的标准处理。

3.3 新增公允价值计量准则

这是一个新的准则，对公允价值计量单独进行规定，是对原基本准则和 38 项具体准则进一步的扩展与完善，不改变原会计准则的效力。公允价值是指市场参与者在计量日发生的有序交易中，出售一项资产所能收到或者转移一项负债所需支付的价格。

公允价值计量在所得税的处理上是基于交易发生时的确认，对于日常价值的账面估价调整，并不改变其历史成本，即税务上的计税基础，这里明确的是会计与税务的"两条腿走路"的套路。

3.4 财务报表列报

在利润表中增加"其他综合收益"和"综合收益"项目，这是财务报表列报准则最大的变化。这是建立在利润表基础的调整之上必然要看到的事项。

综合收益，是指企业在某一期间除与所有者以其所有者身份进行的交易之外的其他交易或事项所引起的所有者权益变动。综合收益总额项目反映净利润和其他综合收益扣除所得税影响后的净额相加后的合计金额。其他综合收益，是指企业根据其他会计准则规定未在当期损益中确认的各项利得和损失。

上述的变化相当于表示：净利润＋其他综合收益＝综合收益。例如可供出售金融资产的利得或损失，外币财务报表折算差异，等等。

所以，对所得税纳税人、中介机构与税务机关来说，原来是通过查阅纳税人所有者权益来发现有没有利得情形，现在利润表上要求列出来，这时就产生一个问题，有哪些是不必计为应税所得的项目？因为现在能看到数额，这使得纳税人由原来的主动隐藏，可能转变为被动暴露。

我们料想，会计准则与国际会计准则的接轨将会越来越密切，同时，这种建立在企业资产负债基础上的价值观，一定会影响到建立在利润表基础上的所得税处理观念，所以一方面，会计处理越来越不按税务的套路出牌，另一方面，税务也要与时俱进，及时协调与会计的处理，不要让纳税人产生太多的纳税成本。

04

第4章

利润总额的计算

要完成纳税申报表的工作，如我们前面所分析的，需要分步进行计算，其核心工作就是年度纳税申报表（A类）中的三大块：

第一部分：利润总额计算；

第二部分：应纳税所得额计算；

第三部分：应纳税额计算。

4.1　利润总额的填写逻辑

利润表是计算当年度某个特定会计主体（这个会计主体可能是独立所得税纳税人，也可能不是）挣了钱还是亏了钱。当然，利润表的基本计算逻辑是权责发生制，这与企业所得税的基本原则一样。比如企业买了一台设备，一般不会直接列支出，会计上视为未来很多年持续使用，分年度计算成本费用列支，这其中有相对于"收付实现制"的虚拟的一面。

4.2　利润表数据如何确认

一般的，会计年度都是从公历1月1日至12月31日，如果一个企业在某一个纳税年度中间开业，或者终止经营活动，使该纳税年度的实际经营期不足十二个月，应当以其实际经营期为一个纳税年度。企业依法清算时，应当以清算期间作为一个纳税年度。

也就是说，通常持续经营的情形之下，以当年度截至12月31日的报表为基础来填写利润总额的部分。实践当中，我们注意到有的境外上市公司或者外商投资企业，它们的年度可能是4月1日至次年的3月31日，或者是10月1日至次年的9月30日，原来的外商投资企业和外国企业所得税法下是认可这样处理的，现在只能严格地按照公历年度进行调整。早在2008年4月3日，《国家税务总局关于外国企业所得税纳税年度有关问题的通知》（国税函〔2008〕301号）就曾经指出，根据《中华人民共和国外商投资企业和外国企业所得税法实施细则》第八条规定，经当地主管税务机关批准以满十二个月的会计年度为纳税年度的外国企业，其2007—2008年度企业所得税的纳税年度截止到2007年12月31日，并按照《中华人民共和国外商投资企业和外国企业所得税法》规定的税率计算缴纳企业所得税。自2008年1月1日起，外国企业一律以公历年度为纳税年度，按照《中华人民共和国企业所得税法》规定的税率计算缴纳企业所得税。

有的企业为了早点结账，从 12 月 20 日或者单位内部规定的某个时点开始就不接受业务处理了，这显然会造成业务处理上完整性的缺失，对于这种遗漏，中介机构、税务机关需要先从大面上发现，并可以要求企业对此做调整处理。

如果认为上面的问题关注了，就万事大吉了那就错了。比如一家公司2014 年 12 月 31 日结完账，利润表的利润总额结果是 1 000 万元，经过审计师审计，发现没有计提当年度的佣金支出，只入账了实际的支出，还要再计入 500 万元，我们假设这家公司的账务处理是在第二年的 3 月完成的，不是将 2014 年的账打开之后进行更正，而是通过"以前年度损益调整"，直接调整资产负债表的未分配利润、盈余公积等。

此时，我们就要用审计师调整后的报表数据了。不过这里有点小插曲，有的同志说，我就用人家账上原来显示的数据，会计师审计的调整内容第二年再调整行不行？从会计数据的归属和减轻税务征管成本的角度来看，还是强烈建议用审计师确定的数据，只是希望审计师的这种调整不要太"任性"，审计之后大量的调整会给企业的税务数据确认带来工作量，因为企业要将费用归属到各个科目来计算纳税调整，而不是简单地只看未分配利润的影响结果。

所以，一是要核对会计师的报告数据，如有的公司按开具发票确认收入，有的服务或货物已完成销售，应确认收入但没有确认，这就存在风险，有补税的可能。二是要关注利润表的数据结果，看其是否能够与相应的科目余额表的数据核对上，科目余额表的数据有无遗漏，这是一个不易被人重点关注或发现的测试点。

4.3 利润总额部分的填写

4.3.1 基本填写内容说明

先来看看《年度纳税申报表（A 类）》（A100000）中"利润总额计算"部分的内容（其中灰色的是需要从附表延伸取数过来的）（见表 4-1）。

表 4-1 《年度纳税申报表（A 类)》（A100000）的"利润总额计算"部分

行次	类别	项目	金额
1		一、营业收入（填写 A101010＼101020＼103000)	
2		减：营业成本（填写 A102010＼102020＼103000)	
3		营业税金及附加	
4		销售费用（填写 A104000)	
5		管理费用（填写 A104000)	
6	利润	财务费用（填写 A104000)	
7	总额	资产减值损失	
8	计算	加：公允价值变动收益	
9		投资收益	
10		二、营业利润（1－2－3－4－5－6－7＋8＋9)	
11		加：营业外收入（填写 A101010＼101020＼103000)	
12		减：营业外支出（填写 A102010＼102020＼103000)	
13		三、利润总额（10＋11－12)	

要填写上面的部分，需要下面的几张表格的支持，注意是按行业类型区分的：一般企业收入与成本支出明细表（2 张），金融企业收入与支出明细表（2 张），事业单位、民营非营利组织收入、支出明细表（1 张），期间费用明细表（1 张），共计 6 张表（不选择的自然就不用看了）。

由于企业实行的会计标准不同，适用的准则、制度不同，所以不同的会计标准会反映不同的归集结果，利润总额列示的样本是按照《企业会计准则（2006）》设计的，旧版的申报表认为未按此列示的，应进行调整对应填写，如执行《企业会计制度》的纳税人，没有资产减值损失这个科目设置，其在管理费用中列示的存货减值准备，是否必须要减少管理费用，再增加资产减值损失科目金额呢？从数据的对应关系上看，是有必要据此对应填写的，但是让企业再按准则的体系核算一遍也不现实，只能就重要的事项，考虑对应填表说明调整一下。

我们先来分析一下这张表中没有公式附件过来的数据如何填写，这些数据涉及四个项目，具体如下：

4.3.1.1 营业税金及附加

根据《企业会计准则——应用指南》的会计科目解释：本科目核算企业

经营活动发生的营业税、消费税、城市维护建设税、资源税和教育费附加等相关税费。房产税、车船税、土地使用税、印花税在"管理费用"科目核算，但与投资性房地产相关的房产税、土地使用税在本科目核算。

填报说明规定：填报纳税人经营活动发生的营业税、消费税、城市维护建设税、资源税、土地增值税和教育费附加等相关税费。本行根据纳税人相关会计科目填报。纳税人在其他会计科目核算的本行不得重复填报。

通过上面的分析，我们知道，营业税金及附加的填写，要先找到会计科目核算的数据，其次，如果与投资性房地产相关的房产税与土地使用税也在这个科目中核算，那就不会再在管理费用中列支了。所以应以会计上的数据为基准填写。

但有如下四个问题值得关注，其间可能涉及纳税调整：

（1）当年12月或第四季度计提，但是次年1月按照法定期限缴纳营业税金及附加，当年度要不要作纳税调增处理？这一点在实务中把它当作一个问题来关注的不多，但现实中确有其事，一是因为这是一个正常的次月或季度申报缴纳的事，完全符合法定纳税期限的约束，基于税法的刚性，在汇算清缴完成之前支付通常是没有问题的，如果非要企业从收付实现制的角度去操作，那税法的权责发生制就形同虚设。二是因为支付的合法票据也是在汇算清缴前可以取得并作为支付的佐证的，参照我们对日常发票的管理要求，自然可以找到解释的逻辑，因此这一事项是没有必要进行调整的。

（2）增值税通常是不在营业税金及附加中核算的，而通过"应交税费"的不同明细科目进行"移转"，实质是直接挂往来，或通过往来计算销项、进项税额。需要说明的是，对于增值税只有形成当期应缴税款的部分，其相应的城市维护建设税、教育费附加等附加税费才会记入这个科目。因此在比较核对逻辑测试时，需要通过模型设定仔细加以研究。

例如，如果当期的应纳增值税是1 000万元，营业税是500万元，假设附加税费比例是12%，则$1 500 \times 12\% = 180$（万元）。如果中介机构需要测试企业缴纳的数据正确与否，则可以通过上面的逻辑来校验，也可以通过次月缴纳的税费表来看企业是否完整缴纳，尽量避免出现当月计提的多，缴纳的少，甚至是计提（计算）错误，一直有未缴的情况出现。

（3）查补以前年度的营业税金及附加，如查实的营业税及附加，增值税的附加，这些金额较小时，企业一般也不愿通过追溯调整以前年度损益，即调整未分配利润的方式处理，而是直接作为当年度的发生额进行账务处理，这种情形，是否允许扣除呢？一般来说这样处理时违背了权责发生制，基于税务上并没有类似于会计上"重要性"这样一个标准，按理说不属于当年度的查补税金及附加不能在被查补的当年扣除，从税法对于收付实现制的突破方面，我们建议还是认可为好，毕竟是缴税产生的扣除。

（4）广为流转争议的房地产开发企业预提的土地增值税，例如企业根据预售收入的 3％预缴土地增值税，这是税务机关认可的，因为项目未结束，无法算出这个项目最终缴多少土地增值税，索性就像所得税一样预缴。可是对企业来说，评估一下增值率，可能要按 10％最终缴纳土地增值税，因此这7％就在利润表的营业税金及附加中计提出来加以扣除计算，虽然所得税可能是按预计毛利率预缴了，但这 7％预计得到土地增值税达到清算条件时才真正缴纳出去，因此，我们认为虽然有权责发生制的解释，但是税前扣除，我们还是持保留观点，而且最后清算时，国家税务总局 2010 年第 29 号公告[1]也是支持追溯调整分配所得税的，所以虚提的这部分，缴不缴，缴多少，都存在不确定性，因此这部分内容值得专业人士关注。

对于建筑安装的企业，同时也有这个问题，因为建筑安装企业是按结算确认纳税义务发生时间的，但是其通常是按完工量确认收入，同步计提营业税金及附加，结果明显没有缴那么多，所以建议还是进行纳税调整。

有的企业涉及资产重组，有时房产还没有过户，但是却在年底计提了土地增值税，交易还没有体现出来，就列支税费了，如何是好？同样的道理，建议作纳税调整处理。

4.3.1.2 资产减值损失

填报纳税人计提各项资产准备发生的减值损失。本行根据企业"资产减值损失"科目的数额填报。执行其他会计准则的比照填报。企业根据资产减值等准则确定资产发生的减值的，按应减记的金额，借记本科目，贷记"坏

---

[1] 国家税务总局公告 2010 年第 29 号，即《国家税务总局关于房地产开发企业注销前有关企业所得税处理问题的公告》。

账准备"、"存货跌价准备"、"长期股权投资减值准备"、"持有至到期投资减值准备"、"固定资产减值准备"、"在建工程——减值准备"、"工程物资——减值准备"、"生产性生物资产——减值准备"、"无形资产减值准备"、"商誉——减值准备"、"贷款损失准备"、"抵债资产——跌价准备"、"损余物资——跌价准备"等科目。对于长期资产而言,如固定资产、无形资产、在建工程、长期股权投资、成本法核算的投资性房地产的减值准备一经计提是不得转回的,但是如坏账、存货跌价准备是可以转回的。

这是《企业会计准则(2006)》的规定,老会计制度的核算模式却是分散于各个科目中的,具体可以参照如下的比较(见表4-2):

表4-2

比较事项	企业会计准则(2006)	企业会计制度(2001)
坏账准备	资产减值损失	管理费用
存货跌价准备		管理费用
投资减值准备		投资收益
委托贷款减值准备		投资收益
固定资产减值准备		营业外支出
无形资产减值准备		营业外支出
在建工程减值准备		营业外支出

在填写这个表格的数据时,对于执行企业会计制度的企业,是需要作出科目重分类调整的。但是如果后面的内容调整到位,在这里能否不调整?并非必须要调整这个科目的重分类,就是说调整了,只能说做得更专业、更符合税法的精神。

但是这个科目并不一定是完全代表当期减值准备变化的调整数据,具体的案例我们在后续的章节中进行细化。

4.3.1.3 公允价值变动收益

这里虽然叫"收益"的名字,其实有点名不符实,因为有的时候是损失。只是叫这个名字,可能是基于经济的利好情形之下,特别是股市红火之时,收益一下子虚拟了很多利润。不过我们可以发现,此处的"收益"在会计准则中准备的科目是公允价值变动损益,这就更清楚了。

按照填表说明，本行填报纳税人在初始确认时划分为以公允价值计量且其变动计入当期损益的金融资产或金融负债（包括交易性金融资产或负债，直接指定为以公允价值计量且其变动计入当期损益的金融资产或金融负债），以及采用公允价值模式计量的投资性房地产、衍生工具和套期业务中公允价值变动形成的应计入当期损益的利得或损失。本行根据企业"公允价值变动损益"科目的数额填报（损失以"－"号填列）。由于 2014 年年初，财政部会计司调整了部分会计准则，也请读者关注会计处理自身在这部分发生的具体变化。

今年公允价值的调整放弃了旧申报表的附表填写，直接填写影响损益的数据，视其为没有实现的收益，本来就是虚的，就像上面提到的股票，看着一片飘红，但没有兑现，其实是"纸上富贵"，随时可能化为乌有。结果某个时点看着挣了钱了，但是却一会钱就没有了，税收上却是看实在的东西，故此企业只要有这个数据，就作相应的调整，是正数收益的，作调减处理；是负数的，作调增处理。

4.3.1.4 投资收益

投资收益内容比较广泛，相较于税法规定来看，投资收益既有符合税收收入确认的，也有没有达到确认条件的。

比如权益法核算的长期股权投资的投资收益，是根据被投资方实现的净利润等情形计算确认投资收益，不像成本法是根据分红决议来确认投资收益。这部分收益相当于在税法上没有实现，因此要作纳税调整处理。也可以理解为，税法层面并不认可会计层面"权益法"的核算结果，而是孤独而不寂寞地沿用了会计层面"成本法"的思路。再比如委托贷款利息收入，如果约定次年 1 月 1 日付息，根据所得税法规规定，是在合同约定的付息日确认所得税收入，因此当年度如果会计上估算了利息，应作纳税调减处理，因为这部分利息收益在税法层面并没有实现。

至于股权转让，有时基于上述会计权益法核算投资收益等原因增加的长期股权投资的账面价值，在转让时，面临着账面价值与计税基础的差异，也是需要进行分线计算调整的。

投资收益的核算方式可能面临着对后续以收入为基数的税前扣除事项的影响，如广告费和业务宣传费的 15％ 的基数，业务招待费的收入基数，因为没有在收入项下，所以需要单独考虑是否合并、能否合并的问题，这部分内容我们在后面做评价。

按照填表说明，主表第 9 行"投资收益"：填报纳税人以各种方式对外投资确认所取得的收益或发生的损失。根据企业"投资收益"科目的数额计算填报；实行事业单位会计准则的纳税人根据"其他收入"科目中的投资收益金额分析填报（损失以"－"号填列）。实行其他会计准则等的比照填报。比如，实行事业单位会计准则的纳税人根据"其他收入"科目中的投资收益金额分析填报（损失以"－"号填列）。看来，虽然我们考虑了不同单位的核算灵活性，但是这些纳税调整确实带来了内部调整的成本。

4.3.2　利润总额计算部分填报说明

4.3.2.1　表体项目

"利润总额计算"中的项目，按照国家统一会计制度口径计算填报。实行企业会计准则、小企业会计准则、企业会计制度、分行业会计制度的纳税人其数据直接取自利润表；实行事业单位会计准则的纳税人其数据取自收入支出表；实行民间非营利组织会计制度的纳税人其数据取自业务活动表；实行其他国家统一会计制度的纳税人，根据本表项目进行分析填报。

4.3.2.2　表间关系

1. 第 1 行＝表 A101010 第 1 行或表 A101020 第 1 行或表 A103000 第 2＋3＋4＋5＋6 行或表 A103000 第 11＋12＋13＋14＋15 行。

2. 第 2 行＝表 A102010 第 1 行或表 A102020 第 1 行或表 A103000 第 19＋20＋21＋22 行或表 A103000 第 25＋26＋27 行。

3. 第 4 行＝表 A104000 第 25 行第 1 列。

4. 第 5 行＝表 A104000 第 25 行第 3 列。

5. 第 6 行＝表 A104000 第 25 行第 5 列。

6. 第 11 行＝表 A101010 第 16 行或表 A101020 第 35 行或表 A103000 第 9 行或第 17 行。

7. 第 12 行＝表 A102010 第 16 行或表 A102020 第 33 行或表 A103000 第 23 行或第 28 行。

4.3.2.3 行次说明

第1至第13行参照企业会计准则利润表的说明编写。

1. 第1行"营业收入"：填报纳税人主要经营业务和其他经营业务取得的收入总额。本行根据"主营业务收入"和"其他业务收入"的数额填报。一般企业纳税人通过《一般企业收入明细表》（A101010）填报；金融企业纳税人通过《金融企业收入明细表》（A101020）填报；事业单位、社会团体、民办非企业单位、非营利组织等纳税人通过《事业单位、民间非营利组织收入、支出明细表》（A103000）填报。

2. 第2行"营业成本"项目：填报纳税人主要经营业务和其他经营业务发生的成本总额。本行根据"主营业务成本"和"其他业务成本"的数额填报。一般企业纳税人通过《一般企业成本支出明细表》（A102010）填报；金融企业纳税人通过《金融企业支出明细表》（A102020）填报；事业单位、社会团体、民办非企业单位、非营利组织等纳税人，通过《事业单位、民间非营利组织收入、支出明细表》（A103000）填报。

3. 第3行"营业税金及附加"：填报纳税人经营活动发生的营业税、消费税、城市维护建设税、资源税、土地增值税和教育费附加等相关税费。本行根据纳税人相关会计科目填报。纳税人在其他会计科目核算的本行不得重复填报。

4. 第4行"销售费用"：填报纳税人在销售商品和材料、提供劳务的过程中发生的各种费用。本行通过《期间费用明细表》（A104000）中对应的"销售费用"填报。

5. 第5行"管理费用"：填报纳税人为组织和管理企业生产经营发生的管理费用。本行通过《期间费用明细表》（A104000）中对应的"管理费用"填报。

6. 第6行"财务费用"：填报纳税人为筹集生产经营所需资金等发生的筹资费用。本行通过《期间费用明细表》（A104000）中对应的"财务费用"填报。

7. 第7行"资产减值损失"：填报纳税人计提各项资产准备发生的减值损失。本行根据企业"资产减值损失"科目上的数额填报。实行其他会计准则等的比照填报。

8. 第8行"公允价值变动收益"：填报纳税人在初始确认时划分为以

公允价值计量且其变动计入当期损益的金融资产或金融负债（包括交易性金融资产或负债，直接指定为以公允价值计量且其变动计入当期损益的金融资产或金融负债），以及采用公允价值模式计量的投资性房地产、衍生工具和套期业务中公允价值变动形成的应计入当期损益的利得或损失。本行根据企业"公允价值变动损益"科目的数额填报。（损失以"一"号填列）

9. 第9行"投资收益"：填报纳税人以各种方式对外投资确认所取得的收益或发生的损失。根据企业"投资收益"科目的数额计算填报；实行事业单位会计准则的纳税人根据"其他收入"科目中的投资收益金额分析填报（损失以"一"号填列）。实行其他会计准则等的比照填报。

10. 第10行"营业利润"：填报纳税人当期的营业利润。根据上述项目计算填列。

11. 第11行"营业外收入"：填报纳税人取得的与其经营活动无直接关系的各项收入的金额。一般企业纳税人通过《一般企业收入明细表》（A101010）填报；金融企业纳税人通过《金融企业收入明细表》（A101020）填报；实行事业单位会计准则或民间非营利组织会计制度的纳税人通过《事业单位、民间非营利组织收入、支出明细表》（A103000）填报。

12. 第12行"营业外支出"：填报纳税人发生的与其经营活动无直接关系的各项支出的金额。一般企业纳税人通过《一般企业成本支出明细表》（A102010）填报；金融企业纳税人通过《金融企业支出明细表》（A102020）填报；实行事业单位会计准则或民间非营利组织会计制度的纳税人通过《事业单位、民间非营利组织收入、支出明细表》（A103000）填报。

13. 第13行"利润总额"：填报纳税人当期的利润总额。根据上述项目计算填列。

4.4 一般企业收入明细表

只要是不属于金融和事业单位、非营利组织的表格填写范围的，都归到这一模块填写。这张表的收入仍按照会计上的收入口径填写，没有按税收标准确认填写的要求，这样就简单了，只要找到利润表，分清属类，填写完成数据将自动归集到主表的利润总额计算项下。

表 4-3

A101010 一般企业收入明细表

行次	项目	金额
1	一、营业收入（2+9）	
2	（一）主营业务收入（3+5+6+7+8）	
3	1. 销售商品收入	
4	其中：非货币性资产交换收入	
5	2. 提供劳务收入	
6	3. 建造合同收入	
7	4. 让渡资产使用权收入	
8	5. 其他	
9	（二）其他业务收入（10+12+13+14+15）	—
10	1. 销售材料收入	
11	其中：非货币性资产交换收入	
12	2. 出租固定资产收入	
13	3. 出租无形资产收入	
14	4. 出租包装物和商品收入	
15	5. 其他	
16	二、营业外收入（17+18+19+20+21+22+23+24+25+26）	—
17	（一）非流动资产处置利得	
18	（二）非货币性资产交换利得	
19	（三）债务重组利得	
20	（四）政府补助利得	
21	（五）盘盈利得	
22	（六）捐赠利得	
23	（七）罚没利得	
24	（八）确实无法偿付的应付款项	
25	（九）汇兑收益	
26	（十）其他	

4.4.1 主要关注事项

相较于旧版的收入明细表，新版的收入明细表首先将视同销售取消了，单独设置调整的明细表，因为视同销售本不属于会计收入的概念与核算，同时对于名称与细节上进行了相应的微调整，相对而言，新表更容易看懂。

4.4.1.1　关于营业收入

这张表填写会计核算中的收入事项，区分为营业收入与营业外收入两大类。其中的营业收入又可细分为主营业务收入与其他业务收入。执行旧企业会计制度的企业，其利润表的模板中有其他业务利润一项，为了填写收入与成本支出明细表，必须参考其核算的会计科目将其还原为其他业务收入、其他业务成本，这样一来，如果其他业务利润是负数的话，还原到收入与成本，税务部门的关注度可能就强了。

那这里的主营业务收入和其他业务收入如何分呢，是按金额，还是按企业的主要经营事项呢？我们理解，简单地按收入大小来确定主营业务收入和其他业务收入是不合适的，而是要根据企业的性质先确认一下，比如有的企业可能主营的是提供集成服务，但是当年度主要发生了出租设备的收入，集成服务收入是 10 万元，出租设备收入是 100 万元，那就对应填写，不必非要把大数填在主营业务收入之中。总体而言，主营业务和其他业务的区分属于会计基础工作，应尽量在会计层面核算清楚。

1. 非货币性资产交换。

新版本的表在"销售商品收入"中单独加了一项"其中：非货币性资产交换收入"，这是站在会计的角度计算出来的，根据《企业会计准则第 7 号——非货币性资产交换》，非货币性资产交换，是指交易双方主要以存货、固定资产、无形资产和长期股权投资等非货币性资产进行的交换。该交换不涉及或只涉及少量的货币性资产（即补价）[1]。货币性资产，是指企业持有的货币资金和将以固定或可确定的金额收取的资产，包括现金、银行存款、应收账款和应收票据以及准备持有至到期的债券投资等。非货币性资产，是指货币性资产以外的资产。

对于非货币性资产交换的会计处理，应用指南指出：

非货币性资产交换具有商业实质且公允价值能够可靠计量的，在发生补价的情况下，支付补价方，应当以换出资产的公允价值加上支付的补价（或换入资产的公允价值）和应支付的相关税费，作为换入资产的成本；收到补

---

[1]　参照应用指南，认定涉及少量货币性资产的交换为非货币性资产交换，通常以补价占整个资产交换金额的比例低于 25％作为参考。

价方，应当以换出资产的公允价值减去补价（或换入资产的公允价值）加上应支付的相关税费，作为换入资产的成本。

换出资产公允价值与其账面价值的差额，应当分别不同情况处理：

换出资产为存货的，应当作为销售处理，按照《企业会计准则第 14 号——收入》的相关规定，以其公允价值确认收入，同时结转相应的成本。换出资产为固定资产、无形资产的，换出资产公允价值与其账面价值的差额，计入营业外收入或营业外支出。换出资产为长期股权投资的，换出资产公允价值与其账面价值的差额，计入投资损益。

[例 4-1]　甲公司自有存货，成本价格为 800 万元（不含增值税），公允价值为 1 170 万元（含增值税），现要与乙公司的一座厂房互换，厂房原值 400 万元，计提折旧 100 万元，公允价值为 1 170 万元。那么，双方应如何进行会计处理？

甲公司会计处理如下：

借：固定资产	1 170
贷：主营业务收入	1 000
应交税费——应交增值税（销项税额）	170
借：主营业务成本	800
贷：库存商品	800

乙公司会计处理如下：

借：固定资产清理	300
累计折旧	100
贷：固定资产	400
借：库存商品	1 000
应交税费——应交增值税（进项税额）	170
贷：固定资产清理	300
应交税费——营业税及附加（简化假设为 65 万元）	65
——应交土地增值税	200
营业外收入[1]	605

上面的案例是公允价值能够明确的，所以会计上也能够相应地进行收入的

---

[1]　由此我们就可以知道，本表营业外收入中的非货币性资产交换利得如何填写了，其实都是相似的，只是看换出的东西是存货、固定资产还是无形资产等，在哪核算并不重要，税法上也只需要看会计上处理的结果如何即可。

确认，因此如果我们现在来填写"非货币性资产交换收入"，填写上面的 1 000 万元即可。同时营业外收入中的"非货币性资产交换利得"也有内容可填了。

可要是硬有人说无法确认公允价值，我们的会计准则也给出了处理的指引，即应当以换出资产的账面价值和应支付的相关税费作为换入资产的成本，不确认损益。

另外，如果想交换存货的一方不具有商业实质（可以不去深入探讨），那么会计处理为：

借：固定资产　　　　　　　　　　　　　　　　　　970

　贷：存货　　　　　　　　　　　　　　　　　　　800

　　　应交税费——应交增值税（销项税额）　　　　170

这个时候如何办，由于会计上没有收入的数据，那么此时就要考虑《视同销售和房地产开发企业特定业务纳税调整明细表》（A105010）中的内容进行调整，所得税才不管有没有商业实质呢，就按公允交易的原则来判断。

2. 分期收款的会计处理与所得税处理的差异。

收入上还有一个挺有个性的地方，即分期收款销售时收入的确认，这里我们还是举一个例子，方便后续的调整。采用递延方式分期收款、具有融资性质的销售商品或提供劳务满足收入确认条件的，按应收合同或协议价款，借记"长期应收款"科目，按应收合同或协议价款的公允价值（折现值），贷记本科目，按其差额，贷记"未实现融资收益"科目。

税法上还没有折现税款之类的规定。注意，这里的分期收款并不是几天之内的也算，根据会计准则规定，通常三年以上的才按这样的规则处理。

[例 4-2]　某公司销售商品一批，金额 1 000 万元（不含增值税，增值税税率为 17%，计 170 万元），分四年收回款项，每年收回 200 万元加上增值税税款，因此以准则规定，需要以融资性质进行账务处理，相当于给了购买方资金使用一样，要收利息。假设折现值为 950 万元，成本为 700 万元，则会计处理如下：

借：长期应收款　　　　　　　　　　　　　　　　　1 170

　贷：主营业务收入　　　　　　　　　　　　　　　950

　　　应交税费——应交增值税（销项税额）　　　　170

　　　未确认融资收益　　　　　　　　　　　　　　50

　借：主营业务成本　　　　　　　　　　　　　　　700

　　贷：库存商品　　　　　　　　　　　　　　　　700

每年末收到款项时的会计处理如下：

借：银行存款 292.50

贷：长期应收款 292.50

同时确认利息收入（此处用实际利率法计算，我们暂且可以不考虑如何计算，只看会计结果就可以了，或第一年为 30 万元），以后每年如此直至收完利息收入 50 万元及收回长期应收款。

借：未确认融资收益 30

贷：利息收入 30

此时的所得税如何调整？所得税法实施条例明确以分期收款方式销售货物的，按照合同约定的收款日期确认收入的实现。所以理论上要进行如下的调整：

会计收入为 950 万元，税法上确认的收入为 200 万元，则当期作纳税调减 750 万元，以后会计上没有收入了，就以 200 万元为标准，作所得税的收入，当然利息收入因已考虑在收入中了，所以如果以后每期的利息收入均为 30 万元，全部作纳税调减处理即可。

说完了所得税，我们再来看看增值税。在会计上开始一次性就计提了增值税 170 万元，但依据《增值税暂行条例实施细则》纳税义务发生时间的规定，分期付款约定的，也是在付款之时确定纳税义务发生时间，前提是不要提前开具发票。有人会问，增值税都计提了，为何还不能要求纳税人交啊，自己都承认了，要知道，会计上计提增值税是借鉴国际会计准则来做的，所以与我们中国特色的税法还是有差异的，不要动不动就去想主观表达与税法处理之间的有利故事。

3. 会计收入与所得税收入的确认规则的比较。

税法对于收入范围及确认时点的判断原则，主要体现在《企业所得税法实施条例》（以下简称《实施条例》）及国税函〔2008〕875 号[1]文中。通过比较会计准则与税法的差异，了解需要调整的差异，按照列举的事项进行相应的调整，以符合税法确认的收入标准，达到既不少计算也不多计算的目的。

(1) 销售货物。

销售货物，税法不以纳税人主观的判断"经济利益很可能流入企业"作为收入确认条件，由此导致的损失须基于国家税务总局 2011 年第 25 号公告[2]规

---

[1] 国税函〔2008〕875 号，即《国家税务总局关于确认企业所得税收入若干问题的通知》。

[2] 国家税务总局公告 2011 年 25 号，即《国家税务总局公告关于发布〈企业资产损失所得税税前扣除管理办法〉的公告》。

定的申报程序来进行税前扣除，即要先体现为税收收入，再列支坏账损失通过申报税前扣除的方式处理（不符合申报条件的损失不得税前扣除）；对于分期收款销售商品，如果会计上考虑了融资性质费用的处理，须按税法规定以合同约定的收款日期确认收入的实现，此时对纳税人很可能是有利的，通过先纳税调减、再纳税调增的方式进行处理。

对于销售货物本身，税务机关检查时往往关注的是实际存货与期末账面存货是否一致、增值税应税收入的申报金额与会计收入是否一致，进而发现收入未及时入账的线索。不过，不同税种应税收入表现出的差异是存在合理性的，不必强求一致。企业或者中介机构可以通过检查"预收账款"、"应付账款"及"其他应付款"等科目的余额是否过大，也可以直接索要期末前后时间段中发出存货的单据来复核入账情形。如果税务机关怀疑存在账外收入，也可以关注纳税人的运输单据（托运单据）、供货单位的协查结算单、购买单位的结算单、销售部门的考核记录或者合同签订的记录，考虑纳税人耗用的材料或水电量及其提供给统计机关、行业协会或者是公司宣传资料中的信息，根据不同纳税人的情形进行判断处理。销售货物会计与税法中收入确认时点比较如表 4-4 所示。

表 4-4　　　　　　　　销售货物会计与税法中收入确认时点比较

项目	企业会计准则/应用指南	国税函〔2008〕875 号	差异说明
销售商品确认收入的基本原则	➤ 企业已将商品所有权上的主要风险和报酬转移给购货方 ➤ 企业既没有保留通常与所有权相联系的继续管理权，也没有对已售出的商品实施有效控制 ➤ 收入的金额能够可靠地计量 ➤ 相关的经济利益很可能流入企业 ➤ 相关的已发生或将发生的成本能够可靠地计量	➤ 商品销售合同已经签订，企业已将商品所有权相关的主要风险和报酬转移给购货方 ➤ 企业对已售出的商品既没有保留通常与所有权相联系的继续管理权，也没有实施有效控制 ➤ 收入的金额能够可靠地计量 ➤ 已发生或将发生的销售方的成本能够可靠地核算	税法不承认因客户财务困难等直接不进行收入确认的条件
符合收入确认条件下的特别规定	➤ 销售商品采用托收承付方式的，在办妥托收手续时确认收入 ➤ 销售商品采用预收款方式的，在发出商品时确认收入，预收的货款应确认为负债	➤ 销售商品采用托收承付方式的，在办妥托收手续时确认收入 ➤ 销售商品采取预收款方式的，在发出商品时确认收入	相同

续表

项目	企业会计准则/应用指南	国税函〔2008〕875号	差异说明
	➤ 销售商品需要安装和检验的，在购买方接受商品以及安装和检验完毕前，不确认收入，待安装和检验完毕时确认收入。如果安装程序比较简单，可在发出商品时确认收入 ➤ 销售商品采用支付手续费方式委托代销的，在收到代销清单时确认收入	➤ 销售商品需要安装和检验的，在购买方接受商品以及安装和检验完毕时确认收入。如果安装程序比较简单，可在发出商品时确认收入 ➤ 销售商品采用支付手续费方式委托代销的，在收到代销清单时确认收入	
售后回购	采用售后回购方式销售商品的，收到的款项应确认为负债；回购价格大于原售价的，差额应在回购期间按期计提利息，计入财务费用。有确凿证据表明售后回购交易满足销售商品收入确认条件的，销售的商品按售价确认收入，回购的商品作为购进商品处理	销售的商品按售价确认收入，回购的商品作为购进商品处理。有证据表明不符合销售收入确认条件的，如以销售商品方式进行融资，收到的款项应确认为负债，回购价格大于原售价的，差额应在回购期间确认为利息费用	相同
以旧换新	销售的商品应当按照销售商品收入确认条件确认收入，回收的商品作为购进商品处理	销售商品应当按照销售商品收入确认条件确认收入，回收的商品作为购进商品处理	相同
售后租回	收到的款项应确认为负债；售价与资产账面价值之间的差额，应当采用合理的方法进行分摊，作为折旧费用或租金费用的调整。有确凿证据表明认定为经营租赁的售后租回交易是按照公允价值达成的，销售的商品按售价确	国家税务总局2010年第13号公告[1]对融资性"售后回租"不认为是销售与购买的交易行为，仍按承租人出售前原账面价值作为计税基础计提折旧。租赁期间，承租人支付的属于融资利息的部分，作为企业财务费用在	13号公告同时放宽对流转税的征收。按国税函〔1999〕144号[2]对房地产开发公司"购房

[1] 国家税务总局公告2010年第13号，即《国家税务总局公告关于融资性售后回租业务中承租方出售资产行为有关税收问题的公告》。

[2] 国税函〔1999〕144号，即《国家税务总局关于房地产开发企业从事"购房回租"等经营活动征收营业税问题的批复》。

续表

项目	企业会计准则/应用指南	国税函〔2008〕875 号	差异说明
	认收入，并按账面价值结转成本	税前扣除	回租"形式销售房屋，规定应缴纳营业税
商业折扣	扣除商业折扣后的金额确定销售商品收入金额	按照扣除商业折扣后的金额确定销售商品收入金额	相同
现金折扣	在实际发生时计入当期损益	在实际发生时作为财务费用扣除	相同
销售折让	在发生时冲减当期销售商品收入	在发生当期冲减当期销售商品收入	相同
销售退回	在发生时冲减当期销售商品收入	在发生当期冲减当期销售商品收入	相同
分期收款销售商品	通常超过 3 年，具有融资性质的，应当按照应收的合同或协议价款的现值确定其公允价值。应收的合同或协议价款与其公允价值之间的差额，应当在合同或协议期间内，按照应收款项的摊余成本和实际利率计算确定的摊销金额，冲减财务费用	以分期收款方式销售货物的，按照合同约定的收款日期确认收入的实现	不同
处置长期股权投资	《企业会计准则（2006）》未对确认条件及分期收款情况下明确适用的标准，此时可以参照基本原则的规定，同时也可参照企业会计制度确认收入的条件，如经权力机构批准、办理交割手续、确认收款与应收款的要件、国家有关部门的批准结合判断	国税函〔2010〕79 号[1]文规定应于转让协议生效、且完成股权变更手续时，确认收入的实现。转让股权收入扣除为取得该股权所发生的成本后，为股权转让所得	不同

实务中股权转让存在分期收款的情形，但囿于国税函〔2008〕875 号文

---

[1]　国税函〔2010〕79 号，即《国家税务总局关于贯彻落实企业所得税若干税收问题的通知》。

仅仅规范了货物和劳务，加之国家税务总局 2012 年第 19 号公告[1]的硬性规定，税务机关仍会要求企业一次性确认全部股权转让收入。

如甲公司与乙公司在 2014 年 3 月 1 日达成股权转让协议，协议标的为甲公司所持有的全资子公司丙公司全部股权。2014 年 8 月 1 日，乙公司支付首笔股权转让价款 200 万元，其余的 800 万元股权分四次分别在 2015 年、2016 年、2017 年、2018 年支付。2014 年 10 月 8 日，丙公司正式完成工商登记变更。从形式上来看，虽然这是一笔分期收款进行股权转让的协议，但是并不能直接比照一般意义上的分期收款销售商品进行所得税处理。甲公司需要将其全部股权转让收入 1 000 万元在 2014 年度计入其应纳税所得额。

（2）提供劳务。

对提供劳务收入，会计与税法的差异主要体现在税法不主动承担企业间坏账的风险。由于劳务本身的虚拟性，收入界定不如销售货物收入清晰，因此在确认的完整性上，存在很大的想象空间。如在实践中，纳税人在会计处理上按照平均分摊的方式确认每月的收入金额，但是在流转税上是以应收或收到的款项确认应税收入，这本身就带来时间性的差异。当然有的企业在流转税上未严格按照上述原则计算缴纳，而是直接根据会计收入，或者直接根据客户需要开具发票的时点确认收入，这种风险随着"营改增"的推进会越来越显著。

税务机关在检查纳税人的收入完整性及完工进度时，一是结合合同约定的劳务持续进程；二是结合纳税人投入成本的额度；三是看有无第三方出具的初验或终验的报告，以证明收入的及时性。由于受制于客户的要求，纳税人往往基于现金回收及客户发票的需要，而开具相应的增值税或营业税发票，税务机关同样可以通过关注纳税人流转税的应税收入额来比对检查，不过不同税种应税收入的差异是存在合理性的，不必强求一致。

税法上特别提及了企业受托加工制造大型机械设备、船舶、飞机，以及从事建筑、安装、装配工程业务或者提供其他劳务等，持续时间超过 12 个月的，按照纳税年度内完工进度或者完成的工作量确认收入的实现。

---

[1] 国家税务总局公告 2012 年第 19 号，即《国家税务总局关于企业取得财产转让等所得企业所得税处理问题的公告》。

提供劳务会计与税法中收入确认时点比较如表 4-5 所示。

表 4-5　　　　　　　　　提供劳务会计与税法中收入确认时点比较

项目	企业会计准则/应用指南	国税函〔2008〕875 号	备注
交易的结果能够可靠计量的标准	➢ 收入的金额能够可靠地计量 ➢ 相关的经济利益很可能流入企业 ➢ 交易的完工进度能够可靠地确定 ➢ 交易中已发生和将发生的成本能够可靠地计量	➢ 收入的金额能够可靠地计量 ➢ 交易的完工进度能够可靠地确定 ➢ 交易中已发生和将发生的成本能够可靠地核算	税法不承担企业间的坏账风险
完工进度的确认方法	➢ 已完工作的测量 ➢ 已经提供的劳务占应提供劳务总量的比例 ➢ 已经发生的成本占估计总成本的比例	➢ 已完工作的测量 ➢ 已提供劳务占劳务总量的比例 ➢ 发生成本占总成本的比例	相同
计算方法	➢ 企业应当按照从接受劳务方已收或应收的合同或协议价款确定提供劳务收入总额，但已收或应收的合同或协议价款不公允的除外 ➢ 企业应当在资产负债表日按照提供劳务收入总额乘以完工进度扣除以前会计期间累计已确认提供劳务收入后的金额，确认当期提供劳务收入；同时，按照提供劳务估计总成本乘以完工进度扣除以前会计期间累计已确认劳务成本后的金额，结转当期劳务成本	➢ 企业应按照从接受劳务方已收或应收的合同或协议价款确定劳务收入总额，根据纳税期末提供劳务收入总额乘以完工进度扣除以前纳税年度累计已确认提供劳务收入后的金额，确认为当期劳务收入；同时，按照提供劳务估计总成本乘以完工进度扣除以前纳税期间累计已确认劳务成本后的金额，结转为当期劳务成本	会计强调公允性，税法强调独立交易原则
收入不能收回的风险处理	➢ 已发生的成本预计能够收回的，按成本确认收入并结转同金额的成本 ➢ 已发生的成本预计不能够收回的，成本作为当期损益处理		税法不直接承担企业间的坏账风险

续表

项目	企业会计准则/应用指南	国税函〔2008〕875号	备注
安装费	在资产负债表日根据安装的完工进度确认收入。安装工作是商品销售附带条件的，安装费在确认商品销售实现时确认收入	应根据安装完工进度确认收入。安装工作是商品销售附带条件的，安装费在确认商品销售实现时确认收入	相同
宣传媒介的收费	在相关的广告或商业行为开始出现于公众面前时确认收入。广告的制作费，在资产负债表日根据制作广告的完工进度确认收入	应在相关的广告或商业行为出现于公众面前时确认收入。广告的制作费，应根据制作广告的完工进度确认收入	相同
软件费	为特定客户开发软件的收费，在资产负债表日根据开发的完工进度确认收入	为特定客户开发软件的收费，应根据开发的完工进度确认收入	相同
服务费	包括在商品售价内可区分的服务费，在提供服务的期间内分期确认收入	包含在商品售价内可区分的服务费，在提供服务的期间分期确认收入	相同
艺术表演、招待宴会和其他特殊活动的收费	在相关活动发生时确认收入。收费涉及几项活动的，预收的款项应合理分配给每项活动，分别确认收入	在相关活动发生时确认收入。收费涉及几项活动的，预收的款项应合理分配给每项活动，分别确认收入	相同
会员费	申请入会费和会员费只允许取得会籍，所有其他服务或商品都要另行收费的，在款项收回不存在重大不确定性时确认收入。申请入会费和会员费能使会员在会员期内得到各种服务或商品，或者以低于非会员的价格销售商品或提供服务的，在整个受益期内分期确认收入	申请入会或加入会员，只允许取得会籍，所有其他服务或商品都要另行收费的，在取得该会员费时确认收入。申请入会或加入会员后，会员在会员期内不再付费就可得到各种服务或商品，或者以低于非会员的价格销售商品或提供服务的，该会员费应在整个受益期内分期确认收入	税法不承担企业间的风险
特许权费[1]	属于提供设备和其他有形资产的特许权费，在交付资产或转移资产所有权时确认收入；属于提供初始及后续服务的特许权费，在提供服务时确认收入	属于提供设备和其他有形资产的特许权费，在交付资产或转移资产所有权时确认收入；属于提供初始及后续服务的特许权费，在提供服务时确认收入	相同

[1] 特许权费与特许权使用费并非一致的意思表示，特许权使用费是指提供专利权、非专利技术、商标权、著作权以及其他特许权的使用权取得的收入。特许权费是指为特许经营某种商品或服务收取的费用。

续表

项目	企业会计准则/应用指南	国税函〔2008〕875号	备注
劳务费	长期为客户提供重复的劳务收取的劳务费,在相关劳务活动发生时确认收入	长期为客户提供重复的劳务收取的劳务费,在相关劳务活动发生时确认收入	相同

（3）让渡资产使用权的税法与会计核算的差异。

让渡资产使用权在税法上的收入确认时点,以纳税人应取得或实际取得利益作为确定的基础,这将与会计处理产生明显差异。我们在此进行初步分析,具体的事项将在后续章节详细说明。

由于税法规定非常明确,纳税人、税务机关工作人员在进行税务检查时只需关注相关合同的约定,即可发现税法上的处理是否合规。

（4）股息、红利等权益性投资收益。

指企业因权益性投资从被投资方取得的收入。股息、红利等权益性投资收益,除国务院财政、税务主管部门另有规定外,按照被投资方作出利润分配决定的日期确认收入的实现。

会计上对投资收益的确认实行成本法与权益法两种方式。在成本法下,持有期间被投资单位宣告发放现金股利或利润的,记为当期的投资收益,这与税法是一致的;在权益法下,投资收益是按照被投资企业审计后的报表直接确认的可享受的权益份额,这里并不符合税法上确认分配利润的时点,此时形成视为未发生的纳税调整事项,即产生会计收益时,税务上应作纳税调减,产生会计损失时,税务上应作纳税调增。国家税务总局2011年第34号公告[1]第五条"投资企业撤回或减少投资的税务处理"第二款也专门规定,被投资企业发生的经营亏损,由被投资企业按规定结转弥补;投资企业不得调整减低其投资成本,也不得将其确认为投资损失。

在权益法下未来再行分配利润时,将不体现为会计上损益表中的投资收益,但却构成税法上的投资收益,属于税法上的收入总额范围,应先进行纳税调增处理,如果达到居民企业间投资收益免税条件的,再进行纳税调减处理。在实践当中,这种情形经常被企业忽略,主要是很多时候企业认为企业所得税的纳税调整就是利润表的纳税调整,其实不然。

---

[1] 国家税务总局公告2011年第34号,即《国家税务总局关于企业所得税若干问题的公告》。

（5）利息收入。

利息收入是指企业将资金提供他人使用但不构成权益性投资，或者因他人占用本企业资金取得的收入，包括存款利息、贷款利息、债券利息、欠款利息等收入。利息收入，按照合同约定的债务人应付利息的日期确认收入的实现。

税法上确认的标准显然与会计上权责发生制计算利息的标准不一致。以常规的理解，纳税人会计上的收入将提前于税法上的收入确认，应进行相应调整。在实际中，以我们的了解，基于繁杂的调整成本，纳税人倾向于不进行相应调整，保持其总体上纳税金额与税法上的一致性，当然税务机关对于这种先缴税的情形，更多的是采取接受的态度。从减少纳税成本的角度，我们倾向于税法也应本着简便易行的方式来考虑纳税人的实施方式与投入的成本。

（6）租金收入。

租金收入是指企业提供固定资产、包装物或者其他有形资产的使用权取得的收入。租金收入按照合同约定的承租人应付租金的日期确认收入的实现。

虽有此规定，国税函〔2010〕79 号[1]文对于约定的租金收入规定，如果是一次性先行收取跨年度的租金，根据《实施条例》第九条规定的收入与费用配比原则[2]，出租人可对上述已确认的收入，在租赁期内，分期均匀计入相关年度收入。此为纳税人选择的权利，纳税人可以在不同年度享受不同的政策优惠，选择能获得最大利益的方式。但是应当注意，此规定仅适用于"交易合同或协议中规定租赁期限跨年度，且租金提前一次性支付的"租金收入，税务机关对于"提前"的理解并不相同，比如有的税务机关将此处的"提前"限定于租金的支付在租赁行为发生之前。

会计上对于租金收入的确认，基本上是参照权责发生制原则处理的，这与国税函〔2010〕79 号文中分期确认的方式一致。如果不选择分期确认，则必须进行相应调整，因为租金可以先行支付，此时需要作纳税调增处理，之后年度再作纳税调减处理。

---

[1] 国税函〔2010〕79 号，即《国家税务总局关于贯彻落实企业所得税法若干税收问题的通知》。

[2] 《实施条例》第九条直接规定的原则是以权责发生制为基础，以收付实现制为例外，但因其影响收入和扣除项目的确认期间，故可认为其暗含了收入与费用配比原则。

（7）特许权使用费收入。

特许权使用费收入按照合同约定的特许权使用人应付特许权使用费的日期确认收入的实现。

会计上按权责发生制原则与合同约定的日期的差异，形成调整的基本方式，其形式类似于《实施条例》对于租金的规定。特许权使用费的计算有两种方式：一是固定收益，二是变动收益，即或者以营业收入为基础计算，或者以产品产量或销量为基础计算。

（8）其他收入。

其他收入的表现多样化，包括了会计上营业外收入的内容。在当前的法规体系中，除了财税〔2009〕59 号[1]文对于达到并且取得备案的特殊性税务处理的债务重组收益的，可以在 5 个纳税年度均匀计入各期应纳税所得额，以及国家税务总局 2012 年第 40 号公告规定的政策性搬迁所得可以进行递延计算纳税外，其他的应税收入通常均须一次性计入实际收到年度的应纳税所得额。

①接受捐赠收入。按照实际收到捐赠资产的日期确认收入的实现。《企业会计准则》中规定记入"营业外收入"（股东之间利益输送的仍列作资本公积），与税法保持了一致。但对于仍延续《企业会计制度》的纳税人而言，由于按规定计入资本公积和待转资产价值，因此须进行纳税调增处理，并且以后年度也不能作纳税调减的转回，除非会计处理重新认列到损益表当中。

已失效的国税函〔2008〕264 号[2]文规定，一次性接受捐赠金额占当期应纳税所得额 50％或以上的，可以在不超过 5 年的期间内均匀计入各年度的应纳税所得额。此项规定对 2008 年及之后事项已不适用。在国家税务总局 2010 年第 19 号公告[3]中已进行明确，企业取得财产（包括各类资产、股权、债权等）转让收入、债务重组收入、接受捐赠收入、无法偿付的应付款收入等，不论是以货币形式、还是非货币形式体现，除另有规定外，均应一

---

[1]　财税〔2009〕59 号，即《财政部、国家税务总局关于企业重组业务企业所得税处理若干问题的通知》。

[2]　国税函〔2008〕264 号，即《国家税务总局关于做好 2007 年度企业所得税汇算清缴工作的补充通知》。

[3]　国家税务总局公告 2010 年第 19 号，即《国家税务总局关于企业取得财产转让等所得企业所得税处理问题的公告》。

次性计入确认收入的年度计算缴纳企业所得税。

②采取产品分成方式取得收入。按照企业分得产品的日期确认收入的实现，其收入额按照产品的公允价值确定。

③其他收入。包括企业资产溢余收入、逾期未退包装物押金收入、确实无法偿付的应付款项、已作坏账损失处理后又收回的应收款项、债务重组收入、补贴收入、违约金收入、汇兑收益等。此部分主要须结合纳税人会计处理或者收付实现的原则来确认，相关内容我们将在单项说明中提示相关的税收事宜。

4.4.1.2 关于营业外收入

1. 关于新旧报表的变化。

新旧报表的变化对比如表4-6所示。

表4-6 　　　　　　　　　　　新旧报表的变化对比

新	旧
（一）非流动资产处置利得	2. 处置固定资产净收益 4. 出售无形资产收益
（二）非货币性资产交换利得	3. 非货币性资产交易收益
（三）债务重组利得	6. 债务重组收益
（四）政府补助利得	7. 政府补助收入
（五）盘盈利得	1. 固定资产盘盈
（六）捐赠利得	8. 捐赠收入
（七）罚没利得	5. 罚款净收入
（八）确实无法偿付的应付款项	
（九）汇兑收益	
（十）其他	9. 其他

我们可以发现，新报表中一些名字变了，为何要变呢，这是参照了企业会计准则的核算来对应的，使之更易填写、内涵更广，同时还增加了两项：

一项是"确实无法偿付的应付款项",注意,这是纳税人自己在会计上判断支付不出去而转营业外收入的事项,那要是未来再支付呢,企业再来要账,那就再通过营业外支出之类支出就可以了,仍属于自行列支的事项,而不是视为一个资产损失来处理的。关于这一项,皆因老税法体系下有三年、两年未付出转收入之类的说法,因此有许多地方口径认为,时间长了,付不出去的可能性太大了,要转,这是漏洞,其实企业付不付出去,肯定自己更清楚,不易因个案否定全部,还有的是因为企业账期就是 10 年,因此之后每年是正常支付的,也没有问题。合理的做法应是看纳税人自己的会计处理是否转收入,不深究其内在的教条。所以建议纳税人一是看看当地的税务机关的口径,二是了解政策本身的尺度。

另一项是本次表中新增的"汇兑收益",可能会让人有所奇怪,这不平时都在财务费用中吗?且慢,人家说了,这是为执行小企业准则企业填报用的[1],估计有多少企业用小企业准则呢,根本不是一个口径,而且企业就愿意用企业会计制度或会计准则模式,又如何呢,这个不同的核算口径确实会带来困扰。因此,汇兑收益在营业外收入核算,汇兑损失在财务费用中核算,并不是在营业外支出中。如果没有这样做,全放在财务费用中核算,也不建议再按这个规则调整一次重分类到不同的科目中。

2. 关于利得。

利得是净收益的意思,通常我们可以理解,如处置一个固定资产,原值是 100 万元,折旧 80 万元,净值 20 万元,变卖收入 30 万元,增值税销项税额 5.1 万元,则利得为 4.9 万元(30－20－5.1,此处相关的附加税费还要根据缴纳增值税的多少计算,简化期间一并计入营业税金及附加中)。

但是有的企业却可能并不这样处理,比如 24.9 万元(30－5.1)计为营

---

[1] 根据《小企业会计准则》,适用于在中华人民共和国境内依法设立的、符合《中小企业划型标准规定》所规定的小型企业标准的企业。下列三类小企业除外:(一)股票或债券在市场上公开交易的小企业。(二)金融机构或其他具有金融性质的小企业。(三)企业集团内的母公司和子公司。前款所称企业集团、母公司和子公司的定义与《企业会计准则》的规定相同。

小企业的营业外收入包括:非流动资产处置净收益、政府补助、捐赠收益、盘盈收益、汇兑收益、出租包装物和商品的租金收入、逾期未退包装物押金收益、确实无法偿付的应付款项、已作坏账损失处理后又收回的应收款项、违约金收益等。财务费用,是指小企业为筹集生产经营所需资金发生的筹资费用。包括:利息费用(减利息收入)、汇兑损失、银行相关手续费、小企业给予的现金折扣(减享受的现金折扣)等费用。

业外收入，其中20万元计为营业外支出，双线处理，这个是因为处理收入不及时，但报废的模式更多。不过这样处理会有一个问题是没有完全遵照准则，同时呢，也因营业外收入与支出金额变大，税务部门关注得更敏感，比如营业外支出有没有办理资产损失处理、有没有进行调整，这是自找的麻烦。

3. 债务重组利得。

《企业会计准则第12号——债务重组》是专门介绍这个事项的规范性文件，债务重组，是指在债务人发生财务困难的情况下，债权人按照其与债务人达成的协议或者法院的裁定作出让步的事项。即无论是用什么条件，债务重组利得是债务方得到的"便宜"，这个便宜计入营业外收入中。

[例4-3] 如果以现金偿还，假设1000万元债务，最后企业发现收回比较困难，和解一次性付清800万元清账，这样200万元就是债务人的利得，在营业外收入中计入本项之下。

但如果是以非货币性资产偿债，就复杂一些了。如企业有存货，账面价值800万元，公允价值1170万元，如果现在抵债人家1500万元债务，如何进行会计处理呢：

```
借：应付账款                                    1 500
  贷：主营业务收入                              1 000
     应交税费——应交增值税（销项税额）            170
     营业外收入                                 330
  借：主营业务成本                              800
     贷：库存商品                               800
```

上述的330万元计入债务重组利得之中。如果用固定资产来偿债呢，如机器设备原值1000万元，折旧200万元，公允价值1030万元，现偿对方债务1500万元，如何进行会计处理呢：

```
借：应付账款                                    1 500
  累计折旧                                      200
  贷：固定资产                                  1 000
     应交税费——应交增值税                        20
     营业外收入——处置利得                        210
            ——债务重组利得                      470
```

注意，这里是将公允价值的不含税收入与净值的差异作为处置利得，其余的偿债差异作为重组利得处理。

4. 政府补助利得。

首先我们要清楚，政府补助是企业收到的政府资产或资金，那如何进行会计处理呢，企业有两种处理情形，相对应的涉税调整也是不一样的：

一是企业收到政府补助收入，就挂在类似"专项应付款"的科目中，有支出的时候，就冲减往来，没有就一直挂着。企业没有进损益表的营业外收入，我们税务同志是否就没有办法了呢？这就要看企业是不是有符合不征税收入确认的条件，如果符合，反正企业没有税前扣除，自然也不用管了，但有一点需要确认，取得后 60 个月是否超过，超过了，作应税收入处理，支出也允许税前扣除。这种情况与我们这张表中的政府补助利得没有关系，但是涉税风险关注点之一。如果不符合不征税收入的条件，挂账也得全作为当年度的应税收入，不过要是企业当期或以后年度的支出，也应允许企业税前扣除。

二是企业记为递延收益，即在往来科目中，一次性确认为当年度营业外收入，或者是分年度确认，这个在税务上也是分二条线的，符合不征税收入的，会计上记入营业外收入科目，允许企业作纳税调减扣除的，但是对应的支出也要作纳税调增，最终 60 个月一定要找平的，即税务上谁也没有占谁的便宜。如果不符合不征税收入，通常的理解是一次性全作为当年度的收入，即没有全转到营业外收入科目的余额，挂账的部分要作纳税调增处理，只要全作了，税前扣除不管是不是 60 个月了，符合条件就税前扣除。

注意，第二种情形要根据后附调整表专项用途财政性资金结合调整。但后面的《专项用途财政性资金纳税调整明细表》只适用于符合不征税收入的情形填写。同时还要注意，不征税收入对应的支出是费用的，放在纳税调整表中调整，是折旧摊销的，放在折旧摊销表中进行调整，是分条线形式上走，越来越复杂了。

[例 4-4]　某企业收到政府补助 1 170 万元，用于购置资产，预计使用期为 10 年。其会计分录如下：

（1）收到款项时：

　　借：银行存款　　　　　　　　　　　　　　　　　　1 170

　　　　贷：递延收益　　　　　　　　　　　　　　　　　　　1 170

（2）购置资产时：

借：固定资产　　　　　　　　　　　　　　1 000

　　应交税费——应交增值税（进项税额）　　170

　　贷：银行存款　　　　　　　　　　　　　　　1 170

（3）每年计提折旧与确认补助收入：

借：管理费用　　　　　　　　　　　　　　100

　　贷：累计折旧　　　　　　　　　　　　　　100

借：递延收益　　　　　　　　　　　　　　117

　　贷：营业外收入　　　　　　　　　　　　　117

如上，如果不满足不征税收入的情形，当年度1 170万元都要全部计为收入，由于117万元已计入营业外收入，因此只需要将1 053万元（1 170－117）作纳税调减处理。如果之后年度还有计入营业外收入的117万元，由于当年度一次性确认为收入了，所以将来每年的117万元都要作纳税调减处理。

如果满足不征税收入，则当年度计入营业外收入的117万元作纳税调减处理，但支出也不允许税前扣除，因此100万元需要作纳税调增处理。不过上述的分录中，对于进项税额抵扣，是否可以，可能存在不同的理解，即用政府补助购买产生的进项税额抵扣没有形成固定资产的金额，有没有问题呢，这确实需要现实当中探讨处理。

但是，有人会说，为什么不符合不征税收入的补贴，不能按会计上分年度确认，即不能按权责发生制原则确认，而是按收付实现制来调整呢？这个问题还是有依据的：

如国税函〔2009〕18号[1]文件有一个个案批复：根据《中华人民共和国企业所得税法》及其实施条例规定的权责发生制原则，广西合山煤业有限责任公司取得的未来煤矿开采期间因增加排水或防止浸没支出等而获得的补偿款，应确认为递延收益，按直线法在取得补偿款当年及以后的10年内分期计入应纳税所得，如实际开采年限短于10年，应在最后一个开采年度将尚未计入应纳税所得的赔偿款全部计入应纳税所得。但作为个案，我们确实无法推而广之处理，不过，也可以尝试去申请。

---

[1]　国税函〔2009〕18号，即《国家税务总局关于广西合山煤业有限责任公司取得补偿款有关所得税处理问题的批复》。

5. 盘盈利得。

盘盈是什么？就是无缘无故的多了个东西，好像天上掉下来的一样，如果是这样，那这个盘盈所得是要计为营业外收入的，但是如果是之前年度的差错呢？之前账上有，盘点时发现没有了，销账处理，后来又找到了，那这个要如何处理呢？

根据会计准则的相关规定，企业如有盘盈固定资产的，应作为前期差错记入"以前年度损益调整"科目。盘盈的除固定资产以外的其他财产，借记本科目，贷记"管理费用"、"营业外收入"等科目。

所以，上述盘盈的情况，无论是冲减费用还是计入营业外收入，都将体现为收入事项，但是如果盘盈的固定资产，企业悄悄地通过资产负债表的以前年度损益调整处理了，所以对于这种情况，我们的税务同志，我们的办税人员，一定要了解当年度的以前年度损益调整的情况，如果有盘盈的固定资产，一样需要纳入当年度的应税收入中的。这一点，不能只简单地看这个盘盈的营业外收入记入数额情况。

这里诸位需要关注一下，盘盈的资产有没有增值税的问题，盘盈时点是没有的，在未来销售时才会计为应税收入的情况，如果不出售，是消耗性质的，也没有增值税的直接关系事项。

6. 捐赠利得。

接受捐赠，真是天上掉馅饼的好事，就是直接列为当期的应税所得了。企业计入捐赠利得中，如果有分年度核算的，也要一次性计入，因此发现有捐赠利得，必须确认是不是一次性确认为应税所得了。

如果受赠的对象是非货币性资产，那要按照公允价值确认为应税所得。理论上讲，对方对外赠送，属于增值税的视同销售事项，反正对方要缴纳增值税，索性就跟对方要专用发票进行抵扣。

但是根据国家税务总局2014年第29号公告[1]的规定，企业接收股东划入资产（包括股东赠予资产、上市公司在股权分置改革过程中接收原非流通股股东和新非流通股股东赠予的资产、股东放弃本企业的股权，下同），凡合同、协议约定作为资本金（包括资本公积）且在会计上已做实际处理的，不计入企业的收入总额，企业应按公允价值确定该项资产的计税基础。此外，企业接收股东划入资产，凡作为收入处理的，也应按公允价值计入收

---

[1] 国家税务总局公告2014年第29号，即《国家税务总局关于企业所得税应纳税所得额若干问题的公告》。

入总额，计算缴纳企业所得税，同时按公允价值确定该项资产的计税基础。

因此，股东给予的东西，何不在合同或协议中约定清楚呢，不然就要并为收入缴税，从利益上是亏的，但是企业就是要列入营业外收入，为何？原因就是要利润，别被摘牌。所以上面的情形对于企业来讲，就是一项选择权，如果企业放入资本公积中，我们无法强制企业作为收入，在国家税务总局2014年第29号公告之前是不清楚的，认为是一种企业的受赠所得，实际上现在借鉴了会计的处理，认为是股东之间的交易关系，所以与企业本身的经营收入利得无关。这是一个好的明确。

7. 罚没利得。

按理讲，企业还能处置别人吗？这里的意思更多是因经济交往中，对方违背约定而取得的收入，如约定发货，对方发货晚了，所以有了收入，这种情形下，自然是应税收入了。

那这种罚没收入有没有流转税呢？如电信、银行企业，晚付款就可能有处罚，这是存在于基本业务基础上的价外费用，所以自然要作为增值税或营业税的应税收入基数，然而很多企业未将这块收入并入，因此产生少缴税的结果。

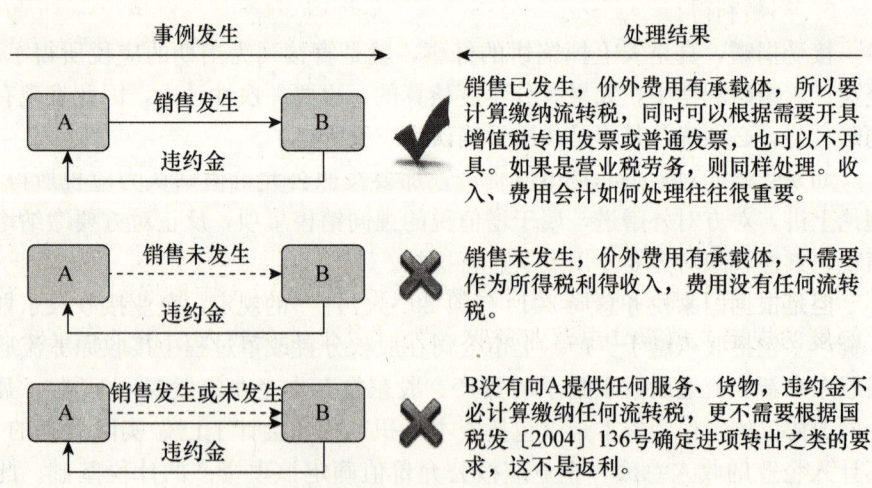

图4-1　销售过程中产生违约金的情况和处理结果图

注意，增值税条例中有约定来源于购买方的限制，营业税却没有。如A销售货物B后，运输公司支付的违约金给A，就不属于价外费用。

8. 确实无法偿付的应付款项。

确实无法偿付，即人家确定是不可以支付的，所以主观判断转为营业外收入的事项。不过现在有一种趋势认为纳税人如超过正常付款期三年的应付款项，应先转应税收入调增，待后来支付时再作纳税调减处理。

这有道理没？如果我们只讲法规，这就是没有依据的，凭什么说人家超了三年或五年，就一定要转收入？就算有企业人为知道付不出了，也要挂账不转收入，这个也没有办法，我们不宜从自己的想法出发，让企业做出应税的处理。税收条文不宜从保护税收的角度作出超出税法规定的措施来。如果企业作收入了，是不是就明正言顺地可以不付款了呢？这不是恶意不付款吗？因此，只要对方企业有要回的可能性，就不应转作收入处理。至于企业自己转收入，那就以企业自己的行为来评估判断。

9. 汇兑收益。

上面提到了，这是为小企业会计准则的执行纳税人准备的，有点多此一举的感觉，汇兑损失还让企业作财务费用，汇兑收益就作营业外收入，还搅乱了所得税的一致性理解。不过，对于大中型企业来讲，这一条目可以直接忽略不看。

10. 其他。

其他是一个万能的筐，只要是没有办法核算的内容，都挤到这里来，不过，如果这个金额特别大，建议税务机关要求企业提供明细，因为有些东西是要透过明细来了解的，而不是因为是"其他"就不管了。

4.4.2　《一般企业收入明细表》（A101010）填报说明

本表适用于执行除事业单位会计准则、非营利企业会计制度以外的其他国家统一会计制度的非金融居民纳税人填报。纳税人应根据国家统一会计制度的规定，填报"主营业务收入"、"其他业务收入"和"营业外收入"。

4.4.2.1　有关项目填报说明

1. 第1行"营业收入"：根据主营业务收入、其他业务收入的数额计算填报。

2. 第2行"主营业务收入"：根据不同行业的业务性质分别填报纳税人

核算的主营业务收入。

3. 第3行"销售商品收入"：填报从事工业制造、商品流通、农业生产以及其他商品销售的纳税人取得的主营业务收入。房地产开发企业销售开发产品（销售未完工开发产品除外）取得的收入也在此行填报。

4. 第4行"其中：非货币性资产交换收入"：填报纳税人发生的非货币性资产交换按照国家统一会计制度应确认的主营业务收入。

5. 第5行"提供劳务收入"：填报纳税人从事建筑安装、修理修配、交通运输、仓储租赁、邮电通信、咨询经纪、文化体育、科学研究、技术服务、教育培训、餐饮住宿、中介代理、卫生保健、社区服务、旅游、娱乐、加工以及其他劳务活动取得的主营业务收入。

6. 第6行"建造合同收入"：填报纳税人建造房屋、道路、桥梁、水坝等建筑物，以及生产船舶、飞机、大型机械设备等取得的主营业务收入。

7. 第7行"让渡资产使用权收入"：填报纳税人在主营业务收入核算的，让渡无形资产使用权而取得的使用费收入以及出租固定资产、无形资产、投资性房地产取得的租金收入。

8. 第8行"其他"：填报纳税人按照国家统一会计制度核算、上述未列举的其他主营业务收入。

9. 第9行："其他业务收入"：填报根据不同行业的业务性质分别填报纳税人核算的其他业务收入。

10. 第10行"材料销售收入"：填报纳税人销售材料、下脚料、废料、废旧物资等取得的收入。

11. 第11行"其中：非货币性资产交换收入"：填报纳税人发生的非货币性资产交换按照国家统一会计制度应确认的其他业务收入。

12. 第12行"出租固定资产收入"：填报纳税人将固定资产使用权让与承租人获取的其他业务收入。

13. 第13行"出租无形资产收入"：填报纳税人让渡无形资产使用权取得的其他业务收入。

14. 第14行"出租包装物和商品收入"：填报纳税人出租、出借包装物和商品取得的其他业务收入。

15. 第15行"其他"：填报纳税人按照国家统一会计制度核算、上述未列举的其他业务收入。

16. 第16行"营业外收入"：填报纳税人计入本科目核算的与生产经营

无直接关系的各项收入。

17．第17行"非流动资产处置利得"：填报纳税人处置固定资产、无形资产等取得的净收益。

18．第18行"非货币性资产交换利得"：填报纳税人发生非货币性资产交换应确认的净收益。

19．第19行"债务重组利得"：填报纳税人发生的债务重组业务确认的净收益。

20．第20行"政府补助利得"：填报纳税人从政府无偿取得货币性资产或非货币性资产应确认的净收益。

21．第21行"盘盈利得"：填报纳税人在清查财产过程中查明的各种财产盘盈应确认的净收益。

22．第22行"捐赠利得"：填报纳税人接受的来自企业、组织或个人无偿给予的货币性资产、非货币性资产捐赠应确认的净收益。

23．第23行"罚没利得"：填报纳税人在日常经营管理活动中取得的罚款、没收收入应确认的净收益。

24．第24行"确实无法偿付的应付款项"：填报纳税人因确实无法偿付的应付款项而确认的收入。

25．第25行"汇兑收益"：填报纳税人取得企业外币货币性项目因汇率变动形成的收益应确认的收入。（该项目为执行《小企业会计准则》企业填报。）

26．第26行"其他"：填报纳税人取得的上述项目未列举的其他营业外收入，包括执行《企业会计准则》纳税人按权益法核算长期股权投资对初始投资成本调整确认的收益，执行《小企业会计准则》纳税人取得的出租包装物和商品的租金收入、逾期未退包装物押金收益等。

4.4.2.2　表内、表间关系

1．表内关系。

（1）第1行＝第2＋9行。

（2）第2行＝第3＋5＋6＋7＋8行。

（3）第9行＝第10＋12＋13＋14＋15行。

（4）第16行＝第17＋18＋19＋20＋21＋22＋23＋24＋25＋26行。

2．表间关系。

（1）第 1 行＝表 A100000 第 1 行。

（2）第 16 行＝表 A100000 第 11 行。

4.5 一般企业成本支出明细表

《一般企业成本支出明细表》（A102010）表样如表 4-7 所示。

表 4-7

A102010 一般企业成本支出明细表

行次	项目	金额
1	一、营业成本（2＋9）	—
2	（一）主营业务成本（3＋5＋6＋7＋8）	—
3	1. 销售商品成本	
4	其中：非货币性资产交换成本	
5	2. 提供劳务成本	
6	3. 建造合同成本	
7	4. 让渡资产使用权成本	
8	5. 其他	
9	（二）其他业务成本（10＋12＋13＋14＋15）	—
10	1. 材料销售成本	
11	其中：非货币性资产交换成本	
12	2. 出租固定资产成本	
13	3. 出租无形资产成本	
14	4. 包装物出租成本	
15	5. 其他	
16	二、营业外支出（17＋18＋19＋20＋21＋22＋23＋24＋25＋26）	—

续表

行次	项目	金额
17	（一）非流动资产处置损失	
18	（二）非货币性资产交换损失	
19	（三）债务重组损失	
20	（四）非常损失	
21	（五）捐赠支出	
22	（六）赞助支出	
23	（七）罚没支出	
24	（八）坏账损失	
25	（九）无法收回的债券股权投资损失	
26	（十）其他	

4.5.1　基本风险点介绍

对于表中的营业成本部分，我们可以对应收入表中的收入填写，此表也是根据利润表的数据为基础直接填列的，不需要考虑调整之类的因素。

对于营业外支出，我们需要引起足够的重视，一般查税人员对于营业外支出、期间费用都很敏感，所以本表就是营业外支出的自我坦白，有一些东西，虽然我们可以放在营业外支出，但也是有争议的。如某客户的个税手续费返还，我们发现在汇算清缴之时，企业是将其作为营业外收入入账的，相应支出列为营业外支出，负责的税务专管同志认为不能列为营业外收入，必须调整到其他科目，其实核算正确与否不是税务当局管的事情，要关注的是税有没有少缴，"秀才遇到兵有理说不清"，你说怎么办？

4.5.1.1　债务重组损失

通常是债权方的损失，发生此类损失时，需要进行损失的专项申报，而要作此申报，就要参照国家税务总局 2011 年第 25 号公告[1]规定的条件：属于债务重组的，应有债务重组协议及其债务人重组收益纳税情况说明；除了重组协议，还要举证收益纳税情况的说明，这是个挑战，我们不知道说明具体是什么，是承诺函还是申报表，因为所得税是综合计算的，并不会针对这一个债务重组收益单独计算缴纳，可能当期一分钱税都没有，但是企业作为收益计入了利润表，也应当能够证明收益纳税的前提。

不过上面的要求是应收及预付款项，对于金融企业的债权性投资（贷款）来讲，却并未有此方面的要求。不过实务中，有些债务重组损失没有必要做得这样复杂，实在不行，找个资产管理公司，拍卖一下，直接形成损失，不必证明对方有无偿债能力之说，这样不是更好吗？

4.5.1.2　非常损失

如果让我们的中介机构或税务人士来看，非常损失是什么，没有定义，填报纳税人在营业外支出中核算的各项非正常的财产损失，说白了，就是相较于处置非流动资产损失，处置是正常的有序的，而如果是自然灾害，就是非正常的。所以这里要是有数据，我们审核时就必须要看有没有包括资产损失的清单申报与专项申报，没有的话，可以一律要求作纳税调增处理。

当然，对于货物类资产，因管理不善造成被盗、丢失、霉烂变质的损失，是需要作增值税进项税额转出处理的，因此这一块就同样形成了非常损失的组成部分，同样我们的资产损失中也认可，就是怕有的同志认为企业转的不对，说我们的所得税不认，岂不是做了好事仍不被认可的结果。当然如果企业漏转了，将来税务检查的时候还要补税，但却可能错过损失的申报。

4.5.1.3　捐赠支出、赞助支出

这两者到底有何差异，填表说明也未说清楚，会计准则也没有要求这样

---

[1]　国家税务总局公告 2011 年第 25 号，即《国家税务总局企业资产损失所得税税前扣除管理办法》。

列。按照通常我们的理解，这里的捐赠支出就填写公益性捐赠的支出，赞助支出是指不符合捐赠条件，被强求作赞助的支出，但是根据税法又得不到税前扣除的支出。

但是我们想，企业哪有无私的赞助，基本上是有直接或间接的利益回报希望的，因此只要取得合规的票据，我们还是认为可以进行税前扣除的，同时也建议我们的企业一定在赞助支出等合同中说明，必须对企业有所广告性质的活动体现。

4.5.1.4 罚没支出

这里一般分为两部分，一部分是税前不能得到扣除的税收滞纳金，罚金、罚款和被没收财物的损失，这些是不能在税前扣除的。另一部分是经济交往中支付的违约金，如根据法院判决支付的违约金，虽然是国家判决的，但是是经济交易中的罚款等支出，是可以税前扣除的。

同罚没收入一样，涉及经济交易中的罚款支出，如果是涉及对方销售方转税相关事项的，需要取得发票；如果不是，如销售方支付给购买方的，或者交易未实施情形之下的支付，则凭收据、合同等就可以税前扣除。

4.5.1.5 坏账损失与无法收回的债券股权投资损失

这两项是小企业会计准则的纳税人填写，一般的企业可能没有这两项的内容。

4.5.1.6 个税手续费返还

个税手续费返还是这两年税务机关一直非常关注的事项，企业所得税无需多言，凡是无法举证是属于不征税收入的，都应作为应税收入处理。如果金额小，直接财务的同志支付就得了，相应的发票列在营业外支出当中，或者直接冲减营业外收入，或者挂账直接冲减。但是金额大的，就只能作应税收入了。为了调整到位，我们的企业可以直接要求不得挂往来账，因为挂着挂着很容易没有了。因此建议统一确认为收入事项。

至于个税手续费返还的营业税，目前在实务中基本是被认可的，虽然认为缴的没有理由，但是谁让它叫手续费呢，只是有的地方认为，手续费是劳务，没有代扣代缴要处罚，这就不是简单的手续费，而是法定义务的财政补助，并不是买企业的服务一样简单。

4.5.2 《一般企业成本支出明细表》（A102010）填报说明

本表适用于执行除事业单位会计准则、非营利企业会计制度以外的其他国家统一会计制度的查账征收企业所得税非金融居民纳税人填报。纳税人应根据国家统一会计制度的规定，填报"主营业务成本"、"其他业务成本"和"营业外支出"。

4.5.2.1 有关项目填报说明

1. 第1行"营业成本"：填报纳税人主要经营业务和其他经营业务发生的成本总额。本行根据"主营业务成本"和"其他业务成本"的数额计算填报。

2. 第2行"主营业务成本"：根据不同行业的业务性质分别填报纳税人核算的主营业务成本。

3. 第3行"销售商品成本"：填报从事工业制造、商品流通、农业生产以及其他商品销售企业发生的主营业务成本。房地产开发企业销售开发产品（销售未完工开发产品除外）发生的成本也在此行填报。

4. 第4行"其中：非货币性资产交换成本"：填报纳税人发生的非货币性资产交换按照国家统一会计制度应确认的主营业务成本。

5. 第5行"提供劳务成本"：填报纳税人从事建筑安装、修理修配、交通运输、仓储租赁、邮电通信、咨询经纪、文化体育、科学研究、技术服务、教育培训、餐饮住宿、中介代理、卫生保健、社区服务、旅游、娱乐、加工以及其他劳务活动发生的的主营业务成本。

6. 第6行"建造合同成本"：填报纳税人建造房屋、道路、桥梁、水坝等建筑物，以及生产船舶、飞机、大型机械设备等发生的主营业务成本。

7. 第7行"让渡资产使用权成本"：填报纳税人在主营业务成本核算的，让渡无形资产使用权而发生的使用费成本以及出租固定资产、无形资产、投资性房地产发生的租金成本。

8. 第8行"其他"：填报纳税人按照国家统一会计制度核算、上述未列举的其他主营业务成本。

9. 第9行："其他业务成本"：根据不同行业的业务性质分别填报纳税人按照国家统一会计制度核算的其他业务成本。

10. 第10行"材料销售成本"：填报纳税人销售材料、下脚料、废料、废旧物资等发生的成本。

11. 第11行"非货币性资产交换成本"：填报纳税人发生的非货币性资产交换按照国家统一会计制度应确认的其他业务成本。

12. 第12行"出租固定资产成本"：填报纳税人将固定资产使用权让与承租人形成的出租固定资产成本。

13. 第13行"出租无形资产成本"：填报纳税人让渡无形资产使用权形成的出租无形资产成本。

14. 第14行"包装物出租成本"：填报纳税人出租、出借包装物形成的包装物出租成本。

15. 第15行"其他"：填报纳税人按照国家统一会计制度核算，上述未列举的其他业务成本。

16. 第16行"营业外支出"：填报纳税人计入本科目核算的与生产经营无直接关系的各项支出。

17. 第17行"非流动资产处置损失"：填报纳税人处置非流动资产形成的净损失。

18. 第18行"非货币性资产交换损失"：填报纳税人发生非货币性资产交换应确认的净损失。

19. 第19行"债务重组损失"：填报纳税人进行债务重组应确认的净损失。

20. 第20行"非常损失"：填报纳税人在营业外支出中核算的各项非正常的财产损失。

21. 第21行"捐赠支出"：填报纳税人无偿给予其他企业、组织或个人的货币性资产、非货币性资产的捐赠支出。

22. 第22行"赞助支出"：填报纳税人发生的货币性资产、非货币性资产赞助支出。

23. 第23行"罚没支出"：填报纳税人在日常经营管理活动中对外支付的各项罚没支出。

24. 第24行"坏账损失"：填报纳税人发生的各项坏帐损失。（该项目为使用小企业准则企业填报）

25. 第25行"无法收回的债券股权投资损失"：填报纳税人各项无法收回的债券股权投资损失。（该项目为使用《小企业会计准则》的企业填报。）

26. 第26行"其他"：填报纳税人本期实际发生的在营业外支出核算的其他损失及支出。

4.5.2.2 表内、表间关系

1. 表内关系。

（1）第1行＝第2＋9行。

（2）第2行＝第3＋5＋6＋7＋8行。

（3）第9行＝第10＋12＋13＋14＋15行。

（4）第16行＝第17＋18＋…＋26行。

2. 表间关系。

（1）第1行＝表A100000第2行。

（2）第16行＝表A100000第12行。

4.6 金融企业收入明细表

《金融企业收入明细表》（A101020）表样如表4-8所示。

表 4-8

A101020　　　　　　　　　　金融企业收入明细表

行次	项目	金额
1	一、营业收入（2＋18＋27＋32＋33＋34）	—
2	（一）银行业务收入（3＋10）	—
3	1. 利息收入（4＋5＋6＋7＋8＋9）	—
4	（1）存放同业	
5	（2）存放中央银行	
6	（3）拆出资金	
7	（4）发放贷款及垫资	

续表

行次	项目	金额
8	（5）买入返售金融资产	
9	（6）其他	
10	2. 手续费及佣金收入（11＋12＋13＋14＋15＋16＋17）	—
11	（1）结算与清算手续费	
12	（2）代理业务手续费	
13	（3）信用承诺手续费及佣金	
14	（4）银行卡手续费	
15	（5）顾问和咨询费	
16	（6）托管及其他受托业务佣金	
17	（7）其他	
18	（二）证券业务收入（19＋26）	—
19	1. 证券业务手续费及佣金收入（20＋21＋22＋23＋24＋25）	—
20	（1）证券承销业务	
21	（2）证券经纪业务	
22	（3）受托客户资产管理业务	
23	（4）代理兑付证券	
24	（5）代理保管证券	
25	（6）其他	
26	2. 其他证券业务收入	
27	（三）已赚保费（28－30－31）	—
28	1. 保险业务收入	
29	其中：分保费收入	
30	2. 分出保费	
31	3. 提取未到期责任准备金	
32	（四）其他金融业务收入	
33	（五）汇兑收益（损失以"－"号填列）	
34	（六）其他业务收入	

续表

行次	项目	金额
35	二、营业外收入（36＋37＋38＋39＋40＋41＋42）	—
36	（一）非流动资产处置利得	
37	（二）非货币性资产交换利得	
38	（三）债务重组利得	
39	（四）政府补助利得	
40	（五）盘盈利得	
41	（六）捐赠利得	
42	（七）其他	

4.6.1　基本风险点说明

这张报表基本上是为银行、证券公司与保险公司准备的，表的样子也与去年有点不一样了。另外，营业外支出基本上与一般企业一样，像罚没、确实无法支付的应付款项、汇兑收益没有了，因为这样的企业是没有执行小企业会计准则的，因此没有汇兑收益是完全正常的，如果有上述两项，则直接填在其他中就可以了。

细心的同志可能会发现，银行、证券公司的利润表是以净额体现的，即如利息收入扣除利息支出，作为利息净收入，申报表的概念是还原收入与支出，并不体现净收入的概念，因此这样对于证券公司、银行的好处是什么？是收入基数的增加，这是好事。

对于证券、银行来说，其投资收益是作为收入的组成部分，那是不是要将此部分提出再放在主表中的投资收益呢？从本次的填报说明来看，没有明确，而之前的申报表说明是支持证券公司的其他业务收入中包括投资收益的，即支持不需要提出单列的。我们理解，如果企业设立子公司的放在投资收益为佳，但企业买卖股票、债券的收益，也是正常的经营收入，我们还是建议企业结合自己的情形来填写。

另外，新的申报表的汇兑收益要求单独填写，这也是较旧表发生的变化之一。之前可能多是放在其他中合并处理。

4.6.2　《金融企业收入明细表》（A101020）填报说明

本表适用于执行企业会计准则的金融企业纳税人填报，包括商业银行、保险公司、证券公司等金融企业。金融企业应根据企业会计准则的规定填报"营业收入"、"营业外收入"。

4.6.2.1　有关项目填报说明

1. 第1行"营业收入"：填报纳税人提供金融商品服务取得的收入。

2. 第2行"银行业务收入"：填报纳税人从事银行业务取得的收入。

3. 第3行"利息收入"：填报银行存贷款业务等取得的各项利息收入，包括发放的各类贷款（银团贷款、贸易融资、贴现和转贴现融出资金、协议透支、信用卡透支、转贷款、垫款等）、与其他金融机构（中央银行、同业等）之间发生资金往来业务、买入返售金融资产等实现的利息收入等。

4. 第4行"存放同业"：填报纳税人存放于境内、境外银行和非银行金融机构款项取得的利息收入。

5. 第5行"存放中央银行"：填报纳税人存放于中国人民银行的各种款项利息收入。

6. 第6行"拆出资金"：填报纳税人拆借给境内、境外其他金融机构款项的利息收入。

7. 第7行"发放贷款及垫资"：填报纳税人发放贷款及垫资的利息收入。

8. 第8行"买入返售金融资产"：填报纳税人按照返售协议约定先买入再按固定价格返售的票据、证券、贷款等金融资产所融出资金的利息收入。

9. 第9行"其他"：填报纳税人除本表第4行至第8行以外的其他利息收入，包括债券投资利息等收入。

10. 第10行"手续费及佣金收入"：填报银行在提供相关金融业务服务时向客户收取的收入，包括结算与清算手续费、代理业务手续费、信用承诺手续费及佣金、银行卡手续费、顾问和咨询费、托管及其他受托业务佣金等。

11. 第18行"证券业务收入"：填报纳税人从事证券业务取得的收入。

12. 第19行"证券业务手续费及佣金收入"：填报纳税人承销、代理兑付等业务取得的各项手续费、佣金等收入。

13. 第 26 行"其他证券业务收入"：填报纳税人在国家许可的范围内从事的除经纪、自营和承销业务以外的与证券有关的业务收入。

14. 第 27 行"已赚保费"：填报纳税人从事保险业务确认的本年实际保费收入。

15. 第 28 行"保险业务收入"：填报纳税人从事保险业务确认的保费收入。

16. 第 29 行"分保费收入"：填报纳税人（再保险公司或分入公司）从原保险公司或分出公司分入的保费收入。

17. 第 30 行"分出保费"：填报纳税人（再保险分出人）向再保险接受人分出的保费。

18. 第 31 行"提取未到期责任准备金"：填报纳税人（保险企业）提取的非寿险原保险合同未到期责任准备金和再保险合同分保未到期责任准备金。

19. 第 32 行"其他金融业务收入"：填报纳税人提供除银行业、保险业、证券业以外的金融商品服务取得的收入。

20. 第 33 行"汇兑收益"：填报纳税人发生的外币交易因汇率变动而产生的汇兑损益，损失以负数填报。

21. 第 34 行"其他业务收入"：填报纳税人发生的除主营业务活动以外的其他经营活动实现的收入。

22. 第 35 行"营业外收入"：填报纳税人发生的各项营业外收入，主要包括非流动资产处置利得、非货币性资产交换利得、债务重组利得、政府补助、盘盈利得、捐赠利得等。

23. 第 36 行"非流动资产处置所得"：填报纳税人处置固定资产、无形资产等取得的净收益。

24. 第 37 行"非货币资产交换利得"：填报纳税人发生非货币性资产交换应确认的净收益。

25. 第 38 行"债务重组利得"：填报纳税人发生的债务重组业务确认的净收益。

26. 第 39 行"政府补助利得"：填报纳税人从政府无偿取得货币性资产或非货币性资产应确认的净收益。

27. 第 40 行"盘盈所得"：填报纳税人在清查财产过程中查明的各种财产盘盈应确认的净收益。

28. 第 41 行"捐赠利得"：填报纳税人接受的来自企业、组织或个人无偿给予的货币性资产、非货币性资产捐赠应确认的净收益。

29. 第 42 行"其他"：填报纳税人取得的上述项目未列举的其他营业外收入，包括执行《企业会计准则》纳税人按权益法核算长期股权投资对初始投资成本调整确认的收益。

4.6.2.2　表内、表间关系

1. 表内关系。

（1）第 1 行＝第 2＋18＋27＋32＋33＋34 行。

（2）第 2 行＝第 3＋10 行。

（3）第 3 行＝第 4＋5＋…＋9 行。

（4）第 10 行＝第 11＋12＋…＋17 行。

（5）第 18 行＝第 19＋26 行。

（6）第 19 行＝第 20＋21＋…＋25 行。

（7）第 27 行＝第 28－30－31 行。

（8）第 35 行＝第 36＋37＋…＋42 行。

2. 表间关系。

（1）第 1 行＝表 A100000 第 1 行。

（2）第 35 行＝表 A100000 第 11 行。

4.7　金融企业支出明细表

《金融企业支出明细表》（A102020）表样如表 4-9 所示。

表 4-9

A102020　　　　　　　　　　　　　金融企业支出明细表

行次	项目	金额
1	一、营业支出（2＋15＋25＋31＋32）	—
2	（一）银行业务支出（3＋11）	—
3	1. 银行利息支出（4＋5＋6＋7＋8＋9＋10）	—
4	（1）同业存放	
5	（2）向中央银行借款	

续表

行次	项目	金额
6	（3）拆入资金	
7	（4）吸收存款	
8	（5）卖出回购金融资产	
9	（6）发行债券	
10	（7）其他	
11	2. 银行手续费及佣金支出（12＋13＋14）	—
12	（1）手续费支出	
13	（2）佣金支出	
14	（3）其他	
15	（二）保险业务支出（16＋17－18＋19－20＋21＋22－23＋24）	—
16	1. 退保金	
17	2. 赔付支出	
18	减：摊回赔付支出	
19	3. 提取保险责任准备金	
20	减：摊回保险责任准备金	
21	4. 保单红利支出	
22	5. 分保费用	
23	减：摊回分保费用	
24	6. 保险业务手续费及佣金支出	
25	（三）证券业务支出（26＋30）	—
26	1. 证券业务手续费及佣金支出（27＋28＋29）	—
27	（1）证券经纪业务手续费支出	
28	（2）佣金支出	
29	（3）其他	
30	2. 其他证券业务支出	
31	（四）其他金融业务支出	
32	（五）其他业务成本	

续表

行次	项目	金额
33	二、营业外支出（34＋35＋36＋37＋38＋39＋40）	—
34	（一）非流动资产处置损失	
35	（二）非货币性资产交换损失	
36	（三）债务重组损失	
37	（四）捐赠支出	
38	（五）非常损失	
39	（六）其他	

4.7.1 基本风险点分析

关于营业外支出在此不再多述，对于金融企业的支出明细表，旧表中的业务及管理费，本次脱离了支出明细表，转移至期间费用表填写了。

大家可以看到，这里的佣金及手续费是由非常多的项目体现的，那我们是不是可以认为企业没有佣金及手续费支出受限的问题呢？其实，国家税务总局2012年第15号公告[1]已解决了这个问题，规定从事代理服务、主营业务收入为手续费、佣金的企业（如证券、期货、保险代理等企业），其为取得该类收入而实际发生的营业成本（包括手续费及佣金支出），准予在企业所得税前据实扣除。

至于该公告中有效的2011年度（不含）之前的佣金手续费，已超标征的，那就征了，没有征的，不再作调整，现在是有利于纳税人的规定，所以只能往后看才更有意义。

其实这里对于银行业，还有一个可以探讨的小问题，即银行对于买卖返售金融资产的情形，是作为利息收入处理的，并不是大家从营业税的角度认为是买卖金融商品的理解，如果从这个角度理解，税务机关可能认为需要缴纳营业税。如果从利息的角度理解，金融机构往来是暂不征收营业税的，所以这是一个有趣的事项。

4.7.2 《金融企业支出明细表》（A102020）填报说明

本表适用于执行企业会计准则的金融企业纳税人填报，包括商业银行、

---

[1] 国家税务总局公告2012年第15号，即《国家税务总局关于企业所得税应纳税所得额若干税务处理问题的公告》。

保险公司、证券公司等金融企业。纳税人根据企业会计准则的规定填报"营业支出"、"营业外支出"。金融企业发生的业务及管理费填报表 A104000《期间费用明细表》第1列"销售费用"相应的行次。

4.7.2.1　有关项目填报说明

1. 第1行"营业支出"：填报金融企业提供金融商品服务发生的支出。

2. 第2行"银行业务支出"：填报纳税人从事银行业务发生的支出。

3. 第3行"银行利息支出"：填报纳税人经营存贷款业务等发生的利息支出，包括同业存放、向中央银行借款、拆入资金、吸收存款、卖出回购金融资产、发行债券和其他业务利息支出。

4. 第11行"银行手续费及佣金支出"：填报纳税人发生的与银行业务活动相关的各项手续费、佣金等支出。

5. 第15行"保险业务支出"：填报保险企业发生的与保险业务相关的费用支出。

6. 第16行"退保金"：填报保险企业寿险原保险合同提前解除时按照约定应当退还投保人的保单现金价值。

7. 第17行"赔付支出"：填报保险企业支付的原保险合同赔付款项和再保险合同赔付款项。

8. 第18行"摊回赔付支出"：填报保险企业（再保险分出人）向再保险接受人摊回的赔付成本。

9. 第19行"提取保险责任准备金"：填报保险企业提取的原保险合同保险责任准备金，包括提取的未决赔款准备金、提取的寿险责任准备金、提取的长期健康责任准备金。

10. 第20行"摊回保险责任准备金"：填报保险企业（再保险分出人）从事再保险业务应向再保险接受人摊回的保险责任准备金，包括未决赔款准备金、寿险责任准备金、长期健康险责任准备金。

11. 第21行"保单红利支出"：填报保险企业按原保险合同约定支付给投保人的红利。

12. 第22行"分保费用"：填报保险企业（再保险接受人）向再保险分出人支付的分保费用。

13. 第23行"摊回分保费用"：填报保险企业（再保险分出人）向再保险接受人摊回的分保费用。

14. 第 24 行"保险业务手续费及佣金支出"：填报保险企业发生的与其保险业务活动相关的各项手续费、佣金支出。

15. 第 25 行"证券业务支出"：填报纳税人从事证券业务发生的证券手续费支出和其他证券业务支出。

16. 第 26 行"证券业务手续费及佣金支出"：填报纳税人代理承销、兑付和买卖证券等业务发生的各项手续费、风险结算金、承销业务直接相关的各项费用及佣金支出。

17. 第 30 行"其他证券业务支出"：填报纳税人从事除经纪、自营和承销业务以外的与证券有关的业务支出。

18. 第 31 行"其他金融业务支出"：填报纳税人提供除银行业、保险业、证券业以外的金融商品服务发生的相关业务支出。

19. 第 32 行"其他业务成本"：填报纳税人发生的除主营业务活动以外的其他经营活动发生的支出。

20. 第 33 行"营业外支出"：填报纳税人发生的各项营业外支出，包括非流动资产处置损失、非货币性资产交换损失、债务重组损失、捐赠支出、非常损失等。

21. 第 34 行"非流动资产处置损失"：填报纳税人处置非流动资产形成的净损失。

22. 第 35 行"非货币性资产交换损失"：填报纳税人发生非货币性资产交换应确认的净损失。

23. 第 36 行"债务重组损失"：填报纳税人进行债务重组应确认的净损失。

24. 第 37 行"捐赠支出"：填报纳税人无偿给予其他企业、组织或个人的货币性资产、非货币性资产的捐赠支出。

25. 第 38 行"非常损失"：填报纳税人在营业外支出中核算的各项非正常的财产损失。

26. 第 39 行"其他"：填报纳税人本期实际发生的在营业外支出核算的其他损失及支出。

4.7.2.2　表内、表间关系

1. 表内关系。

(1) 第 1 行＝第 2＋15＋25＋31＋32 行。

（2）第2行＝第3＋11行。

（3）第3行＝第4＋5＋…＋10行。

（4）第11行＝第12＋13＋14行。

（5）第15行＝第16＋17－18＋19－20＋21＋22－23＋24行。

（6）第25行＝第26＋30行。

（7）第26行＝第27＋28＋29行。

（8）第33行＝第34＋35＋…39行。

2. 表间关系。

（1）第1行＝表A100000第2行。

（2）第33行＝表A100000第12行。

4.8 事业单位、民间非营利组织收入、支出明细表

《事业单位、民间非营利组织收入、支出明细表》（A103000）表样如表4-10所示。

表 4-10

A103000　　　事业单位、民间非营利组织收入、支出明细表

行次	项目	金额
1	一、事业单位收入（2＋3＋4＋5＋6＋7）	—
2	（一）财政补助收入	
3	（二）事业收入	
4	（三）上级补助收入	
5	（四）附属单位上缴收入	
6	（五）经营收入	
7	（六）其他收入（8＋9）	—
8	其中：投资收益	
9	其他	

入在主表的"投资收益"行

入在主表的"营业外收入"行

续表

行次	项目	金额
10	二、民间非营利组织收入（11＋12＋13＋14＋15＋16＋17）	—
11	（一）接受捐赠收入	
12	（二）会费收入	
13	（三）提供劳务收入	
14	（四）商品销售收入	
15	（五）政府补助收入	
16	（六）投资收益	
17	（七）其他收入	
18	三、事业单位支出（19＋20＋21＋22＋23）	—
19	（一）事业支出	
20	（二）上缴上级支出	
21	（三）对附属单位补助	
22	（四）经营支出	
23	（五）其他支出	
24	四、民间非营利组织支出（25＋26＋27＋28）	—
25	（一）业务活动成本	
26	（二）管理费用	
27	（三）筹资费用	
28	（四）其他费用	

入在主表的"投资收益"行

入在主表的"营业外收入"行

入在主表的"营业外收入"行

入在主表的"营业外支出"行

4.8.1　基本风险点分析

由于表中所列的这些单位，税务机关没有作为重点监控，所以表格也设计得简单，但是我们可以想象，其间这些单位的经营活动，有多少没有纳入所得税的监控体系呢？比如我们看到的风光的 MBA 培训、非营利组织的活动，有多少是纳入预算内财政体系管理的，有哪些是自己列账上"小账"收入的呢？还有一些基金单位，更是让人了解不透，所以我们的涉税风险点还是非常多的。

曾经也有人咨询，我们的政府部门，隔三差五变卖点废旧物品的收入，要不要将这块收入也纳入所得税的征税范围内？企业所得税的纳税人的范围是不包括行政单位的，因此行政单位有点收入也不要"眼红"，其本身就不属于所得税的应税范围。但是增值税与营业税的暂行条例却对此一视同仁，行政单位一样是要作为增值税纳税人的，比如海关处置罚没物品，有关部门处置烟草用品等，是有增值税的，但是这其中如上面的变卖废旧物品，谁去监管呢？除非对方要发票的时候，相关部门来代开发票，就碰到枪口上了。

事业单位原来是不计提折旧的，那么现在呢？根据《事业单位会计准则》，要求计提折旧，省得原来搞的入账模式是收付实现制的模式，购买固定资产后一次性列为支出，只是在权益当中列一个固定资产基金，也不知道这个设备是多少年用多长时间，现在好了，起码折旧期双方能有一个记录可以查询。

4.8.2 《事业单位、民间非营利组织收入、支出明细表》(A103000) 填报说明

本表适用于实行事业单位会计准则的事业单位以及执行民间非营利组织会计制度的社会团体、民办非企业单位、非营利性组织等查账征收居民纳税人填报。纳税人应根据事业单位会计准则、民间非营利组织会计制度的规定，填报"事业单位收入"、"民间非营利组织收入"、"事业单位支出"、"民间非营利组织支出"等。

4.8.2.1 有关项目填报说明

1. 事业单位填报说明。

第1行至第9行由执行事业单位会计准则的纳税人填报。

（1）第1行"事业单位收入"：填报纳税人取得的所有收入的金额（包括不征税收入和免税收入），按照会计核算口径填报。

（2）第2行"财政补助收入"：填报纳税人直接从同级财政部门取得的各类财政拨款，包括基本支出补助和项目支出补助。

（3）第3行"事业收入"：填报纳税人通过开展专业业务活动及辅助活动所取得的收入。

（4）第4行"上级补助收入"：填报纳税人从主管部门和上级单位取得

的非财政补助收入。

（5）第5行"附属单位上缴收入"：填报纳税人附属独立核算单位按有关规定上缴的收入。包括附属事业单位上缴的收入和附属的企业上缴的利润等。

（6）第6行"经营收入"：填报纳税人开展专业业务活动及其辅助活动之外开展非独立核算经营活动取得的收入。

（7）第7行"其他收入"：填报纳税人取得的除本表第2行至第6行项目以外的收入，包括投资收益、银行存款利息收入、租金收入、捐赠收入、现金盘盈收入、存货盘盈收入、收回已核销应收及预付款项、无法偿付的应付及预收款项等。

（8）第8行"其中：投资收益"：填报在"其他收入"科目中核算的各项短期投资、长期债券投资、长期股权投资取得的投资收益。

（9）第9行"其他"：填报在"其他收入"科目中核算的除投资收益以外的收入。

2. 民间非营利组织填报说明。

第10行至第17行由执行民间非营利组织会计制度的纳税人填报。

（10）第10行"民间非营利组织收入"：填报纳税人开展业务活动取得的收入应当包括捐赠收入、会费收入、提供服务收入、政府补助收入、投资收益、商品销售收入等主要业务活动收入和其他收入等。

（11）第11行"接受捐赠收入"：填报纳税人接受其他单位或者个人捐赠所取得的收入。

（12）第12行"会费收入"：填报纳税人根据章程等的规定向会员收取的会费收入。

（13）第13行"提供劳务收入"：填报纳税人根据章程等的规定向其服务对象提供服务取得的收入，包括学费收入、医疗费收入、培训收入等。

（14）第14行"商品销售收入"：填报纳税人销售商品（如出版物、药品等）所形成的收入。

（15）第15行"政府补助收入"：填报纳税人接受政府拨款或者政府机构给予的补助而取得的收入。

（16）第16行"投资收益"：填报纳税人因对外投资取得的投资净收益。

（17）第17行"其他收入"：填报纳税人除上述主要业务活动收入以外的其他收入，如固定资产处置净收入、无形资产处置净收入等。

第18行至第23行由执行事业单位会计准则的纳税人填报。

(18) 第 18 行"事业单位支出"：填报纳税人发生的所有支出总额（含不征税收入形成的支出），按照会计核算口径填报。

(19) 第 19 行"事业支出"：填报纳税人开展专业业务活动及其辅助活动发生的支出。包括工资、补助工资、职工福利费、社会保障费、助学金，公务费、业务费、设备购置费、修缮费和其他费用。

(20) 第 20 行"上缴上级支出"：填报纳税人按照财政部门和主管部门的规定上缴上级单位的支出。

(21) 第 21 行"对附属单位补助支出"：填报纳税人用财政补助收入之外的收入对附属单位补助发生的支出。

(22) 第 22 行"经营支出"：填报纳税人在专业业务活动及其辅助活动之外开展非独立核算经营活动发生的支出。

(23) 第 23 行"其他支出"：填报纳税人除本表第 19 行至第 22 行项目以外的支出，包括利息支出、捐赠支出、现金盘亏损失、资产处置损失、接受捐赠（调入）非流动资产发生的税费支出等。

第 24 行至第 28 行由执行民间非营利组织会计制度的纳税人填报。

(24) 第 24 行"民间非营利组织支出"：填报纳税人发生的所有支出总额，按照会计核算口径填报。

(25) 第 25 行"业务活动成本"：填报民间非营利组织为了实现其业务活动目标、开展某项目活动或者提供劳务所发生的费用。

(26) 第 26 行"管理费用"：填报民间非营利组织为组织和管理其业务活动所发生的各项费用，包括民间非营利组织董事会（或者理事会或者类似权力机构）经费和行政管理人员的工资、奖金、津贴、福利费、住房公积金、住房补贴、社会保障费、离退休人员工资与补助，以及办公费、水电费、邮电费、物业管理费、差旅费、折旧费、修理费、无形资产摊销费、存货盘亏损失、资产减值损失、因预计负债所产生的损失、聘请中介机构费和应偿还的受赠资产等。

(27) 第 27 行"筹资费用"：填报民间非营利组织为筹集业务活动所需资金而发生的费用，包括民间非营利组织获得捐赠资产而发生的费用以及应当计入当期费用的借款费用、汇兑损失（减汇兑收益）等。民间非营利组织为了获得捐赠资产而发生的费用包括举办募款活动费，准备、印刷和发放募款宣传资料费以及其他与募款或者争取捐赠有关的费用。

(28) 第 28 行"其他费用"：填报民间非营利组织发生的、无法归属到上述业务活动成本、管理费用或者筹资费用中的费用，包括固定资产处置净损失、无形资产处置净损失等。

4.8.2.2　表内、表间关系

1. 表内关系。

(1) 第 1 行＝第 2＋3＋…＋7 行。

(2) 第 7 行＝第 8＋9 行。

(3) 第 10 行＝第 11＋12＋…＋17 行。

(4) 第 18 行＝第 19＋20＋21＋22＋23 行。

(5) 第 24 行＝第 25＋26＋27＋28 行。

2. 表间关系。

(1) 第 2＋3＋4＋5＋6 行或第 11＋12＋13＋14＋15 行＝表 A100000 第 1 行。

(2) 第 8 行或第 16 行＝表 A100000 第 9 行。

(3) 第 9 行或第 17 行＝表 A100000 第 11 行。

(4) 第 19＋20＋21＋22 行或第 25＋26＋27 行＝表 A100000 第 2 行。

(5) 第 23 行或第 28 行＝表 A100000 第 12 行。

4.9　期间费用明细表

《期间费用明细表》（A104000）表样如表 4-11 所示。

表 4-11

A104000　　　　　　　　　　　　　　　　**期间费用明细表**

行次	项目	销售费用	其中：境外支付	管理费用	其中：境外支付	财务费用	其中：境外支付
		1	2	3	4	5	6
1	一、职工薪酬		*		*	*	*
2	二、劳务费					*	*
3	三、咨询顾问费					*	*
4	四、业务招待费		*		*	*	*
5	五、广告费和业务宣传费		*		*	*	*
6	六、佣金和手续费						

续表

行次	项目	销售费用	其中：境外支付	管理费用	其中：境外支付	财务费用	其中：境外支付
		1	2	3	4	5	6
7	七、资产折旧摊销费		*		*	*	*
8	八、财产损耗、盘亏及毁损损失		*		*	*	*
9	九、办公费		*		*	*	*
10	十、董事会费				*	*	*
11	十一、租赁费					*	*
12	十二、诉讼费		*		*	*	*
13	十三、差旅费		*		*	*	*
14	十四、保险费		*		*	*	*
15	十五、运输、仓储费					*	*
16	十六、修理费					*	*
17	十七、包装费		*		*	*	*
18	十八、技术转让费					*	*
19	十九、研究费用					*	*
20	二十、各项税费		*		*	*	*
21	二十一、利息收支	*	*	*	*		
22	二十二、汇兑差额	*	*	*	*		
23	二十三、现金折扣	*	*	*	*		*
24	二十四、其他						
25	合计（1+2+3+…24）	—	—	—	—	—	—

4.9.1　整体分析

旧申报表没有这方面数据的填写要求，这也利于税务机关掌握更多的信息，从而可能发现涉税的风险点。那我们先从核算与涉税关系的角度进行一个简要的说明。

管理费用、销售费用与财务费用，是在主营业务成本之外的三个主要的费用归集领域，我们理解，纳税调整的基础是基于利润总额，而我们最容易发现问题的是费用，让我们的同志去审核、检查成本，估计一时半会也查不清楚。索性先搞清楚费用再说。

理论上我们对于当期计入利润表中的成本、费用、营业外支出的项目要进行纳税调整的审核，但是有一些项目，如工资薪金，实践中却并不是完全建立在损益表的基础上调整的，也就是说理论上可行，但是却无实践的操作。如生产成本中的工资转入损益表中时，是在存货销售之后，这里面我们要是坚持看，有多少工资是实际发放的，可能转到销售成本的时候，企业的工资早就发放完了，所以这个理论上不用调整，但要算出来有多少是工资薪金，且有加权平均成本计算时，在建工程计算时，这些操作基本上没有办法验算准确，所以实践中这些事项是以发生额为基础进行调整的，即不管是计入生产成本、在建工程还是当期费用，都视发生与发放的差异调整。这样对纳税人是不利的，因为纳税人有一部分没有计入损益表，却要先作纳税调整，有一个痛苦的开始。因此我们再来理解这张表填写的必要性的时候，也只能从个别角度来进行有针对性的考虑。

在这 24 项分类内容中，有一些是能够发现问题的，有一些填上也不一定有用，但是至少我们要去准备、填写。如果企业的科目设置并不是这样的，理论上是要重新分类填写的，不过多从重要性的角度考虑，如董事会费就在办公费中核算，如果存在不重要的事项，金额较小；如果未重分类填写，只要最终的纳税调整到位，也是可以控制纳税调整的风险的。

补充一点，由于会计上是按权责发生制编制的数据进行填写，那企业所得税扣除的原则是属于发生的事项，且次年度汇算清缴前要取得合规的票据，至于是否已付款，不是作为扣除的条件，也不是条件之一，这个需要我们的中介与税务同志理解。

4.9.1.1　金融企业的业务及管理费

我们了解，金融企业是不分销售费用与管理费用、财务费用的，在这些企业看来，财务费用就是做货币生意的，有一些计为营业收入了，有一些作为业务及管理费，所以无法填全这三类费用，于是申报表就规定，业务及管理费就填写在销售费用栏，其实我们建议填写在管理费用下可能更通俗易懂。

4.9.1.2 权责发生制与收付实现制

表中的三项费用基本是参照权责发生制的原则核算出来的，但是附注信息的"境外支付"，却是这一年支付实际发生的概念，为什么要加这个东东呢？因为我们国家对于非居民代扣代缴的风险监控越来越严格，这不，纳税申报表也来了，之前透过关联交易报告表填，估计大家重视的程度不够，好吧，今年放在这儿填写，似乎看上去更严格一些。而且 2014 年税务机关就专门组织了企业对外大额支付的项目检查，现在又结合了申报表，看来"源泉扣缴"真的是"亚历山大"呀！

那么，有哪些纳入了这个体系当中呢？具体内容如表 4-12 所示。

表 4-12

事项	涉税分析	如何发现问题
劳务费	• 如果是营业税，原则上境内的受益方要代扣代缴营业税及附加（或自己承担）； • 如果是增值税，原则上也是参照上述方式处理； • 如果是所得税，要看对方是否在中国境内提供劳务活动，同时结合中国与对方的税收协定或安排，如有 183 天内来中国提供劳务没有征税权的规定。	营业税暂行条例、财税〔2009〕111 号、财税〔2013〕106 号。
咨询顾问费	参照上述规则。	
佣金和手续费	参照上述规则，但是支付境外的佣金和手续费，要考虑是否受所得税的 5％或房地产企业境外佣金的 10％限制。	国税发〔2009〕31 号。
租赁费	租赁费的内容稍复杂一些，包括如下几个事项： • 如是租赁的动产，完全在境外使用的，则没有代扣代缴增值税的问题； • 如是租赁境外单位在境内的不动产，则视为租金收入，代扣代缴所得税（对于境外的不动产，这个可能有争议，但是我们认为所得税的来源于境内所得不宜按此认定）、营业税及附加； • 融资租赁费，由于已计入承租方的固定资产之	财税〔2013〕106 号、企业所得税法实施条例；国家税务总局公告 2011 年第 24 号。

续表

事项	涉税分析	如何发现问题
	类，因此不在此内容中核算，但是一样面临着以利息所得代扣代缴所得税与增值税的问题（增值税不认为是利息，已纳入营改增租金体系）。	
运输、仓储费	● 运输要看双边是否有运输协议，判断代扣代缴的问题； ● 如果有双边运输免税安排的，免税； ● 如果没有双边运输免税安排的，则需要按11%计算代扣代缴（财税〔2012〕53号废止了按3%简易代扣代缴的规定）； ● 向境外支付仓储服务（如果是境内，一般也不用境外支付），按当前的营改增也有代扣代缴的事项要关注。	财税〔2013〕106号。
修理费	● 如果是传统货物项下的修理、修配，根据增值税暂行条例关于在中国境内提供劳务的规定，只有来中国境内提供才有代扣代缴增值税及附加的义务，在境外发生则没有，以此判断； ● 如果是对境内不动产的修理费，则当前仍属于营业税的劳务认定，需要代扣代缴营业税及附加。	增值税暂行条例及其实施细则； 营业税暂行条例及其实施细则。
技术转让费	● 增值税属于营改增的事项，按科委登记享受免税备案的可以考虑，但是对于境内方不利，为何，如不是"包税"合同，代扣代缴才能抵扣增值税，没有代扣代缴，只能计入成本费用； ● 在所得税上，参照特许权使用费考虑代扣代缴的适用，注意协定（安排）的规定，以及以不含增值税的价格来计算。	
利息收支	需要将向境外支付利息的情形单独挑出来，按税法与协定（安排）计算代扣代缴的所得税、营业税及附加。	
汇兑差额	这项填财务费用还可以理解，但是还要填向境外支付，有何具体的情形，可能并不是很明确。	
其他	根据情形来填写结果。	

我们在此列举一下不同税种之间的代扣代缴差异政策的比较，如表4-13所示。

表 4-13

事项		企业所得税	营业税	增值税	营改增试点增值税政策*
应税判断	根据来源地判断		● 提供者接受劳务的单位或者个人在境内； ● 所转让的无形资产（不含土地使用权）的接受单位或者个人在境内； ● 所转让或者出租土地使用权的土地在境内； ● 所销售或者出租的不动产在境内	在中华人民共和国境内销售货物或者提供加工、修理修配劳务，是指：（一）销售货物的起运地或者所在地在境内；（二）提供的应税劳务发生在境内	应税服务提供方或者接受方在在境内
计算方法		如属代扣代缴增值税，允许扣除增值税以不含税价格计算所得税，其他不得扣除	以支付全额确认（包税合同的应进行反算）	以不含税价格计算，但未明确是按适用税率计算，因此存在按小规模 3% 还是按适用税率计算	以不含税价格按适用税率计算
特定劳务/服务事项		在境外发生的劳务/服务，没有应税义务，但是如果在境内发生全部或者部分，就需要计算其	财税〔2009〕111号 [1] 文件规定：对境外单位或者个人在境外向境内单位或者个人提供的文化体育业 [2]（除播映、娱乐业、服务业中的旅店业、饮食业、仓储业，以及其他服务业中的沐浴、	在境外发生的劳务/服务，没有企业所得税义务，同企业所得税一致	不属于在境内提供应税服务： ● 境外单位或者个人向境内单位或者个人提供完全

---

* 注意营改增试点的增值税政策，与传统的增值税政策，在实体性的规定方面，是两个独立的体系，没有彼此的互相借鉴的对接，只是在程序法、发票管理等方面是直接使用用的传统的增值税的法规规定。

[1] 财税〔2009〕111号，即《财政部、国家税务总局关于个人金融商品买卖等营业税若干免税政策的通知》。

[2] 培训活动属于文化体育业的一项，因此境外提供的培训活动，不需要代扣代缴营业税，当前培训活动基本上未被认为是属于营改增的对象。

续表

事项	企业所得税	营业税	增值税	营改增试点增值税政策
	所得税（在此不包括成常设机构的情形）	理发、洗染、裱画、誊写、镌刻、复印、打包等劳务，不征收营业税。国税函[2010]300号[1]文件规定：单位或个人出租境外的属于不动产的电信网络资源（包括境外电路、海缆、卫星转发器等）取得的收入，不属于营业税征收范围，不征收营业税。境外单位或个人在境外向境内单位或个人提供的国际通信服务（包括国际漫游服务、移动电话国际通话服务、移动电话国际短信服务、国际互联网服务、国际间彩信互通服务、国际间漫游通道等），不属于营业税征收范围，不征收营业税		在境外消费的应税服务； ● 境外单位或者个人向境内单位或者个人出租在境内使用的有形动产； ● 财政部和国家税务总局规定的其他情形
减免税优惠	除协定规定及实施条例规定特定情形之外，基本上没有优惠政策	营改增之后技术转让、开发相关服务免税已由试点增值税政策确定	基本上没有优惠政策	技术转让、开发相关服务可以申请免税
保税区	没有保税区的概念	没有保税区的概念	有保税区的概念，主要是针对货物保税	没有保税区的概念
代扣代缴义务人	支付人	先境内代理人，再受让方或购买方	先代理人，再购买方	先代理人，再接受方

[1] 国税函[2010]300号，即《国家税务总局关于国际电信业务营业税问题的通知》。

其实涉及代扣代缴的一个现实问题是，国外往往算净额，因为担心我们代扣代缴错了，多了，其所在国不允许其抵免等问题，所以选择净额，虽然从税法的技术上来讲，不要怕麻烦，就将税款写在合同金额中，如果境外纳税人不配合，还是比较被动的。

就算我们做了"包税"支出，是不是就属于收入相关性的支出呢，肯定是有关联的，但是由于无法体现出对方开具发票的金额，而无法得到税务机关同志的一致理解，认为需要作纳税调增永久性处理。

4.9.1.3　主要事项说明

（1）职工薪酬。

这一项根据纳税人会计核算的职工薪酬的范围填写，根据修订后的《企业会计准则第9号——职工薪酬》，我们可以在管理费用、销售费用中找到当期的发生额，填写在这个表中。注意这个职工薪酬并不一定等于我们后面纳税调整表中的工资薪金、福利费、职工教育经费、工会经费、社保保险、住房公积金、补充医疗与补充养老的合计数。基本上是等同，但是对于里面列举的离职后福利，如离退休人员的补贴，是要作纳税调增的，但并不是体现在后面的纳税调整表的工资薪金或福利费中，而是要单独地作纳税调增处理（有个案认为是国家政策下的支出，符合福利费的范围，但目前在新文件发布之前，基本上未得到认可）。

（2）劳务费与咨询顾问费。

这两项费用，通常是劳务费发放给个人的多，咨询顾问费是与公司对接的多，但并不完全如此。这两项费用没有后面的纳税调整事项，即这两项费用是没有税前扣除调整限额之类的，但是如果非要找到一个突破口，就是针对个人提供劳务费与咨询顾问费的情形，有没有发票（即使未达到流转税的起征点理论上也可以代开，只是看税务机关愿不愿意操作）。如果没有发票，我们税务同志是不是可以"正大光明"地要求补税呢？在形式上还是可以切磋一下的。此处的情形还包括支付的是净所得，企业列支费用中有所谓"垫"的个税（营业税代扣代缴没有法定的要求），难道还不让企业扣除了吗？还真有，为何？因为这是给别人支付的税，不能自行扣除，必须是净所得加个税放在一块，签合同明确才让全部扣除，形式主义是不是真的这么重要呢，大家可以思考。还有一种风险点在于，比如请某名人来企业讲课，承诺给人家报销交通费、住宿费及用餐费用，于是我们就质疑，认为这些费用是业务招待费，甚至应是对方承担而不是企业承担的费用，但如果企业加在咨询费用上不就一样了吗，只是这样企业分化一下费用更好看一点罢了。首先这是不是与应税目的相关的呢，如果认为这些费用不能扣除，是不是在公司吃的食堂，用的公司的笔、纸张都要拿出来调增呢？对此我们的理解是要结合实际加以考虑，而不是一味钻"牛角尖"，当"砖"家。

（3）业务招待费。

这项费用是很敏感的调整事项，每个人都可能盯着看，除了企业所得税，还有个人所得税的事项，如赠送礼品的个税。首先我们要理解以下事项：

业务招待费通常理论上是记入管理费用项下，但这仅仅是理论，多有记录于在建工程、研发支出等，还有记录于开办费当中的。本表中的业务招待费，对比后续调整可能是不完整的，我们需要完整的统计业务招待费的发生额。但是开办费的业务招待费，根据国家税务总局 2012 年第 15 号公告的规定进行调整。

如何理解业务招待费与业务宣传费的口径，在税法上是没有定义的，也无法定义，因此企业要重点关注不要一涉及吃饭就记入业务招待费的习惯性考虑，如下是我们结合自己的理解列示的关注点，希望给出参照。

①业务招待费无明确定义与界定规则。

业务招待费出现在文件中，通常都是规范其列支的标准，如：

《监察部、国家经贸委、全国总工会关于印发〈关于国有企业实行业务招待费使用情况等重要事项向职代会报告制度的规定〉的通知》（监发〔1998〕4 号）规定，业务招待费是指企业在生产经营过程中用于必要招待的各项费用。

《财政部、监察部、审计署关于印发〈中央金融企业负责人职务消费管理暂行办法〉的通知》（财金〔2012〕125 号）规定，关于业务招待费（含礼品），金融企业应当按照工作需要，制定负责人业务招待的范围和相关支出标准。金融企业负责人进行业务招待，应当严格执行支出标准，控制业务招待费支出。

《财政部关于印发〈行政事业单位业务招待费列支管理规定〉的通知》（财预字〔1998〕159 号）规定，业务招待费，是指行政事业单位为执行公务或开展业务活动需要合理开支的接待费用。包括：在接待地发生的交通费、用餐费和住宿费。

但何为业务招待费，因业务的多样性，很难有具体的界定。在企业会计准则中也没有定义及界定标准，作为企业所得税重点审核的对象，考虑到个人消费包括在内，因此作出了限制扣除标准的规定，但作为企业列支的业务招待费一定是与企业的经营活动直接相关的，如果列支的是个人费用，那就不属于业务招待费的范畴。同时业务招待费是对外的，对内所产生的餐费等支出，则不应属于业务招待费的性质。

②业务招待费与业务宣传费的区别。

这两者的区别具有争议性，同样存在赠送，两者如何区分，将直接决定扣除的性质与税前扣除的标准，是否就如某些税务人员理解，只要赠送的物品上有企业的宣传标识，就可以认为属于业务宣传费呢，这只能说是在没有规则之下的主观操作判断，也是具有代表性的认识。

业务宣传的礼品支出一般是随机的或与产品销售相关联的，具有商业活动目的，如随产品、服务销售赠送、产品发布会赠送、媒体宣传会赠送、产品体验赠送等，具有业务宣传的性质，因为很多时候，业务招待的性质也并非"无偿"，如何与产品或服务衔接与表现，其中就有了一定的空间，当然也不是穿了"马甲"就是业务宣传费，这需要一定的专业判断。

③ 业务招待费与其他费用的关系（详见表4-14）。

表4-14

事项	如何区分的理解（仅供参照）
会议费当中的用餐费用	如属商务、业务、内部培训活动中合理发生的，建议完善凭据作为会议费处理
会议费当中的赠送礼品	对于答谢客户业务人员的礼品，理解上属于业务招待性质，不过并入会议费如何区分就需要更多关注了
会议费当中的专家劳务费	作为参会人员的劳务报酬，需要代扣代缴个人所得税
境外考察	需要提供境外考察的事项安排，证明其与业务相关性，而不是个人相关的奖励费用
员工出差过程中的餐费	能说明员工自己发生的合理性的，属于正常的出差费用
员工出差过程中的赠送礼品	通常会被认为属于业务招待费，当然需要与业务宣传费区分
员工加班时发生的餐费	真实发生有相应的合理性、凭据的，理解上可以作为正常的费用扣除，并非一定属于职工福利费的范围

续表

事项	如何区分的理解（仅供参照）
预付卡	明确说明购买的预付卡的赠送，通常会被认为属于业务招待费性质
年会、聚会费用	理解上属于福利费，与业务招待费可以进行区别
劳务派遣工用餐支出	不宜认定为招待费性质，而是属于福利费性质，与自己员工一致处理
为客户报销的费用，如交通费、住宿费	如果非要注明，还是有业务招待费的性质
集团内接待发生的费用	看是为业务相关发生的还是单纯的接待，理论上认为集团内招待的情形会比较少

④业务招待费的账务处理。

关于业务招待费的账务处理，理论上认为应记入管理费用或业务及管理费，直接费用化处理，但是我们发现较多的企业将其记入"在建工程"、"固定资产"、"开办费"、"开发成本"、"工程成本"等递延性质的科目中，这是否违背核算原则，以及在统计当中是否有遗漏，都需要进行多方位的关注。

⑤承担的个税是否再次属于业务招待费的理解。

送对方礼物，同时还跟对方要个税，估计没有几家企业这样做。那如此一来，送的礼物的个税是不是仍属于业务招待费呢，如果企业不是违法的行贿之类，这项个税还是具有招待的性质，因此作为业务招待费，理论上可能扣除 40% 还是合算的。如果认为不能税前扣除，那连这样的机会都没有了。

（4）广告费和业务宣传费。

一般企业都能设置，通常分两个明细科目：广告费和业务宣传费，由于基本上也不超标 15%，可能关注的人也不多。

但是企业在筹建期间发生的广告费和业务宣传费，可按实际发生额计入企业筹办费，并按有关规定在税前扣除。即在开始生产经营的当期一次性或分期计入当期的费用税前扣除。国税函〔2009〕98 号[1]文件规定新税法中

---

[1]　国税函〔2009〕98 号，即《国家税务总局关于企业所得税若干税务事项衔接问题的通知》。

开（筹）办费未明确列作长期待摊费用，企业可以在开始经营之日的当年一次性扣除，也可以按照新税法有关长期待摊费用的处理规定处理，但一经选定，不得改变。

还有两个有趣的事项需要关注，企业有可能填列在此项目下列支：

①关于赠送积分消费。

如某公司虚拟消费的积分赠送，别人消费，企业买单，此时企业过来结算，这其中的费用可能划为这两类费用，具体要结合情形进行划分。

还有一种更任性的，直接送钱。如何定性呢？送钱也是一种促销费用，此时是没有发票的，企业能扣除吗？从我们的理解来看，这是真实发生的费用且不属于发票取得的事项，自然不需要发票，而仍可以计算扣除。如果企业实在觉得担心，可以引入"公证"程序做进一步的"保护"。

② 关于购物卡。

这个领域，目前未解决的问题比较多，一是如购买购物卡发票开具的问题，多有购买者为了报销非要发票，这也是这个行业的特点，国家税务总局也曾发文要求严格管理，但没有实质性的规定对此明确；二是购物卡的费用列支，相当于企业代别人买单，但是企业一般有两种情形，如果要地税的发票，一般销售方会开一个手续费（或没有）及代收某某费的发票，购买方进行报销处理，二是对方找一些商场的发票，转给这个购买方进行报销，试想这些发票是不是有问题呢？恐怕这也是一个灰色地带，有必要加以关注。

当然也有一些指定消费的预存卡，如大型超市的预存费购买卡，当场就开具发票，一般情形之下是开具国税的普通发票，增值税专用发票还不多见。这是有争议的，如果此时开具增值税专用发票，算不算虚开，可能我们的同志可以认为人家先开具发票缴税，后来拿东西消费，确实是发生了购买行为，但是税率能对上吗？如预存时开具17%的专用发票，但消费时可能还有13%税率的、17%税率的，也对不上，所以在一定程度上这是有点虚的程度。

那么赠送给别人的购物卡，算不算企业的视同销售呢，要不要填写后面的视同销售调整表呢？这个问题如果认为取得的发票报销的，还真有视同销售的填写可能，但这种情形，谁愿意去统计出来填写呢。同样涉及服务的部分，也有转视同销售的相似之处。

而对于销售预存卡的单位，如超市，可能就是挂往来，只是作为增值税的销售收入报税，但是取得方却是全额报销，一定程度上存在一个税收征管的漏洞，这个也需要引起重视。

（5）佣金和手续费。

对于金融企业而言，正常经营中的佣金和手续费收支是作为收入、成本支出处理的，所以这一项一般企业涉及的较多。

在纳税调整项目明细表中，是有佣金和手续费调整填列要求的，这是出于有的企业把不是这里要求的佣金和手续费叫做佣金或手续费的考虑，比如有的证券公司支付给上交所、深交所的平台费用，有可能也叫手续费，虽是一个中文的名字，但并不是一个实质的意思，受调整的事项一定要有居间介绍的功能，而不是人家搭个平台，就是居间介绍的功能，所以建议企业别叫手续费用，更不要轻易叫佣金，该叫平台费就叫平台费。还有"天猫"平台、"京东"平台，这个也不能归属于此处调整的佣金和手续费，为了不让自己搞晕，一定要离得远远的。

（6）资产折旧摊销费。

这里只是归属于费用当中的，对于计入生产成本、制造费用、研发支出、在建工程项下的，在这里没有体现，因此这项内容要根据折旧费、无形资产摊销费、长期待摊摊销费等合计填写。

由于该表的数据只是后面的资产折旧摊销表中的一部分，因此只要后面的数据大于等于这个数据，基本上没有问题。

（7）财产损耗、盘亏及毁损损失。

这个事项要根据企业执行不同的会计核算方法进行填写，如执行会计准则的企业，一般是指存货的损耗，其他如固定资产的损失，一般走营业外支出、投资收益等，所以不会涉及很多事项。

当然，有的企业，如一些外资企业，计提的坏账准备在管理费用中核算，此内容在本表中可以通过其他项填列。因此如果有发生额，则一定要看后面的清单申报与专项申报的数据有没有该填没有填的，这是一个风险点。

（8）办公费。

这个内容是老掉牙了，反正是分不大清楚的都可以放在这个科目里，这个项目后面的内容也没有直接反馈出来的调整对应，因此这个数的填写，基本就只能看金额大小的风险了。

(9) 董事会费。

这个项目一般的小公司也没有，因此对于单独设立董事会的公司发生的费用，就填写在这儿。我们知道，对于一些集团公司、上市公司来说，董事可能身兼几家，因此其发生的费用一定要体现出是为这个公司发生的，同时对于一些挂名的独立董事，其费用属于劳务性质。

在此我们列一下中国居民的董事会的个税政策（不含外籍个人的个税），参照国税发〔2009〕121号[1]文件的规定：

（一）《国家税务总局关于印发〈征收个人所得税若干问题的规定〉的通知》（国税发〔1994〕89号）第八条规定的董事费按劳务报酬所得项目征税方法，仅适用于个人担任公司董事、监事，且不在公司任职、受雇的情形。

（二）个人在公司（包括关联公司）任职、受雇，同时兼任董事、监事的，应将董事费、监事费与个人工资收入合并，统一按工资、薪金所得项目缴纳个人所得税。

上述的兼职董事，套用个税的标准，其支出是可以统一作为工资薪金统计的，但是独立董事，其本身也不在企业工作上班，因此就是简单的劳务费，至于要不要让他们提供发票（通常都是超起征点的），可以参照上述的内容。

(10) 租赁费。

租赁费在后面的调整事项中也是没有单独填列的，但是我们也可以发现其调整的情形，一是权责发生制，如果租赁的办公室或者设备，其租赁费要按受益期来摊销，而租赁一般是按年度或半年度、季度等方式支付的，虽长期看是连续的，但是刚开始年份却可能是有差异的，这个想要调整，也是可以说得通的。

通常情况下，现场的租赁场地可能会有一个免租期，免租期的租金通常是按租金平摊之后再计算，但也有不按这种方法计算的，因为免租期也是一种租赁的开始，如果企业没有将免租期分摊费用，视为出租方免费提供的，也不恰当，因为此期间一般是装修期间，建议不宜对这种小问题跟着不放。

以上基本上都是经营租赁，对于融资租赁，现实中不光有机器设备，还

---

[1] 国税发〔2009〕121号，即《国家税务总局关于明确个人所得税若干政策执行问题的通知》。

有房屋建筑物，一般不通过费用化处理，而是通过固定资产折旧来处理。

还有一种特殊情形是对于设备的售后回租，现在也比较热门，为何呢，变样子融资，但是"不幸"的是，这种租赁纳入营改增之后，目前现实操作中有些事项要特别注意：

根据国家税务总局 2010 年第 13 号公告[1]的规定，现行企业所得税法及有关收入确定规定，融资性售后回租业务中，承租人出售资产的行为不确认为销售收入，对融资性租赁的资产，仍按承租人出售前原账面价值作为计税基础计提折旧。租赁期间，承租人支付的属于融资利息的部分，作为企业财务费用在税前扣除。

这种情形之下，融资租赁公司一般是开具利息部分的专用发票，这是可以抵扣增值税的，这又比银行利息好了一点，抵扣比入税前扣除是更好的事。但是支付的"虚售"的价格部分，依据财税〔2013〕106 号文件，最多取得一个普通的增值税发票，这个发票也没有用，不是税前扣除的凭据，税前扣除视为销售未发生，原来该折旧折旧，一定没有影响的。

（11）诉讼费。

这个事项没有什么看头，因为发生的诉讼费，取得的法院的支付凭据，通常也不需要什么摊销之类，该列费用就列吧，因此这个事项要求填写的作用似乎没有其他的科目大。

（12）差旅费。

这个科目也是有必要的，一般单位都有出差相关安排，正常的咱就不说了，至于有人说必须有领导签字、行程等，法规中可没有具体规定。

但是我们可以关注的是，飞机票是否有行程单，发票是不单独作为扣除凭据的，这个需要我们好好关注，目前的票据上一般都有人的名字，原来在火车站有一些收车票报销的行为，现在有了名字，这种事少了些，因此有空可以看看报销的票据是不是单位的员工，这个也是有必要关注的。

我们还要看差旅费的真实性，因为差旅费报销，如果是假的呢就可以避掉个人所得税，这是原始的出发点，所以如果只报销加油费之类的就要加以注意。

---

[1] 国家税务总局公告 2010 年第 13 号，即《国家税务总局关于融资性售后回租业务中承租方出售资产行为有关税收问题的公告》。

当然，如果发现差旅费中有赠送的礼品之类，那该调整到业务招待费重分类，避免隐藏这样的风险。

（13）保险费。

这里的保险费一般是指财产保险、运输保险等，并不包括员工身份相关的保险，如基本养老、基本医疗、补充养老保险、补充医疗保险之类，这些均属于职工薪酬。

如果是某员工出差机票的保险，这是与差旅费相关的，不需要在这里填写。但如果涉及员工的交通意外等商业保险，税法规定是不能税前扣除的，这部分如果是员工福利之类，也是体现在职工薪酬之下的，对于雇主责任险，理论与实务当中都存在争议，但是从与公司业务相关性看，扣除得到的支持应比不扣除得到的多。

保险费是否要分摊，如汽车的强制险，缴纳的是未来一年的保险金，这个真是没有必要，当然金额看着大了可以说，比如我们买一包纸，也可能用两个月，是不是要分摊费用，这个税法的理论与重要性，需要理智的思想。

（14）运输、仓储费。

从理论上看这是两费用，需要开具不同的增值税发票，现在运输费用的成本比较高，以商品流通为主的企业，其费用支出一定是较大的，虽然供应方可能只是出于避税目的，将总费用在运输和仓储之间调整，但由于涉及进项抵扣的驱动，所以两者会找到一个相对平衡的点，相应的票据是不是真实有效是首要的。

（15）修理费。

一是要考虑取得何种票据的问题，如果是修理动产货物类的，需要取得增值税的专用发票；如果是维修不动产的，那是营业税的事项，需要开具营业税对应的地税的发票。

二是修理费是不是要资本化的问题，这个在《企业所得税法实施条例》中有明确的规定：

第六十九条　企业所得税法第十三条第（三）项[1]所称固定资产的大修

---

[1] 《企业所得税法》第十三条　在计算应纳税所得额时，企业发生的下列支出作为长期待摊费用，按照规定摊销的，准予扣除：……

理支出，是指同时符合下列条件的支出：（一）修理支出达到取得固定资产时的计税基础50%以上；（二）修理后固定资产的使用年限延长2年以上。企业所得税法第十三条第（三）项规定的支出，按照固定资产尚可使用年限分期摊销。

所以，只要达不到上述标准的，就费用化处理，不需要作长期待摊。有人问，那房屋建筑物的装修算不算大修理呢？其实房屋建筑物的装修费是要依据是否是改建支出来作原值调整的，除此之外，都是作为长期待摊处理的。

（16）包装费。

包装费一般作为生产制造的企业用的多，但是放在费用里面，有啥特殊目的呢，暂可以忽略一下吧！

（17）技术转让费。

技术转让，是当前经济领域的无价之处，这块金额有可能很大，也有可能没有，作为购买技术的一方，要注意技术转让费是当年度摊销的，还是一年一买形式的。

通常技术转让费可以作为无形资产摊销，这是我们办税人员需要关注的地方。

（18）研究费用。

研究费用非常重要，因为这是加计扣除的一个基数（另一个基数是研发支出），是资产化的部分，即形成无形资产的，是在无形资产摊销的年度确认加计扣除每年摊销150%。

有人可能会说，计入销售费用中的算不算，至少表中所说是可以算的，但列销售费用还是有点奇怪的。有的公司开始把费用都归集到不同的费用科目中，如工资、福利费、社保等支出中，到了期末才重新分摊，转入研究费用中，这也未尝不可，但是却看着比较乱。

加速折旧之后，有一些可以一次性计为研发费用的资产，可能金额较大，但是就怕现在买进来的时候是作研发之用的，过两天作他用，这个费用可能就存在漏洞。

（19）各项税费。

计为费用中的各项税费，通常就是除了营业税、土地增值税、流转税的附加税费之外的税项，如土地使用税、房产税、车船税、印花税等。这些税费基本属于当年度，因此也多是一次性当年度扣除的。

（20）财务费用。

利息收入、支出，汇兑损益和现金折扣，是财务费用核算的内容，这里通常是一般企业，且遵照企业会计准则或原企业会计制度的企业核算的反映。

利息收入，我们要重点看有没有按合同约定的时点确认，而不是按权责发生制确认，不然有可能提前或滞后纳税，提前交税，如计提 10 元，但是年后取得利息，这时不作纳税调减，缴了税，估计也没有人强制必须给退税。如果当年度作纳税调减，第二年收到年度作纳税调增处理，也是合规的。

利息支出，问题就复杂了，需要结合股东出资、债资比因素、是否资本化、同期同类利率等判断调整，因此利息支出是一个重要的审核事项。其实利息支出作为一个附表确认调整倒是有必要的，但是如果全是银行的借款，可能只需要考虑资本化的问题。根据实施条件，资本化利息的项目其实不多，企业为购置、建造固定资产、无形资产和经过 12 个月以上的建造才能达到预定可销售状态的存货发生借款的，在有关资产购置、建造期间发生的合理的借款费用，应当作为资本性支出计入有关资产的成本，并依照本条例的规定扣除。注意，这里没有对投资公司，如集团公司借款用于长期投资，这里并没有要求资本化的问题，因此投资公司的此类利息可以当期直接税前扣除。

汇兑差额，这里有汇兑收益也有损失，即使是虚的收益与损失，依据现在的企业所得税政策，也是税收上的收益与损失，如企业根据年末的汇率确认的折算损失与收益，体现在财务费用当中的，不是因合并报表产生的汇率调整所有者权益的影响额。

现金折扣，既有发生的现金折扣支出，也有现金折扣收入。其实我们知道现金折扣是销售方给购买方提前付款的一项资金的让除，它并不是销售方借钱给购买方，因此并不涉及购买方支付利息的概念，因为它根本没有借款行为。另一方面，现金折扣其实是独立于销售收入的部分，并不是传统意义上的折扣折让，所以，这部分的问题就会集中于现金折扣的支出要不要发票的问题，即收到方要不要开具发票给支出方入账。

会计准则

现金折扣，是指债权人为鼓励债务人在规定的期限内付款而向债务人提供的债务扣除。销售商品涉及现金折扣的，应当按照扣除现金折扣前的金额确定销售商品收入金额。现金折扣在实际发生时计入当期损益。

所得税

债权人为鼓励债务人在规定的期限内付款而向债务人提供的债务扣除属于现金折扣，销售商品涉及现金折扣的，应当按扣除现金折扣前的金额确定销售商品收入金额，现金折扣在实际发生时作为财务费用扣除。

发票

是否认为债务人向债权人提供了贷款利息而要求债务人开具发票给债权人作为财务费用的凭据？

◄ 1.债务人没有借款给债权人的事实
2.债权人提前收款放弃的利益
3.本质上就是折扣，非要搞折让、商业折扣与现金折扣，只不过是让形式更多样化的展现理解

图 4-2 现金折扣的相关规范示意图

以下是地方国税部门对发票的具体规定：

南京国税对于发票的解答：

问：卖方给买方的现金折扣，会计入账时怎么处理？是否还需要买方开具发票？

答：《关于确认企业所得税收入若干问题的通知》（国税函〔2008〕875号）规定，债权人为鼓励债务人在规定的期限内付款而向债务人提供的债务扣除属于现金折扣，卖方销售商品涉及现金折扣的，应当按扣除现金折扣前的金额确定销售商品收入金额，现金折扣在实际发生时作为财务费用扣除。卖方可以凭相关购销合同与收款凭证进行财务核算，不需要买方开具发票。

青岛国税对于发票的解答：

问：某企业发生现金折扣业务，协议中注明购货方在规定期限内付款则给与其一定现金折扣，计入财务费用时应当提供哪些凭据？

答：符合国税函〔2008〕875号文件第一条第（五）款规定的现金折扣，可凭双方盖章确认的有效合同、根据实际情况计算的折扣金额明细、银行付款凭据、收款收据等证明该业务真实发生的合法凭据据实列支。

有观点认为现金折扣在会计上记入账务费用，不能冲减销售收入，因此

在流转税上是不能冲减收入的，在所得税上也是因为税前扣除才以净额体现的。一定如此吗？

①无论是何种形式的折扣、折让，都是销售方的一种利益放弃，在增值税上，由于存在销售时无法以折扣在同一张发票上体现，此时可以考虑通过红字发票处理，但这时就相当于销售收入的冲减了，现金折扣的形式与会计处理产生差异，可以考虑进行条件转换。如果就按所得税处理方式，是很难被认可以净额计算流转税的。

②取得现金折扣的一方，是否有增值税与营业税的义务呢，是否税务机关可以依据《国家税务总局关于商业企业向货物供应方收取的部分费用征收流转税问题的通知》（国税发〔2004〕136号）"被适用"？承上述讨论原则，现金折扣是销售完成之后新发生的一项行为，与销售行为存在间接关系，是债务方购入后，再根据自己的付款条件得到的一项"利益"，作为利得考虑，脱离流转税更为会计、不同税种间彼此承接。

(21) 其他。

除了列举的事项之外，企业的管理费用、销售费用、财务费用的其他项目，都要合计填写在其他项下，这是一个"大杂烩"，只要分不清的都汇总在这里，因此其中的问题也不能直接发现。

总体来说，期间费用的明细表，一是多了一份事务，二是自我披露的信息可能会发现更多的税务问题，三是境外付汇的附加内容，如果发现未代扣代缴境外税款的事项，估计企业又多了一些损失，因为要么对方让自己承担税费，要么已经费用化了，再追缴的可能性也非常低。

4.9.2 《期间费用明细表》（A104000）填报说明

本表适用于执行企业会计准则、小企业会计准则、企业会计制度、分行业会计制度的查账征收居民纳税人填报。纳税人应根据企业会计准则、小企业会计准则、企业会计、分行业会计制度规定，填报"销售费用"、"管理费用"和"财务费用"等项目。

4.9.2.1 有关项目填报说明

1. 第 1 列 "销售费用"：填报在销售费用科目进行核算的相关明细项目的金额，其中金融企业填报在业务及管理费科目进行核算的相关明细项目的金额。

2. 第 2 列 "其中：境外支付"：填报在销售费用科目进行核算的向境外支付的相关明细项目的金额，其中金融企业填报在业务及管理费科目进行核算的相关明细项目的金额。

3. 第 3 列 "管理费用"：填报在管理费用科目进行核算的相关明细项目的金额。

4. 第 4 列 "其中：境外支付"：填报在管理费用科目进行核算的向境外支付的相关明细项目的金额。

5. 第 5 列 "财务费用"：填报在财务费用科目进行核算的有关明细项目的金额。

6. 第 6 列 "其中：境外支付"：填报在财务费用科目进行核算的向境外支付的有关明细项目的金额。

7. 第 1 行至第 24 行：根据费用科目核算的具体项目金额进行填报，如果贷方发生额大于借方发生额，应填报负数。

8. 第 25 行第 1 列：填报第 1 行至 24 行第 1 列的合计数。

9. 第 25 行第 2 列：填报第 1 行至 24 行第 2 列的合计数。

10. 第 25 行第 3 列：填报第 1 行至 24 行第 3 列的合计数。

11. 第 25 行第 4 列：填报第 1 行至 24 行第 4 列的合计数。

12. 第 25 行第 5 列：填报第 1 行至 24 行第 5 列的合计数。

13. 第 25 行第 6 列：填报第 1 行至 24 行第 6 列的合计数。

4.9.2.2 表内、表间关系

1. 表内关系。

(1) 第 25 行第 1 列＝第 1 列第 1＋2＋…＋20＋24 行。

(2) 第 25 行第 2 列＝第 2 列第 2＋3＋6＋11＋15＋16＋18＋19＋24 行。

(3) 第 25 行第 3 列＝第 3 列第 1＋2＋…＋20＋24 行。

(4) 第 25 行第 4 列＝第 4 列第 2＋3＋6＋11＋15＋16＋18＋19＋24 行。

（5）第 25 行第 5 列＝第 5 列第 6＋21＋22＋23＋24 行。

（6）第 25 行第 6 列＝第 6 列第 6＋21＋22＋24 行。

2. 表间关系。

（1）第 25 行第 1 列＝表 A100000 第 4 行。

（2）第 25 行第 3 列＝表 A100000 第 5 行。

（3）第 25 行第 5 列＝表 A100000 第 6 行。

05

第5章

纳税调整项目明细表填报

这是纳税申报表填写的核心，之前的申报表是基本上全由纳税调整表完成调整使命，2014 年版本的纳税申报表对功能进行了分化，纳税调整项目明细表收缩了范围，并且增加了附表填写的细化内容，更呈体系化，当然，由于调整目的差异，在填表上多了一些技术性的注意事项，这使纳税申报表显得零碎但也有趣了一些。

5.1 基本知识点

5.1.1 调整架构设计

单就申报表来说，它包括 1 个纳税调整项目明细表，12 个附属附表和 2 个附表的附表。当然，纳税调整项目明细表本身也有需要直接填写的项目。

尽管申报表是通过列举方式进行项目处理的，但是我们大家都知道，所得税的法规如此浩大，不是几张表格所容得下的，因此不要小看了这个纳税调整表中的"其他"，有一些东西，该调整的，需要有专业的知识去处理，"其他"中的调整才是专业水平的体现，更是是否合规化的体现。我们也会重点给大家介绍一些这方面的案例，比如发票不合规，调整表中并没有单独填写这一内容的行次，因此需要在相应的"其他"项下进行调整。

纳税调整事项及调整方法汇总如表 5-1 所示。

表 5-1　　　　　　　　　　纳税调整事项及调整方法汇总

调整大类	具体的调整事项	调整方法
1. 收入类调整项目	1. 视同销售收入（填写表 A105010） 2. 未按权责发生制原则确认的收入（填写表 A105020） 3. 投资收益（填写表 A105030） 4. 按权益法核算长期股权投资对初始投资成本调整确认收益 5. 交易性金融资产初始投资调整 6. 公允价值变动净损益 7. 不征税收入 8. 销售折扣、折让和退回 9. 其他	● 部分直接形成调增或调减结果； ● 如果有账载金额（1）和税收金额（2）的，则调增是（2）－（1），调减是（1）－（2），税收的收入大，自然要调增，会计的收入未达到税收的收入，会计收入大，自然要调减，以绝对值填写

续表

调整大类	具体的调整事项	调整方法
2. 扣除类调整项目	1. 视同销售成本（填写表 A105010） 2. 职工薪酬（填写表 A105050） 3. 业务招待费支出 4. 广告费和业务宣传费支出（填写表 A105060） 5. 捐赠支出（填写表 A105070） 6. 利息支出 7. 罚金、罚款和被没收财物的损失 8. 税收滞纳金、加收利息 9. 赞助支出 10. 与未实现融资收益相关在当期确认的财务费用 11. 佣金和手续费支出 12. 不征税收入用于支出所形成的费用 13. 跨期扣除项目 14. 与取得收入无关的支出 15. 境外所得分摊的共同支出 16. 其他	● 部分直接形成调增或调减结果； ● 如果有账载金额（1）和税收金额（2）的，则调增是（1）－（2），调减是（2）－（1），会计列支的扣除大于税收的，自然作纳税调增，会计列支的扣除小于税收的，自然作纳税调减，以绝对值填写
3. 资产类调整项目	1. 资产折旧、摊销（填写表 A105080） 2. 资产减值准备金 3. 资产损失（填写表 A105090） 4. 其他	如果有账载金额（1）和税收金额（2）的，则调增是（1）－（2），调减是（2）－（1），会计列支的扣除大于税收的，自然作纳税调增，会计列支的扣除小于税收的，自然作纳税调减，以绝对值填列
4. 特殊事项调整项目	1. 企业重组（填写表 A105100） 2. 政策性搬迁（填写表 A105110） 3. 特殊行业准备金（填写表 A105120） 4. 房地产开发企业特定业务计算的纳税调整额（填写表 A105010） 5. 其他	根据计算的结果进行纳税调增或调减
5. 特别纳税调整应税所得	无二级	这部分的调增或调减，实务当中调减的情形不多，企业自己进行特别纳税调整的情形比较少见，除非企业认为税务机关要进行纳税调整的可能性很大，出于自我保护的目的进行调整

续表

调整大类	具体的调整事项	调整方法
6. 其他	无二级	这个"其他"到底要填点些什么，因为只是一个空间，所以我们建议保留即可

5.1.2　纳税调整的基本逻辑

前面我们反复强调，纳税调整的基础源于会计核算规则与税法确认的所得税规定的收入成本核算规则，减免税优惠的剔除等既有加法，也有减法，且我们看到，计算应纳税所得额的基础是利润总额，是在企业当本年度所得的基础上考虑的，基本不涉及资产负债的事项。

但是所得税的调整规则却打破了利润表在先的调整规则，一些涉及资产负债的事项也纳入了这个纳税调整表的范围，这其实于纳税人更不利，因为基于先调增的可能性更大。所以这部分也是我们要着重讨论的，即纳税调整突破于损益表的事项的分析。

纳税调整的结果才是关键，一是时间性差异，二是永久性差异。其中，如果是时间性差异，调多点也是可以的，只要税款没有损失，少的只是利息，所以，如果遇到税务稽查、检查，部分目的可能带有税款之需，多有企业从时间性上考虑，会考虑从折旧、摊销处调整，所以这块是做了补税但基本没有损失。但是永久性差异就比较严重了，因为一分钱都是税款，且之后是抵不回来的，所以要学着用一些技巧去应对。

同样，对于调整事项，有一种时间性差异是后推调整。还有一种是追溯调整。后推调整纳税人掌握主动性，追溯调整却有程序上的困难，例如次年5月31日后取得的发票，理论上当年度已作调增处理了，但6月5日取得的发票，可并不是简单地调减次年度的支出，而是"归位"，却依据权责发生制追溯到费用原归属年度去调整。当然这些是说起来容易，办起来难，有多少企业能顺利地办理呢？特别涉及汇总纳税机构的，如果只一家可能还行。所以在此建议，既然税款没有整体减少，那么就让人家在次年扣除调减，痛快也方便，其实有些地方的税务机关早就开明地认为，如果没有税率等优惠政策影响，就允许在取得票据年度纳税调减，真的干脆利落！

5.1.3　纳税调整的基础

前面我们讨论过，基于利润表的纳税调整不一定放过资产负债表，如此我们来梳理一下，有哪些看似是基于利润表却不容易操作的情形（见表 5-2）。

表 5-2

事项	调整的基本方法	填表说明
资本化的利息	计入当期损益，那我们计入财务费用的利息支出是有条件直接去找到的。但是计入存货、在建工程的部分，要考虑当年度销售了多少成本、多少折旧，里面含多少利息，如何分清楚，若遇到原值调整或者是存货加权平均如何计算，所以建议简单可行的办法是资本化的部分，发生当期一并处理即可	表 A105000 第 18 行"（六）利息支出"：第 1 列"账载金额"填报纳税人向非金融企业借款，会计核算计入当期损益的利息支出的金额；第 2 列"税收金额"填报按照税法规定允许税前扣除的的利息支出的金额
工资薪金	这里说的是计入成本费用，即并不是简单的计入损益表中的部分，这更加分不清，因此可能于纳税人不利，这使税会差异之外又多了一部分需要调整的事项	表 A105050 工资薪金支出：第 1 列"账载金额"填报纳税人会计核算计入成本费用的职工工资、奖金、津贴和补贴金额；第 4 列"税收金额"填报按照税法规定允许税前扣除的金额
职工福利费	同上	参照工资薪金
职工教育费	同上	参照工资薪金
工会经费	同上	参照工资薪金
基本社会保障性缴款	同上	参照工资薪金
住房公积金	同上	参照工资薪金
补充养老保险	同上	参照工资薪金
补充医疗保险	同上	参照工资薪金

续表

事项	调整的基本方法	填表说明
业务招待费	非当期计入损益的部分如果现在不调整，以后谁去负责有效的调整就成了问题，因此建议全部进行调整	表 A105000 第 15 行"（三）业务招待费支出"：第 1 列"账载金额"填报纳税人会计核算计入当期损益的业务招待费金额；第 2 列"税收金额"填报按照税法规定允许税前扣除的业务招待费支出的金额
折旧、摊销	低于最低折旧年限或者摊销年限要求的，只有在发生时才能被发现，如计入在建工程或生产成本的未来如何发现，因此建议简化发生时的调整	表 A105080 第 2 列"本年折旧、摊销额"：填报纳税人会计核算的本年资产折旧、摊销额

当然，如果纳税人自己建立台账，各项差异区分非常清楚，或者根本没有在建工程之类的资本化问题，那么基于损益表来调整即可。如果不是上述情形，就产生了纳税调整成本与征管的问题，这也是税法纳税调整的无奈之处。

我们来看如下的案例：

[例 5-1]　某企业 2013 年度无任何收入，处于生产准备期（非筹办期），没有任何损益数发生，若当年发生的工资薪金全部计入在建工程，共计 100 万元，会计上将按 5 年（与税法最低年限一致）处理（见表 5-3），但当年仅发放 80 万元，第二年全部发放完毕。其余几年全发放完毕。

表 5-3　　　　　　　　　　　　　　　　　　　　　　　　　　　　单位：万元

年份	2013	2014	2015	2016	2017	2018
利润表（举例）	0	−20	−20	−20	−20	−20
所得税调整	20	−20	0	0	0	0

若上述企业 2013 年度的利润总额为 0，在作所得税调整时，工资薪金账载金额填写 100 万元，税收填写 80 万元，反而纳税调整 20 万元，没有真正的应税收益还要缴税，想来确实不可理解，这也是税法对于薪酬类（如福利费、教育费、工会、社保类等）纳税调整采取的脱离利润总额调整的一个"手法"。对于资金运转正常的企业可能没有多少影响，因为资本化时往往还是先以纳税调增居多，而在第一次"痛苦"后，大家也就能慢慢接受了。

5.1.4　总分机构的纳税调整

首先，法人所得税是一个基本的前提，因此基于法人基础的纳税调整表的计算，是一个逻辑。我们知道，一般的纳税调整是始于各个分支机构、总机构等各自进行的，虽然最终会合并，但是并不是以合并后的调增、调减结果加减，而是更需要通过汇总的账载金额与税收金额的比较单独计算。

例如，一个分公司的福利费超过工资薪金 14％，于是单独计算时就纳税调增了，但是可能另一个分公司的福利费并未通过 14％，仍有增长空间，所以，合并之后调增的部分与有增长空间的那部分互相抵掉，最终结果不作纳税调整，这个就是所谓的调整的"汇算大口径"与"部门小口径"的问题。

那有哪些事项可以合并大口径呢？具体详见表 5-4。

表 5-4

事项	大口径描述	备注
工资薪金	法人调整多少得看汇总的账载与实发	分公司并不需要考虑额度之类的问题，尽管有的分公司有发放的额度限制，但这只是分公司内部的管理规定，并不能决定税务部门是否拿来作调整口径
职工福利费	同上原则，以大口径的工资薪金发放额作为计算 14％的基数	如果福利费中有不允许扣除的项目，则不能用额度来平衡，如目前掌握中的离退休补贴，就必须剔除出来单独作纳税调增处理
职工教育经费	同上原则	同上原则
工会经费	尽管和工会经费与各家的支付有一定的相应性，但是仍可以用大口径	同上原则
补充医疗保险、补充养老保险	同工会经费	同上原则
社会保障支出	看是否超过当地政府的标准，不必考虑大口径的计算基数之类	不建议考虑 12 月计提与实付的滚动差异
住房公积金	看各家自己的调整结果，不必考虑大口径工资基数之类	注意要以个人的标准来计算超标与否，而不是看合计数

续表

事项	大口径描述	备注
广告费和业务宣传费	大口径的收入指标统算	
捐赠支出	大口径的会计利润的指标统算	如果一家分支机构亏损而另一家盈利,则亏损机构的捐赠支出,根据合并之后利润的12%与之进行比较
手续费及佣金支出仅指受限情形	同上原则	同上原则

5.2 《纳税调整项目明细表》(A105000) 填报说明

本表适用于会计处理与税法规定不一致需纳税调整的纳税人填报。纳税人根据税法、相关税收政策,以及国家统一会计制度的规定,填报会计处理、税法规定,以及纳税调整情况。

5.2.1 有关项目填报说明

本表纳税调整项目按照"收入类调整项目"、"扣除类调整项目"、"资产类调整项目"、"特殊事项调整项目"、"特别纳税调整应税所得"、"其他"六大项分类填报汇总,并计算出纳税"调增金额"和"调减金额"的合计数。

数据栏分别设置"账载金额"、"税收金额"、"调增金额"、"调减金额"四个栏次。"账载金额"是指纳税人按照国家统一会计制度规定核算的项目金额。"税收金额"是指纳税人按照税法规定计算的项目金额。

"收入类调整项目":"税收金额"减"账载金额"后余额为正数的,填报在"调增金额",余额为负数的,将绝对值填报在"调减金额"。

"扣除类调整项目"、"资产类调整项目":"账载金额"减"税收金额"后余额为正数的,填报在"调增金额",余额为负数的,将其绝对值填报在"调减金额"。

"特殊事项调整项目"、"其他"分别填报税法规定项目的"调增金额"、"调减金额"。

"特别纳税调整应税所得":填报经特别纳税调整后的"调增金额"。

对需填报下级明细表的纳税调整项目，其"账载金额"、"税收金额""调增金额"，"调减金额"根据相应附表进行计算填报。

5.2.1.1　收入类调整项目

1. 第1行"一、收入类调整项目"：根据第2行至第11行进行填报。

2. 第2行"（一）视同销售收入"：填报会计处理不确认为销售收入，税法规定确认应税收入的收入。根据《视同销售和房地产开发企业特定业务纳税调整明细表》（A105010）填报，第2列"税收金额"为表A105010第1行第1列金额；第3列"调增金额"为表A105010第1行第2列金额。

3. 第3行"（二）未按权责发生制原则确认的收入"：根据《未按权责发生制确认收入纳税调整明细表》（A105020）填报，第1列"账载金额"为表A105020第14行第2列金额；第2列"税收金额"为表A105020第14行第4列金额；表A105020第14行第6列，若≥0，填入本行第3列"调增金额"；若<0，将绝对值填入本行第4列"调减金额"。

4. 第4行"（三）投资收益"：根据《投资收益纳税调整明细表》（A105030）填报，第1列"账载金额"为表A105030第10行第1+8列的金额；第2列"税收金额"为表A105030第10行第2+9列的金额；表A105030第10行第11列，若≥0，填入本行第3列"调增金额"；若<0，将绝对值填入本行第4列"调减金额"。

5. 第5行"（四）按权益法核算长期股权投资对初始投资成本调整确认收益"：第4列"调减金额"填报纳税人采取权益法核算，初始投资成本小于取得投资时应享有被投资单位可辨认净资产公允价值份额的差额计入取得投资当期的营业外收入的金额。

6. 第6行"（五）交易性金融资产初始投资调整"：第3列"调增金额"填报纳税人根据税法规定确认交易性金融资产初始投资金额与会计核算的交易性金融资产初始投资账面价值的差额。

7. 第7行"（六）公允价值变动净损益"：第1列"账载金额"填报纳税人会计核算的以公允价值计量的金融资产、金融负债以及投资性房地产类项目，计入当期损益的公允价值变动金额；第1列<0，将绝对值填入第3列"调增金额"；若第1列≥0，填入第4列"调减金额"。

8. 第8行"（七）不征税收入"：填报纳税人计入收入总额但属于税法规定不征税的财政拨款、依法收取并纳入财政管理的行政事业性收费以及政府性基金和国务院规定的其他不征税收入。第3列"调增金额"填报纳税人以前年度取得财政性资金且已作为不征税收入处理，在5年（60个月）内未发生支出且未缴回财政部门或其他拨付资金的政府部门，应计入应税收入额的金额；第4列"调减金额"填报符合税法规定不征税收入条件并作为不征税收入处理，且已计入当期损益的金额。

9. 第9行"其中：专项用途财政性资金"：根据《专项用途政财政性资金纳税调整明细表》（A105040）填报。第3列"调增金额"为表A105040第7行第14列金额；第4列"调减金额"为表A105040第7行第4列金额。

10. 第10行"（八）销售折扣、折让和退回"：填报不符合税法规定的销售折扣和折让应进行纳税调整的金额，和发生的销售退回因会计处理与税法规定有差异需纳税调整的金额。第1列"账载金额"填报纳税人会计核算的销售折扣和折让金额及销货退回的追溯处理的净调整额。第2列"税收金额"填报根据税法规定可以税前扣除的折扣和折让的金额及销货退回业务影响当期损益的金额。第1列减第2列，若余额≥0，填入第3列"调增金额"；若余额＜0，将绝对值填入第4列"调减金额"，第4列仅为销货退回影响损益的跨期时间性差异。

11. 第11行"（九）其他"：填报其他因会计处理与税法规定有差异需纳税调整的收入类项目金额。若第2列≥第1列，将第2-1列的余额填入第3列"调增金额"，若第2列＜第1列，将第2-1列余额的绝对值填入第4列"调减金额"。

5.2.1.2 扣除类调整项目

12. 第12行"二、扣除类调整项目"：根据第13行至第29行填报。

13. 第13行"（一）视同销售成本"：填报会计处理不作为销售核算，税法规定作为应税收入的同时，确认的销售成本金额。根据《视同销售和房地产开发企业特定业务纳税调整明细表》（A105010）填报，第2列"税收金额"为表A105010第11行第1列金额；第4列"调减金额"为表A105010第11行第2列金额的绝对值。

14. 第14行"（二）职工薪酬"：根据《职工薪酬纳税调整明细表》（A105050）填报，第1列"账载金额"为表A105050第13行第1列金额；第2列"税收金额"为表A105050第13行第4列金额；表A105050第13行第5列，若≥0，填入本行第3列"调增金额"；若＜0，将绝对值填入本行第 4 列"调减金额"。

15. 第 15 行"（三）业务招待费支出"：第 1 列"账载金额"填报纳税人会计核算计入当期损益的业务招待费金额；第 2 列"税收金额"填报按照税法规定允许税前扣除的业务招待费支出的金额，即："本行第 1 列×60%"与当年销售（营业收入）×5‰的孰小值；第 3 列"调增金额"为第 1-2 列金额。

16. 第 16 行"（四）广告费和业务宣传费支出"：根据《广告费和业务宣传费跨年度纳税调整明细表》（A105060）填报，表 A105060 第 12 行，若≥0，填入第 3 列"调增金额"；若＜0，将绝对值填入第 4 列"调减金额"。

17. 第 17 行"（五）捐赠支出"：根据《捐赠支出纳税调整明细表》（A105070）填报。第 1 列"账载金额"为表 A105070 第 20 行第 2+6 列金额；第 2 列"税收金额"为表 A105070 第 20 行第 4 列金额；第 3 列"调增金额"为表 A105070 第 20 行第 7 列金额。

18. 第 18 行"（六）利息支出"：第 1 列"账载金额"填报纳税人向非金融企业借款，会计核算计入当期损益的利息支出的金额；第 2 列"税收金额"填报按照税法规定允许税前扣除的利息支出的金额；若第 1 列≥第 2 列，将第 1 列减第 2 列余额填入第 3 列"调增金额"，若第 1 列＜第 2 列，将第 1 列减第 2 列余额的绝对值填入第 4 列"调减金额"。

19. 第 19 行"（七）罚金、罚款和被没收财物的损失"：第 1 列"账载金额"填报纳税人会计核算计入当期损益的罚金、罚款和被罚没财物的损失，不包括纳税人按照经济合同规定支付的违约金（包括银行罚息）、罚款和诉讼费；第 3 列"调增金额"等于第 1 列金额。

20. 第 20 行"（八）税收滞纳金、加收利息"：第 1 列"账载金额"填报纳税人会计核算计入当期损益的税收滞纳金、加收利息。第 3 列"调增金额"等于第 1 列金额。

21. 第 21 行"（九）赞助支出"：第 1 列"账载金额"填报纳税人会计核算计入当期损益的不符合税法规定的公益性捐赠的赞助支出的金额，包括直接向受赠人的捐赠、赞助支出等（不含广告性的赞助支出，广告性的赞助支出在表 A105060 中调整）；第 3 列"调增金额"等于第 1 列金额。

22. 第 22 行"（十）与未实现融资收益相关在当期确认的财务费用"：第 1 列"账载金额"填报纳税人会计核算的与未实现融资收益相关并在当期确认的财务费用的金额；第 2 列"税收金额"填报按照税法规定允许税前扣除的金额；若第 1 列≥第 2 列，将第 1-2 列余额填入第 3 列，"调增金额"；

若第1列＜第2列，将第1－2列余额的绝对值填入第4列"调减金额"。

23. 第23行"（十一）佣金和手续费支出"：第1列"账载金额"填报纳税人会计核算计入当期损益的佣金和手续费金额；第2列"税收金额"填报按照税法规定允许税前扣除的佣金和手续费支出金额；第3列"调增金额"为第1－2列的金额。

24. 第24行"（十二）不征税收入用于支出所形成的费用"：第3列"调增金额"填报符合条件的不征税收入用于支出所形成的计入当期损益的费用化支出金额。

25. 第25行"其中：专项用途财政性资金用于支出所形成的费用"：根据《专项用途财政性资金纳税调整明细表》（A105040）填报。第3列"调增金额"为表A105040第7行第11列金额。

26. 第26行"（十三）跨期扣除项目"：填报维简费、安全生产费用、预提费用、预计负债等跨期扣除项目调整情况。第1列"账载金额"填报纳税人会计核算计入当期损益的跨期扣除项目金额；第2列"税收金额"填报按照税法规定允许税前扣除的金额；若第1列≥第2列，将第1－2列余额填入第3列"调增金额"；若第1列＜第2列，将第1－2列余额的绝对值填入第4列"调减金额"。

27. 第27行"（十四）与取得收入无关的支出"：第1列"账载金额"填报纳税人会计核算计入当期损益的与取得收入无关的支出的金额。第3列"调增金额"等于第1列金额。

28. 第28行"（十五）境外所得分摊的共同支出"：第3列"调增金额"，为《境外所得纳税调整后所得明细表》（A108010）第10行第16＋17列的金额。

29. 第29行"（十六）其他"：填报其他因会计处理与税法规定有差异需纳税调整的扣除类项目金额。若第1列≥第2列，将第1－2列余额填入第3列"调增金额"；若第1列＜第2列，将第1－2列余额的绝对值填入第4列"调减金额"。

5.2.1.3 资产类调整项目

30. 第30行"三、资产类调整项目"：填报资产类调整项目第31至34行的合计数。

31. 第31行"（一）资产折旧、摊销"：根据《资产折旧、摊销情况及纳税调整明细表》（A105080）填报。第 1 列"账载金额"为表 A105080 第 27 行第 2 列金额；第 2 列"税收金额"为表 A105080 第 27 行第 5＋6 列金额；表 A105080 第 27 行第 9 列，若≥0，填入本行第 3 列"调增金额"；若＜0，将绝对值填入本行第 4 列"调减金额"。

32. 第 32 行"（二）资产减值准备金"：填报坏账准备、存货跌价准备、理赔费用准备金等不允许税前扣除的各类资产减值准备金纳税调整情况。第 1 列"账载金额"填报纳税人会计核算计入当期损益的资产减值准备金金额（因价值恢复等原因转回的资产减值准备金应予以冲回）；第 1 列，若≥0，填入第 3 列"调增金额"；若＜0，将绝对值填入第 4 列"调减金额"。

33. 第 33 行"（三）资产损失"：根据《资产损失税前扣除及纳税调整明细表》（A105090）填报。第 1 列"账载金额"为表 A105090 第 14 行第 1 列金额；第 2 列"税收金额"为表 A105090 第 14 行第 2 列金额；表 A105090 第 14 行第 3 列，若≥0，填入本行第 3 列"调增金额"；若＜0，将绝对值填入本行第 4 列"调减金额"。

34. 第 34 行"（四）其他"：填报其他因会计处理与税法规定有差异需纳税调整的资产类项目金额。若第 1 列≥第 2 列，将第 1－2 列余额填入第 3 列"调增金额"；若第 1 列＜第 2 列，将第 1－2 列余额的绝对值填入第 4 列"调减金额"。

5.2.1.4 特殊事项调整项目

35. 第 35 行"四、特殊事项调整项目"：填报特殊事项调整项目第 36 行至第 40 行的合计数。

36. 第 36 行"（一）企业重组"：根据《企业重组纳税调整明细表》（A105100）填报。第 1 列"账载金额"为表 A105100 第 14 行第 1＋4 列金额；第 2 列"税收金额"为表 A105100 第 14 行第 2＋5 列金额；表 A105100 第 14 行第 7 列，若≥0，填入本行第 3 列"调增金额"；若＜0，将绝对值填入本行第 4 列"调减金额"。

37. 第 37 行"（二）政策性搬迁"：根据《政策性搬迁纳税调整明细表》（A105110）填报。表 A105110 第 24 行，若≥0，填入本行第 3 列"调增金额"；若＜0，将绝对值填入本行第 4 列"调减金额"。

38. 第 38 行"（三）特殊行业准备金"：根据《特殊行业准备金纳税调整明细表》（A105120）填报。第 1 列"账载金额"为表 A105120 第 30 行第

1 列金额；第 2 列"税收金额"为表 A105120 第 30 行第 2 列金额；表 A105120 第 30 行第 3 列，若≥0，填入本行第 3 列"调增金额"；若<0，将绝对值填入本行第 4 列"调减金额"。

39. 第 39 行"（四）房地产开发企业特定业务计算的纳税调整额"：根据《视同销售和房地产开发企业特定业务纳税调整明细表》（A105010）填报。第 2 列"税收金额"为表 A105010 第 21 行第 1 列金额；表 A105010 第 21 行第 2 列，若≥0，填入本行第 3 列"调增金额"；若<0，将绝对值填入本行第 4 列"调减金额"。

40. 第 40 行"（五）其他"：填报其他因会计处理与税法规定有差异需纳税调整的特殊事项金额。

5.2.1.5 特殊纳税调整所得项目

41. 第 41 行"五、特别纳税调整应税所得"：第 3 列"调增金额"填报纳税人按特别纳税调整规定自行调增的当年应税所得；第 4 列"调减金额"填报纳税人依据双边预约定价安排或者转让定价相应调整磋商结果的通知，需要调减的当年应税所得。

5.2.1.6 其他

42. 第 42 行"六、其他"：其他会计处理与税法规定存在差异需纳税调整的项目金额。

43. 第 43 行"合计"：填报第 1＋12＋30＋35＋41＋42 行的金额。

5.2.2 表内、表间关系

5.2.2.1 表内关系

1. 第 1 行＝第 2＋3＋4＋5＋6＋7＋8＋10＋11 行。
2. 第 12 行＝第 13＋14＋15…24＋26＋27＋…29 行。
3. 第 30 行＝第 31＋32＋33＋34 行。
4. 第 35 行＝第 36＋37＋38＋39＋40 行。
5. 第 43 行＝第 1＋12＋30＋35＋41＋42 行。

5.2.2.2　表间关系

1. 第 2 行第 2 列＝表 A105010 第 1 行第 1 列；第 2 行第 3 列＝表 A105010 第 1 行第 2 列。

2. 第 3 行第 1 列＝表 A105020 第 14 行第 2 列；第 3 行第 2 列＝表 A105020 第 14 行第 4 列；若表 A105020 第 14 行第 6 列≥0，填入第 3 行第 3 列；若表 A105020 第 14 行第 6 列＜0，将绝对值填入第 3 行第 4 列。

3. 第 4 行第 1 列＝表 A105030 第 10 行第 1＋8 列；第 4 行第 2 列＝表 A105030 第 10 行第 2＋9 列；若表 A105030 第 10 行第 11 列≥0，填入第 4 行第 3 列；若表 A105030 第 10 行第 11 列＜0，将绝对值填入第 4 行第 4 列。

4. 第 9 行第 3 列＝表 A105040 第 7 行第 14 列；第 9 行第 4 列＝表 A105040 第 7 行第 4 列。

5. 第 13 行第 2 列＝表 A105010 第 11 行第 1 列；第 13 行第 4 列＝表 A105010 第 11 行第 2 列的绝对值。

6. 第 14 行第 1 列＝表 A105050 第 13 行第 1 列；第 14 行第 2 列＝表 A105050 第 13 行第 4 列；若表 A105050 第 13 行第 5 列≥0，填入第 14 行第 3 列；若表 A105050 第 13 行第 5 列＜0，将绝对值填入第 14 行第 4 列。

7. 若表 A105060 第 12 行≥0，填入第 16 行第 3 列，若表 A105060 第 12 行＜0，将绝对值填入第 16 行第 4 列。

8. 第 17 行第 1 列＝表 A105070 第 20 行第 2＋6 列；第 17 行第 2 列＝表 A105070 第 20 行第 4 列；第 17 行第 3 列＝表 A105070 第 20 行第 7 列。

9. 第 25 行第 3 列＝表 A105040 第 7 行第 11 列。

10. 第 31 行第 1 列＝表 A105080 第 27 行第 2 列；第 31 行第 2 列＝表 A105080 第 27 行第 5＋6 列；若表 A105080 第 27 行第 9 列≥0，填入第 31 行第 3 列，若表 A105080 第 27 行第 9 列＜0，将绝对值填入第 31 行第 4 列。

11. 第 33 行第 1 列＝表 A105090 第 14 行第 1 列；第 33 行第 2 列＝表 A105090 第 14 行第 2 列；若表 A105090 第 14 行第 3 列≥0，填入第 33 行第 3 列，若表 A105090 第 14 行第 3 列＜0，将绝对值填入第 33 行第 4 列。

12. 第 36 行第 1 列＝表 A105100 第 14 行第 1＋4 列；第 36 行第 2 列＝表 A105100 第 14 行第 2＋5 列；若表 A105100 第 14 行第 7 列≥0，填入第 36 行第 3 列，若表 A105100 第 14 行第 7 列＜0，将绝对值填入第 36 行第 4 列。

13. 若表 A105110 第 24 行≥0，填入第 37 行第 3 列，若表 A105110 第

24 行<0，将绝对值填入第 37 行第 4 列。

14. 第 38 行第 1 列＝表 A105120 第 30 行第 1 列；第 38 行第 2 列＝表 A105120 第 30 行第 2 列；若表 A105120 第 30 行第 3 列≥0，填入第 38 行第 3 列，若表 A105120 第 30 行第 3 列<0，将绝对值填入第 38 行第 4 列。

15. 第 39 行第 2 列＝表 A105010 第 21 行第 1 列；若表 A105010 第 21 行第 2 列≥0，填入第 39 行第 3 列，若表 A105010 第 21 行第 2 列<0，将绝对值填入第 39 行第 4 列。

16. 第 43 行第 3 列 ＝ 表 A100000 第 15 行；第 43 行第 4 列 ＝ 表 A100000 第 16 行。

17. 第 28 行第 3 列＝表 A108010 第 10 行第 16＋17 列。

5.3 视同销售纳税调整事项分析

纳税调整表中的视同销售收入与视同销售成本是关联于附表 A105010 的，因此，填写完附表就形成了纳税调整表的这两行数据，即第 2 行和第 13 行的数据。

5.3.1 视同销售

首先我们要先了解什么是视同销售，为何国家如此重视，还放在纳税调整表的第一个位置。这里面还是有点理论需要说道的，一是避免产生税收方面的漏洞，二是与其他法规对接。按照《企业所得税法实施条例》释义的说法，企业发生非货币性资产交换，以及将货物、财产、劳务用于捐赠、偿债、赞助、集资、广告、样品、职工福利和利润分配等用途的，应当视同销售货物、转让财产和提供劳务，但国务院财政、税务主管部门另有规定的除外。本条的规定，一方面考虑到与增值税暂行条例的衔接，另一方面原税法是以独立经济核算的单位作为纳税人的，不具有法人地位但实行独立经济核算的分公司等也要独立计算缴纳所得税。现行企业所得税法采用的是法人所得税的模式，因而缩小了视同销售的范围，对于货物在统一法人实体内部之间的转移，例如用于在建工程、管理部门、分公司等不再作为视同销售处理。

"视同销售"是一个区别于正常销售的、在税法上具有特定意义的术语，在会计上不进行相应的核算，在企业所得税与流转税上各有规定，且界定的意义不尽相同，需要进行差异性分析。通常情形下，它不考虑纳税人是否取得主体利益的流入，而是认定在税收上计算缴纳相关税收，其承担的主体是纳税人，没有税负转嫁的前提，其出发点是防止纳税人规避纳税义务，以及保证公平竞争，当然也是保障税收利益。

《企业所得税法》对于视同销售收入的规定作出了细节的规范，但是对于视同销售成本却"避"而不谈，由此带来一系列争议，这其中涉及视同销售成本如何扣除，应计利润如何在税前扣除事项中合并扣除也存在不同的解释方式。但是从纳税申报表的填写角度来看，视同销售收入与视同销售成本是成对出现的，因此我们可以简单地解读为视同销售的调整，就是视同销售利润的调整，利润不能因为企业行为的减少导致国家税收的减少。

（1）哪种情形下需要进行视同销售的确认？

基本原则是，实施条例已明确了资产发生外部处置情形，如很普遍的就是礼品赠送给外部个人，还包括劳务，如免费提供的咨询服务，当然资产的出库记账是比较有据可查的，劳务的赠送，很难查得清楚，除非一个一个去看企业做了什么活动，所以国税函〔2008〕828号[1]文件也重点分析了资产视同销售的问题。

还有一种情形就是非货币性资产交换，这种情形也比较多见，如用资产去交换其他企业的股权，在税法上如果不满足特殊性税务处理的（财税〔2009〕59号文件规定的情形），那么要按公允价值先确认收入，扣除成本计算所得税，再按收入或补价等确认股权投资的购买成本，分两步进行调整，而不是直接按原来的资产账面价值入账股权的价值。虽然这中间企业并未得到现金利益兑现，但就是看现在的公允价值来计算的。此时不管在会计上如何处理，只要按公允价值过一次，看是否与会计有差异，有就得调整。

（2）视同销售的情形举例。

关于视同销售，有一个很大的误区，也是争议，就是如何进行纳税调整。接下来，我们用一个案例说明。

[例5-2]　某企业赠送笔用于市场促销，市场价格100元，采购价90元。会计处理如下：

借：库存商品　　　　　　　　　　　　　　　　　　　　　　　90

　　应交税费——应交增值税（进项税额）（90×17％＝15.3）　15.3

----

[1] 国税函〔2008〕828号，即《国家税务总局关于企业处置资产所得税处理问题的通知》。

贷：银行存款		105.3
借：业务宣传费		107
贷：库存商品		90
应交税费——应交增值税（销项税额）（100×17%）		17

税收角度不是让作收入吗？那么，比照税法口径编制虚拟的会计分录，则其会计处理如下：

借：业务宣传费		117
贷：收入		100
应交税费——应交增值税（销项税额）		17
借：成本		90
贷：库存商品		90

在纳税调整时，我们就需要填写的内容如表5-5所示：

表5-5

行次	项目	税收金额	纳税调整金额
		1	2
1	一、视同销售（营业）收入（2＋3＋4＋5＋6＋7＋8＋9＋10）	—	—
2	（一）非货币性资产交换视同销售收入		
3	（二）用于市场推广或销售视同销售收入	100	100
4	（三）用于交际应酬视同销售收入		
5	（四）用于职工奖励或福利视同销售收入		
6	（五）用于股息分配视同销售收入		
7	（六）用于对外捐赠视同销售收入		
8	（七）用于对外投资项目视同销售收入		
9	（八）提供劳务视同销售收入		
10	（九）其他	·	
11	二、视同销售（营业）成本（12＋13＋14＋15＋16＋17＋18＋19＋20）	—	—
12	（一）非货币性资产交换视同销售成本		
13	（二）用于市场推广或销售视同销售成本	90	－90
14	（三）用于交际应酬视同销售成本		
15	（四）用于职工奖励或福利视同销售成本		

续表

行次	项目	税收金额	纳税调整金额
		1	2
16	（五）用于股息分配视同销售成本		
17	（六）用于对外捐赠视同销售成本		
18	（七）用于对外投资项目视同销售成本		
19	（八）提供劳务视同销售成本		
20	（九）其他		

对此我们可以得出如下结论：

首先，绝不能只调增收入，不调成本，视同销售调整的是视同销售利润，意思是不要产生税的利润空间人为调整，所以视同销售收入、成本是同步调整的。也不是有人认为的这里纳税调增收入，成本是在会计上已列支入账的费用数，哪能让你扣两遍呢？这是逻辑的误区。另外，在实务中，有很多企业在常规年度申报环节没有按照纳税调整处理，在稽查环节稽查干部往往只提示企业对视同销售收入进行纳税调增，而不提示企业进行视同销售成本、业务宣传费等口径的调减，这是一种稽查"艺术"或者"潜规则"，就是需要纳税人火眼金睛去有效应对，千万不要因为税务稽查人员不提调减自己就稀里糊涂地放弃调整的权益。

其次，我们来看一下，两个业务宣传费差10元，这10元如何调整？如果并到当期广告费和业务宣传费中不超标，不需要调增与调减，但这10元总要有人承担，所以我们理解为，这10元也是用于促销费的，既然从税法角度是这样推理的，那么可以在"其他"中纳税调减10元（见表5-6），会计上没有列支这10元，要找回来扣除的。但并不是并入广告费与业务宣传费附表内计算，那不产生这个调减，并过去须检查一下超不超标，如果超标了，这其他的10元不能作纳税调减。

表5-6

行次	项目	账载金额	税收金额	调增金额	调减金额
		1	2	3	4
2	（一）视同销售收入（填写A105010）	*	100	100	*
13	（一）视同销售成本（填写A105010）	*	90	*	90
29	（十六）其他		10		10

最后，我们来看，这笔视同销售的调整相当于"白忙活"，反而可能于纳税人有利，收入的基数还有别的用处呢。但是如果扣除额是受限制的，如业务招待费就不好找回来了，只能看看外购的空间了。

上面说的外购的空间，是指国税函〔2008〕828号文件规定的属于企业自制的资产，应按企业同类资产同期对外销售价格确定销售收入；属于外购的资产，可按购入时的价格确定销售收入。外购的（尽管有批发价、也可能有零售价）是否必须多出一部分利润？卖家的利润早有了，因此对于这种情况，利润没有意义。如果是外购的，那上面的会计分录与表格（见表5-7）就变为：

借：业务宣传费   105.30
  贷：收入   90
    应交税费——应交增值税（销项税额）
    15.3（90元认为就是公允价，增值税也没有亏着）
借：成本   90
  贷：库存商品   90

表5-7

行次	项目	税收金额	纳税调整金额
		1	2
1	一、视同销售（营业）收入（2+3+4+5+6+7+8+9+10）	—	—
2	（一）非货币性资产交换视同销售收入		
3	（二）用于市场推广或销售视同销售收入	90	90
4	（三）用于交际应酬视同销售收入		
5	（四）用于职工奖励或福利视同销售收入		
6	（五）用于股息分配视同销售收入		
7	（六）用于对外捐赠视同销售收入		
8	（七）用于对外投资项目视同销售收入		
9	（八）提供劳务视同销售收入		
10	（九）其他		
11	二、视同销售（营业）成本（12+13+14+15+16+17+18+19+20）	—	—
12	（一）非货币性资产交换视同销售成本		

续表

行次	项目	税收金额	纳税调整金额
		1	2
13	（二）用于市场推广或销售视同销售成本	90	—90
14	（三）用于交际应酬视同销售成本		
15	（四）用于职工奖励或福利视同销售成本		
16	（五）用于股息分配视同销售成本		
17	（六）用于对外捐赠视同销售成本		
18	（七）用于对外投资项目视同销售成本		
19	（八）提供劳务视同销售成本		
20	（九）其他		

这是一个挺有趣的问题，但是现实当中作为企业可能面临着税务机关同志的不认可、不理解，或者认可不到位，所以在税收的角度上，我们理解这是一个合理的调整，"莫道浮云终蔽日"，也希望我们更加完善这部分申报调整的设计。

（3）视同销售的其他事项。

除国税函〔2008〕828号文件规定的五种情形外，表中还有非货币性资产交换、对外投资项目、提供劳务的视同销售。

关于非货币性资产交换我们在前面的收入会计处理中已进行了描述，只要比较出有哪些是会计上没有做过收入的，就在这儿进行纳税调整处理，同时填写视同销售收入与成本（成本是原来的计税基础净值）。

对外投资，我们可能会质疑，实施条例中没有说明非货币性资产用于对外投资的目的，这里为何要列出来？其实对外投资有一部分也是非货币性资产交换，只是非货币性交换中还有强调资金占比之类的理论一说，且不去管它什么方法了，我们在税法上也是看公允价值的。

［例5-3］　某集团公司有一股权A，账面价值（等于计税基础）1 000万元，无偿划拨到子公司B，则账务处理如下（单位：万元）：

借：长期股权投资——B　　　　　　　　　　　　　　1 000
　　贷：长期股权投资——A　　　　　　　　　　　　　　　1 000

B收到后作账务处理如下：

借：长期股权投资——A　　　　　　　　　　　　　　1 000
　　贷：资本公积　　　　　　　　　　　　　　　　　　　1 000

如上我们已知道，国家税务总局2014年第29号公告已明确这是投资行为，不是捐赠与受赠的行为，现在要考虑的问题就是"视同销售"了。现在公允价值如何处理？理论上我们可以挑战，让企业提供公允价值评估意见，虽有操作空间，但评估公司也不至于随便给个数，还是得有点说道的。若估值是8 000万元，那这个行为中的7 000万元差额，公司就要填写收入8 000万元，成本1 000万元的差异调整了。不过如果该集团公司符合财税〔2009〕59号文件中特殊性税务处理的规定，那么备案后，收入可按计税基础确认，不产生溢价，这个处理提供了一个暂不征税的过渡，未来处置时，子公司B的扣除计税基础仍是1 000万元，再将这个差额找回来。

对于股权、资产的划转，现在有了新的特殊性的处理规则，也是从2014年1月1日执行的政策。财税〔2014〕109号[1]文件规定：

对100％直接控制的居民企业之间，以及受同一或相同多家居民企业100％直接控制的居民企业之间按账面净值划转股权或资产，凡具有合理商业目的、不以减少、免除或者推迟缴纳税款为主要目的，股权或资产划转后连续12个月内不改变被划转股权或资产原来实质性经营活动，且划出方企业和划入方企业均未在会计上确认损益[2]的，可以选择按以下规定进行特殊性税务处理：

1. 划出方企业和划入方企业均不确认所得。

2. 划入方企业取得被划转股权或资产的计税基础，以被划转股权或资产的原账面净值确定。

3. 划入方企业取得的被划转资产，应按其原账面净值计算折旧扣除。

所以据此规定，上面就不需要作公允价值调整考虑了，都直接延续到接受主体处理，中间不需要考虑溢折价因素。视同销售收入与成本都是1 000万元。但是仍然要进行视同销售的处理，即视同销售收入与视同销售成本需要填写，只是填写的金额是一致的。

至于劳务，要如何找出来呢？现在的客户免费体验太多了，试吃、试穿、试体验，理论上都是要作视同销售收入与成本处理的，但是根据我们的理解，一是难以确认收入是多少，二是难以确认成本是多少就算收入能算

---

[1]　财税〔2014〕109号，即《财政部、国家税务总局关于促进企业重组有关企业所得税处理问题的通知》。

[2]　实际上这里还是有争议的，理论上我们考虑的是没有减值准备之类的影响，会计净值等于计税基础，因此理解这里并不是简单的会计账面净值，不然中间会形成断层，即如准备金部分并不能延伸到下一个居民企业，但上一家应已就其进行了纳税调增处理的。

出来，成本如何比对，也不可能像资产一样可量化清楚。

（4）视同销售不调整的风险。

上面有人看后可能会建议，既然视同销售可能不会引起税款的增加，那就不费力气填写了行不行？首先可以说，那就是未按照税法规定进行正确的申报，但是结果上，至少没有形成税款流失，责任方面可能有的说了，不过还是要提示作为受限制的费用事项、非货币性交换、对外投资的事项，且不可小看其作用。如果是外购的，即使有受限影响，由于没有应计利润，也可探讨没有影响的不填处理应对。

（5）纳税人如何填写。

首先，非货币性资产只要不是销售的，就需要关注，其他用实物资产偿债、投资、捐赠、分配股东、福利等也要考虑在内。其次，要找到相应的成本费用科目，看看有没有写着礼品赠送之类的东西，找出来填上，至于价格，建议结合上面的分析自己把握。

但是如果已经按照会计准则作收入处理了，如分配股东、非货币性福利，那就无需再次调整了，只有直接出库入费用之类才是我们需要调整的对象。

（6）其他税种必须同样关注。

货物、应税服务类的赠送等，必须看是否需要计缴增值税，礼品的个所得税是否已代扣代缴，这是一系列的事项，当然相对也更复杂一些，在此且不细展开，比如我们对于银行赠送礼品的增值税缴纳的认定，这种问题找到应对突破还是比较难的，特别是营改增之后更难。

5.3.2　税收法规

● 《企业所得税法实施条例》

第二十五条　企业发生非货币性资产交换，以及将货物、财产、劳务用于捐赠、偿债、赞助、集资、广告、样品、职工福利和利润分配等用途的，应当视同销售货物、转让财产和提供劳务，但国务院财政、税务主管部门另有规定的除外。

● 《国家税务总局关于企业处置资产所得税处理问题的通知》（国税函〔2008〕828 号）

根据《中华人民共和国企业所得税法实施条例》第二十五条规定，现就企业处置资产的所得税处理问题通知如下：

一、企业发生下列情形的处置资产，除将资产转移至境外以外，由于资产所有权属在形式和实质上均不发生改变，可作为内部处置资产，不视同销售确认收入，相关资产的计税基础延续计算。

（一）将资产用于生产、制造、加工另一产品；

（二）改变资产形状、结构或性能；

（三）改变资产用途（如，自建商品房转为自用或经营）；

（四）将资产在总机构及其分支机构之间转移；

（五）上述两种或两种以上情形的混合；

（六）其他不改变资产所有权属的用途。

二、企业将资产移送他人的下列情形，因资产所有权属已发生改变而不属于内部处置资产，应按规定视同销售确定收入。

（一）用于市场推广或销售；

（二）用于交际应酬；

（三）用于职工奖励或福利；

（四）用于股息分配；

（五）用于对外捐赠；

（六）其他改变资产所有权属的用途。

三、企业发生本通知第二条规定情形时，属于企业自制的资产，应按企业同类资产同期对外销售价格确定销售收入；属于外购的资产，可按购入时的价格确定销售收入。

5.3.3 《视同销售和房地产开发企业特定业务纳税调整明细表》（A105010）填报说明

本表适用于发生视同销售、房地产企业特定业务纳税调整项目的纳税人填报。纳税人根据税法、《国家税务总局关于企业处置资产所得税处理问题的通知》（国税函〔2008〕828号）、《国家税务总局关于印发〈房地产开发经营业务企业所得税处理办法〉的通知》（国税发〔2009〕31号）等相关规定，以及国家统一企业会计制度，填报视同销售行为、房地产企业销售未完工产品、未完工产品转完工产品特定业务的税法规定及纳税调整情况。

1. 有关项目填报说明。

（1）第1行"一、视同销售收入"：填报会计处理不确认销售收入，而税法规定确认为应税收入的金额，本行为第 2 至 10 行小计数。第 1 列"税收金额"填报税收确认的应税收入金额；第 2 列"纳税调整金额"等于第 1 列"税收金额"。

（2）第 2 行"（一）非货币性资产交换视同销售收入"：填报发生非货币性资产交换业务，会计处理不确认销售收入，而税法规定确认为应税收入的金额。第 1 列"税收金额"填报税收确认的应税收入金额；第 2 列"纳税调整金额"等于第 1 列"税收金额"。

（3）第 3 行"（二）用于市场推广或销售视同销售收入"：填报发生将货物、财产用于市场推广、广告、样品、集资、销售等，会计处理不确认销售收入，而税法规定确认为应税收入的金额。填列方法同第 2 行。

（4）第 4 行"（三）用于交际应酬视同销售收入"：填报发生将货物、财产用于交际应酬，会计处理不确认销售收入，而税法规定确认为应税收入的金额。填列方法同第 2 行。

（5）第 5 行"（四）用于职工奖励或福利视同销售收入"：填报发生将货物、财产用于职工奖励或福利，会计处理不确认销售收入，而税法规定确认为应税收入的金额。企业外购资产或服务不以销售为目的，用于替代职工福利费用支出，且购置后在一个纳税年度内处置的，可以按照购入价格确认视同销售收入。填列方法同第 2 行。

（6）第 6 行"（五）用于股息分配视同销售收入"：填报发生将货物、财产用于股息分配，会计处理不确认销售收入，而税法规定确认为应税收入的金额。填列方法同第 2 行。

（7）第 7 行"（六）用于对外捐赠视同销售收入"：填报发生将货物、财产用于对外捐赠或赞助，会计处理不确认销售收入，而税法规定确认为应税收入的金额。填列方法同第 2 行。

（8）第 8 行"（七）用于对外投资项目视同销售收入"：填报发生将货物、财产用于对外投资，会计处理不确认销售收入，而税法规定确认为应税收入的金额。填列方法同第 2 行。

（9）第 9 行"（八）提供劳务视同销售收入"：填报发生对外提供劳务，会计处理不确认销售收入，而税法规定确认为应税收入的金额。填列方法同第 2 行。

（10）第 10 行"（九）其他"：填报发生除上述列举情形外，会计处理不作为销售收入核算，而税法规定确认为应税收入的金额。填列方法同第 2 行。

(11) 第 11 行 "一、视同销售成本"：填报会计处理不确认销售收入，税法规定确认为应税收入的同时，确认的视同销售成本金额。本行为第 12 至 20 行小计数。第 1 列 "税收金额" 填报予以税前扣除的视同销售成本金额；将第 1 列税收金额以负数形式填报第 2 列 "纳税调整金额"。

(12) 第 12 行 "（一）非货性资产交换视同销售成本"：填报发生非货币性资产交换业务，会计处理不确认销售收入，税法规定确认为应税收入所对应的予以税前扣除视同销售成本金额。第 1 列 "税收金额" 填报予以扣除的视同销售成本金额；将第 1 列税收金额以负数形式填报第 2 列 "纳税调整金额"。

(13) 第 13 行 "（二）用于市场推广或销售视同销售成本"：填报发生将货物、财产用于市场推广、广告、样品、集资、销售等，会计处理不确认销售收入，税法规定确认为应税收入时，其对应的予以税前扣除视同销售成本金额。填列方法同第 12 行。

(14) 第 14 行 "（三）用于交际应酬视同销售成本"：填报发生将货物、财产用于交际应酬，会计处理不确认销售收入，税法规定确认为应税收入时，其对应的予以税前扣除视同销售成本金额。填列方法同第 12 行。

(15) 第 15 行 "（四）用于职工奖励或福利视同销售成本"：填报发生将货物、财产用于职工奖励或福利，会计处理不确认销售收入，税法规定确认为应税收入时，其对应的予以税前扣除视同销售成本金额。填列方法同第 12 行。

(16) 第 16 行 "（五）用于股息分配视同销售成本"：填报发生将货物、财产用于股息分配，会计处理不确认销售收入，税法规定确认为应税收入时，其对应的予以税前扣除视同销售成本金额。填列方法同第 12 行。

(17) 第 17 行 "（六）用于对外捐赠视同销售成本"：填报发生将货物、财产用于对外捐赠或赞助，会计处理不确认销售收入，税法规定确认为应税收入时，其对应的予以税前扣除视同销售成本金额。填列方法同第 12 行。

(18) 第 18 行 "（七）用于对外投资项目视同销售成本"：填报会计处理发生将货物、财产用于对外投资，会计处理不确认销售收入，税法规定确认为应税收入时，其对应的予以税前扣除视同销售成本金额。填列方法同第 12 行。

(19) 第 19 行 "（八）提供劳务视同销售成本"：填报会计处理发生对外

提供劳务，会计处理不确认销售收入，税法规定确认为应税收入时，其对应的予以税前扣除视同销售成本金额。填列方法同第12行。

（20）第20行"（九）其他"：填报发生除上述列举情形外，会计处理不确认销售收入，税法规定确认为应税收入的同时，予以税前扣除视同销售成本金额。填列方法同第12行。

（21）第21行"三、房地产开发企业特定业务计算的纳税调整额"：填报房地产企业发生销售未完工产品、未完工产品结转完工产品业务，按照税法规定计算的特定业务的纳税调整额。第1列"税收金额"填报第22行第1列减去第26行第1列的余额；第2列"纳税调整金额"等于第1列"税收金额"。

（22）第22行"（一）房地产企业销售未完工开发产品特定业务计算的纳税调整额"：填报房地产企业销售未完工开发产品取得销售收入，按税收规定计算的纳税调整额。第1列"税收金额"填报第24行第1列减去第25行第1列的余额；第2列"纳税调整金额"等于第1列"税收金额"。

（23）第23行"1. 销售未完工产品的收入"：第1列"税收金额"填报房地产企业销售未完工开发产品，会计核算未进行收入确认的销售收入金额。

（24）第24行"2. 销售未完工产品预计毛利额"：第1列"税收金额"填报房地产企业销售未完工产品取得的销售收入按税法规定预计计税毛利率计算的金额；第2列"纳税调整金额"等于第1列"税收金额"。

（25）第25行"3. 实际发生的营业税金及附加、土地增值税"：第1列"税收金额"填报房地产企业销售未完工产品实际发生的营业税金及附加、土地增值税，且在会计核算中未计入当期损益的金额；第2列"纳税调整金额"等于第1列"税收金额"。

（26）第26行"（二）房地产企业销售的未完工产品转完工产品特定业务计算的纳税调整额"：填报房地产企业销售的未完工产品转完工产品，按税法规定计算的纳税调整额。第1列"税收金额"填报第28行第1列减去第29行第1列的余额；第2列"纳税调整金额"等于第1列"税收金额"。

（27）第27行"1. 销售未完工产品转完工产品确认的销售收入"：第1列"税收金额"填报房地产企业销售的未完工产品，此前年度已按预计毛利额征收所得税，本年度结转为完工产品，会计上符合收入确认条件，当年会计核算确认的销售收入金额。

（28）第 28 行"2. 转回的销售未完工产品预计毛利额"：第 1 列"税收金额"填报房地产企业销售的未完工产品，此前年度已按预计毛利额征收所得税，本年结转完工产品，会计核算确认为销售收入，转回原按税法规定预计计税毛利率计算的金额；第 2 列"纳税调整金额"等于第 1 列"税收金额"。

（29）第 29 行"3. 转回实际发生的营业税金及附加、土地增值税"：填报房地产企业销售的未完工产品结转完工产品后，会计核算确认为销售收入，同时将对应实际发生的营业税金及附加、土地增值税转入当期损益的金额；第 2 列"纳税调整金额"等于第 1 列"税收金额"。

2. 表内、表间关系。

（1）表内关系。

①第 1 行＝第 2＋3＋…＋10 行。

②第 11 行＝第 12＋13＋…＋20 行。

③第 21 行＝第 22－26 行。

④第 22 行＝第 24－25 行。

⑤第 26 行＝第 28－29 行。

（2）表间关系。

①第 1 行第 1 列＝表 A105000 第 2 行第 2 列。

②第 1 行第 2 列＝表 A105000 第 2 行第 3 列。

③第 11 行第 1 列＝表 A105000 第 13 行第 2 列。

④第 11 行第 2 列的绝对值＝表 A105000 第 13 行第 4 列。

⑤第 21 行第 1 列＝表 A105000 第 39 行第 2 列。

⑥第 21 行第 2 列，若≥0，填入表 A105000 第 39 行第 3 列；若＜0，将绝对值填入表 A105000 第 39 行第 4 列。

5.4 未按权责发生制原则确认的收入

5.4.1 《未按权责发生制确认收入纳税调整明细表》（A105020）表样及其填表说明

《未按权责发生制原则确认收入纳税调整明细表》（A105020）表样如表 5-8 所示。

表 5-8

A105020   未按权责发生制确认收入纳税调整明细表

行次	项目	合同金额（交易金额）	账载金额 本年	账载金额 累计	税收金额 本年	税收金额 累计	纳税调整金额
		1	2	3	4	5	6(4-2)
1	一、跨期收取的租金、利息、特许权使用费收入（2+3+4）	—	—	—	—	—	—
2	（一）租金						
3	（二）利息						
4	（三）特许权使用费						
5	二、分期确认收入（6+7+8）	—	—	—	—	—	—
6	（一）分期收款方式销售货物收入						
7	（二）持续时间超过12个月的建造合同收入						
8	（三）其他分期确认收入						
9	三、政府补助递延收入（10+11+12）	—	—	—	—	—	—
10	（一）与收益相关的政府补助						
11	（二）与资产相关的政府补助						
12	（三）其他						
13	四、其他未按权责发生制确认收入						
14	合计（1+5+9+13）	—	—	—	—	—	—

本表适用于会计处理按权责发生制确认收入、税法规定未按权责发生制确认收入需纳税调整项目的纳税人填报。纳税人根据税法、《国家税务总局

关于贯彻落实企业所得税法若干税收问题的通知》（国税函〔2010〕79 号）、《国家税务总局关于确认企业所得税收入若干问题的通知》（国税函〔2008〕875 号）等相关规定，以及国家统一企业会计制度，填报会计处理按照权责发生制确认收入、税法规定未按权责发生制确认收入的会计处理、税法规定，以及纳税调整情况。符合税法规定不征税收入条件的政府补助收入，本表不作调整，在《专项用途财政性资金纳税调整明细表》（A105040）中纳税调整。

5.4.1.1　有关项目填报说明

1. 第 1 列"合同金额或交易金额"：填报会计处理按照权责发生制确认收入、税法规定未按权责发生制确认收入的项目的合同总额或交易总额。

2. 第 2 列"账载金额——本年"：填报纳税人会计处理按权责发生制在本期确认金额。

3. 第 3 列"账载金额——累计"：填报纳税人会计处理按权责发生制历年累计确认金额。

4. 第 4 列"税收金额——本年"：填报纳税人按税法规定未按权责发生制本期确认金额。

5. 第 5 列"税收金额——累计"：填报纳税人按税法规定未按权责发生制历年累计确认金额。

6. 第 6 列"纳税调整金额"：填报纳税人会计处理按权责发生制确认收入、税法规定未按权责发生制确认收入的差异需纳税调整金额，为第 4－2 列的余额。

5.4.1.2　表内、表间关系

1. 表内关系。
（1）第 1 行＝第 2＋3＋4 行。
（2）第 5 行＝第 6＋7＋8 行。
（3）第 9 行＝第 10＋11＋12 行。
（4）第 14 行＝第 1＋5＋9＋13 行。
（5）第 6 列＝第 4－2 列。

2. 表间关系。

（1）第 14 行第 2 列＝表 A105000 第 3 行第 1 列。

（2）第 14 行第 4 列＝表 A105000 第 3 行第 2 列。

（3）第 14 行第 6 列，若≥0，填入表 A105000 第 3 行第 3 列；若＜0，将绝对值填入表 A105000 第 3 行第 4 列。

5.4.2　主要风险事项说明

这张表的问题是纳税人是否需要调整，如何调整，数据如何归集，等等。下面我们逐一分析主要的风险点事项。在这些事项中，主要问题是税务与会计确认收入的时点不同，从而有年度的影响额，比如 1 月确认与 2 月确认两者的差异，那从年度来讲就没有差异了，但如果涉及年度上的数据差异，就必须作调整。

最终两者必须是一致的，所以这张表的累计是出于这样的目的设计的，但是由于连续地发生数据，所以累计的结果可能不一定正好终结于相同的年度中。但对于不征税收入的时间性差异事项，是不在这张表填写的。在《专项用途财政性资金纳税调整明细表》（A105040）中作纳税调整。

5.4.2.1　租金

《企业所得税法实施条例》规定，租金收入，是指企业提供固定资产、包装物或者其他有形资产的使用权取得的收入。租金收入，按照合同约定的承租人应付租金的日期确认收入的实现。

此外，国税函〔2010〕79 号[1]文对于约定的租金收入规定，如果是一次性先行收取跨年度的租金，根据《企业所得税法实施条例》第九条规定的收入与费用配比原则（《企业所得税法实施条例》第九条直接规定的原则是以权责发生制为基础，以收付实现制为例外，但因其影响收入和扣除项目的确认期间，故可认为其暗含了收入与费用配比原则），出租人可对上述已确认的收入，在租赁期内，分期均匀计入相关年度收入。

此为纳税人选择的权利，也就是说可以按照《企业所得税法实施条例》，对于提前收取多年度的，可以一次性确认收入，也可以按照权责发生制确认

---

[1]　国税函〔2010〕79 号，即《国家税务总局关于贯彻落实企业所得税法若干税收问题的通知》。

收入，相当于与会计上的核算规则的一样了。对于我们要填的这张表，是指对于税收上不分期确认的方式。

当然，近期有河南郑州一份判决案例认为对于实施条例的规定，有违于权责发生制的规定还有不大认可的考虑。所以这些只能算是奇怪的案例分析了。

一般的经济交易中，都是先付租金的多，后付的少，所以要一次性确认应税收入，与会计权责核算产生差异，就要填写此表了。

[例 5-4]　企业 A 与企业 B 签订租赁协议，B 租 A 房产二年，租金 2 400 万元，开始以半年方式支付，若租期从 2014 年 8 月 1 日开始，则 2014 年的租期是 5 个月，共 500 万元，其实 B 开始付了 600 万元，如 A 不选择国税函〔2010〕79 号文件的方法，则 A 在填写申报表的时候，就需要进行如下调整（见表 5-9，单位：万元）：

表 5-9

行次	项目	合同金额（交易金额）	账载金额		税收金额		纳税调整金额
			本年	累计	本年	累计	
		1	2	3	4	5	6（4－2）
1	一、跨期收取的租金、利息、特许权使用费收入（2＋3＋4）	2 400.00	500.00	500.00	600.00	600.00	100.00
2	（一）租金	2 400.00	500.00	500.00	600.00	600.00	100.00
3	（二）利息						—
4	（三）特许权使用费						—

如果企业 A 既要作纳税调增，又要缴税，当期也没有免税优惠，那么不如选择按照权责发生制确认方式，税收收入改填 500 万元，这样一来，根本没有发生额，所以这张表也根本不用填。也就是说，只有税法上不采用权责发生制的企业才需要填写该表。

5.4.2.2　利息

利息的性质与上面一样，《企业所得税法实施条例》规定，利息收入是指企业将资金提供他人使用但不构成权益性投资，或者因他人占用本企业资金取得的收入，包括存款利息、贷款利息、债券利息、欠款利息等收入。利息收入，按照合同约定的债务人应付利息的日期确认收入的实现。

利息收入也是按照合同约定的支付日期确认，同租金一样，约定一般是固定的，如某年某月某日，如果对方到期变成"老赖"，不给钱，那也得确认所得税收入，不管会计上做不做，收不收得回来。除非像银行贷款一样有特殊政策，允许自行根据风险条件冲减收入剔除，其余的都要按损失申报后进行扣除处理。

那延伸一点，约定是等对方收到发票之后 10 日内付款，但对方收到发票是个不确定因素，也许是 N 年，所以等于没有规定，而按权责发生制进行计税，相当于向对方要钱，这是我们在税收规划方面要考虑清楚的，滞后的日期一定要明确。

对于一般的企业来讲，利息往往只有少数几笔，有的关联方之间还不要利息，不能自己胡编一下安排，除非认为进行特别纳税调整，自己认为不收利息不公允，所以愿意在税收上体现利息。但不是在这张表中填，这张表是基于有利息的前提下填写的。

表中的"合同金额"，如果对于银行，一般我们认为，这个是与收入相当的数据，不是说银行发放贷款，则理解上填利息金额，但不影响调整的数据，只是一个信息而已。

[例 5-5]　某金融公司发生贷款业务，贷款期从 2014 年 8 月到 2015 年 7 月底，共 12 个月，贷款 5 000 万元，利率约定年 6%，共 300 万元。每半年付息一次。会计上 2014 年计提权责发生制的利息是 125 万元。则该表填写方式如下（见表 5-10）：

表 5-10

行次	项目	合同金额（交易金额）	账载金额		税收金额		纳税调整金额
			本年	累计	本年	累计	
		1	2	3	4	5	6（4-2）
1	一、跨期收取的租金、利息、特许权使用费收入（2+3+4）	2 700.00	625.00	625.00	600.00	600.00	-25.00
2	（一）租金	2 400.00	500.00	500.00	600.00	600.00	100.00
3	（二）利息	300.00	125.00	125.00	—	—	-125.00
4	（三）特许权使用费						—

所以当期通常是要作纳税调减的，因为这对企业来说是更有利的。但是，企业却并不一定"领情"，如有的金融机构核算比较复杂，反正是连续的数据，开始就没有对匡算的利息作纳税调减处理，所以持续以来就认了先缴税，这也没有强制要退税的意思，反正是先缴税了，尽管与税法的规定有些出入，但是从表现来看，是做得"更好"了，所以也没有什么，当然也有金融机构对年末匡算的利息作纳税调整处理的。

利息调整还有一个因素，即名义利率法与实际利率法，两者的差异是名义利率法平均法，每期收的利息都一样，实际利率法是先高后低，最终两个总数是一样的。但税法上并没有实际利率法的解读，之前旧法下有文件[1]提及实际利率法的，税法就实际利率算的利息确认了，但新所得税法没有提及，理论上就是名义利率法，如果有的金融机构，如几乎所有的融资租赁公司，其利息是按实际利率法来计算的，相当于前期缴的税比名义利息多，这对税收上缴税在先是"好事"。所以鲜有对此作纳税调整处理的案例。如果想调，也未尝不可。

5.4.2.3　特许权使用费

《企业所得税法实施条例》规定，特许权使用费收入，是指企业提供专利权、非专利技术、商标权、著作权以及其他特许权的使用权取得的收入。特许权使用费收入，按照合同约定的特许权使用人应付特许权使用费的日期确认收入的实现。

想必了解租金调整办法的纳税人，对于特许权使用费收入的调整方法就非常清楚了。

5.4.2.4　分期收款方式销售货物收入

这是分期确认收入的事项，我们先来看税法的规定，《企业所得税法实施条例》规定，以分期收款方式销售货物的，按照合同约定的收款日期确认收入的实现。

---

[1]　已失效的财税〔2007〕80号，即《财政部、国家税务总局关于执行〈企业会计准则有关企业所得税政策问题〉的通知》，规定企业对持有至到期投资，贷款等按照新会计准则规定采用实际利率法确认的收入，可计入当期应纳税所得额。

所得税的规定与增值税的规定是一致的，增值税是对纳税义务发生时间来说的，所得税是对收入确认来说的。

[例 5-6]　2014 年 7 月 1 日某 4S 店销售汽车一辆，约定两年收款，分期每半年结束时付款，共计金额 100 万元，2014 年付款 25 万元（不考虑增值税因素），企业 2014 年 7 月会计上一次性确认了收入 100 万元，挂应收 100 万元。则纳税调整如下（见表 5-11）：

表 5-11

行次	项目	合同金额（交易金额）	账载金额		税收金额		纳税调整金额
			本年	累计	本年	累计	
		1	2	3	4	5	6(4−2)
5	二、分期确认收入（6＋7＋8）	100.00	100.00	100.00	25.00	25.00	−75.00
6	（一）分期收款方式销售货物收入	100.00	100.00	100.00	25.00	25.00	−75.00
7	（二）持续时间超过 12 个月的建造合同收入						—
8	（三）其他分期确认收入						—

但在实际操作中，这种情形调整可能也有不到位的地方，其实是一个有利的确认方式，但是由于政策理解或者为避免麻烦，很多人就放弃了这样的调整，其实这是"违背"税法规定的。

5.4.2.5　持续时间超过 12 个月的建造合同收入

《企业所得税法实施条例》规定，企业受托加工制造大型机械设备、船舶、飞机，以及从事建筑、安装、装配工程业务或者提供其他劳务等，持续时间超过 12 个月的，按照纳税年度内完工进度或者完成的工作量确认收入的实现。

其实在会计上也采用这种原则确认收入，但如果会计上采用的方式与税法有差异，就需要在这里作纳税调整处理。企业确定提供劳务交易的完工进度，可以选用下列方法：（1）已完工作的测量。（2）已经提供的劳务占应提供劳务总量的比例。(3) 已经发生的成本占估计总成本的比例。企业受托加工制造大型机械设备、船舶、飞机等，以及从事建筑、安装、装配工程业务或者提供劳务等，持续时间超过 12 个月的，应当在纳税年度结束时按照提供劳务收入总额乘以完工进度扣除以前会计期间累计已确认提供劳务收入后的金额，确认当期提供劳务收入；同时，按照提供劳务估计总成本乘以完工进度扣除以前会计期间累计已确认劳务成本后的金额，结转当期劳务成本。

5.4.2.6　政府补助递延收入

与收益相关的政府补助通常直接计入利润表，与资产相关的政府补助通常是分年度计入利润表的，因此这里的递延收入，还是容易出现误解，收益相关的是通常是直接计入损益表的。

注意，这里的政府补助，并不包括按不征税收入确认的政府补助，那是在《专项用途财政性资金纳税调整明细表》(A105040) 中填写的。如 2014 年收到政府补助 1 000 万元，当年确认收入 500 万元。填写示例如表 5-12 所示。

表 5-12

行次	项目	合同金额(交易金额)	账载金额		税收金额		纳税调整金额
			本年	累计	本年	累计	
		1	2	3	4	5	6(4－2)
9	三、政府补助递延收入(10＋11＋12)	1 000.00	500.00	500.00	1 000.00	1 000.00	500.00
10	(一) 与收益相关的政府补助						—
11	(二) 与资产相关的政府补助	1 000.00	500.00	500.00	1 000.00	1 000.00	500.00

收到后，按税法规定一次性确认收入，会计上分期核算，税法上无具体规定，所以作纳税调增 500 万元，即 2015 年度填报内容如下（见表 5-13）：

表 5-13

行次	项目	合同金额（交易金额）	账载金额		税收金额		纳税调整金额
			本年	累计	本年	累计	
		1	2	3	4	5	6(4−2)
9	三、政府补助递延收入（10+11+12）	1 000.00	500.00	1 000.00	0	1 000.00	−500.00
10	（一）与收益相关的政府补助						—
11	（二）与资产相关的政府补助	1 000.00	500.00	1 000.00	0	1 000.00	−500.00

以此类推，当这张表找平了累计数，就算完成了其"历史使命"。

5.4.3　与收入相关的成本如何考虑

如果只是单独地看收入事项的申报表调整，那也许还是理想的，这些收入不遵照会计权责发生制等方式调整了，那么相应的会计上计列的配比成本是否也要调整呢？答案是肯定的，因为这也是税法的原则之一。

其中有相关性的，一是租金，如果是滞后合同约定付房租，那么会计确认的租金收入要调减处理，同样其折旧（如不是公允价值计量的）能不能税前扣除，理解上折旧是必须发生的，而不是跟着收入变化的，就算没有收入，闲置房产折旧也是发生的，收入有期间是延续的，只是在那个点上确认收入，这本来就是跨越年度的，所以从这点考虑不建议一定要作纳税调整，而是与收入相比对着来。二是分期收款销售货物，这是一一对应的，估计没有说要作同步纳税调整的，即收入何时确认，成本也同步调整同步确认。这个时候，我们的收入就需要在这张申报表中调整，但成本在哪儿调整呢？只能在扣除的"其他"中找个地方了。

5.4.4　其他未按权责发生制处理的情形

如《企业所得税法实施条例》中规定的接受捐赠收入，按照实际收到捐赠资产的日期确认收入的实现。采取产品分成方式取得收入的，按照企业分得产品的日期确认收入的实现，其收入额按照产品的公允价值确定。这是收付实现制下的处理原则，在一定程度上是与会计上的受益原则有差异的，因此如果存在这样的业务，也需要在此表中进行反映。

5.5　投资收益纳税调整

根据填表说明，必须先了解这张表需要填写的内容。

本表适用于发生投资收益纳税调整项目的纳税人填报。纳税人根据税法、《国家税务总局关于贯彻落实企业所得税法若干税收问题的通知》（国税函〔2010〕79 号）等相关规定，以及国家统一企业会计制度，填报投资收益的会计处理、税法规定，以及纳税调整情况。

发生持有期间投资收益，并按税法规定为减免税收入的（如国债利息收入等），本表不作调整。调减的免税收入，在后面的税收优惠表中处理；处置投资项目按税法规定确认为损失的，本表不作调整，而是在《资产损失税前扣除及纳税调整明细表》（A105090）中进行纳税调整。这张表只管有收益的，所以还有点"挑三捡四"的规则。

通常，我们可以根据投资收益的科目进行填写，如果有混用科目的，理论上要作重分类，但主要还是不要有遗漏作纳税调整的结果。对于投资收益进行分类，归属到不同的事项当中，再看是否发生持有收益或处置收益，看税会有无差异。

要知道如何调整，就必须要看会计规则是如何规定的，知彼知己，方为上策。

在这儿再补充一下，这张表中的投资行为，只有第 9 列"税收计算的处置所得"为正数时，才在这张表填写，此时不管会计上是正数还是负数，或者是 0，只要调整到税收所得的数据为结果即可。但如果这个数是负数，那就是损失了，其实在这儿也是可以调整的，只是损失那张表不就"虚度"了吗，所以，人为规定，放在损失那张表。

5.5.1　分类事项的分析

其中短期投资、长期债券投资，是执行老会计制度的企业使用的，执行《企业会计准则（2006）》的企业已取消这两个事项，分散于上面的事项当中了。

5.5.1.1　交易性金融资产

交易性金融资产，主要是指企业为了近期内出售而持有的金融资产。比如，企业以赚取差价为目的从二级市场购入的股票、债券、基金等。一般在持有期间是以公允价值核算的，处置时形成投资收益或损失，持有期间分配的是股息红利之类（基本上分配环节与税法没有差异）。

资产负债表日（12 月 31 日），企业应按交易性金融资产的公允价值高于其账面余额的差额，借记"交易性金融资产——公允价值变动"科目，贷记"公允价值变动损益[1]"科目；公允价值低于其账面余额的差额做相反的会计分录。

出售交易性金融资产时，应按实际收到的金额，借记"银行存款"、"存放中央银行款项"等科目，按该金融资产的账面余额，贷记"交易性金融资产"科目，按其差额，借记或贷记"投资收益"科目。同时，将原计入该金融资产的公允价值变动转出，借记或贷记"公允价值变动损益"，贷记或借记"投资收益"科目。

［例 5-7］　某企业 2013 年购入一支股票，价格 1 000 万元，到了 2013年 12 月 31 日，公允价值是 1 500 万元，2014 年 8 月，企业转让股票，转让价格是 1 800 万元。

会计处理如下（单位：万元）：

借：交易性金融资产——成本		1 000
贷：银行存款		1 000
借：交易性金融资产——公允价值变动		500
贷：公允价值变动损益		500
借：银行存款		1 800
贷：交易性金融资产——公允价值变动		500
——成本		1 000
投资收益		300
借：公允价值变动损益		500
贷：投资收益		500

---

[1]　公允价值变动损益，是在纳税调整项目明细表中单独列示调整的，所以不在这张表中调整，也不是持有收益。

注意，公允价值变动损益的科目数一定是要转到投资收益的，2013年收益表已经计入了500万元，但2014年硬是给做了负500万元冲回来，再转投资收益500万元，两年共计入投资收益800万元。

所以2014年公允价值变动损益的负500万元要做纳税调增处理，此表我们继续进行投资收益的调整填写（见表5-14）。

表5-14

行次	项目	处置收益							
		账载金额	税收金额	会计确认的处置收入	税收计算的处置收入	处置投资的账面价值	处置投资的计税基础	会计确认的处置所得或损失	税收计算的处置所得	纳税调整金额
		1	2	4	5	6	7	8(4−6)	9(5−7)	10(9−8)
1	一、交易性金融资产			1 800.00	1 800.00	1 000.00	1 000.00	800.00	800.00	—

上表中其实有一点小问题，即"处置投资的账面价值"理论上含公允变动部分是1 500万元，但是企业又通过单独处理转投资收益了，如果填1 500万元，那应将公允价值变动的负500万元调整合并进来考虑才行，即公允部分不调整，但现在在纳税调整表中还要调整公允价值500万元，因此这里填1 000万元成本价调整才正确。读者通过后续股权投资处置收益的调整案例，就会发现两者的不同。

为何这里公允价值变动部分不能填写在第6列"处置投资的账面价值"中，我们来作一个简单的说明。

如果填写1 500万元，即包含成本加上公允价值变动部分，1 000＋500＝1 500（万元），转让价是1 800万元，那此时表中第8列，会计转让的损益是1 800−1 500＝300（万元）。纳税调整金额是800−300＝500（万元），但会计上核算的投资收益实际上已是800万元，当期只有公允价值变动净损益−500万元，这才是需要纳税调增的，填列于纳税调整明细表中的收入相应调整项目中，如果不做最后的分录（借：公允价值变动损益500，贷：投资收益500），才是按开始说的方式调整，实际上由于虚做了一笔分录，而其中一笔还要做纳税调增，所以填这个表的账面价值时，就只能填成本1 000万元。

由于这张表是今年新加的计算逻辑，之前年度的报表也只是调整公允价值变动损益，而并不考虑投资收益这个调整方式，投资收益是对的，不需要调整。

5.5.1.2　可供出售金融资产

对于这个问题，首先我们得知道什么是可供出售金融资产，与上面的交易性金融资产有何差异之处，虽然现在的会计核算比较容易混淆，但我们明白了对它的会计处理后，就会知道如何在税法上归位处理。

可供出售金融资产通常是指企业没有划分为以公允价值计量且其变动计入当期损益的金融资产、持有至到期投资、贷款和应收款项的金融资产。比如，企业购入的在活跃市场上有报价的股票、债券和基金等，没有划分为以公允价值计量且其变动计入当期损益的金融资产或持有至到期投资等金融资产的，可归为此类。

可供出售金融资产应当按取得该金融资产的公允价值和相关交易费用之和作为初始确认金额。支付的价款中包含的已到付息期但尚未领取的债券利息或已宣告但尚未发放的现金股利，应单独确认为应收项目。

可供出售金融资产持有期间取得的利息或现金股利，应当计入投资收益。资产负债表日，可供出售金融资产应当以公允价值计量，且公允价值变动计入资本公积（其他资本公积）。

处置可供出售金融资产时，应将取得的价款与该金融资产账面价值之间的差额，计入投资损益；同时，将原值直接计入所有者权益的公允价值变动累计额对应处置部分的金额转出，计入投资损益。

[例5-8]　承上例，如果企业没有作为损益核算（就是没有像上面那样"投机"性很明显，就可归为此类），那么其会计处理如下（单位：万元）：

借：可供出售金融资产——成本　　　　　　　　　　　　　　1 000
　贷：银行存款　　　　　　　　　　　　　　　　　　　　　　100
借：可供出售金融资产——公允价值变动　　　　　　　　　　500
　贷：资本公积——其他资本公积　　500（这里不计损益而是改计益）
借：银行存款　　　　　　　　　　　　　　　　　　　　　1 800
　贷：可供出售金融资产——公允价值变动　　　　　　　　　500
　　　　　　　　　　　——成本　　　　　　　　　　　　1 000
　　　投资收益　　　　　　　　　　　　　　　　　　　　　300
借：资本公积——其他资本公积　　　　　　　　　　　　　　500
　贷：投资收益　　　　　　　　　　　　　　　　　　　　　500

这时我们在填写数据时，依然可能参照上面的例子数据进行填写，结果是税会并没有差异，所以账面价值填写的数据依然为1 000万元，而不是1 500万元。

5.5.1.3 持有至到期投资、衍生工具、交易性金融负债

关于持有至到期投资，根据《企业会计准则第22号——金融工具确认和计量》第十一条的规定，企业从二级市场上购入的固定利率国债、浮动利率公司债券等，符合持有至到期投资条件的，可以划分为持有至到期投资。此时按利息收入确认条件进行处理确认，但不要与表A105020"利息收入"调整重复。

另外两项由于涉及内容稍少，其性质有接近之处，我们不再作详细的描述。

需要说明，通常只有放在投资收益科目的放在这儿调整，对于证券公司、银行、保险公司等填此表有相应难度。

5.5.1.4 长期股权投资

这是个必须关注的事项，因为有其普遍性，而且会计处理与税务处理差异较多。

（1）核算规则。

我们先不讨论长期股权投资的税会差异如何形成，如非货币性资产交换等，这里重点看其持有收益与处置两个环节的处理。

长期股权投资，我们可以窄范围地用会计核算上的科目基础来分析，如企业购买的股票，理论上也是股权，并没有多少差别，都是股东的身份，如果交易性金融资产里面的股票部分不需要重分类到这个行次单独调整。

在核算上，长期股权投资有两类传统的方法：成本法与权益法。两者的区别主要是对于投资收益的确认，成本法是按宣告分配来考虑的，权益法是按对方年度的利润结果应享有的份额来考虑的，因此这将对持有收益与处置收益产生影响。

（2）持有收益的调整。

[例5-9] 某公司有两项股权投资，A按成本法核算，投资原始成本为1 000万元，B按权益法核算，投资原始成本是2 000万元，2014年度A宣告分红所得200万元，B实现应分净利润300万元，当年度分红得到150万元。其会计分录为（单位：万元）：

借：应收股利　　　　　　　　　　　　　　　　200

	贷：投资收益	200
借：长期股权投资——损益调整		300
	贷：投资收益	300
借：应收股利		150
	贷：长期股权投资——损益调整	150

当年会计收益为200＋300＝500（万元），根据《企业所得税法实施条例》的规定，按被投资方作出利润分配决定的日期确认收入实现。符合税法上确认的股息红利为200＋150＝350（万元）。因此填表的结果是（见表5-15）：

表5-15　　　　　　　　　　　　　　　　　　　　　　　　　　　单位：万元

| 行次 | 项目 | 持有收益 | | |
| | | 账载金额 | 税收金额 | 纳税调整金额 |
		1	2	3(2－1)
1	一、交易性金融资产			—
2	二、可供出售金融资产			—
3	三、持有至到期投资			—
4	四、衍生工具			—
5	五、交易性金融负债			—
6	六、长期股权投资	500.00	350.00	－150.00
7	七、短期投资			—
8	八、长期债券投资			—
9	九、其他			—
10	合计（1＋2＋3＋4＋5＋6＋7＋8＋9）	500.00	350.00	－150.00

350万元将通过后面的股息红利免税优惠表继续填写，进行免税扣除处理。

（3）处置长期股权投资。

[例5-10]　承上例，假设企业于次年进行了处置，A股权变卖了900万元，B股权变卖了3 000万元，那么其会计处理如下（假设没有数据变动）：

借：银行存款		900
投资收益		100
	贷：长期股权投资——A	1 000
借：银行存款		3 000
	贷：长期股权投资——B	2 000
	损益调整	150
	投资收益	850

我们来分析如何填写这张表，由于 A 股权形成了损失，因此需要进行损失申报，所以不填写该表，没有所得要填在表 A105090 中。B 股权有收益，则需要进行填写，结果如表 5-16 所示：

表 5-16　　　　　　　　　　　　　　　　　　　　　　　　　　　单位：万元

行次	项目	处置收益						
		会计确认的处置收入	税收计算的处置收入	处置投资的账面价值	处置投资的计税基础	会计确认的处置所得或损失	税收计算的处置所得	纳税调整金额
		4	5	6	7	8(4－6)	9(5－7)	10(9－8)
6	六、长期股权投资	3 000.00	3 000.00	2 150.00	2 000.00	850.00	1 000.00	150.00
7	七、短期投资					—	—	—
8	八、长期债券投资					—	—	—
9	九、其他					—	—	—
10	合计（1＋2＋3＋4＋5＋6＋7＋8＋9）	3 000.00	3 000.00	2 150.00	2 000.00	850.00	1 000.00	150.00

因为 150 万元在上一年度进行了纳税调减，不属于税法上的投资收益实现，但今年转让了，所以从转让价中补调增了回来。这里的账面价值就是含损益调整的，这与公允价值变动损益是有差异的，因为不需要再在损益调整的科目硬做一笔投资收益的增加。所以，核实长期股权投资的计税基础与会计账面价值的关键，如有的企业对此计提过减值准备，税的基础可是要包含在内的。

5.5.2　税收法规

●《企业所得税法实施条例》

股息、红利等权益性投资收益，是指企业因权益性投资从被投资方取得的收入。股息、红利等权益性投资收益，除国务院财政、税务主管部门另有规定外，按照被投资方作出利润分配决定的日期确认收入的实现。

5.5.3 《投资收益纳税调整明细表》（A105030）表样及其填报说明

表 5-17

A105030

投资收益纳税调整明细表

行次	项目	持有收益			处置收益							纳税调整金额
		账载金额	税收金额	纳税调整金额	会计确认的处置收入	税收计算的处置收入	处置投资的账面价值	处置投资的计税基础	会计确认的处置所得或损失	税收计算的处置所得	纳税调整金额	
		1	2	3(2−1)	4	5	6	7	8(4−6)	9(5−7)	10(9−8)	11(3+10)
1	一、交易性金融资产			—						—	—	—
2	二、可供出售金融资产			—						—	—	—
3	三、持有至到期投资			—						—	—	—
4	四、衍生工具			—						—	—	—
5	五、交易性金融负债			—						—	—	—
6	六、长期股权投资			—						—	—	—
7	七、短期投资			—						—	—	—
8	八、长期债券投资			—						—	—	—
9	九、其他			—						—	—	—
10	合计（1＋2＋3＋4＋5＋6＋7＋8＋9）	—	—	—	—	—			—	—	—	—

本表适用于发生投资收益纳税调整项目的纳税人填报。纳税人根据税法、《国家税务总局关于贯彻落实企业所得税法若干税收问题的通知》(国税函〔2010〕79 号)等相关规定，以及国家统一企业会计制度，填报投资收益的会计处理、税法规定，以及纳税调整情况。发生持有期间投资收益，并按税法规定为减免税收入的（如国债利息收入等），本表不作调整。处置投资项目按税法规定确认为损失的，本表不作调整，在《资产损失税前扣除及纳税调整明细表》(A105090) 进行纳税调整。

5.5.3.1　有关项目填报说明

1. 第 1 列"账载金额"：填报纳税人持有投资项目，会计核算确认的投资收益。

2. 第 2 列"税收金额"：填报纳税人持有投资项目，按照税法规定确认的投资收益。

3. 第 3 列"纳税调整金额"：填报纳税人持有投资项目，会计核算确认投资收益与税法规定投资收益的差异需纳税调整金额，为第 2-1 列的余额。

4. 第 4 列"会计确认的处置收入"：填报纳税人收回、转让或清算处置投资项目，会计核算确认的扣除相关税费后的处置收入金额。

5. 第 5 列"税收计算的处置收入"：填报纳税人收回、转让或清算处置投资项目，按照税法规定计算的扣除相关税费后的处置收入金额。

6. 第 6 列"处置投资的账面价值"：填报纳税人收回、转让或清算处置的投资项目，会计核算的投资处置成本的金额。

7. 第 7 列"处置投资的计税基础"：填报纳税人收回、转让或清算处置的投资项目，按税法规定计算的投资处置成本的金额。

8. 第 8 列"会计确认的处置所得或损失"：填报纳税人收回、转让或清算处置投资项目，会计核算确认的处置所得或损失，为第 4-6 列的余额。

9. 第 9 列"税收计算的处置所得"：填报纳税人收回、转让或清算处置投资项目，按照税法规定计算的处置所得，为第 5-7 列的余额，税收计算为处置损失的，本表不作调整，在《资产损失税前扣除及纳税调整明细表》(A105090) 进行纳税调整。

10. 第 10 列"纳税调整金额"：填报纳税人收回、转让或清算处置投资项目，会计处理与税法规定不一致需纳税调整金额，为第 9-8 列的余额。

11. 第 11 列"纳税调整金额"：填报第 3+10 列金额。

5.5.3.2　表内、表间关系

1. 表内关系。
(1) 第 10 行＝第 1＋2＋3＋4＋5＋6＋7＋8＋9 行。
(2) 第 3 列＝第 2－1 列。
(3) 第 8 列＝第 4－6 列。
(4) 第 9 列＝第 5－7 列。
(5) 第 10 列＝第 9－8 列。
(6) 第 11 列＝第 3＋10 列。

2. 表间关系。
(1) 第 10 行 1＋8 列＝表 A105000 第 4 行第 1 列。
(2) 第 10 行 2＋9 列＝表 A105000 第 4 行第 2 列。
(3) 第 10 行第 11 列，若≥0，填入表 A105000 第 4 行第 3 列；若＜0，将绝对值填入表 A105000 第 4 行第 4 列。

5.6　按权益法核算长期股权投资对初始投资成本调整确认收益

　　这个事项不需要填写附表，只是一个会计处理形成的未实现的税收上的收入，所以要做纳税调减处理。填写的内容也只能填写在纳税调减的项下。依据会计准则的规定，采用权益法核算的长期股权投资，如长期股权投资的初始投资成本大于投资时应享有被投资单位可辨认净资产公允价值份额的，不调整已确认的初始投资成本。长期股权投资的初始投资成本小于投资时应享有被投资单位可辨认净资产公允价值份额的，应按其差额，借记"长期股权投资（成本）"科目，贷记"营业外收入"科目。即大于时作投资成本，小于时作收益，得利益了。
　　我们来看一个案例，就知道该如何填写了。某公司对外投资，投出资金 8 000 万元，占对方 40％股份，但对方投资时的净资产公允价值为 3 万元，那么，30 000×40％＝12 000（万元），此时这个公司是不是得便宜了呢，于是会计上规定差额 4 000 万元计为营业外收入。但我们知道，税法上只看投资成本，各项支出都算投资的计税基础，并不考虑对方公允价值得利的因素，所以这里的 4 000 万元记为营业外收入，就要在这里作纳税调减处理。

注意，这里的事项一般只在发生投资的年度才会出现，而大家都知道，权益法核算的投资收益，即每年度根据对方净利润份额调整的损益变动部分，跟这个事项没有半点关系。千万别以为是权益法核算的投资收益在这儿调减处理，别混淆了理解。

5.7 交易性金融资产初始投资调整

这个事项中，只有调增金额一项填写，在之前年度申报表中是没有这一项的，为何今年出现了呢，我们还是来看看会计处理的要求吧。

企业取得交易性金融资产，按其公允价值，借记"交易性金融资产（成本）"科目；按发生的交易费用，借记"投资收益"科目；按已到付息期但尚未领取的利息或已宣告但尚未发放的现金股利，借记"应收利息"或"应收股利"科目；按实际支付的金额，贷记"银行存款"、"存放中央银行款项"、"结算备付金"等科目。

这里大家已经看到了，发生的交易费用是直接计入当期损益的，不计入所取得交易性金融资产的成本，即与形成损失一样，那这样的话，理论上是与所得税法的规定有差异的。《企业所得税法实施条例》规定投资资产按照以下方法确定成本：

（一）通过支付现金方式取得的投资资产，以购买价款为成本；

（二）通过支付现金以外的方式取得的投资资产，以该资产的公允价值和支付的相关税费为成本。

这里认为购买价款都是成本价，即使是交易费用也应包括在里边，其实这个调整比较"个性"，企业发生投资的情形是多种多样的，如长期股权投资、债券投资等，交办证费之类的多有发生，且金额并不大，理论上是要调整的，但是调整必要性确实不大，而且也不完整，估计这也是有人发现了这个个案提出的修订的意见，但是在征管成本上也确实不大有作用。比如，办理购买行为发生的通讯费、打车费等，是不是都要扣出来呢，有一点儿舍本逐末的感觉，但是既然是这样规定的，那能调整的就尽量调整。这里没有全列出来，是否没有列的可以"忽略"尚无定论。

所以，纳税调整是必然，但不宜细化的像"追求真理"一样，纳税征管成本都很高，比如这儿调增，未来配比调减，得整晕人，建议能分清的还是调吧，其他的调不调看自己的风险吧，至于买入时已确权分配的利息之类，记入应收而不是投资成本有得说，不必纳税调整处理。

5.8　公允价值变动净损益

公允价值变动是虚拟的损益，因此会计上有"心理"价的核算，但税收上还是比较客观的，这算未实现的部分，不作为收入也不作为损失处理。因此，如果损益表上有这个数据，那就基本上按这个数据作相反的纳税调整处理。

老的申报表还要做年末与年初的成本与公允价值的填写，新的申报表只要结果，看似更好填写，但是没有了附表，可能也会有问题，万一利润表中的数据有差异如何处理呢，即有一部分计入其他科目中了，这种情形对于金融业可能就会存在，因此并不是简单的利润表的数据调整，还要结合资产负债的变动，看计入当期利润表的数据是多少，才能最终确定。比如，公允价值变动中的数据要根据交易性金融资产、负债来分析计算填列。

5.9　不征税收入

不征税收入，一般也就是专项用途财政性资金。专项用途财政性资金纳税调整明细表适用于发生符合不征税收入条件的专项用途财政性资金纳税调整项目的纳税人填报。纳税人根据税法、《财政部、国家税务总局关于专项用途财政性资金企业所得税处理问题的通知》（财税〔2011〕70 号）等相关规定，以及国家统一企业会计制度，填报纳税人专项用途财政性资金会计处理、税法规定，以及纳税调整情况。本表对不征税收入用于支出形成的费用进行调整，资本化支出，通过《资产折旧、摊销情况及纳税调整明细表》（A105080）进行纳税调整。

我们的理解是：

第一，只有不征税收入认定的才要在这张表里填写，不属于不征税收入的财政补助，在表 A105020 中核算。

第二，涉及不征税收入调整之后（如记入利润表，也要剔除出来作纳税调减处理），支出也是不从应税项目中扣除的，只有费用化的支出才在这张表填写，如果涉及已形成固定资产、无形资产、长期待摊的，那只能在表 A105080 中填写。为何？因为会计上有折旧、摊销，但对应的不征税收入的部分形成的资产的摊销、折旧要人为扣除，在那就调整到位了。又是一个奇特的地方，不然调两次，企业亏大发了。

5.9.1　如何认定不征税收入

财税〔2011〕70号[1]文件给出了如下的界定条件：

企业从县级以上各级人民政府财政部门及其他部门取得的应计入收入总额的财政性资金，凡同时符合以下条件的，可以作为不征税收入，在计算应纳税所得额时从收入总额中减除：

（1）企业能够提供规定资金专项用途的资金拨付文件；

（2）财政部门或其他拨付资金的政府部门对该资金有专门的资金管理办法或具体管理要求；

（3）企业对该资金以及以该资金发生的支出单独进行核算。

国家税务总局2012年第15号公告进一步明确：企业取得的不征税收入，应按照《财政部、国家税务总局关于专项用途财政性资金企业所得税处理问题的通知》（财税〔2011〕70号，以下简称《通知》）的规定进行处理。凡未按照《通知》规定进行管理的，应作为企业应税收入计入应纳税所得额，依法缴纳企业所得税。

看到这里我们就知道，作为不征税收入必须提供三份资料，前二份是需要拨款部门提供的，最后一份是企业核算的要求，估计政府给钱，也是有个名目的，不是瞎给，所以一般情形之下，都可能靠得上。

5.9.2　作为不征税收入的好处在哪

如果某公司搬到开发区，开发区一看"来头不小"，将来的税源可能不小，于是拨款1亿元用于落地建设，这种情形下，如果不符合不征税收入的条件，这1亿元要先缴纳25%的所得税（假设税率为25%），但支出，如折旧则是将来的事了，不合算，所以企业不想现在掏钱出去，将来也不扣折旧费用，至少这块资金的价值是很大的。

所以不征税收入并非"高大上"，只要政府出个东西，那就可以做，税

---

[1]　财税〔2011〕70号，即《财政部、国家税务总局关于专项用途财政性资金企业所得税处理问题的通知》。

务机关还真不好否定。

5.9.3　不征税收入的限制性条件

不征税收入用于支出所形成的费用不得在计算应纳税所得额时扣除；用于支出所形成的资产，其计算的折旧、摊销不得在计算应纳税所得额时扣除。

企业将符合财税〔2011〕70 号文件第一条规定条件的财政性资金作不征税收入处理后，在 5 年（60 个月）内未发生支出且未缴回财政部门或其他拨付资金的政府部门的部分，应计入取得该资金第六年的应税收入总额；计入应税收入总额的财政性资金发生的支出，允许在计算应纳税所得额时扣除。

这样一来，不征税收入的资金是必须要在 60 个月内花完的，如果不归还政府部门就要并到应税收入中计税。

5.9.4　不征税收入的会计处理

会计上没有单独的不征税收入科目核算，缘于政府补助当中如有满足税收条件的，那就不算应税收入，所以还是基于原来的财政补贴方式进行处理。

［例 5-11］　某企业 2014 年收到财政专项资金 100 万元，当年度一次性计入营业外收入中，但符合不征税收入的条件，支出 80 万元，同时若 2012 年同样有一笔不征税收入 800 万元，计入 2014 年损益表收入 100 万元，2012 年始企业每年支付了 100 万元，2009 年 12 月有一笔不征税收入 1 000 万元，计入 2014 年损益表收入 150 万元，2009 年始，每年支出 150 万元，节余 100 万元未支出。

那对应到纳税调整表的数据应如何填写呢？（见表 5-18、表 5-19）

如何来理解呢，由于都符合不征税收入的条件，因此会计上已计入利润表中的 350 万元（100＋100＋150）要扣出来，不作为应税收入。支出 230 万元作纳税调增处理。100 万元作纳税调增，是因为有一个未在 5 年内花完的支出，所以没有上交政府，就要作应税收入了，当然这 100 万元对应的支出也允许扣除，在填写不征税收入用于支出形成的费用或折旧摊销中不要填列进去形成纳税调增处理。

表 5-18

行次	项目	取得年度 (1)	财政性资金 (2)	其中：符合不征税收入条件的财政性资金 金额 (3)	其中：计入本年损益的金额 (4)	以前年度支出情况 前五年度 (5)	前四年度 (6)	前三年度 (7)	前二年度 (8)	前一年度 (9)	本年支出情况 支出金额 (10)	其中：费用化支出金额 (11)	本年结余情况 结余金额 (12)	其中：缴回财政金额 (13)	应计入本年应税收入金额 (14)
1	前五年度	2009	1 000.00	1 000.00	150.00	150.00	150.00	150.00	150.00	150.00	150.00[1]	150.00	100.00	—	100.00
2	前四年度	2010				*							—		
3	前三年度	2011				*	*						—		
4	前二年度	2012	800.00	800.00	100.00	*	*	*	100.00	100.00	100.00	100.00	500.00		
5	前一年度	2013				*	*	*	*				—		
6	本年	2014	100.00	100.00	100.00	*	*	*	*	*	80.00	80.00	20.00		
7	合计 (1+2+3+4+5+6)	*	1 900.00	1 900.00	350.00	*	*	*	*	*	330.00	330.00	620.00	—	100.00

[1]如果此 150 万元是超 60 个月支出的，同样需要纳税调整处理，即填入第 14 列中。

表 5-19　　　　　　　　纳税调整项目明细表对应行次数据列示

行次	项目	账载金额	税收金额	调增金额	调减金额
		1	2	3	4
8	（七）不征税收入	*	*	100.00	350.00
9	其中：专项用途财政性资金（填写 A105040）	*	*	100.00	350.00
24	（十二）不征税收入用于支出所形成的费用	*	*	330.00	*
25	其中：专项用途财政性资金用于支出所形成的费用（填写 A105040）	*	*	330.00	*

其实这张表还存在理解问题，税法规定，在 5 年（60 个月）内未发生支出且未缴回财政部门或其他拨付资金的政府部门的部分，应计入取得该资金第六年的应税收入总额。在上面的举例中，2009 年 12 月取得的不征税收入按 60 个月算，2010 至 2014 年 11 月，这笔不征税收入 2014 年的支出是 150万元，如果是 11 月之前支出的，那满足不用将此部分支出对应的收入 150万元作为不征税收入，如果是 12 月支出的，2014 年是第六年，这时已超过60 个月，虽然发生了支出，但仍应作为应税收入处理，即 150＋100＝250（万元）作为应税收入填写。这也是这张表在设计中考虑了年而未考虑月的情形的一个可以继续仔细探讨的地方，需要填写在应计入本年应税收入列中。

5.9.5　企业放弃不征税收入应如何处理

只有满足条件的才能作为不征税收入，国家税务总局 2012 年第 15 号公告也说明了这一情形，那为了特定目的，如加计扣除的优惠考虑，企业放弃了不征税收入的填写（本身也没有备案审批之类的要求），是不是就没有问题了呢，至少目前税法上认为不征税收入可能是多数人想争取的，因此设置了该表来填写，但是基于利益的追求，企业可能会放弃不征税收入，目前来看，税务机关如果强制非让纳税人作为不征税收入，似乎也没有规定，纳税人放弃也没有说明，那至少从条件、申报上是给了纳税人一个选择。当然也可能存在征管的漏洞。

5.9.6 "营改增"取得的财政扶持资金和软件的增值税即征即退税款

此两项是企业当中比较常规的,因此我们单独取出来进行说明,以起到提示的作用。

5.9.6.1 "营改增"财政扶持资金

首先我们来看,对于营业税改征增值税新老税制转换中,企业取得的政府扶持资金,虽然这不是所有企业都有机会得到的,但如果得到了,我们该如何进行企业所得税的处理呢?

一个要考虑的因素是,这个扶持资金是否符合不征税收入的确认条件,即规定了具体的使用用途,显然,这个扶持资金是因企业税负增加引起的,那么是让其作为税负支出使用吗?间接目的是这个,但政府不会再指定这笔钱要如何如何,很难适用不征税收入的确认条件。

根据财会〔2012〕13 号[1]文件的规定,试点纳税人在新老税制转换期间因实际税负增加而向财税部门申请取得财政扶持资金的,期末有确凿证据表明企业能够符合财政扶持政策规定的相关条件且预计能够收到财政扶持资金时,按应收的金额,借记"其他应收款"等科目,贷记"营业外收入"科目。待实际收到财政扶持资金时,按实际收到的金额,借记"银行存款"等科目,贷记"其他应收款"等科目。

从我们的理解看,这个也是不大可能被认可作为不征税收入处理的。但是我们可能会被宁波地税网上的一个答疑所迷惑,需谨慎处理。

宁波市地方税务局企业所得税热点政策问答(2014 年第一期):

问:营改增后,纳税人取得按照甬财政预〔2012〕1488 号文件所规定的对营改增纳税人的财政扶持资金,是否缴纳企业所得税?

答:可暂按不征税收入处理。纳税人选择按不征税收入的,应按不征税收入的相关规定报送备案资料。

所以这个回复,没有明确有哪些资料,还要备案,有点模糊其词。我们当地的企业办税人员可以尝试推进一下了。

---

[1] 财会〔2012〕13 号,即《财政部关于印发〈营业税改征增值税试点有关企业会计处理规定〉的通知》。

5.9.6.2　软件企业取得的增值税即征即退税款

财税〔2012〕27 号[1]文件规定，符合条件的软件企业按照《财政部、国家税务总局关于软件产品增值税政策的通知》（财税〔2011〕100 号）规定取得的即征即退增值税款，由企业专项用于软件产品研发和扩大再生产并单独进行核算，可以作为不征税收入，在计算应纳税所得额时从收入总额中减除。

这里的规定是可以作为不征税收入，即相应的支出也不可以税前扣除。但是如果作为应税收入，则相应的支出可以税前扣除，并非强制的。如果企业作为不征税收入，那么对于企业投入的研发支出，有税务机关要求必须先用不征税收入冲减支出，余下的才可以加计扣除，但问题是，加计扣除是有列举事项的，如何确定冲减顺序呢？所以这里面的争议还是比较大的，估计直接被要求冲减用于加计扣除的支出情形更多。

5.9.7　《专项用途财政性资金纳税调整明细表》（A105040）填报说明

本表适用于发生符合不征税收入条件的专项用途财政性资金纳税调整项目的纳税人填报。纳税人根据税法、《财政部、国家税务总局关于专项用途财政性资金企业所得税处理问题的通知》（财税〔2011〕70 号）等相关规定，以及国家统一企业会计制度，填报纳税人专项用途财政性资金会计处理、税法规定，以及纳税调整情况。本表对不征税收入用于支出形成的费用进行调整，资本化支出，通过《资产折旧、摊销情况及纳税调整明细表》（A105080）进行纳税调整。

5.9.7.1　有关项目填报说明

1. 第 1 列"取得年度"：填报取得专项用途财政性资金的公历年度。第 5 至 1 行依次从 6 行往前倒推，第 6 行为申报年度。

2. 第 2 列"财政性资金"：填报纳税人相应年度实际取得的财政性资金

---

[1]　财税〔2012〕27 号，即《财政部、国家税务总局关于进一步鼓励软件产业和集成电路产业发展企业所得税政策的通知》。

金额。

3. 第 3 列 "其中：符合不征税收入条件的财政性资金"：填报纳税人相应年度实际取得的符合不征税收入条件且已作不征税收入处理的财政性资金金额。

4. 第 4 列 "其中：计入本年损益的金额"：填报第 3 列 "其中：符合不征税收入条件的财政性资金" 中，会计处理时计入本年（申报年度）损益的金额。本列第 7 行金额为《纳税调整项目明细表》（A105000）第 9 行 "其中：专项用途财政性资金" 的第 4 列 "调减金额"。

5. 第 5 列至第 9 列 "以前年度支出情况"：填报纳税人作为不征税收入处理的符合条件的财政性资金，在申报年度的以前的 5 个纳税年度发生的支出金额。前一年度，填报本年的上一纳税年度，以此类推。

6. 第 10 列 "支出金额"：填报纳税人历年作为不征税收入处理的符合条件的财政性资金，在本年（申报年度）用于支出的金额。

7. 第 11 列 "其中：费用化支出金额"：填报纳税人历年作为不征税收入处理的符合条件的财政性资金，在本年（申报年度）用于支出计入本年损益的费用金额，本列第 7 行金额为《纳税调整项目明细表》（A105000）第 25 行 "其中：专项用途财政性资金用于支出所形成的费用" 的第 3 列 "调增金额"。

8. 第 12 列 "结余金额"：填报纳税人历年作为不征税收入处理的符合条件的财政性资金，减除历年累计支出（包括费用化支出和资本性支出）后尚未使用的不征税收入余额。

9. 第 13 列 "其中：上缴财政金额"：填报第 12 列 "结余金额" 中向财政部门或其他拨付资金的政府部门缴回的金额。

10. 第 14 列 "应计入本年应税收入金额"：填报企业以前年度取得财政性资金且已作为不征税收入处理后，在 5 年（60 个月）内未发生支出且未缴回财政部门或其他拨付资金的政府部门，应计入本年应税收入的金额。本列第 7 行金额为《纳税调整项目明细表》（A105000）第 9 行 "其中：专项用途财政性资金" 的第 3 列 "调增金额"。

5.9.7.2 表内、表间关系

1. 表内关系。

（1）第 1 行第 12 列＝第 1 行第 3－5－6－7－8－9－10 列。

（2）第 2 行第 12 列＝第 2 行第 3－6－7－8－9－10 列。

（3）第 3 行第 12 列＝第 3 行第 3－7－8－9－10 列。

（4）第 4 行第 12 列＝第 3 行第 3－8－9－10 列。

（5）第 5 行第 12 列＝第 3 行第 3－9－10 列。

（6）第 6 行第 12 列＝第 6 行第 3－10 列。

（7）第 7 行＝第 1＋2＋3＋4＋5＋6 行。

2．表间关系。

（1）第 7 行第 4 列＝表 A105000 第 9 行第 4 列。

（2）第 7 行第 11 列＝表 A105000 第 25 行第 3 列。

（3）第 7 行第 14 列＝表 A105000 第 9 行第 3 列。

5. 10　销售折扣、折让和退回

国税函〔2008〕875 号[1]文件规定，对销售折扣、销售折让未要求必须开具在同一张发票上才允许扣除，依据国税函〔1997〕472 号[2]，旧法下所得税规定上是有约束的。同时规定企业因售出商品的质量不合格等原因而在售价上给予的减让属于销售折让；企业因售出商品质量、品种不符合要求等原因而发生的退货属于销售退回。企业已经确认销售收入的售出商品发生销售折让和销售退回，应当在发生当期冲减当期销售商品收入。即折扣与折让并不需要追溯，在实际发生的年度进行扣除处理即可。

所以这一项基本是一个摆设，没有实质性的调整作用，且看纳税人详细分析。比如折扣、折论如何提供凭据，这里是不包括现金折扣的。

5. 11　职工薪酬纳税调整

这个调整项是非常受关注的，基本上所有的检查、稽查都会重点把它作为风险点，所以一定要慎重地填写。本表适用于发生职工薪酬纳税调整项目的纳税人填报。纳税人根据税法、《国家税务总局关于企业工资薪金及职工福利费扣除问题的通知》（国税函〔2009〕3 号）、《财政部、国家税务总局关

---

[1]　国税函〔2008〕875 号，即《国家税务总局关于确认企业所得税收入若干问题的通知》。

[2]　国税函〔1997〕472 号，即《国家税务总局关于企业销售折扣在征收所得税时如何处理问题的批复》，根据《国家税务总局关于公布全文失效废止 部分条款失效废止的税收规范性文件目录的公告》（国家税务总局公告 2011 年第 2 号），此文件已被废止。

于扶持动漫产业发展有关税收政策问题的通知》（财税〔2009〕65 号）、《财政部、国家税务总局、商务部、科技部、国家发展改革委关于技术先进型服务企业有关企业所得税政策问题的通知》（财税〔2010〕65 号[1]）、《财政部、国家税务总局关于进一步鼓励软件产业和集成电路产业发展企业所得税政策的通知》（财税〔2012〕27 号）等相关规定，以及国家统一企业会计制度，填报纳税人职工薪酬会计处理、税法规定，以及纳税调整情况。

5.11.1 统计调整的基数

本章开篇时我们就讨论了是计入利润表数据还是所有资产、成本费用下的统计口径进行当期调整，由于实务中不易准确统计利润表中的数据情形，因此应对当年度所有发生的职工薪酬事项进行全口径统计，再看实际发生的金额，进行填写。

这里基数的确定也是我们在填写这张表时需要首先进行明确的地方。

5.11.2 填表说明存在的问题

我们来看"2.5％实际发生的职工教育经费扣除"行的填表说明：第 1 列"账载金额"填报纳税人会计核算计入成本费用的金额，不包括第 6 行可全额扣除的职工培训费用金额；第 2 列"税收规定扣除率"填报税法规定的扣除比例；第 3 列"以前年度累计结转扣除额"填报以前年度累计结转准予扣除的职工教育经费支出余额；第 4 列"税收金额"填报按照税法规定允许税前扣除的金额，按第 1 行第 4 列"工资薪金支出－税收金额"×扣除比例与本行第 1＋3 列之和的孰小值填报。第 6 列"累计结转转以后年度扣除额"为第 1＋3－4 列金额。

我们知道，职工教育经费多由单位计提 2.5％计入成本费用，税法上规定是按实际发生的职工教育经费进行税前扣除，计提了 100 万元，花了 20 万元，如果 100 万元都在当年度工资薪金扣除额的 2.5％以内，那依填表说明是没有调整了，实际上仍需要按 20 万元作为税前扣除，80 万元作纳税调增，这是填表说明中没有考虑到的地方，因此仍需要我们遵照税法基本规定实施。不然出现调整错误。

---

[1] 2013 年 12 月 31 日执行到期，需要关注此优惠政策的延续情况。

所以，本表中只要是有计提的事项，且按实际发生扣除的，与工资薪金有比例限制的，都有这个问题，必须要关注，不能依填表说明来，如工会经费、补充医疗保险与补充养老保险。当然如果有的单位的职工福利费也有计提的，不能简单地套会计准则，想当然认为都是按实际发生的原则进行账务处理的。

5.11.3　费用归属年度

职工薪酬的税收金额就是指以当年度实际发生额为基数，不像预提费用，取得票据后，理论上实际还要追溯到原来的年度进行纳税调整重申报。如 2012 年度计提的工资 100 万元，实际发放 80 万元，其余 20 万元作纳税调整，2014 年度发放了这 20 万元，是不是要追溯到 2012 年度重新扣除 100 万元标准计算所得税申报呢？是不需要的，20 万元是并到 2014 年度税前扣除的基数，所以这一招的厉害就在于，基于工资的实际发放差异，带来其他类费用作为基数的波动，也是不利的。因为多数情形之下，其他类的薪酬类支出，是基于会计的工资薪金来的，而实际发放多有向后延续的情形出现。

5.11.4　工资薪金

账载金额取得当年度发生数据，是当年度企业整体的发生额，税收金额就是实际发放的金额。通常企业的应付职工薪酬能够找到这两个数，但是就怕我们的企业会计人员做账混乱。

例如，计入在建工程 100 万元，计入研发支出 100 万元，计入成本 100 万元，计入管理费用 100 万元，那当年账载金额是 400 万元。如果当年度 12 月 31 日前发放 350 万元，则税收金额填写 350 万元，当年度纳税调增 400－350＝50（万元）。（见表 5-20）

表 5-20　　　　　　　　职工薪酬纳税调整明细表

行次	项目	账载金额	税收规定扣除率	以前年度累计结转扣除额	税收金额	纳税调整金额	累计结转以后年度扣除额
		1	2	3	4	5(1－4)	6(1＋3－4)
1	一、工资薪金支出	400.00	*	*	350.00	50.00	*

这里需要解释的是：

第一，实际发放的截止日期，我们知道会计上是 1 月 1 日到 12 月 31 日，那税收上呢？这要看各地的口径，但大多数的口径是认到次年汇算清缴前能发放当年计提的都算实际发放，所以上面如果那 50 万元在次年 4 月发放了，也认为是当年度发放，补充证明有了，即税收金额也可以填写 400 万元，当年就没有纳税调增了，不用先缴税了。有的地方如果按会计口径截止到 12 月 31 日，那仍需要纳税调增 50 万元。

第二，如果会计调账乱了，比如有的企业会计人员会直接借记"管理费用——工资"100 万元，贷记"银行存款"100 万元，没有通过应付职工薪酬，也没有形成统计口径，就容易漏了数，因此账载金额要看实际计入成本费用等的发生额属于哪个科目。又比如，有的会计人员调账，发现做错一笔应付职工薪酬工资的账，就用反向的科目来调整，那可能原来借方是 100 万元，现在反冲贷方增加 100 万元，从余额看是冲抵了，但是看单方发生额是虚的。

第三，在验证数据方面，基本上可以用应付科目的年末数减年初数等方式验证当年度的纳税调整是否正确。

第四，要关注扣除内容是否包括股权激励实际发放的部分，同时根据国家税务总局 2012 年第 15 号公告，对于季节工、临时工、实习生、返聘离退休人员以及接受外部劳务派遣用工所实际发生的费用，应区分为工资薪金支出和职工福利费支出，并按《企业所得税法》的规定在企业所得税前扣除。其中属于工资薪金支出的，准予计入企业工资薪金总额的基数，作为计算其他各项相关费用扣除的依据。不过要注意当地对派遣工发放有无直接发放与间接发放的区分，只并入直接发放的情形是指直接发到派遣工手里，而非通过派遣劳务公司转一下，其实这个的解读还需要进一步关注国家税务总局的明确，存在争议。

第五，如果是国有企业，要注意看有无政府部门给的工薪额度，如果超过标准发放了，也不允许税前扣除，不过现在一般是照着标准发放的，除非领导一心做好事。其他的民企、外资企业，董事会做个标准就可以的，不难。

5.11.5　职工福利费

统计这个数据的方法与工资薪金相类同，查阅所有发生额只是要界定清楚，若福利费是 X，其中有 Y 是不符合列支的，那最终 Y 要做单独纳税调增处理，于纳税调整表中的"其他"项下调增处理，余下的 X－Y 填列于本表中的职工福利费的账载金额下，税收金额则与当年度税前扣除的工资薪金 14％比较扣除。

职工福利费当前基本是据实列账的，没有计提制，所以账载金额是发生额，这符合税法的实际发生的概念。但是如果公司会计上仍然是计提制，那在填写账载时，填的是计提数，税收金额中只看实际发生的金额才能填写，如计提 150 元，实际发生 100 元，但 14％限额是 80 元，那税收金额只能填 80 元，纳税调增金额为 150－80＝70（元）。

职工福利费是永久性差异的调整，因此对于企业来讲，尽量按工资薪金发放的比例支出。不然产生纳税调增的机会多了。

实务当中我们的办税人员或税务机关要关注的是：

一是福利费的品目并不只是简单的只允许列支国税函〔2009〕3 号文件的描述事项，福利费界定与发放是企业的行为，并不是国家强制办理的行为，因此企业认为是福利费，就愿意给，难道与收益没有相关性吗？员工旅游不能加强团队建设带来工作效益吗？老板花钱就是做好事吗？所以为这个问题有的地方还出文件明确不允许福利费列支，有点太"用心良苦"了。

二是为避免福利费中的发票缺失，认为福利费都要发票或都可以没有发票，显然是当前的税法框架不支持的。如为员工生日买的礼物没有发票，可以不让其扣除，如为员工发放的取暖费补贴，可以没有发票，非逼着企业提供员工家里的取暖票，根本就没有任何关系，证明不了什么，个人的票据列到单位，反而可以不让其扣除。所以多一张发票反而不是好事，只是我们接受的形式上的发票观念太多。这里可以重点关注一下餐厅之类的支出，没有发票的理论上是不可以扣除的。

三是要考虑福利费中如有离退休补贴、员工物业费报销等，目前还难以支持列支的，或许对于离退休补贴部分，只有国家政策明确需要企业承担的才可以探讨一下，更多是不认可的。如果企业做好事自己决定发的，是不允许税前扣除的。

四是福利费与工资薪金的关系，如每月发放的交通补贴，要不要调整至工资薪金，这块根本就是单位的福利，虽有固定发放形式，只要没有放在工资体系中，理解上不合并。反之，工资薪金里名义列了个交通补贴，是不是一定调整至福利费，管人家以什么名义呢，企业发放的就是工资薪金，所以不调整才是恰当的。

五是类同一些餐厅的固定资产折旧,这块我们理解并不是福利费的统计口径,无论企业是否将折旧列在福利费中,都与工资基数没有关系,因此应属于正常列支。

六是超标的福利费,有的工作人员认为就是与收入相关支出,应并到工资中扣除,如此一来,那什么都不同调整了,显然这不是所得税法的意思。

5.11.6 职工教育经费

除了另有规定以外,目前我们基本的税前扣除标准是当年度税前扣除工资薪金的 2.5%,会计上采用的是计提制。所以纳税申报表的账载金额填计提数,税收金额填实际支出与 2.5%等几个标准的较小值(全额允许扣除也在其内)。

如某单位当年计提职工教育经费 200 万元,当年实际支出 115 万元,当年度税前支出的工资薪金 2.5%为 125 万元,之前年度因实际支付超 2.5%标准纳税调整的余额为 20 万元。

当年度账载金额填写为 200,当年度的实际支付 115 万元小于限额 10 万元,填写在税收金额下,那之前有余 20 万元,今年正好有 10 万元不超标的"空",所以可以放进来 10 万元作税收金额,但在这个表里要单独填写。

"累计结转以后年度扣除额"为何只有职工教育经费支出要填写呢,比如 2013 年度计提职工教育经费 100 万元,当年度支出 80 万元,当年度的工资薪金的 2.5%限额是 60 万元,那么,首先当年度纳税调增是 100-60=40(万元),但是允许其中实际支出的 20 万元(80-60)结转以后年度扣除,即在以后年度出现不超标的空间时补差扣除。如 2014 年度未计提职工教育经费,支出了 20 万元之前年度的往来余额,当年度 2.5%的限额是 40 万元,那正好将 2013 年度纳税调增中实际支出的 20 万元转回来在 2014 年度扣除。注意,一定要审核之前年度是否进行过纳税调增处理,不然光看今年的数据可能会造成原来没调增、今年再扣一遍的结果。

而对于其他的事项,为何没有结转以后年度扣除额?是因为如工资薪金,实际支出当年度就全扣除了,没有所谓的结转,如福利费,政策也不支持结转,因此自然就不需要填写。表 5-21 为 2013 年度填写的逻辑数据:

表 5-21　　　　　　　　　　　职工薪酬纳税调整明细表

行次	项目	账载金额	税收规定扣除率	以前年度累计结转扣除额	税收金额	纳税调整金额	累计结转以后年度扣除额
		1	2	3	4	5(1−4)	6(1+3−4)
4	三、职工教育经费支出	100	*	—	60	40	20
5	其中：按税收规定比例扣除的职工教育经费	100	2.50%		60	40	20
6	按税收规定全额扣除的职工培训费用		100%	*		—	*

注意，这个表格中的第 6 列的公式是错误的，即只有实际发生的职工教育经费超过当年度限额时才允许结转之后年度，计提的部分根本就不让税前扣除，更别提结转之后年度，所以需要对此进行修订，上面的 20 万元（80−60）已作出了调整，而不是依计算公式算出来的 40 万元（100＋0−60）。

表 5-22 为 2014 年度填写的逻辑数据：

表 5-22　　　　　　　　　　　职工薪酬纳税调整明细表

行次	项目	账载金额	税收规定扣除率	以前年度累计结转扣除额	税收金额	纳税调整金额	累计结转以后年度扣除额
		1	2	3	4	5(1−4)	6(1+3−4)
4	三、职工教育经费支出	0	*	20	40	−40	0
5	其中：按税收规定比例扣除的职工教育经费	0	2.50%	20	40	−40	0
6	按税收规定全额扣除的职工培训费用		100%	*		—	*

从表 5-22 可以看出，即使当年会计没有发生额，1＋3 列之和为 20，但是税收金额仍可以填写 40，即 1＋3 列的问题出在第 1 列，如果在计提制下，并不是实际发生额，因此其逻辑是不对的。税收金额的填写、结转之后年度扣除的填写都需要计算后确定。

这里我们可能会疑惑，职工教育经费可以不计提吗？一般而言，企业要保障职工教育方面的支出资金，如按照《企业财务通则》等要求进行计提，但是如果企业计提的经费未支完，本年度决定不计提，也有的解释，当然正规的大型企业多是保持了计提的模式。

关于此项的风险点主要包括如下几个方面：

一是职工教育经费中有无为个人报销学历之类的，如果不是公司安排的，就需要剔除出来单独作纳税调增处理。

二是之前年度转过来的余额，要复核之前年度是否如实支付，且作纳税调增处理。

三是关注国务院支持职工教育经费支出的政策鼓励，有可能进一步放开扣除的比例。

5.11.7　工会经费

工会经费的扣除，一个前提是必须要有票据，目前支持的是工会经费收入专用收据和税务机关代收凭据两项，另一个前提是支付。

账载金额我们好取数，当年度支付，看取得的票据有多少，支付有多少，来填写。下面是几个需要探讨的小问题，可能理解上有差异，但可以从有利于企业的角度填写：

一是如税务机关托收，次年1月托收的上一年度第四季度的，认不认可是当年度支付（日期写的是次年时间），这个赞成是可以作为当年度，这只是一个托收的时间安排，本来就是要支付的。

二是取得了票据，如工会自开的，但未付款且汇算清缴之前还未付款，这个能不能扣除？从行为发生的角度，我们认为还是不允许扣除更符合法规规定。票据就是一个摆设了。

三是工会经费一样产生纳税调减，如同工资薪金、职工教育经费一样，都可能税收金额大于账载金额，从而产生纳税调减，工会当年支出的多且不超当年度税前扣除工资薪金2%，纳税调减是正常的。

5.11.8　各类基本社会保障性缴款

这项内容只能强制缴纳，可能提前或跨月后付，不需要对当年度没有支付出去而在1月支付出去的部分作纳税调整处理，否则就是没事找事。

这个部分可只是填写企业承担的部分，个人工资薪金中扣除的部分，跟纳税人没有关系，所以别填多了，通常是基本养老、基本医疗、生育保险、失业保险、工伤保险。

所以这块调整的可能不大，除非超过当地政策的标准，但是这跟住房公积金的利益比起来，一般没有几个人愿意多交多少。

如果企业办理了商业保险，如交通意外保险，那就得作纳税调增处理，如果是在出差过程中买的意外保险，那就是交通费，是可以扣除的，所以有的单位尽管可能是为省钱，但税上却并不给这个"面子"。

5.11.9　住房公积金

效益好的单位或许有超标列支的可能，因此这块我们的税务人员、中介机构就要多关注关注。

企业依照国务院有关主管部门或者省级人民政府规定的范围和标准为职工缴纳的基本养老保险费、基本医疗保险费、失业保险费、工伤保险费、生育保险费等基本社会保险费和住房公积金，准予扣除。

各地人民政府规定的标准是不同的，从基数上看，基本是当地上一年职工工资的 3 倍为最高基数，比例方面却不同，如北京 12%，上海有 15%，深圳 20% 的比例规定，这个就看各地的规定，不超各地的标准就可以。如总机构在北京，分支机构在深圳，人家按 20% 缴纳的就不必非按北京的标准进行调整。

关于住房公积金有几个关联性的问题需要关注：

《关于印发促进首都金融产业发展的意见的通知》（京发改〔2005〕197 号）曾规定，金融企业按不超过职工工资总额 20% 的比例为职工缴存的住房公积金可税前扣除并免征个人所得税，金融企业职工按不超过其工资总额 20% 的比例缴存的住房公积金免征个人所得税，职工住房公积金不受月缴存额上限限制。这个仍可以按京房公积金法规〔2006〕99 号文件规定，突破基数等方式缴纳的住房公积金，在京发改〔2005〕197 号文件条款没有明确是否有效的情形之下，企业所得税税前扣除与个税应税所得的界定如何理解呢？财税〔2006〕10 号文件发布后，该文件明确地规定了个人所得税的量化标准，根据《住房公积金管理条例》、《建设部、财政部、中国人民银行关于住房公积金管理若干具体问题的指导意见》（建金管〔2005〕5 号）等规定精神，单位和个人分别在不超过职工本人上一年度月平均工资 12% 的幅度内，其实际缴存的住房公积金，允许在个人应纳税所得额中扣除。单位和职工个人缴存住房公积金的月平均工资不得超过职工工作地所在设区城市上一年度职工月平均工资的 3 倍，具体标准按照各地有关规定执行。单位和个人超过上述规定比例和标准缴付的住房公积金，应将超过部分并入个人当期的工资、薪金收入，计征个人所得税。京财税〔2006〕2891 号文件[1]对此进行了转发。由此我们可以推论，超过标准的个人所得税优惠的政策，已没有延续的活力出现。财综〔2005〕29 号规定：全国各地所有单位和职工的住房公积金政策都应当严格按照建金管〔2005〕5 号文件规定执行。北京市发展改革委、财政局、地税局、人事局《关于印发促进首都金融产业发展的意见的通知》（京发改〔2005〕197 号）中有关金融企业住房公积金优惠政策，不符合《条例》和建金管〔2005〕5 号文件规定。因此，在京中央金融机构不宜执行北京市出台的住房公积金优惠政策。在企业所得税方面，虽允许单位上交，但是这个标准并不是政府性的普遍性文件，虽是鼓励，但在所得税税前扣除方面，建议还是作纳税调整为佳。所以对于住房公积金，其个税的政策与企业所得税的政策口径并不尽相同。

又如，《北京住房公积金管理中心关于做好 2014 住房公积金年度跨年清册核定工作的通知》（京房公积金发〔2014〕15 号）发布，适用新的公积金年度政策：

2014 住房公积金年度（2014 年 7 月 1 日至 2015 年 6 月 30 日）住房公积金缴存比例为 12％。2014 住房公积金年度，北京地区住房公积金月缴存额上限 4 170 元（注：此处为单位加个人合计）。原则上不允许突破上限缴存住房公积金。

故此，住房公积金的调整是要分人计算，不要互相找平再看调增数，而且一年当中有两次的基数，1—6 月和 7—12 月，这个调整数就看当年度各月发生额来计算的，即以账载数来比较看调增多少。

5.11.10 补充医疗保险与补充养老保险

《企业所得税法实施条例》规定，企业为投资者或者职工支付的补充养老保险费、补充医疗保险费，在国务院财政、税务主管部门规定的范围和标准内，准予扣除。

《财政部、国家税务总局关于补充养老保险费、补充医疗保险费有关企

---

[1] 京财税〔2006〕2891 号，即《转发财政部、国家税务总局关于基本养老保险费、基本医疗保险费、失业保险费、住房公积金有关个人所得税政策的通知》。

业所得税政策问题的通知》（财税〔2009〕27 号）规定，自 2008 年 1 月 1 日起，企业根据国家有关政策规定，为在本企业任职或者受雇的全体员工支付的补充养老保险费、补充医疗保险费，分别在不超过职工工资总额 5% 标准内的部分，在计算应纳税所得额时准予扣除；超过的部分，不予扣除。

这张表中的填写分补充养老与医疗两项，比之前的申报表更方便。当然本表的填表说明与职工教育经费是一样的，并不是工资薪金 5% 与账载金额的比较，而仍需看实际支付，只有实际支付了才能够允许扣除，故实践中就看当年度支付了多少，取得了多少票据。

其实这个 5% 的基数，财税〔2009〕27 号文中规定的是工资总额，之前有的地方税务机关在解读的时候，认为要用上一年度的税前扣除工资薪金 5% 为基数，有的可能认为反正企业总的计提标准不超的，是账面的概念，前二年如果没有支付，今年一块支付了还要调增，其实企业支付是根据单位的政策来办理的，税法只考虑一年，如今年的填表说明，是不是要更深度考虑一下呢，既然这是国家鼓励的事，将调整归到某一年，于企业有不利之处。但是填表说明可能最多认可当年设税前扣除工资薪金的 5% 了。

这种情形下，如当年计提 50 万元，当年支付 60 万元，5% 的限额是 65 万元，一样可以做一点纳税调减的，只是没有理想中的调减 65－50＝15（万元）那样多了。

补充一点是，现在保险公司的补充医疗保险产品，多有团体打包，如意外险、寿险，往往打着补充医疗的幌子销售，其中的非医疗险仍要做纳税调增的，金额如果要分，保险公司是从管理上分的清各自保费的。

5.11.11　费用结转扣除的考虑

费用结转扣除约考虑情况如表 5-23 所示。

表 5-23

事项	当年度扣除条件	是否可以结转之后年度扣除	结转扣除的条件	无法扣除的可能
工资薪金	当年度实际发放的扣除（当前大多接受次年 5 月 31 日前发放的认定，个别认定 12 月 31 日的截止日）	是	之后年度实际发放，不必追溯到费用计提年度纳税调减	一直没有实际发放，待清算时，由于税前没有扣除，也不需作清算所得

续表

事项	当年度扣除条件	是否可以结转之后年度扣除	结转扣除的条件	无法扣除的可能
职工福利费	实际发生在当前度税前扣除工资薪金的14%限额扣除	否	无	无
职工教育经费	实际发生在当年度税前扣除工资薪金的2.5%限额扣除	是	扣除条件中超过限额的之后年度在实际发生与其税前扣除工资薪金2.5%的空间内补扣除	限额一直不能产生足够的空间，待清算时，同工资薪金原则处理
工会经费	实际支付取得票据在当年度税前扣除的工资薪金的2.5%限额扣除	否	如第二年实际支付上一年度的，与第二年度支付合计未超过工资薪金2.5%时，可以作纳税调减	参照上述原则
基本社会保险	标准内，如果滚动按月缴纳，不建议按实际支付作调整，权责发生制税前扣除	否	无	无
住房公积金	同基本社会保险	否	无	无
广告与业务宣传费	收入的一定比例之内	是	原则参照职工教育经费	是无法支付需转收入
补充养老与医疗保险[1]	工资总额各5%限额之内实际支付扣除	是	实际支付时按限额在当年设计算扣除	无

---

[1] 关于补充养老保险与补充医疗保险，财税〔2009〕27号文件中规定的是工资总额的概念，因此不宜强制地认为是当年度税前扣除的工资薪金或上年度税前扣除的工资薪金的5%限额。考虑到按国家法令鼓励缴纳，因此应认可这种实际缴纳税前扣除的方式，与当年度税前扣除的工资薪金联接，没有实际的操作意义，旧法下国税发〔2003〕45号文件虽失效，但原则仍是人之常情的延续才是合理。还是建议关注当地税务机关的理解口径。

5.11.12　工资薪金政策法规

● 《企业所得税法实施条例》

第三十四条　企业发生的合理的工资薪金支出，准予扣除前款所称工资薪金，是指企业每一纳税年度支付给在本企业任职或者受雇的员工的所有现金形式或者非现金形式的劳动报酬，包括基本工资、奖金、津贴、补贴、年终加薪、加班工资，以及与员工任职或者受雇有关的其他支出。

● 《国家税务总局关于企业工资薪金及职工福利费扣除问题的通知》（国税函〔2009〕3号）

一、关于合理工资薪金问题

《实施条例》第三十四条所称的"合理工资薪金"，是指企业按照股东大会、董事会、薪酬委员会或相关管理机构制订的工资薪金制度规定实际发放给员工的工资薪金。税务机关在对工资薪金进行合理性确认时，可按以下原则掌握：

（一）企业制订了较为规范的员工工资薪金制度；

（二）企业所制订的工资薪金制度符合行业及地区水平；

（三）企业在一定时期所发放的工资薪金是相对固定的，工资薪金的调整是有序进行的；

（四）企业对实际发放的工资薪金，已依法履行了代扣代缴个人所得税义务；

（五）有关工资薪金的安排，不以减少或逃避税款为目的。

二、关于工资薪金总额问题

《实施条例》第四十、四十一、四十二条所称的"工资薪金总额"，是指企业按照本通知第一条规定实际发放的工资薪金总和，不包括企业的职工福利费、职工教育经费、工会经费以及养老保险费、医疗保险费、失业保险费、工伤保险费、生育保险费等社会保险费和住房公积金。属于国有性质的企业，其工资薪金，不得超过政府有关部门给予的限定数额；超过部分，不得计入企业工资薪金总额，也不得在计算企业应纳税所得额时扣除。

● 《国家税务总局关于企业所得税若干税务事项衔接问题的通知》（国税函〔2009〕98号）

六、关于工效挂钩企业工资储备基金的处理

原执行工效挂钩办法的企业，在2008年1月1日以前已按规定提取，但因未实际发放而未在税前扣除的工资储备基金余额，2008年及以后年度实际发放时，可在实际发放年度企业所得税前据实扣除。

● 《国家税务总局关于企业所得税应纳税所得额若干税务处理问题的公告》（国家税务总局公告2012年第15号）

一、关于季节工、临时工等费用税前扣除问题

企业因雇用季节工、临时工、实习生、返聘离退休人员以及接受外部劳务派遣用工所实际发生的费用，应区分为工资薪金支出和职工福利费支出，并按《企业所得税法》规定在企业所得税前扣除。其中属于工资薪金支出的，准予计入企业工资薪金总额的基数，作为计算其他各项相关费用扣除的依据。

5.11.13 福利费政策法规

● 《企业所得税法实施条例》

第四十条 企业发生的职工福利费支出，不超过工资薪金总额14%的部分，准予扣除。

● 《国家税务总局关于企业工资薪金及职工福利费扣除问题的通知》（国税函〔2009〕3号）

二、关于工资薪金总额问题

《实施条例》第四十、四十一、四十二条所称的"工资薪金总额"，是指企业按照本通知第一条规定实际发放的工资薪金总和，不包括企业的职工福利费、职工教育经费、工会经费以及养老保险费、医疗保险费、失业保险费、工伤保险费、生育保险费等社会保险费和住房公积金。属于国有性质的企业，其工资薪金，不得超过政府有关部门给予的限定数额；超过部分，不得计入企业工资薪金总额，也不得在计算企业应纳税所得额时扣除。

三、关于职工福利费扣除问题

《实施条例》第四十条规定的企业职工福利费，包括以下内容：

（一）尚未实行分离办社会职能的企业，其内设福利部门所发生的设备、设施和人员费用，包括职工食堂、职工浴室、理发室、医务所、托儿所、疗养院等集体福利部门的设备、设施及维修保养费用和福利部门工作人员的工资薪金、社会保险费、住房公积金、劳务费等。

（二）为职工卫生保健、生活、住房、交通等所发放的各项补贴和非货币性福利，包括企业向职工发放的因公外地就医费用、未实行医疗统筹企业

职工医疗费用、职工供养直系亲属医疗补贴、供暖费补贴、职工防暑降温费、职工困难补贴、救济费、职工食堂经费补贴、职工交通补贴等。

（三）按照其他规定发生的其他职工福利费，包括丧葬补助费、抚恤费、安家费、探亲假路费等。

四、关于职工福利费核算问题

企业发生的职工福利费，应该单独设置账册，进行准确核算。没有单独设置账册准确核算的，税务机关应责令企业在规定的期限内进行改正。逾期仍未改正的，税务机关可对企业发生的职工福利费进行合理的核定。

●《国家税务总局关于企业所得税若干税务事项衔接问题的通知》（国税函〔2009〕98 号）

根据《国家税务总局关于做好 2007 年度企业所得税汇算清缴工作的补充通知》（国税函〔2008〕264 号）的规定，企业 2008 年以前按照规定计提但尚未使用的职工福利费余额，2008 年及以后年度发生的职工福利费，应首先冲减上述的职工福利费余额，不足部分按新税法规定扣除；仍有余额的，继续留在以后年度使用。企业 2008 年以前节余的职工福利费，已在税前扣除，属于职工权益，如果改变用途的，应调整增加企业应纳税所得额。

●《国家税务总局关于企业所得税若干问题的公告》（国家税务总局公告 2011 年第 34 号）

二、关于企业员工服饰费用支出扣除问题[1]

企业根据其工作性质和特点，由企业统一制作并要求员工工作时统一[2]着装所发生的工作服饰费用，根据《实施条例》第二十七条的规定，可以作为企业合理的支出给予税前扣除。

●《国家税务总局关于企业所得税应纳税所得额若干税务处理问题的公告》（国家税务总局公告 2012 年第 15 号）

一、关于季节工、临时工等费用税前扣除问题

企业因雇用季节工、临时工、实习生、返聘离退休人员以及接受外部劳务派遣用工所实际发生的费用，应区分为工资薪金支出和职工福利费支出，并按《企业所得税法》规定在企业所得税前扣除。其中属于工资薪金支出

---

[1]　我们理解，员工服饰费用应可以作为一项独立的费用进行扣除，而不是依附于职工福利费的金额进行额度计算的扣除。

[2]　我们理解，此处的"统一"并非全体人员的范围限定，而是可以按不同岗位、职级分别规范适用的。

的，准予计入企业工资薪金总额的基数，作为计算其他各项相关费用扣除的依据。

5.11.14 职工教育经费政策法规

● 《企业所得税法实施条例》

第四十二条　除国务院财政、税务主管部门另有规定外，企业发生的职工教育经费支出，不超过工资薪金总额 2.5％的部分，准予扣除；超过部分，准予在以后纳税年度结转扣除。

● 《财政部、全国总工会、国家发展和改革委员会、教育部、科技部、国防科工委、人事部、劳动和社会保障部、国务院国有资产监督管理委员会、国家税务总局、全国工商联关于印发〈关于企业职工教育经费提取与使用管理的意见〉的通知》（财建〔2006〕317号）

（五）企业职工教育培训经费列支范围包括：

1. 上岗和转岗培训；

2. 各类岗位适应性培训；

3. 岗位培训、职业技术等级培训、高技能人才培训；

4. 专业技术人员继续教育；

5. 特种作业人员培训；

6. 企业组织的职工外送培训的经费支出；

7. 职工参加的职业技能鉴定、职业资格认证等经费支出；

8. 购置教学设备与设施；

9. 职工岗位自学成才奖励费用；

10. 职工教育培训管理费用；

11. 有关职工教育的其他开支。

（六）经单位批准或按国家和省、市规定必须到本单位之外接受培训的职工，与培训有关的费用由职工所在单位按规定承担。

（七）经单位批准参加继续教育以及政府有关部门集中举办的专业技术、岗位培训、职业技术等级培训、高技能人才培训所需经费，可从职工所在企业职工教育培训经费中列支。

（八）为保障企业职工的学习权利和提高他们的基本技能，职工教育培训经费的 60％以上应用于企业一线职工的教育和培训。当前和今后一个时期，要将职工教育培训经费的重点投向技能型人才特别是高技能人才的培养以及在岗人员的技术培训和继续学习。

（九）企业职工参加社会上的学历教育以及个人为取得学位而参加的在职教育，所需费用应由个人承担，不能挤占企业的职工教育培训经费。

（十）对于企业高层管理人员的境外培训和考察，其一次性单项支出较高的费用应从其他管理费用中支出，避免挤占日常的职工教育培训经费开支。

（十一）矿山和建筑企业等聘用外来农民工较多的企业，以及在城市化进程中接受农村转移劳动力较多的企业，对农民工和农村转移劳动力培训所需的费用，可从职工教育培训经费中支出。

● 《国家税务总局关于企业所得税若干税务事项衔接问题的通知》（国税函〔2009〕98 号）

五、关于以前年度职工教育经费余额的处理

对于在 2008 年以前已经计提但尚未使用的职工教育经费余额，2008 年及以后新发生的职工教育经费应先从余额中冲减。仍有余额的，留在以后年度继续使用。

● 《国家税务总局关于企业工资薪金及职工福利费扣除问题的通知》（国税函〔2009〕3 号）

二、关于工资薪金总额问题

《实施条例》第四十、四十一、四十二条所称的"工资薪金总额"，是指企业按照本通知第一条规定实际发放的工资薪金总和，不包括企业的职工福利费、职工教育经费、工会经费以及养老保险费、医疗保险费、失业保险费、工伤保险费、生育保险费等社会保险费和住房公积金。属于国有性质的企业，其工资薪金，不得超过政府有关部门给予的限定数额；超过部分，不得计入企业工资薪金总额，也不得在计算企业应纳税所得额时扣除。

● 《财政部、国家税务总局关于中关村 东湖 张江国家自主创新示范区和合芜蚌自主创新综合试验区有关职工教育经费税前扣除试点政策的通知》（财税〔2013〕14 号）

为支持中关村、东湖、张江三个国家自主创新示范区和合芜蚌自主创新综合试验区（以下统称试点地区）建设，经国务院批准，现就试点地区完善企业职工教育经费税前扣除试点政策通知如下：

一、试点地区内的高新技术企业发生的职工教育经费支出不超过工资薪金总额 8% 的部分，准予在计算企业所得税应纳税所得额时扣除；超过部分，准予在以后纳税年度结转扣除。

二、本通知所称高新技术企业，是指注册在试点地区内、实行查账征收、经试点地区省级高新技术企业认定管理机构认定的高新技术企业。

三、本通知自 2012 年 1 月 1 日起至 2014 年 12 月 31 日止执行。

● 《国家税务总局关于企业所得税执行中若干税务处理问题的通知》（国税函〔2009〕202 号）

四、软件生产企业职工教育经费的税前扣除问题

软件生产企业发生的职工教育经费中的职工培训费用，根据《财政部 国家税务总局关于企业所得税若干优惠政策的通知》（财税〔2008〕1 号）规定，可以全额在企业所得税前扣除。软件生产企业应准确划分职工教育经费中的职工培训费支出，对于不能准确划分的，以及准确划分后职工教育经费中扣除职工培训费用的余额，一律按照《实施条例》第四十二条规定的比例扣除。

● 《财政部、国家税务总局关于进一步鼓励软件产业和集成电路产业发展企业所得税政策的通知》（财税〔2012〕27 号）

六、集成电路设计企业和符合条件软件企业的职工培训费用，应单独进行核算并按实际发生额在计算应纳税所得额时扣除。

5.11.15 工会经费政策法规

● 《企业所得税法实施条例》

第四十一条 企业拨缴的工会经费，不超过工资薪金总额 2% 的部分，准予扣除。

● 《国家税务总局关于工会经费企业所得税税前扣除凭据问题的公告》（国家税务总局公告 2010 年第 24 号）

自 2010 年 7 月 1 日起，企业拨缴的职工工会经费，不超过工资薪金总额 2% 的部分，凭工会组织开具的《工会经费收入专用收据》在企业所得税税前扣除。

● 《国家税务总局关于税务机关代收工会经费企业所得税税前扣除凭据问题的公告》（国家税务总局公告 2011 年第 30 号）

自 2010 年 1 月 1 日起，在委托税务机关代收工会经费的地区，企业拨缴的工会经费，也可凭合法、有效的工会经费代收凭据依法在税前扣除。

5.11.16 《职工薪酬纳税调整明细表》(A105050)填报说明

《职工薪酬纳税调整明细表》(A105050)表样如表5-24所示。

表5-24

A105050   **职工薪酬纳税调整明细表**

行次	项目	账载金额	税收规定扣除率	以前年度累计结转扣除额	税收金额	纳税调整金额	累计结转以后年度扣除额
		1	2	3	4	5(1-4)	6(1+3-4)
1	一、工资薪金支出		*	*		—	*
2	其中：股权激励		*	*		—	*
3	二、职工福利费支出		14%	*			*
4	三、职工教育经费支出	—	*	—	—	—	—
5	其中：按税收规定比例扣除的职工教育经费		2.50%				
6	按税收规定全额扣除的职工培训费用		100%	*		—	*
7	四、工会经费支出		2%	*		—	*
8	五、各类基本社会保障性缴款		*	*		—	*
9	六、住房公积金		*	*		—	*
10	七、补充养老保险		5%	*		—	*
11	八、补充医疗保险		5%	*		—	*
12	九、其他		*				
13	合计 (1+3+4+7+8+9+10+11+12)	—	*				

本表适用于发生职工薪酬纳税调整项目的纳税人填报。纳税人根据税法、《国家税务总局关于企业工资薪金及职工福利费扣除问题的通知》(国税函〔2009〕3号)、《财政部、国家税务总局关于扶持动漫产业发展有关税收政策问题的通知》(财税〔2009〕65号)、《财政部、国家税务总局、商务部、科技部、国家发展改革委关于技术先进型服务企业有关企业所得税政策问题的通知》(财税〔2010〕65号)、《财政部、国家税务总局关于进一步鼓励软

件产业和集成电路产业发展企业所得税政策的通知》（财税〔2012〕27 号）等相关规定，以及国家统一企业会计制度，填报纳税人职工薪酬会计处理、税法规定，以及纳税调整情况。

5.11.16.1 有关项目填报说明

1. 第 1 行"一、工资薪金支出"：第 1 列"账载金额"填报纳税人会计核算计入成本费用的职工工资、奖金、津贴和补贴金额；第 4 列"税收金额"填报按照税法规定允许税前扣除的金额；第 5 列"纳税调整金额"为第 1－4 列的余额。

2. 第 2 行"其中：股权激励"：第 1 列"账载金额"填报纳税人按照国家有关规定建立职工股权激励计划，会计核算计入成本费用的金额；第 4 列"税收金额"填报行权时按照税法规定允许税前扣除的金额；第 5 列"纳税调整金额"为第 1－4 列的余额。

3. 第 3 行"二、职工福利费支出"：第 1 列"账载金额"填报纳税人会计核算计入成本费用的职工福利费的金额；第 2 列"税收规定扣除率"填报税法规定的扣除比例（14%）；第 4 列"税收金额"填报按照税法规定允许税前扣除的金额，按第 1 行第 4 列"工资薪金支出－税收金额"×14% 的孰小值填报；第 5 列"纳税调整金额"为第 1－4 列的余额。

4. 第 4 行"三、职工教育经费支出"：根据第 5 行或者第 5＋6 行之和填报。

5. 第 5 行"其中：按税收规定比例扣除的职工教育经费"：适用于按照税法规定职工教育经费按比例税前扣除的纳税人填报。第 1 列"账载金额"填报纳税人会计核算计入成本费用的金额，不包括第 6 行可全额扣除的职工培训费用金额；第 2 列"税收规定扣除率"填报税法规定的扣除比例；第 3 列"以前年度累计结转扣除额"填报以前年度累计结转准予扣除的职工教育经费支出余额；第 4 列"税收金额"填报按照税法规定允许税前扣除的金额，按第 1 行第 4 列"工资薪金支出－税收金额"×扣除比例与本行第 1＋3 列之和的孰小值填报；第 5 列"纳税调整金额"，为第 1－4 列的余额；第 6 列"累计结转以后年度扣除额"，为第 1＋3－4 列的金额。

6. 第 6 行"其中：按税收规定全额扣除的职工培训费用"：适用于按照税法规定职工培训费用允许全额税前扣除的的纳税人填报。第 1 列"账载金额"填报纳税人会计核算计入成本费用，且按税法规定允许全额扣除的职工培训费用金额；第2列"税收规定扣除率"填报税法规定的扣除比例（100％）；第4列"税收金额"填报按照税法规定允许税前扣除的金额；第5列"纳税调整金额"为第1－4列的余额。

7. 第7行"四、工会经费支出"：第1列"账载金额"填报纳税人会计核算计入成本费用的工会经费支出金额；第2列"税收规定扣除率"填报税法规定的扣除比例（2％）；第4列"税收金额"填报按照税法规定允许税前扣除的金额，按第1行第4列"工资薪金支出－税收金额"×2％与本行第1列的孰小值填报；第5列"纳税调整金额"为第1－4列的余额。

8. 第8行"五、各类基本社会保障性缴款"：第1列"账载金额"填报纳税人会计核算的各类基本社会保障性缴款的金额；第4列"税收金额"填报按照税法规定允许税前扣除的各类基本社会保障性缴款的金额。第5列"纳税调整金额"为第1－4列的余额。

9. 第9行"六、住房公积金"：第1列"账载金额"填报纳税人会计核算的住房公积金金额；第4列"税收金额"填报按照税法规定允许税前扣除的住房公积金金额；第5列"纳税调整金额"为第1－4列的余额。

10. 第10行"七、补充养老保险"：第1列"账载金额"填报纳税人会计核算的补充养老保险金额；第4列"税收金额"填报按照税法规定允许税前扣除的补充养老保险的金额，按第1行第4列"工资薪金支出－税收金额"×5％与本行第1列的孰小值填报；第5列"纳税调整金额"为第1－4列的余额。

11. 第11行"八、补充医疗保险"：第1列"账载金额"填报纳税人会计核算的补充医疗保险金额；第4列"税收金额"填报按照税法规定允许税前扣除的金额，按第1行第4列"工资薪金支出－税收金额"×5％与本行第1列的孰小值填报；第5列"纳税调整金额"为第1－4列的余额。

12. 第12行"九、其他"：填报其他职工薪酬支出会计处理、税法规定情况及纳税调整金额。

13. 第13行"合计"：填报第1＋3＋4＋7＋8＋9＋10＋11＋12行的金额。

5.11.16.2　表内、表间关系

1. 表内关系。

（1）第4行＝第5行或第5＋6行。

（2）第 13 行＝第 1＋3＋4＋7＋8＋9＋10＋11＋12 行。

（3）第 5 列＝第 1－4 列。

（4）第 6 列＝第 1＋3－4 列。

2. 表间关系。

（1）第 13 行第 1 列＝表 A105000 第 14 行第 1 列。

（2）第 13 行第 4 列＝表 A105000 第 14 行第 2 列。

（3）第 13 行第 5 列，若≥0，填入表 A105000 第 14 行第 3 列；若＜0，将其绝对值填入表 A105000 第 14 行第 4 列。

5.12 业务招待费

这个数据的填写不需要附表，因此企业需要自己统计账载发生额，即要统计所有科目中的发生额，除开办费中的业务招待费按其收入的 0.5％与实际发生额的 60％执小原则进行税前扣除（税前打六折，最高不超过当年销售（营业）收入的千分之五）。这种永久性的差异决定了业务招待费被调增的客观存在。

同时，需要关注以下几个事项：

一是如何计算税收金额（见表 5-25）。

表 5-25

步骤	描述	备注
1	计算实际发生额 60％的金额	
2	确认收入基数：包括销售（营业）收入＋视同销售收入＋股权转让收入（对从事股权投资业务的企业）	从事股权投资的企业理论上是只要有此收入的企业，集团公司总部、创业投资企业等只是一个列举，但实务中有不松口的解释，认为必须是此两种类型
3	计算收入基数的 0.5	
4	比较 1 和 3，较小数填入税收金额	部分地区旧申报表有限制性校验公式，但公式往往缩小了口径的使用，所以基本上是放开填写的可能性更大

二是开办费的业务招待费，并不需要纳入此行次填写，跟着开办费走，只是在摊销的月份中将其 40％调增，不管收入基数的限制。此时多在扣除

"其他"项下调整处理。

5.12.1　政策法规

● 《企业所得税法实施条例》

第四十三条　企业发生的与生产经营活动有关的业务招待费支出，按照发生额的60%扣除，但最高不得超过当年销售（营业）收入的5‰。

● 2.《国家税务总局关于企业所得税执行中若干税务处理问题的通知》（国税函〔2009〕202号）

一、关于销售（营业）收入基数的确定问题

企业在计算业务招待费、广告费和业务宣传费等费用扣除限额时，其销售（营业）收入额应包括《实施条例》第二十五条规定的视同销售（营业）收入额。

● 3.《国家税务总局关于贯彻落实企业所得税法若干税收问题的通知》（国税函〔2010〕79号）

八、从事股权投资业务的企业业务招待费计算问题

对从事股权投资业务的企业（包括集团公司总部、创业投资企业等），其从被投资企业所分配的股息、红利以及股权转让收入，可以按规定的比例计算业务招待费扣除限额。

● 《国家税务总局关于进一步加强商业预付卡税收管理的通知》（国税函〔2011〕413号）

一、加强商业预付卡的发票管理

（一）加强发票的日常管理，严格执行《国家税务总局关于进一步加强普通发票管理工作的通知》（国税发〔2008〕80号）文件相关规定，实施"机具开票，逐笔开具；有奖发票，鼓励索票；查询辨伪，防堵假票；票表比对，以票控税"的管理模式，切实加强普通发票的日常管理，有效遏止制售假发票和非法代开发票行为的蔓延，维护国家正常的经济秩序。

（二）积极推广使用网络开票系统开具发票。努力扩大网络发票试点范围，逐步实行网络发票制度，及时掌握开票单位和个人的发票领用存情况、生产经营情况，把运用信息技术监控发票管理各环节，作为从制度上堵塞发票管理漏洞的发展方向，着力构建发票管理长效机制。

（三）加强对商业预付卡发票开具情况的监督，严格要求发卡人和销货

方如实开具发票，一旦发现开具虚假发票的情况，要依法对开票方进行处理，确保商业预付卡发票开具的真实性。

二、严格购卡单位税前扣除凭证的审核管理

（一）坚决依法查处商业预付卡购卡单位在税前扣除与生产经营无关的支出等行为，加强税前扣除凭证的审核和管理，虚假发票不得作为税前扣除的凭据；对与生产经营无关的支出，不管是否开具发票，均不得予以税前扣除。

（二）加强商业预付卡购卡单位所得税的纳税评估工作，通过纳税评估，审核企业税前扣除的费用是否与生产经营活动有关，发现费用扣除数额异常的，要通过约谈等方式予以核实。

三、强化对商业预付卡发购卡企业的税收稽查

（一）结合全国打击发票违法犯罪活动工作，加强对商业预付卡发卡单位和购卡单位的税务检查，将商业预付卡发卡单位未按照规定开具发票、开具假发票或虚假发票的行为、购卡单位税前扣除与生产经营无关的支出和使用虚假发票的行为列入重点检查项目，依法查处各类涉税违法行为。

（二）进一步核查日常检查中发现的虚假发票，凡虚假发票，一律不得用于税前扣除、抵扣税款、办理出口退税和财务报销。

● 《财政部、国家税务总局关于企业促销展业赠送礼品有关个人所得税问题的通知》（财税〔2011〕50号）

根据《中华人民共和国个人所得税法》及其实施条例有关规定，现对企业和单位（包括企业、事业单位、社会团体、个人独资企业、合伙企业和个体工商户等，以下简称企业）在营销活动中以折扣折让、赠品、抽奖等方式，向个人赠送现金、消费券、物品、服务等（以下简称礼品）有关个人所得税问题通知如下：

一、企业在销售商品（产品）和提供服务过程中向个人赠送礼品，属于下列情形之一的，不征收个人所得税：

1. 企业通过价格折扣、折让方式向个人销售商品（产品）和提供服务；

2. 企业在向个人销售商品（产品）和提供服务的同时给予赠品，如通信企业对个人购买手机赠话费、入网费，或者购话费赠手机等；

3. 企业对累积消费达到一定额度的个人按消费积分反馈礼品。

二、企业向个人赠送礼品，属于下列情形之一的，取得该项所得的个人应依法缴纳个人所得税，税款由赠送礼品的企业代扣代缴：

1. 企业在业务宣传、广告等活动中，随机向本单位以外的个人赠送礼品，对个人取得的礼品所得，按照"其他所得"项目，全额适用20％的税率缴纳个人所得税。

2. 企业在年会、座谈会、庆典以及其他活动中向本单位以外的个人赠送礼品，对个人取得的礼品所得，按照"其他所得"项目，全额适用20％的税率缴纳个人所得税。

3. 企业对累积消费达到一定额度的顾客，给予额外抽奖机会，个人的获奖所得，按照"偶然所得"项目，全额适用20％的税率缴纳个人所得税。

三、企业赠送的礼品是自产产品（服务）的，按该产品（服务）的市场销售价格确定个人的应税所得；是外购商品（服务）的，按该商品（服务）的实际购置价格确定个人的应税所得。

●《国家税务总局关于企业所得税应纳税所得额若干税务处理问题的公告》（国家税务总局公告2012年第15号）

企业在筹建期间，发生的与筹办活动有关的业务招待费支出，可按实际发生额的60％计入企业筹办费，并按有关规定在税前扣除；发生的广告费和业务宣传费，可按实际发生额计入企业筹办费，并按有关规定在税前扣除。

5.13　广告费和业务宣传费调整

这个表的填写，重点是看当年度的发生额，如果有不合规票据之类的，就将其剔除在"其他"中作纳税调增处理。再看余额是否超限额，通常收入的15％以内是不超标的，所以这个表更多是一项信息类的内容填写。

如果是具有广告性质的赞助支出，也要从营业外支出等科目中调整到这个事项中一并进行填写。至于收入的基数，按照税法规定计算广告费和业务宣传费扣除限额的当年销售（营业）收入，这里是包括视同销售收入的，但并不包括像业务招待费中用到的股权投资相关的收入。

[例5-12]　某服装生产企业2014年度取得销售货物收入500万元，出租固定资产收取租金50万元，取得非货币性资产交换收入60万元，2014年实际支出广告费100万元（其中10万元经审核不符合扣除标准），

2013 年结转未扣除广告费 8 万元，附表 A105060 的填报如表 5-26 所示（单位：万元）。

表 5-26

A105060 　　　　　　　广告费和业务宣传费跨年度纳税调整明细表

行次	项目	金额
1	一、本年广告费和业务宣传费支出	100
2	减：不允许扣除的广告费和业务宣传费支出	10
3	二、本年符合条件的广告费和业务宣传费支出（1－2）	90
4	三、本年计算广告费和业务宣传费扣除限额的销售（营业）收入	610
5	税收规定扣除率	15%
6	四、本企业计算的广告费和业务宣传费扣除限额（4×5）	91.5
7	五、本年结转以后年度扣除额（3＞6，本行＝3－6；3≤6，本行＝0）	0
8	加：以前年度累计结转扣除额	8
9	减：本年扣除的以前年度结转额〔3＞6，本行＝0；3≤6，本行＝8 或（6－3）孰小值〕	1.5
10	六、按照分摊协议归集至其他关联方的广告费和业务宣传费（10≤3 或 6 孰小值）	0
11	按照分摊协议从其他关联方归集至本企业的广告费和业务宣传费	0
12	七、本年广告费和业务宣传费支出纳税调整金额（3＞6，本行＝2＋3－6＋10－11；3≤6，本行＝2＋10－11－9）	8.5
13	八、累计结转以后年度扣除额（7＋8－9）	6.5

　　根据填表说明，本表第 1 行"一、本年广告费和业务宣传费支出"填报纳税人会计核算计入本年损益的广告费和业务宣传费的金额，这一表行设计存在一定的局限性，后续对广告费和业务宣传费的调整和限额的计算都是以这一会计核算金额为标准的，如果存在前述视同销售的情形出现，会导致一部分税收意义上的业务宣传费无法通过本表予以调整。因此请借鉴我们在视同销售的案例，在扣除其他类下单独作纳税调整处理。

　　有哪些是不允许税前扣除的广告费和业务宣传费支出呢？我们看填表说明的解释：填报税法规定不允许扣除的广告费和业务宣传费支出金额。

　　财税〔2012〕48号[1]文件规定，烟草企业的烟草广告费和业务宣传费支出，一律不得在计算应纳税所得额时扣除。这是其中的一部分，这里指的是烟草广告费和业务宣传费，现在我们接触的烟草企业的品牌广告费比较大，虽然没有说是香烟，但是暗指的的确是烟草，有品牌，能不能税前扣除呢？目前的《广告法》没有对此有过限制，拟修订的版本中加强了这方面的限制，在没有相应法律限制的情形之下，我们如何来区分同品牌下，存在烟草内容的部分，是否允许扣除呢？我们建议是依照税法的规定进行分析填列。

　　至于有的企业可能没有作备案这类的程序，就开始上街做广告宣传，工商管理方面认为是不符合规定的，这种情形之下，能不能就此否定在所得税税前扣除呢？我们理解是，首先税法一定得考虑经营者是否违反其他规定，再来评估其应税或应扣吗？如张三公司将所骗某公司的一批货销售，取得违法所得，税法上可以不缴税吗？此时我们建议是，企业接受的是工商的处置，但不能否定企业做了广告宣传，因此还是认可是发生的费用为好，至于违反法律、行政法规的罚款，那将得不到税前扣除。

　　还有企业取得的票据不合规的情形，在现在的判定标准中，也得不到税前扣除，因此需要遵照此规则不得税前扣除。这些数据同样填写在第2行"不允许税前扣除的广告费和业务宣传费支出"中。

5.13.1　政策法规

●《企业所得税法实施条例》

　　第四十四条　企业发生的符合条件的广告费和业务宣传费支出，除国务院财政、税务主管部门另有规定外，不超过当年销售（营业）收入15％的部分，准予扣除；超过部分，准予在以后纳税年度结转扣除。

●《国家税务总局关于企业所得税若干税务事项衔接问题的通知》（国税函〔2009〕98号）

　　七、关于以前年度未扣除的广告费的处理

　　企业在2008年以前按照原政策规定已发生但尚未扣除的广告费，2008

---

　　[1]　财税〔2012〕48号，即《财政部、国家税务总局关于广告费和业务宣传费支出税前扣除政策的通知》。

年实行新税法后，其尚未扣除的余额，加上当年度新发生的广告费和业务宣传费后，按照新税法规定的比例计算扣除。

● 《国家税务总局关于企业所得税执行中若干税务处理问题的通知》（国税函〔2009〕202号）

一、关于销售（营业）收入基数的确定问题

企业在计算业务招待费、广告费和业务宣传费等费用扣除限额时，其销售（营业）收入额应包括《实施条例》第二十五条规定的视同销售（营业）收入额。

● 《国家税务总局关于企业所得税应纳税所得额若干税务处理问题的公告》（国家税务总局公告2012年第15号）

企业在筹建期间，发生的与筹办活动有关的业务招待费支出，可按实际发生额的60%计入企业筹办费，并按有关规定在税前扣除；发生的广告费和业务宣传费，可按实际发生额计入企业筹办费，并按有关规定在税前扣除。

● 《财政部、国家税务总局关于广告费和业务宣传费支出税前扣除政策的通知》（财税〔2012〕48号）

1. 对化妆品制造与销售、医药制造和饮料制造（不含酒类制造，下同）企业发生的广告费和业务宣传费支出，不超过当年销售（营业）收入30%的部分，准予扣除；超过部分，准予在以后纳税年度结转扣除。

2. 对签订广告费和业务宣传费分摊协议（以下简称分摊协议）的关联企业，其中一方发生的不超过当年销售（营业）收入税前扣除限额比例内的广告费和业务宣传费支出可以在本企业扣除，也可以将其中的部分或全部按照分摊协议归集至另一方扣除。另一方在计算本企业广告费和业务宣传费支出企业所得税税前扣除限额时，可将按照上述办法归集至本企业的广告费和业务宣传费不计算在内。

3. 烟草企业的烟草广告费和业务宣传费支出，一律不得在计算应纳税所得额时扣除。

4. 本通知自2011年1月1日起至2015年12月31日止执行。

5.13.2 《广告费和业务宣传费跨年度纳税调整明细表》（A105060）表样及其填报说明

《广告费和业务宣传费跨年度纳税调整明细表》（A105060）表样如表5-27所示。

表 5-27

A105060　　　　　　　　**广告费和业务宣传费跨年度纳税调整明细表**

行次	项目	金额
1	一、本年广告费和业务宣传费支出	
2	减：不允许扣除的广告费和业务宣传费支出	
3	二、本年符合条件的广告费和业务宣传费支出（1－2）	—
4	三、本年计算广告费和业务宣传费扣除限额的销售（营业）收入	
5	税收规定扣除率	15％
6	四、本企业计算的广告费和业务宣传费扣除限额（4×5）	—
7	五、本年结转以后年度扣除额（3＞6，本行＝3－6；3≤6，本行＝0）	—
8	加：以前年度累计结转扣除额	
9	减：本年扣除的以前年度结转额［3＞6，本行＝0；3≤6，本行＝8 或（6－3）孰小值］	—
10	六、按照分摊协议归集至其他关联方的广告费和业务宣传费（10≤3 或 6 孰小值）	
11	按照分摊协议从其他关联方归集至本企业的广告费和业务宣传费	
12	七、本年广告费和业务宣传费支出纳税调整金额（3＞6，本行＝2＋3－6＋10－11；3≤6，本行＝2＋10－11－9）	—
13	八、累计结转以后年度扣除额（7＋8－9）	—

本表适用于发生广告费和业务宣传费纳税调整项目的纳税人填报。纳税人根据税法、《财政部、国家税务总局关于广告费和业务宣传费支出税前扣除政策的通知》（财税〔2012〕48 号）等相关规定，以及国家统一企业会计制度，填报广告费和业务宣传费会计处理、税法规定，以及跨年度纳税调整情况。

5.13.2.1　有关项目填报说明

1. 第 1 行"一、本年广告费和业务宣传费支出"：填报纳税人会计核算计入本年损益的广告费和业务宣传费用金额。

2. 第 2 行"减：不允许扣除的广告费和业务宣传费支出"：填报税法规定不允许扣除的广告费和业务宣传费支出金额。

3. 第 3 行"二、本年符合条件的广告费和业务宣传费支出"：填报第

1－2行的金额。

4. 第4行"三、本年计算广告费和业务宣传费扣除限额的销售（营业）收入"：填报按照税法规定计算广告费和业务宣传费扣除限额的当年销售（营业）收入。

5. 第5行"税收规定扣除率"：填报税法规定的扣除比例。

6. 第6行"四、本企业计算的广告费和业务宣传费扣除限额"：填报第4×5行的金额。

7. 第7行"五、本年结转以后年度扣除额"：若第3行＞第6行，填报第3－6行的金额；若第3行≤第6行，填0。

8. 第8行"加：以前年度累计结转扣除额"：填报以前年度允许税前扣除但超过扣除限额未扣除、结转扣除的广告费和业务宣传费的金额。

9. 第9行"减：本年扣除的以前年度结转额"：若第3行＞第6行，填0；若第3行≤第6行，填报第6－3行或第8行的孰小值。

10. 第10行"六、按照分摊协议归集至其他关联方的广告费和业务宣传费"：填报签订广告费和业务宣传费分摊协议（以下简称分摊协议）的关联企业的一方，按照分摊协议，将其发生的不超过当年销售（营业）收入税前扣除限额比例内的广告费和业务宣传费支出归集至其他关联方扣除的广告费和业务宣传费，本行应≤第3行或第6行的孰小值。

11. 第11行"按照分摊协议从其他关联方归集至本企业的广告费和业务宣传费"：填报签订广告费和业务宣传费分摊协议（以下简称分摊协议）的关联企业的一方，按照分摊协议，从其他关联方归集至本企业的广告费和业务宣传费。

12. 第12行"七、本年广告费和业务宣传费支出纳税调整金额"：若第3行＞第6行，填报第2＋3－6＋10－11行的金额；若第3行≤第6行，填报第2＋10－11－9行的金额。

13. 第13行"八、累计结转以后年度扣除额"：填报第7＋8－9行的金额。

5.13.2.2　表内、表间关系

1. 表内关系。

（1）第3行＝第1－2行。

（2）第6行＝第4×5行。

（3）若第 3＞6 行，第 7 行＝第 3－6 行；若第 3≤6 行，第 7 行＝0。

（4）若第 3＞6 行，第 9 行＝0；若第 3≤6 行，第 9 行＝第 8 行或第 6－3 行的孰小值。

（5）若第 3＞6 行，第 12 行＝2＋3－6＋10－11 行；若第 3≤6 行，第 12 行＝第 2－9＋10－11 行。

（6）第 13 行＝第 7＋8－9 行。

2. 表间关系。

第 12 行，若≥0，填入表 A105000 第 16 行第 3 列，若＜0，将第 12 行的绝对值填入表 A105000 第 16 行第 4 列。

5.14　捐赠支出

税法规定予以全额税前扣除的公益性捐赠不在本表填报。

企业发生的公益性捐赠支出，不超过年度利润总额 12％的部分，准予扣除。年度利润总额，是指企业依照国家统一会计制度的规定计算的年度会计利润。企业或个人通过获得公益性捐赠税前扣除资格的公益性社会团体或县级以上人民政府及其组成部门和直属机构，用于公益事业的捐赠支出，可以按规定进行所得税税前扣除。其中县级以上人民政府及其部门指县级（含县级，下同）以上人民政府及其组成部门和直属机构。

企业进行特别事项的捐赠支出，依国务院或财税部门的规定可以全额进行扣除。

每年度财税部门会公布公益性捐赠机构的名单，这包括财政部，也包括地方的财政部门，是每年进行的，并不是如 2008 年认定之后就永远有效，所以每年我们都要关注有哪些机构在公益性可扣除的名单之内。如果不通过这些机构而直接向受赠人捐赠，税前是不能扣除的。

捐赠还有一个事项就是必须要取得带有捐赠相关字样的票据，注意不要拿到对方随便给的收据就了事，否则税上可能会吃亏。如果不符合扣除条件，就填写在非公益性捐赠的列次。至于非公益性捐赠与赞助支出到底如何区分填写，我们后面再说。

报表填写比较简单，如果有的单位捐赠的对象比较多，理论上可以继续追加行次，如果有重名的也可以合并填写。只是这个扣除限额是利润总额的 12％，捐赠亏损了是不允许税前扣除的，也得量力而行。

5.14.1 政策法规

● 《企业所得税法》

第九条 企业发生的公益性捐赠支出，在年度利润总额 12% 以内的部分，准予在计算应纳税所得额时扣除。

● 《企业所得税法实施条例》

第五十一条 企业所得税法第九条所称公益性捐赠，是指企业通过公益性社会团体或者县级以上人民政府及其部门[1]，用于《中华人民共和国公益事业捐赠法》规定的公益事业的捐赠。

第五十二条 本条例第五十一条所称公益性社会团体，是指同时符合下列条件的基金会、慈善组织等社会团体：

（一）依法登记，具有法人资格；

（二）以发展公益事业为宗旨，且不以营利为目的；

（三）全部资产及其增值为该法人所有；

（四）收益和营运结余主要用于符合该法人设立目的的事业；

（五）终止后的剩余财产不归属任何个人或者营利组织；

（六）不经营与其设立目的无关的业务；

（七）有健全的财务会计制度；

（八）捐赠者不以任何形式参与社会团体财产的分配；

（九）国务院财政、税务主管部门会同国务院民政部门等登记管理部门规定的其他条件。

第五十三条 企业发生的公益性捐赠支出，不超过年度利润总额 12% 的部分，准予扣除。年度利润总额，是指企业依照国家统一会计制度的规定计算的年度会计利润。

● 《财政部、国家税务总局关于公益性捐赠税前扣除有关问题的补充通知》（财税〔2010〕45 号）

一、企业或个人通过获得公益性捐赠税前扣除资格的公益性社会团体或县级以上人民政府及其组成部门和直属机构，用于公益事业的捐赠支出，可以按规定进行所得税税前扣除。

---

[1] 依据《财政部、国家税务总局、民政部关于公益性捐赠税前扣除有关问题的通知》（财税〔2008〕160 号），指县级（含县级，下同）以上人民政府及其组成部门和直属机构。

县级以上人民政府及其组成部门和直属机构的公益性捐赠税前扣除资格不需要认定。

……

三、对获得公益性捐赠税前扣除资格的公益性社会团体，由财政部、国家税务总局和民政部以及省、自治区、直辖市、计划单列市财政、税务和民政部门每年分别联合公布名单。名单应当包括当年继续获得公益性捐赠税前扣除资格和新获得公益性捐赠税前扣除资格的公益性社会团体。

企业或个人在名单所属年度内向名单内的公益性社会团体进行的公益性捐赠支出，可按规定进行税前扣除。

……

五、对于通过公益性社会团体发生的公益性捐赠支出，企业或个人应提供省级以上（含省级）财政部门印制并加盖接受捐赠单位印章的公益性捐赠票据，或加盖接受捐赠单位印章的《非税收入一般缴款书》收据联，方可按规定进行税前扣除。

●《财政部关于印发〈公益事业捐赠票据使用管理暂行办法〉的通知》（财综〔2010〕112号）

第二条 本办法所称的公益事业捐赠票据（以下简称捐赠票据），是指各级人民政府及其部门、公益性事业单位、公益性社会团体及其他公益性组织（以下简称公益性单位）按照自愿、无偿原则，依法接受并用于公益事业的捐赠财物时，向提供捐赠的自然人、法人和其他组织开具的凭证。

本办法所称的公益事业，是指下列非营利事项：

（一）救助灾害、救济贫困、扶助残疾人等困难的社会群体和个人的活动；

（二）教育、科学、文化、卫生、体育事业；

（三）环境保护、社会公共设施建设；

（四）促进社会发展和进步的其他社会公共和福利事业。

第三条 捐赠票据是会计核算的原始凭证，是财政、税务、审计、监察等部门进行监督检查的依据。

捐赠票据是捐赠人对外捐赠并根据国家有关规定申请捐赠款项税前扣除的有效凭证。

第三十三条 本办法自2011年7月1日起施行。

●《财政部、国家税务总局、民政部关于公布获得2014年度第一批公益

性捐赠税前扣除资格的公益性社会团体名单的通知》（财税〔2014〕69号）

根据《财政部、国家税务总局 民政部关于公益性捐赠税前扣除有关问题的通知》（财税〔2008〕160号）和《财政部、国家税务总局、民政部关于公益性捐赠税前扣除有关问题的补充通知》（财税〔2010〕45号）的规定，财政部、国家税务总局和民政部联合审核确认了获得2014年度第一批公益性捐赠税前扣除资格的公益性社会团体名单，现予以公布。

经财政部、国家税务总局和民政部联合审核确认，中华少年儿童慈善救助基金会具有2012年度公益性捐赠税前扣除的资格、海峡两岸关系协会具有2013年度公益性捐赠税前扣除的资格。

附件：获得2014年度第一批公益性捐赠税前扣除资格的公益性社会团体名单

1. 神华公益基金会
2. 爱佑慈善基金会
3. 中国人保公益慈善基金会
4. 陈香梅公益基金会
5. 增爱公益基金会
6. 安利公益基金会
7. 中华同心温暖工程基金会
8. 亿利公益基金会
9. 中华思源工程扶贫基金会
10. 中国红十字基金会
11. 中国社会福利基金会
12. 兰州大学教育发展基金会
13. 陈嘉庚科学奖基金会
14. 张学良教育基金会
15. 宝钢教育基金会
16. 北京交通大学教育基金会
17. 北京科技大学教育发展基金会
18. 西北农林科技大学教育发展基金会
19. 中国教育发展基金会
20. 传媒大学教育基金会
21. 中国西部人才开发基金会
22. 中国华夏文化遗产基金会

23. 中国国际文化交流基金会

24. 中国马克思主义研究基金会

25. 中国留学人才发展基金会

26. 中国残疾人福利基金会

27. 中国航天基金会

28. 南都公益基金会

29. 中国移动慈善基金会

30. 中国海油海洋环境与生态保护公益基金会

31. 中国生物多样性保护与绿色发展基金会

32. 中国检察官教育基金会

33. 四川大学教育基金会

34. 孙冶方经济科学基金会

35. 凯风公益基金会

36. 招商局慈善基金会

37. 华民慈善基金会

38. 中国国际战略研究基金会

39. 中国友好和平发展基金会

40. 中国民航科普基金会

41. 香江社会救助基金会

42. 中国志愿服务基金会

43. 中国人口福利基金会

44. 中国青年创业就业基金会

45. 中国经济改革研究基金会

46. 中华慈善总会

47. 中国癌症基金会

48. 中华国际医学交流基金会

49. 中国初级卫生保健基金会

50. 中华全国体育基金会

51. 中国古生物化石保护基金会

52. 中华环境保护基金会

53. 中国绿色碳汇基金会

54. 中华社会救助基金会

55. 中国法律援助基金会

56. 中华健康快车基金会

57. 吴阶平医学基金会

58. 中国孔子基金会

59. 中国妇女发展基金会

60. 中国华侨公益基金会

61. 中国法学交流基金会

62. 中国公安民警英烈基金会

63. 中国人寿慈善基金会

64. 李可染艺术基金会

65. 马海德基金会

66. 中国科技馆发展基金会

67. 李四光地质科学奖基金会

68. 润慈公益基金会

69. 致福慈善基金会

70. 韩美林艺术基金会

71. 实事助学基金会

72. 爱慕公益基金会

73. 中华文学基金会

74. 中国少数民族文化艺术基金会

75. 中科院研究生教育基金会

76. 中国京剧艺术基金会

77. 中国博士后科学基金会

78. 中国医学基金会

79. 章如庚慈善基金会

80. 慈孝特困老人救助基金会

81. 兴华公益基金会

82. 心平公益基金会

83. 智善公益基金会

84. 包商银行公益基金会

85. 东风公益基金会

86. 王振滔慈善基金会

87. 腾讯公益慈善基金会

88. 华鼎国学研究基金会

89. 詹天佑科学技术发展基金会

90. 中国益民文化建设基金会

91. 鲁迅文化基金会

92. 瀛公益基金会

93. 萨马兰奇体育发展基金会

94. 北京理工大学教育基金会

95. 中南大学教育基金会

96. 中国青少年发展基金会

97. 思利及人公益基金会

98. 北京航空航天大学教育基金会

99. 中国下一代教育基金会

100. 纺织之光科技教育基金会

101. 中国农业大学教育基金会

102. 河南大学教育发展基金会

103. 中国老龄事业发展基金会

104. 中华社会文化发展基金会

105. 中国交响乐发展基金会

106. 泛海公益基金会

107. 中远慈善基金会

108. 阿里巴巴公益基金会

109. 中国和平发展基金会

110. 中社社会工作发展基金会

111. 开明慈善基金会

112. 中国金融教育发展基金会

113. 天合公益基金会

114. 国家电网公益基金会

115. 亨通慈善基金会

116. 海仓慈善基金会

117. 万科公益基金会

118. 中国文物保护基金会

119. 友成企业家扶贫基金会

120. 中国文学艺术基金会

121. 浙江大学教育基金会

122. 中国健康促进基金会

123. 中国医药卫生事业发展基金会

124. 中国牙病防治基金会

125. 北京大学教育基金会

126. 中国煤矿尘肺病防治基金会

127. 中国煤矿文化宣传基金会

128. 中华见义勇为基金会

129. 中国敦煌石窟保护研究基金会

130. 中国预防性病艾滋病基金会

131. 中国光彩事业基金会

132. 中国企业管理科学基金会

133. 济仁慈善基金会

134. 中兴通讯公益基金会

135. 中国拥军优属基金会

136. 华侨茶业发展研究基金会

137. 纪念苏天·横河仪器仪表人才发展基金会

138. 韬奋基金会

139. 陶行知教育基金会

140. 金龙鱼慈善公益基金会

141. 比亚迪慈善基金会

142. 援助西藏发展基金会

143. 中华少年儿童慈善救助基金会

144. 中国肝炎防治基金会

145. 中华艺文基金会

146. 清华大学教育基金会

147. 中国教师发展基金会

148. 中华农业科教基金会

149. 中华志愿者协会

5.14.2 《捐赠支出纳税调整明细表》(A105070)表样及其填报说明

《捐赠支出纳税调整明细表》(A105070)表样如表5-28所示。

表 5-28

A105070　　　　　　　　　　　　　　**捐赠支出纳税调整明细表**

行次	受赠单位名称	公益性捐赠				非公益性捐赠	纳税调整金额
		账载金额	按税收规定计算的扣除限额	税收金额	纳税调整金额	账载金额	
	1	2	3	4	5（2－4）	6	7（5＋6）
1			＊	＊	＊		＊
2			＊	＊	＊		＊
3			＊	＊	＊		＊
4			＊	＊	＊		＊
5			＊	＊	＊		＊
6			＊	＊	＊		＊
7			＊	＊	＊		＊
8			＊	＊	＊		＊
9			＊	＊	＊		＊
10			＊	＊	＊		＊
11			＊	＊	＊		＊
12			＊	＊	＊		＊
13			＊	＊	＊		＊
14			＊	＊	＊		＊
15			＊	＊	＊		＊
16			＊	＊	＊		＊
17			＊	＊	＊		＊
18			＊	＊	＊		＊
19			＊	＊	＊		＊
20	合计	－				－	－

本表适用于发生捐赠支出纳税调整项目的纳税人填报。纳税人根据税

法、《财政部、国家税务总局关于公益性捐赠税前扣除有关问题的通知》（财税〔2008〕160号）等相关规定，以及国家统一企业会计制度，填报捐赠支出会计处理、税法规定，以及纳税调整情况。税法规定予以全额税前扣除的公益性捐赠不在本表填报。

5.14.2.1 有关项目填报说明

1. 第1列"受赠单位名称"：填报捐赠支出的具体受赠单位，按受赠单位进行明细填报。

2. 第2列"公益性捐赠——账载金额"：填报纳税人会计核算计入本年损益的公益性捐赠支出金额。

3. 第3列"公益性捐赠——按税收规定计算的扣除限额"：填报年度利润总额×12％。

4. 第4列"公益性捐赠——税收金额"：填报税法规定允许税前扣除的公益性捐赠支出金额，不得超过当年利润总额的12％，按第2列与第3列孰小值填报。

5. 第5列"公益性捐赠——纳税调整金额"：填报第2－4列的金额。

6. 第6列"非公益性捐赠——账载金额"：填报会计核算计入本年损益的税法规定公益性捐赠以外其他捐赠金额。

7. 第7列"纳税调整金额"：填报第5＋6列的金额。

5.14.2.2 表内、表间关系

1. 表内关系。
（1）第20行第5列＝第20行第2－4列。
（2）第20行第7列＝第20行第5＋6列。

2. 表间关系。
（1）第20行第2＋6列＝表A105000第17行第1列。
（2）第20行第4列＝表A105000第17行第2列。
（3）第20行第7列＝表A105000第17行第3列。

5. 15　利息支出

利息支出的调整还是比较复杂的，理论上需要确认计入利润表支出金额，看是否超过税法规定的限额。如同期同类的比率、债资比、资本化等。同时关于借款利息的票据，基本是认"人"，如银行多是出个利息单就认可，但是财务公司、信托公司，一般需要提供发票，所以这部分需要重点考虑。

5. 15. 1　主要关注事项

由于涉及事项复杂，这里需要纳税人关注如下的事项（见表 5-29）：

表 5-29

事项	处理
从非金融机构借款	不超过按照金融企业同期同类贷款利率计算的数额的部分准予扣除，只要能找到本省任何一家金融企业提供同期同类贷款利率情况支持，基本认可。
债资比	这个比较敏感，但仍有空间，企业如果能够按照税法及其实施条例的有关规定提供相关资料，并证明相关交易活动符合独立交易原则的；或者该企业的实际税负不高于境内关联方的，其实际支付给境内关联方的利息支出，在计算应纳税所得额时准予扣除。
票据	看情形取得合规的票据。
支付时间	一般支付时间是与票据一致的，因此如果支付时间是次年 5 月 31 日之后，估计有可能不被认可，但合同就是这样规定的，不认可的确是形式主义的把握，如发行债券的利息支出，到最后才支付，只能认在最后一年度存在不合理之处。
资本化	如果有资本化的部分，则不能费用化扣除，但如果有上述不符合扣除的情形，建议在这个时候同时调增处理。

5. 15. 2　政策法规

● 1.《企业所得税法实施条例》

第三十七条　企业在生产经营活动中发生的合理的不需要资本化的借款

费用，准予扣除。

企业为购置、建造固定资产、无形资产和经过 12 个月以上的建造才能达到预定可销售状态的存货发生借款的，在有关资产购置、建造期间发生的合理的借款费用，应当作为资本性支出计入有关资产的成本，并依照本条例的规定扣除。

第三十八条 企业在生产经营活动中发生的下列利息支出，准予扣除：

（一）非金融企业向金融企业借款的利息支出、金融企业的各项存款利息支出和同业拆借利息支出、企业经批准发行债券的利息支出；

（二）非金融企业向非金融企业借款的利息支出，不超过按照金融企业同期同类贷款利率计算的数额的部分。

第一百一十九条 企业所得税法第四十六条所称债权性投资，是指企业直接或者间接从关联方获得的，需要偿还本金和支付利息或者需要以其他具有支付利息性质的方式予以补偿的融资。

企业间接从关联方获得的债权性投资，包括：

（一）关联方通过无关联第三方提供的债权性投资；

（二）无关联第三方提供的、由关联方担保且负有连带责任的债权性投资；

（三）其他间接从关联方获得的具有负债实质的债权性投资。

企业所得税法第四十六条所称权益性投资，是指企业接受的不需要偿还本金和支付利息，投资人对企业净资产拥有所有权的投资。

企业所得税法第四十六条所称标准，由国务院财政、税务主管部门另行规定。

● 《财政部、国家税务总局关于企业关联方利息支出税前扣除标准有关税收政策问题的通知》（财税〔2008〕121 号）

一、在计算应纳税所得额时，企业实际支付给关联方的利息支出，不超过以下规定比例和税法及其实施条例有关规定计算的部分，准予扣除，超过的部分不得在发生当期和以后年度扣除。

企业实际支付给关联方的利息支出，除符合本通知第二条规定外，其接受关联方债权性投资与其权益性投资比例为：

（一）金融企业，为 5：1；

（二）其他企业，为 2：1。

二、企业如果能够按照税法及其实施条例的有关规定提供相关资料，并证明相关交易活动符合独立交易原则的；或者该企业的实际税负不高于境内关联方的，其实际支付给境内关联方的利息支出，在计算应纳税所得额时准予扣除。

三、企业同时从事金融业务和非金融业务，其实际支付给关联方的利息支出，应按照合理方法分开计算；没有按照合理方法分开计算的，一律按本通知第一条有关其他企业的比例计算准予税前扣除的利息支出。

四、企业自关联方取得的不符合规定的利息收入应按照有关规定缴纳企业所得税。

●《国家税务总局关于企业投资者投资未到位而发生的利息支出企业所得税前扣除问题的批复》（国税函〔2009〕312 号）

关于企业由于投资者投资未到位而发生的利息支出扣除问题，根据《中华人民共和国企业所得税法实施条例》第二十七条规定，凡企业投资者在规定期限内未缴足其应缴资本额的，该企业对外借款所发生的利息，相当于投资者实缴资本额与在规定期限内应缴资本额的差额应计付的利息，其不属于企业合理的支出，应由企业投资者负担，不得在计算企业应纳税所得额时扣除。

具体计算不得扣除的利息，应以企业一个年度内每一账面实收资本与借款余额保持不变的期间作为一个计算期，每一计算期内不得扣除的借款利息按该期间借款利息发生额乘以该期间企业未缴足的注册资本占借款总额的比例计算，公式为：

$$\text{企业每一计算期}\atop\text{不得扣除的借款利息} = \text{该期间借款利息额} \times \frac{\text{该期间未缴足注册资本额}}{\text{该期间借款额}}$$

企业一个年度内不得扣除的借款利息总额为该年度内每一计算期不得扣除的借款利息额之和。

●《国家税务总局关于印发〈特别纳税调整实施办法（试行）〉的通知》（国税发〔2009〕2 号）

第九章　资本弱化管理

第八十五条　所得税法第四十六条所称不得在计算应纳税所得额时扣除的利息支出应按以下公式计算：

$$\text{不得扣除}\atop\text{利息支出} = \text{年度实际支付的}\atop\text{全部关联方利息} \times (1 - \text{标准比例}/\text{关联债资比例})$$

其中：

标准比例是指《财政部、国家税务总局关于企业关联方利息支出税前扣除标准有关税收政策问题的通知》（财税〔2008〕121 号）规定的比例。

关联债资比例是指根据所得税法第四十六条及所得税法实施条例第一百一十九的规定，企业从其全部关联方接受的债权性投资（以下简称关联债权投资）占企业接受的权益性投资（以下简称权益投资）的比例，关联债权投资包括关联方以各种形式提供担保的债权性投资。

第八十六条 关联债资比例的具体计算方法如下：

$$关联债资比例 = \frac{年度各月平均关联债权投资之和}{年度各月平均权益投资之和}$$

其中：

$$各月平均关联债权投资 = (关联债权投资月初账面余额十月末账面余额)/2$$

$$各月平均权益投资 = (权益投资月初账面余额十月末账面余额)/2$$

权益投资为企业资产负债表所列示的所有者权益金额。如果所有者权益小于实收资本（股本）与资本公积之和，则权益投资为实收资本（股本）与资本公积之和；如果实收资本（股本）与资本公积之和小于实收资本（股本）金额，则权益投资为实收资本（股本）金额。

第八十七条 所得税法第四十六条所称的利息支出包括直接或间接关联债权投资实际支付的利息、担保费、抵押费和其他具有利息性质的费用。

第八十八条 所得税法第四十六条规定不得在计算应纳税所得额时扣除的利息支出，不得结转到以后纳税年度；应按照实际支付给各关联方利息占关联方利息总额的比例，在各关联方之间进行分配，其中，分配给实际税负高于企业的境内关联方的利息准予扣除；直接或间接实际支付给境外关联方的利息应视同分配的股息，按照股息和利息分别适用的所得税税率差补征企业所得税，如已扣缴的所得税税款多于按股息计算应征所得税税款，多出的部分不予退税。

第八十九条 企业关联债资比例超过标准比例的利息支出，如要在计算应纳税所得额时扣除，除遵照本办法第三章规定外，还应准备、保存、并按税务机关要求提供以下同期资料，证明关联债权投资金额、利率、期限、融资条件以及债资比例等均符合独立交易原则：

（一）企业偿债能力和举债能力分析；

（二）企业集团举债能力及融资结构情况分析；

（三）企业注册资本等权益投资的变动情况说明；

（四）关联债权投资的性质、目的及取得时的市场状况；

（五）关联债权投资的货币种类、金额、利率、期限及融资条件；

（六）企业提供的抵押品情况及条件；

（七）担保人状况及担保条件；

（八）同类同期贷款的利率情况及融资条件；

（九）可转换公司债券的转换条件；

（十）其他能够证明符合独立交易原则的资料。

第九十条　企业未按规定准备、保存和提供同期资料证明关联债权投资金额、利率、期限、融资条件以及债资比例等符合独立交易原则的，其超过标准比例的关联方利息支出，不得在计算应纳税所得额时扣除。

第九十一条　本章所称"实际支付利息"是指企业按照权责发生制原则计入相关成本、费用的利息。

企业实际支付关联方利息存在转让定价问题的，税务机关应首先按照本办法第五章的有关规定实施转让定价调查调整。

● 《国家税务总局关于企业向自然人借款的利息支出企业所得税税前扣除问题的通知》（国税函〔2009〕777 号）

一、企业向股东或其他与企业有关联关系的自然人借款的利息支出，应根据《中华人民共和国企业所得税法》（以下简称税法）第四十六条及《财政部、国家税务总局关于企业关联方利息支出税前扣除标准有关税收政策问题的通知》（财税〔2008〕121 号）规定的条件，计算企业所得税扣除额。

二、企业向除第一条规定以外的内部职工或其他人员借款的利息支出，其借款情况同时符合以下条件的，其利息支出在不超过按照金融企业同期同类贷款利率计算的数额的部分，根据税法第八条和税法实施条例第二十七条规定，准予扣除。

（一）企业与个人之间的借贷是真实、合法、有效的，并且不具有非法集资目的或其他违反法律、法规的行为；

（二）企业与个人之间签订了借款合同。

● 《国家税务总局关于企业所得税若干问题的公告》（国家税务总局公告 2011 年第 34 号）

根据《实施条例》第三十八条规定，非金融企业向非金融企业借款的利息支出，不超过按照金融企业同期同类贷款利率计算的数额的部分，准予税前扣除。鉴于目前我国对金融企业利率要求的具体情况，企业在按照合同要求首次支付利息并进行税前扣除时，应提供"金融企业的同期同类贷款利率情况说明"，以证明其利息支出的合理性。

"金融企业的同期同类贷款利率情况说明"中，应包括在签订该借款合同时本省任何一家金融企业提供同期同类贷款利率情况。该金融企业应为经政府有关部门批准成立的可以从事贷款业务的企业，包括银行、财务公司、信托公司等金融机构。"同期同类贷款利率"是指在贷款期限、贷款金额、贷款担保以及企业信誉等条件基本相同下，金融企业提供贷款的利率。既可以是金融企业公布的同期同类平均利率，也可以是金融企业对某些企业提供的实际贷款利率。

5.16 罚金、罚款和被没收财物的损失

这个事项非常清楚，如果有发生，直接填列，只能调增处理，只要填表说明中已经标注清楚，不包括纳税人按照经济合同规定支付的违约金（包括银行罚息）、罚款和诉讼费。一般企业在营业外支出中核算，但如果与经济性罚款混在一起，就需要剔除出来。

5.17 税收滞纳金、加收利息

与税相关的滞纳金，特别是与转让定价相关的补税的加收利息，是明确规定不得税前扣除的。至于支付的社保支出滞纳金，并不在此限制之列，因此是可以税前扣除的，不需要作纳税调整处理。

5.18 赞助支出

填报纳税人会计核算计入当期损益的不符合税法规定的公益性捐赠的赞助支出的金额，包括直接向受赠人的捐赠、赞助支出等（不含广告性的赞助支出，广告性的赞助支出在表 A105060 中调整），因此这里的赞助支出与捐赠附表中的非公益性捐赠支出，还是有差别的，如对于没有列入名单之中的受赠机构，虽是公益性，也不得税前扣除。

例如，有的企业被强制要求赞助某项活动，也不允许打广告，这就等于雪上加霜，须作纳税调增处理。

5.19 与未实现融资收益相关在当期确认的财务费用

这个事项，如果没有亲自做过会计处理，可能还真不知道是什么东西，一般这个事项发生于融资租赁与分期收款销售货物方面，前面我们已经过举例子，这个事项一般人关注得较少，而且其间的调整也不到位，这里我们从会计处理的角度来考虑，并举例说明。因为我们还没有看到一个对这个事项象样的解读，以让纳税人理解理论的说法。

[例5-13] 2014年1月，A公司销售给B公司货物，约定五年分期收款，合同价1 000万元，于每年12月收取，该设备当时的付现销售价格是800万元，则这是一项融资性质的销售，差额200万元作为未实现的融资收益在会计上核算。

不考虑增值税的情形下，会计分录为：

借：长期应收款   1 000

     贷：主营业务收入   800

        未实现融资收益   200

实际收款时：

借：银行存款   200

     贷：长期应收款   200

根据实际利率法确认的财务费用：

借：未实现融资收益

            45（需要根据实际利率法计算，此处省略计算过程）

     贷：财务费用   45

税法上因为符合分期收款确认收入的条件，因此当期需要纳税调减600万元，如表5-30所示。

表5-30   单位：万元

行次	项目	合同金额（交易金额）	账载金额		税收金额		纳税调整金额
			本年	累计	本年	累计	
		1	2	3	4	5	6（4-2）
1	一、跨期收取的租金、利息、特许权使用费收入（2+3+4）	—	—	—	—	—	

续表

行次	项目	合同金额（交易金额）	账载金额		税收金额		纳税调整金额
			本年	累计	本年	累计	
		1	2	3	4	5	6(4−2)
2	（一）租金						—
3	（二）利息						—
4	（三）特许权使用费						—
5	二、分期确认收入（6＋7＋8）	1 000.00	800.00	800.00	200.00	200.00	−600.00
6	（一）分期收款方式销售货物收入	1 000.00	800.00	800.00	200.00	200.00	−600.00
7	（二）持续时间超过12个月的建造合同收入						
8	（三）其他分期确认收入						
9	三、政府补助递延收入（10＋11＋12）	—	—	—	—	—	—
10	（一）与收益相关的政府补助						—
11	（二）与资产相关的政府补助						—
12	（三）其他						
13	四、其他未按权责发生制确认收入						—
14	合计（1＋5＋9＋13）	1 000.00	800.00	800.00	200.00	200.00	−600.00

同时，要继续调整财务费用，因为财务费用冲减45万元，利润总额多了，其时按200万元在税收上计算，不必考虑财务费用，所以税法上视其为不发生处理。财务费用调整如表5-31所示。

表5-31　　　　　　　　　　　　　　　　　　　　　　　　单位：万元

行次	项目	账载金额	税收金额	调增金额	调减金额
		1	2	3	4
22	（十）与未实现融资收益相关在当期确认的财务费用	−45.00		—	45.00

当然现实当中，企业如果不调整，相当于有了递延纳税的权利没有使用，是不利于企业的。这是从销售方来说的，其实申报表并没有从购买方进行相应内容的列示，即未确认融资费用的调整，不能不说其是不对称的填表内容少了一半，因此如果涉及相关的租赁资产进行折旧调整的，必须要考虑财务费用借方数据的调整。但是如果没有调整，因为是时间性差异，索性就过了，至少没有造成基数减少。

5.20　佣金和手续费支出

首先我们要明确，这里的佣金和手续费支出是对于税法有限制要求的佣金和手续费支出，并不是会计上叫佣金或手续费的，就要在这里填写，即使是佣金和手续费，只要不受制于扣除限额标准，就不需要填写。

5.20.1　范围的基本理解

财税〔2009〕29 号[1]文"解放"了保险公司的税前佣金的扣除[2]，但由于其他企业存在的手续费及佣金比率往往大于限额 5%，其他类企业被推入不确定的扣除调整的可能性情形中。对"手续费及佣金"定义的不明确，以及对提供服务方资格的判定不明确所导致的争议非常大。

国家税务总局 2012 年第 15 号公告"解放"了电信企业、证券公司的手续费、佣金受上述文件的限制，电信企业的解释一定意义上提出了劳务性费用与佣金、手续费的不同，因此很多企业，包括代理销售产品提供信息、关系协调的人员，都可以从此得到启示。

理论上讲，市场经济主体下，其支出多少应尊重纳税主体的主观行为，而税前设置企业特定费用的扣除标准或限额，有保护税收利益的考虑，在众多的税前扣除规则中，存在的问题多是扣除事项的范围争议，但是手续费、佣金是什么，一直以来都不甚清晰，甚至发生了很多看似有趣的争议事项。

如某证券公司在上海证券交易所缴纳的平台使用费，会计处理上记为手

---

[1]　财税〔2009〕29 号，即《财政部、国家税务总局关于企业手续费及佣金支出税前扣除政策的通知》。

[2]　比例明确，而且结合行业的水平进行了规定，一定程度上是对保险公司有利的文件。

续费，主管税务机关据此认定其缴纳的费用属于财税〔2009〕29号文件所限制列支的佣金及手续费，由于相应的费用合计大于5%，需要作纳税调增，此后经过"摆事实、讲税法"，企业终于让税务机关认可上海证券交易所并不是以居间介绍的功能收取的费用，而是交易平台的使过程发生的综合性的运营收费，最后"幸免于难"。

财税〔2009〕29号文件并不适用于房地产企业的特定情形，《国家税务总局关于印发〈房地产开发经营业务企业所得税处理办法〉的通知》（国税发〔2009〕31号）规定，企业委托境外机构销售开发产品的，其支付境外机构的销售费用（含佣金或手续费）不超过委托销售收入10%的部分，准予据实扣除。在实践当中，需要关注支付销售费用的真实性，这里的销售费用，是超过佣金或手续费的费用，并非仅仅针对佣金及手续费。

5.20.2 如何理解居间介绍

对"具有合法经营资格中介服务机构或个人（不含交易双方及其雇员、代理人和代表人等）"，我们应如何理解？比如某医药公司，通过一些代理商，以公司的名义去介绍客户，拓展渠道，医药公司直接开具发票给医院并结算款项，随后医药公司向代理商支付劳务费。这种情形是否属于佣金和手续费呢？

我们理解，这就是简单的劳务支出，并不是是有某能资格才能去做，支付多少费用是市场行为，并不破坏经济秩序，所以不宜算作要在这里填写并进行计算的纳税调整事项。

5.20.3 政策法规

●《财政部、国家税务总局关于企业手续费及佣金支出税前扣除政策的通知》（财税〔2009〕29号）

一、企业发生与生产经营有关的手续费及佣金支出，不超过以下规定计算限额以内的部分，准予扣除；超过部分，不得扣除。

1. 保险企业：财产保险企业按当年全部保费收入扣除退保金等后余额的15%（含本数，下同）计算限额；人身保险企业按当年全部保费收入扣除退保金等后余额的10%计算限额。

2. 其他企业：按与具有合法经营资格中介服务机构或个人（不含交易

双方及其雇员、代理人和代表人等）所签订服务协议或合同确认的收入金额的 5％ 计算限额。

二、企业应与具有合法经营资格中介服务企业或个人签订代办协议或合同，并按国家有关规定支付手续费及佣金。除委托个人代理外，企业以现金等非转账方式支付的手续费及佣金不得在税前扣除。企业为发行权益性证券支付给有关证券承销机构的手续费及佣金不得在税前扣除。

三、企业不得将手续费及佣金支出计入回扣、业务提成、返利、进场费等费用。

四、企业已计入固定资产、无形资产等相关资产的手续费及佣金支出，应当通过折旧、摊销等方式分期扣除，不得在发生当期直接扣除。

五、企业支付的手续费及佣金不得直接冲减服务协议或合同金额，并如实入账。

六、企业应当如实向当地主管税务机关提供当年手续费及佣金计算分配表和其他相关资料，并依法取得合法真实凭证。

● 《国家税务总局关于印发〈房地产开发经营业务企业所得税处理办法〉的通知》（国税发〔2009〕31 号）

第二十条　企业委托境外机构销售开发产品的，其支付境外机构的销售费用（含佣金或手续费）不超过委托销售收入 10％ 的部分，准予据实扣除。

● 《国家税务总局关于企业所得税应纳税所得额若干税务处理问题的公告》（国家税务总局公告 2012 年第 15 号）

三、关于从事代理服务企业营业成本税前扣除问题

从事代理服务、主营业务收入为手续费、佣金的企业（如证券、期货、保险代理等企业），其为取得该类收入而实际发生的营业成本（包括手续费及佣金支出），准予在企业所得税前据实扣除。

四、关于电信企业手续费及佣金支出税前扣除问题

电信企业在发展客户、拓展业务等过程中（如委托销售电话入网卡、电话充值卡等），需向经纪人、代办商支付手续费及佣金的，其实际发生的相关手续费及佣金支出，不超过企业当年收入总额 5％ 的部分，准予在企业所得税前据实扣除。

● 《国家税务总局关于中国邮政储蓄银行支付邮政企业代理费企业所得税处理问题的通知》（国税函〔2012〕564 号）

根据国务院要求，中国银行业监督管理委员会批准，2007 年 3 月，中国

邮政集团公司（以下简称邮政企业）组建了中国邮政储蓄银行（以下简称邮储银行）。邮政企业组建邮储银行后，邮储银行作为全功能的商业银行，从事金融方面业务；而邮政企业及其各省子公司，按照国务院及有关部门的要求，接受邮储银行的委托，继续办理吸收储蓄存款等基础金融业务。邮政企业及其各省子公司吸收储蓄存款后，资金交由邮储银行运作、使用。邮储银行运作、使用取得利息收入，按照国家规定的结算方式，在邮储银行与邮政企业进行分配，并以"代理费"的形式，向邮政企业及其各省子公司支付此收益。关于邮储银行向邮政企业支付上述"代理费"税前扣除问题，经研究，现通知如下：

一、邮储银行和邮政企业经营模式和分配模式，是经国务院及国家有关部门批准进行的，其支付的上述"代理费"，不属于《财政部、国家税务总局关于企业手续费及佣金支出税前扣除政策的通知》（财税〔2009〕29号）中所规定的"手续费及佣金"范围。

二、根据《中华人民共和国企业所得税法》第八条及其实施条例第二十七条的规定，邮储银行按照财政部等有关部门规定支付给邮政企业及其各省子公司的上述"代理费"，准予据实在计算企业应纳税所得额时扣除。

三、本通知自2012年11月1日起执行。以前邮储银行按照国家规定方式支付的上述"代理费"，也依照税法规定据实扣除。

●《国家税务总局关于电信企业手续费及佣金支出税前扣除问题的公告》（国家税务总局公告2013年第59号）

依据《国家税务总局关于企业所得税应纳税所得额若干税务处理问题的公告》（国家税务总局公告2012年第15号），现就电信企业手续费及佣金支出税前扣除问题公告如下：

国家税务总局公告2012年第15号第四条所称电信企业手续费及佣金支出，仅限于电信企业在发展客户、拓展业务等过程中因委托销售电话入网卡、电话充值卡所发生的手续费及佣金支出。本公告施行时间同国家税务总局公告2012年第15号施行时间。

5.21 不征税收入用于支出所形成的费用

提到不征税收入的时候，我们已经知道此表的数据来源，并且仅是对费用化的调整，对资本化的折旧、摊销要通过资产折旧、摊销表进行调整。

5.22　跨期扣除项目

依据填表说明，填报维简费、安全生产费用、预提费用、预计负债等跨期扣除项目调整情况。第 1 列"账载金额"填报纳税人会计核算计入当期损益的跨期扣除项目金额；第 2 列"税收金额"填报按照税法规定允许税前扣除的金额。

这些费用本来之前也是要调整的，只是多在其他项目中填写，新版申报表增加了单独的行次。这些费用因为没有发生，属于虚提，因而税前不允许扣除的。

关于跨期扣除，对于如 2013 年票据列示的费用，列入 2014 年账上扣除，要不要作纳税调增？其实这也是违背权责发生制的跨期扣除，只是仅仅是时间性差异，较真的话，会让企业调整，而讲理的呢，基本上认可这种合理性的跨度费用，所以对于这部分内容可以结合具体情形来填写。

如某企业 2013 年度预提销售货物的设备维修基金 2 000 万元，2014 年度冲减了 500 万元，支出了 800 万元，我们来看看如何进行纳税调整。

在 2013 年度的利润表中，这 2 000 万元是没有实际支出的，因此需要纳税调增 2 000 万元。在 2014 年度的利润表中，税前扣除的设备维修费是 300 万元。那么，2014 年度如何进行纳税调整呢？由于冲减的 500 万元是去年纳税调增的，因此需要进行纳税调减 500 万元，当年度税前扣除 800 万元。如果从两年来看，1 500 万元是要纳税调增的，800 万元实际发生是允许税前扣除的，这与我们上面的调整结果是一样的。不要忘了扣除第二年纳税调减的 500 万元。

5.23　与取得收入无关的支出

这是所得税法中的规定条款，无关当然不允许税前扣除，例如为个人报销的费用，为投资者报销的费用，这部分只能结合实际情形分析，比如常见的为个人承担的个税（入管理费科目）、"包税"合同的税金、为个人报销的一些属于自己的费用，这些都是我们必须进行审核确认的。当然争议中如包税支出、理论与实践存在差异，要是税务机关，可以重点关注下这个，毕竟老外要"净额"的太多了。

5.24 境外所得分摊的共同支出

由于所得税法对于境内、境外是单独计算纳税调整的，对于"走出去"的企业，一定有一些费用是在国内发生，但却归属于境外服务目的，所以要准确计算各自的税款，分清彼此的费用归属。

根据《财政部、国家税务总局关于企业境外所得税收抵免有关问题的通知》（财税〔2009〕125号）的规定，在计算境外应纳税所得额时，企业为取得境内、境外所得而在境内、境外发生的共同支出，与取得境外应税所得有关的、合理的部分，应在境内、境外〔分国（地区）别〕应税所得之间，按照合理比例进行分摊后扣除。

随后《国家税务总局关于发布〈企业境外所得税收抵免操作指南〉的公告》（国家税务总局公告2010年第1号）进行了解释：本项所称共同支出，是指与取得境外所得有关但未直接计入境外所得应纳税所得额的成本费用支出，通常包括未直接计入境外所得的营业费用、管理费用和财务费用等支出。

企业应对在计算总所得额时已统一归集并扣除的共同费用，按境外每一国（地区）别数额占企业全部数额的下列一种比例或几种比例的综合比例，在每一国别的境外所得中对应调整扣除，计算来自每一国别的应纳税所得额：

（1）资产比例；

（2）收入比例；

（3）员工工资支出比例；

（4）其他合理比例。

上述分摊比例确定后应报送主管税务机关备案；无合理原因不得改变。

5.25 资产折旧、摊销

这是纳税调整的重要事项，特别是2014年起允许加速折旧，这一事项的填报更复杂，所以这项内容通过附表（再附附表）的方式来完成纳税调整。

5.25.1　折旧摊销的基本原则

如果仅说折旧年限，会计折旧年限小于税法规定的最低折旧年限，必须按照最低折旧年限进行纳税调整，如果大于税法规定的最低折旧年限，那可不得进行纳税调减处理。

如果存在可以加速折旧的税收优惠政策，不管会计上多少年，税收上都是按加速折旧摊销处理。

如果企业固定资产等会计上计提了减值准备，税法上仍按含减值的原值进行折旧计算扣除。

如果原值确认方面存在税会差异，也必须进行调整，不过差异不大的时候，估计大都不愿意搞得那样复杂。

如果有不征税收入形成的资产，其折旧与摊销对应的支出部分要作纳税调增。

5.25.2　关于加速折旧的政策解读

5.25.2.1　税会分治

国家税务总局 2014 年第 64 号公告（以下简称 64 号公告）明确，企业应将购进固定资产的发票、记账凭证等有关凭证、凭据（购入已使用过的固定资产，应提供已使用年限的相关说明）等资料留存备查，并应建立台账，准确核算税法与会计差异情况。

会计上仍进行正常折旧处理，但税法上，该加速折旧就加速折旧，不给设置前置条件，这会增加企业的管理成本。企业想要有利益（多是时间性利益），投入点劳动也是有必要的。应需要注意的是，不要一换人，二没明细，查个迷迷糊糊，造成少缴税的后果。事务所的同志，做汇算涨涨价也没啥吧！

如果会计上也是加速折旧，处理起来就简单些。

5.25.2.2　预缴所得税加速折旧，不必等到年度汇算清缴

预缴计算所得税时，就可以加速折旧，相当于季度或月度预缴就要计算

税会差异调整（如果有这个差异），这与研究开发费用加计扣除年度算账的方式不一样。但这要注意，预缴时是只做加速调减，还是税会差异一直保持调整，这成"小汇算"了一样。这就需要关注下预缴报表的明确。

5.25.2.3 加速折旧并非强制

有的企业不愿意一次性扣除或加速折旧，因为处在免税期，不想一次性扣除，也不备案，由于加速折旧不是强制性的，企业可以以会计上的或纳税调整的数据进行扣除。

5.25.2.4 不超过5000元的采购一次性入费用的处理争议

64号公告明确，不超过5000元的固定资产，允许一次性扣除，企业一次性计入费用而非固定资产，再折旧处理的，不允许扣除，电话机（单价200元）不作为固定资产（没有备案）的所得税调整问题，因为你这些都没有备案哟。

试想，企业一次性扣除固定资产折旧，是先经固定资产这道门，再走出去，与一次性入费用有何差异，备案也只是个形式而已。

5.25.2.5 研发费用加计扣除，坚守会计处理的防线

这样也好，省得麻烦，但是这对于激励政策，好象是打了50%的折扣，不过总理也没有说让加计扣除啊，只提加速折旧，没让按加速折旧来计算加计扣除，所以有条件的企业，能加速折旧就加速吧，毕竟加计扣除还有50%的利益。

企业费了那么大劲，记录着税会差异，这个就是个遗憾了！

5.25.2.6 总分机构的备案机构

参照国税发〔2009〕81号文件的相关规定，适用总、分机构汇总纳税的企业，对其所属分支机构使用的符合《实施条例》第九十八条及本通知规定情形的固定资产采取缩短折旧年限或者采取加速折旧方法的，由其总机构向其所在地主管税务机关备案。分支机构所在地主管税务机关应负责配合总机构所在地主管税务机关实施跟踪管理。

本次 64 号公告虽未写明，但依照旧规及年度申报的备案等规定，总机构来做更合适。

5.25.2.7　2014 年第四季度申报可否做加速折旧处理

从理论上看，当期采购的是可以季度（有月底的）申报加速折旧的，但是从操作上看，2014 年度汇算清缴时作纳税调整处理容易操作与统计计算，毕竟 2014 年已快过去。

不过企业如果想调账，即原来作为固定资产做会计处理的，现在想一次性计入费用或做加速折旧会计处理，第四季度就调做账，也可以依此处理，相当于预申报时就已享受扣除，年度申报时作备案即可。

5.25.2.8　购入二手货的价格如何把握

可以一次性在应纳税所得额中扣除的固定资产，有相应的金额限制，如100 万元、5 000 元，那么二手货呢？是指第一手的购入价格，还是二手的交易价格？从我们的理解来看，二手货只是说明更加可以加速处理，而对于购买方讲，购入价就是采购的价格，所以我们认为应以二手价格来判断处理。这在前面的新政策介绍中已说明。

5.25.2.9　何为可以享受加速折旧的新购进设备

国家税务总局答记者问已解决了这个问题，只是可能有人会有担心，是否要考虑发票之类的问题，我们先来看看问题解答的内容：

问：新购进的固定资产如何理解？

答：这里"新购进"中的"新"字，只是区别于原已购进的固定资产，不是规定非要购进全新的固定资产，即包括企业 2014 年以后购进的已使用过的固定资产。固定资产的取得包括外购、自行建造、投资者投入、融资租入等多种方式。公告明确的"购进"是指：以货币购进的固定资产和自行建造的固定资产。考虑到自行建造固定资产所使用的材料实际也是购入的，因此把自行建造的固定资产也看作是"购进"的。

问：新购进固定资产的时间点如何把握？

答：新购进的固定资产，是指 2014 年 1 月 1 日以后购买，并且在此后投入使用。设备购置时间应以设备发票开具时间为准。采取分期付款或赊销方式取得设备的，以设备到货时间为准。企业自行建造的固定资产，其购置时间点原则上应以建造工程竣工决算的时间点为准。

如此，我们可以得出如下的结论：

一是新购进，并非购进来的是一个新的固定资产，可以买二手的，只是加速折旧时，其最低折旧年限不得低于实施条例规定的最低折旧年限减去已使用年限后剩余年限的60%；当然，低于5 000元的（二手价）也可以一次性计入税前扣除。

二是新购进，是指2014年1月1日及以后购买投入使用。但分三种情形，通常是以设备发票开具时间为准。采取分期付款或赊销方式取得设备的，以设备到货时间为准。企业自行建造的固定资产，其购置时间点原则上应以建造工程竣工决算的时间点为准。

也就是说，欠账的，没有发票，没有问题，可以挂账，以设备到货形成固定资产为准。2013年购入形成发票的，计入在建工程，2014年形成竣工决算的，以竣工决算时点来判断。所以这是与发票脱离了一一对应的绑定关系。

有人会问，依据所得税法实施条例的规定，固定资产从投入次月开始折旧，那么2013年12月入账的固定资产，2014年1月计提折旧，算"新购进"吗？本次的优惠政策仅限于新购进，至于折旧时点，本来就是技术处理的问题，即最早可以在2014年2月计提折旧。所以这一点从我们的角度看，是不被认可的。

有的企业有这样的情况，2014年1月办的会计入账，但实际上2013年11月就投入使用了，于是在入账时，一次性补提了12月份的折旧。我们的理解是，虽然解答可能是支持加速折旧的选择的，但是基于解答的常规理解，仍应以尊重事实为前提，所以倾向于认为是2013年11月已形成了固定资产，不应再享受这一优惠政策。

5.25.2.10　缩短折旧年限60%的基础是税法上的最低折旧年限还是会计折旧年限

如某六大行业的企业2014年采购固定资产——房屋，依规定可以加速折旧，企业如果选择了缩短折旧年限60%，这里有两个选项，一是以会计上的35年的折旧年限为基数，二是以税法上规定的最低折旧年限20年为基数，到底那个是对的呢？

《企业所得税法实施条例》规定：采取缩短折旧年限方法的，最低折旧年限不得低于本条例第六十条规定折旧年限的60%；采取加速折旧方法的，可以采取双倍余额递减法或者年数总和法。

64号公告规定：对生物药品制造业，专用设备制造业，铁路、船舶、航空航天和其他运输设备制造业，计算机、通信和其他电子设备制造业，仪器仪表制造业，信息传输、软件和信息技术服务业等行业企业，2014年1月1日后购进的固定资产（包括自行建造），允许按不低于企业所得税法规定折旧年限的60%缩短折旧年限，或选择采取双倍余额递减法或年数总和法进行加速折旧。

企业采取缩短折旧年限方法的，对其购置的新固定资产，最低折旧年限不得低于企业所得税法实施条例第六十条规定的折旧年限的60%；企业购置已使用过的固定资产，其最低折旧年限不得低于实施条例规定的最低折旧年限减去已使用年限后剩余年限的60%。最低折旧年限一经确定，一般不得变更。

其实有这个争议还是比较正常的，因为，一是作为纳税人，担心占国家便宜税务部门不认账，有风险；二是我们基本上认为，会计折旧年限大于税法折旧年限的，按照国家税务总局2012年第15号公告，是视会计年限为税收年限的。所以这是之前很多人可能都没有关注的事项，但确实要实施了，需要加以关注。

首先我们要明确的是，加速折旧不是一项折旧年限的比较适用，加速折旧是一项优惠政策，是优惠政策就得让企业享受，即使企业会计上没有这么做。所以从上面的行文我们可以看到，如果采取缩短折旧年限的，允许按不低于企业所得税法规定折旧年限的60%缩短折旧年限，基数是最低折旧年限，不是会计年限。有人认为，税法规定是"不低于"，如果会计上是35年，税法上是20年，就应按35年的60%算。我们可以这样想，如果会计上按18年呢，是不是只限制这样的情形呢？"不低于"，是一项选择，是不低于20年的60%，这是文件规定的解释，而不是扩大化延伸之外的解释，当然也可能有的税务同志就是这样理解的，可能也是有争议的。

但是年数总和法和双倍余额递减法却是一种方法，是建立在原来折旧年限基础上的方法调整，所以这两个方法仍是建立在35年基础之上的，而不是建立在最低折旧年限基础上的方法，这个比较容易混淆，所以如果想早点扣除，就要用好缩短折旧年限。

5.25.2.11 2013 年 12 月 31 日前单位价值不超过 5 000 元的固定资产

对于加速折旧来讲，其实这个问题不算问题，只是现实当中可能会产生迷惑，我们在此将相关的资料作了列示，供读者参考。下面是国家税务总局当时的解答问题之一：

问：企业在 2013 年 12 月 31 日前持有的单位价值不超过 5 000 元的固定资产，能否享受新的折旧政策？

答：新政策规定对所有企业持有的单位价值不超过 5 000 元的固定资产，允许一次性计入当期成本费用在计算应纳税所得额时扣除，不再分年度计算折旧。这里的"5 000 元"是指企业固定资产的原始成本，不是折余价值。这里的"持有"，既包括 2014 年 1 月 1 日前已经购进，也包括 2014 年 1 月 1 日后新购进的单位价值不超过 5 000 元的固定资产。本着有利于企业的原则，对于企业在 2013 年 12 月 31 日前持有的单位价值不超过 5 000 元的固定资产，税收上已经作为固定资产进行处理的，其折余价值部分可在 2014 年 1 月 1 日以后一次性在计算应纳税所得额时扣除。

所以 2013 年 12 月 31 日（含）前，单位价值是原值，而不是到了 2014 年 1 月 1 日还没有折旧完的净值，所以如果原值不符合标准，应继续折旧。同时，这里指的持有，未强调是购进，因此理解上司全部范围进行折旧处理，需关注当地税务机关的解释。

5.25.3 资产折旧、摊销情况及纳税调整明细表的填写范围理解

首先要明确几个在本表中填与不填的事项，不然搞混淆了，多了或少了都不好，这也是本套申报表设计过程中避免"撞车"经常提到的事项。

（1）形成无形资产摊销的加计扣除。

这项内容不在本表中填写，旧申报表多在这个表中进行填写，那么填在哪儿呢，《研发费用加计扣除优惠明细表》（A107014）对于费用化的加计扣除与资本化的加计扣除，是"一网打尽"的。

所以如果是资本化的无形资产的加计摊销，与本表没有关系，不需要在本表计算填写。

（2）关于不征税收入形成的资产、摊销。

对于不征税收入形成的资产，其折旧、摊销额不得税前扣除。《资产折旧、摊销情况及纳税调整明细表》（A105080）第 5 至 8 列税收金额应剔除不征税收入所形成资产的折旧、摊销额。

至此我们知道，不征税收入形成的费用化支出是在《专项用途财政性资金纳税调整明细表》（A105040）中进行纳税调增处理的，资本化的部分是在此项目下处理的。

（3）关于加速摊销的软件。

我们知道，软件摊销可以按最低 2 年进行，但是如果会计上按 5 年进行摊销，是不允许按 2 年作纳税调减的，在根据需要办理相应的备案等手续后，即不需要在不确定使用年限的情形之下，按不低于 10 年进行摊销确认税收金额，进行纳税调增处理。实际上这对本表是没有调整影响的，会计上填多少就是多少，如果没有履行要求的程序，则只能在此进行纳税调整处理了。

不过有一点具有相关性，即在没有使用日期的情形之下，会计上对于无形资产是不进行摊销的，但这不妨碍税收上继续按照 10 年进行摊销，作纳税调减处理。

（4）关于计提过减值准备的资产折旧、摊销。

会计上计提减值准备之后，是按扣除减值之后进行折旧计算的，但税法上仍按计税基础，即不扣除减值准备的金额进行折旧计算，因此这个差异也需要调整税收折旧、摊销，好作纳税调减处理。

（5）投资性房地产。

首先，投资性房地产也是固定资产，是要纳入固定资产的折旧摊销表进行处理的，虽然是在不同的科目，但是现实当中，多有未将其纳入进行填写的处理。如果是按历史成本计量的，则将相应的折旧并入作纳税调整处理，如果是按公允价值计量的，这个是存在争议的，多有人认为，会计上按公允价值处理，税收上就不能计提折旧，因为是视为一个商品存在，但是并没有法规禁止，唯有认为不允许扣除的前提是依据国家税务总局 2012 年第 15 号公告，认为会计上首先没有做，税收上也不认可扣除。但这个理解还是略显苍白，无论是房屋还是构筑物，其本身受风吹日晒，损耗是必然的，所以所得税法对于不得扣除的折旧情形中也将其剔除在外：房屋、建筑物以外未投入使用的固定资产。同时即使是土地，其本身也受出让年限的限制，时间越短，越不值钱，更何况有出租的，有收益却没有成本扣除，更违背了配比原则，哪有只盈利的好事。

如下为摘自网络的一个信息摘要，供参照，注意未查到原始国家税务总局的公布信息：

问题内容：您好！按公允价值模式计量的投资性房地产根据《企业会计准则》的规定是不用计提折旧的，请问在汇算清缴时，投资性房地产可否按直线法计算其折旧作纳税调减处理？

问题回复：您在我们网站上提交的纳税咨询问题收悉，现针对您所提供的信息简要回复如下：

《国家税务总局关于做好 2009 年度企业所得税汇算清缴工作的通知》（国税函〔2010〕148 号）规定，根据企业所得税法精神，在计算应纳税所得额及应纳所得税时，企业财务、会计处理办法与税法规定不一致的，应按照企业所得税法规定计算。企业所得税法规定不明确的，在没有明确规定之前，暂按企业财务、会计规定计算。

据此，企业按公允价值模式计量的投资性房地产（已出租的土地使用权、持有并准备增值后转让的土地使用权、已出租的建筑物）按会计规定不计提折旧，但在计算应纳税所得额时，可按直线法计算其折旧或摊销作为纳税调减处理。

上述回复仅供参考。有关具体办理程序方面的事宜请直接向您的主管或所在地税务机关咨询。

欢迎您再次提问。

国家税务总局

2013/05/30

5.25.4 关于固定资产折旧的调整逻辑

如果都是费用化的处理，则进行税会差异的调整都是基于利润表扣除展开的，此时无论是折旧扣除，还是一次性、加速折旧扣除，都是很清楚的。但问题又来了，正如工资薪金的统计口径问题一样，如果机器设备的折旧是用于制造存货的，如用于制造冰箱，冰箱一般是有存货的，期末也卖不完，那此时不是填写这个表时，加速折旧扣除了，但是在利润表的逻辑上，并不是一次性扣除的。

不过这不要紧，即使存在会计上资本化之类的处理，我们也"视为不见"，调整折旧数据即可，不需要考虑资产负债表、损益表的计入分配因素。

如某设备 2014 年会计折旧 200 万元，其中 150 万元计入当期管理费用，50 万元计入当期的在建工程，如满足加速折旧条件，当期加速折旧金额计算为 300 万元，那当期纳税调减的金额是：300－200＝100（万元），不考虑计入在建工程的 50 万元何时通过折旧记入利润表再确定扣除的方法。

5.25.4.1 《资产折旧、摊销情况及纳税调整明细表》（A105080）填报说明

本表适用于发生资产折旧、摊销及存在资产折旧、摊销纳税调整的纳税人填报。纳税人根据税法、《国家税务总局关于企业固定资产加速折旧所得税处理有关问题的通知》（国税发〔2009〕81 号）、《国家税务总局关于融资性售后回租业务中承租方出售资产行为有关税收问题的公告》（国家税务总局公告 2010 年第 13 号）、《国家税务总局关于企业所得税若干问题的公告》（国家税务总局公告 2011 年第 34 号）、《国家税务总局关于发布〈企业所得税政策性搬迁所得税管理办法〉的公告》（国家税务总局公告 2012 年第 40 号）、《国家税务总局关于企业所得税应纳税所得额若干问题的公告》（国家税务总局公告 2014 年第 29 号）等相关规定，以及国家统一企业会计制度，填报资产折旧、摊销的会计处理、税法规定，以及纳税调整情况。

1. 有关项目填报说明。

（1）第 1 列"资产账载金额"：填报纳税人会计处理计提折旧、摊销的资产原值（或历史成本）的金额。

（2）第 2 列"本年折旧、摊销额"：填报纳税人会计核算的本年资产折旧、摊销额。

（3）第 3 列"累计折旧、摊销额"：填报纳税人会计核算的历年累计资产折旧、摊销额。

（4）第 4 列"资产计税基础"：填报纳税人按照税法规定据以计算折旧、摊销的资产原值（或历史成本）的金额。

（5）第 5 列"按税收一般规定计算的本年折旧、摊销额"：填报纳税人按照税法一般规定计算的允许税前扣除的本年资产折旧、摊销额，不含加速折旧部分。

对于不征税收入形成的资产，其折旧、摊销额不得税前扣除。第 5 至 8 列税收金额应剔除不征税收入所形成资产的折旧、摊销额。

（6）第 6 列"加速折旧额"：填报纳税人按照税法规定的加速折旧政策计算的折旧额。

（7）第 7 列"其中：2014 年及以后年度新增固定资产加速折旧额"：根据《固定资产加速折旧、扣除明细表》（A105081）填报，为表 A105081 相

应固定资产类别的金额。

（8）第8列"累计折旧、摊销额"：填报纳税人按照税法规定计算的历年累计资产折旧、摊销额。

（9）第9列"金额"：填报第2－5－6列的余额。

（10）第10列"调整原因"：根据差异原因进行填报，A、折旧年限，B、折旧方法，C、计提原值，对多种原因造成差异的，按实际原因可多项填报。

2. 表内、表间关系。

（1）表内关系。

①第1行＝第2＋3＋…＋7行。

②第8行＝第9＋10行。

③第11行＝第12＋13＋…＋18行。

④第19行＝第20＋21＋…＋24行。

⑤第27行＝第1＋8＋11＋19＋25＋26行。

⑥第9列＝第2－5－6列。

（2）表间关系。

①第27行第2列＝表A105000第31行第1列。

②第27行第5＋6列＝表A105000第31行第2列。

③第27行第9列，若≥0，填入表A105000第31行第3列；若<0，将绝对值填入表A105000第31行第4列。

④第1行第7列＝表A105081第1行第18列。

⑤第2行第7列＝表A105081第1行第2列。

⑥第3行第7列＝表A105081第1行第5列。

⑦第4行第7列＝表A105081第1行第8列。

⑧第5行第7列＝表A105081第1行第11列。

⑨第6行第7列＝表A105081第1行第14列。

5.25.4.2 《固定资产加速折旧、扣除明细表》（A105081）填报说明

本表适用于按照《财政部、国家税务总局关于完善固定资产加速折旧税收政策有关问题的通知》（财税〔2014〕75号）规定，六大行业固定资产加速折旧、缩短折旧年限，以及其他企业研发仪器、设备，单项固定资产价值低于5 000元的一次性扣除等，享受税收优惠政策的统计情况。

《国家税务总局关于企业固定资产加速折旧所得税处理有关问题的通知》（国税发〔2009〕81 号）规定的固定资产加速折旧，不填报本表。

为统计加速折旧、扣除政策的优惠数据，固定资产填报按以下情况分别填报：

一是会计处理采取正常折旧方法，税法规定采取缩短年限方法的，按税法规定折旧完毕后，该项固定资产不再填写本表；

二是会计处理采取正常折旧方法，税法规定采取年数总和法、双倍余额递减法方法的，从按税法规定折旧金额小于按会计处理折旧金额的年度起，该项固定资产不再填写本表；

三是会计处理、税法规定均采取加速折旧方法的，合计栏项下"正常折旧额"，按该类固定资产税法最低折旧年限和直线法估算"正常折旧额"，与税法规定的"加速折旧额"的差额，填报加速折旧的优惠金额。

税法规定采取缩短年限方法的，在折旧完毕后，该项固定资产不再填写本表。税法规定采取年数总和法、双倍余额递减法的，加速折旧额小于会计处理折旧额（或正常折旧额）的月份、季度起，该项固定资产不再填写本表。

1. 有关项目填报说明。

（1）行次填报。

①第 1 行"一、六大行业固定资产"：填报六大行业（包括生物药品制造业，专用设备制造业，铁路、船舶、航空航天和其他运输设备制造业，计算机、通信和其他电子设备制造业，仪器仪表制造业，信息传输、软件和信息技术服务业等行业）纳税人，2014 年 1 月 1 日后新购进的固定资产，按照财税〔2014〕75 号和国家税务总局相关规定的加速折旧政策计算的各项固定资产的加速折旧额；以及与按照税收一般规定计算的折旧额的差额。本表根据固定资产类别填报相应数据列。

第 2 行至第 7 行，由六大行业中的企业根据所在行业固定资产加速折旧情况进行填报。

②第 8 行"其他行业"：由单位价值超过 100 万元的研发仪器、设备采取缩短折旧年限或加速折旧方法的六大行业以外的其他企业填写。

③第 9 行"二、允许一次性扣除的固定资产"：填报 2014 年 1 月 1 日后新购进单位价值不超过 100 万元的用于研发的仪器、设备和单位价值不超过 5 000 元的固定资产，按照税法规定一次性在当期所得税前扣除的金额。

小型微利企业研发与经营活动共用的仪器、设备一次性扣除，同时填写本表第 10 行、第 11 行。

（2）列次填报。

除第17列外，其他列次有关固定资产原值、折旧额，均按税收规定填写。

①原值：填写固定资产的计税基础。自行建造固定资产，按照会计实际入账价值确定。

②本期折旧（扣除）额：按税法规定计算填写当年度折旧（扣除）额。

③累计折旧（扣除）额：按税法规定计算填写享受加速折旧优惠政策的固定资产自起始年度至本年度的累计折旧（扣除）额。

④合计栏"本期折旧（扣除）额"中的"加速折旧额"－"正常折旧额"的差额，反映本期加速折旧或一次性扣除政策导致应纳税所得税额减少的金额。"累计折旧（扣除）额"中的"加速折旧额"－"正常折旧额"的差额，反映该类资产加速折旧或一次性扣除政策导致应纳税所得税额减少的金额。

A. 第17列、19列"正常折旧额"：会计上未采取加速折旧方法的，按照会计账册反映的折旧额填报。

会计上采取缩短年限法的，按照不短于税法上该类固定资产最低折旧年限和直线法计算的折旧额填报；会计上采取年数总和法、双倍余额递减法的，按照直线法换算的折旧额填报。当会计折旧额小于税法加速折旧额时，该类固定资产不再填报本表。

B. 第18列、20列"加速折旧额"：填报固定资产缩短折旧年限法、年数总和法、双倍余额递减法、一次性扣除等，在本年度实际计入应纳税所得额的数额。

2. 表内、表间关系。

（1）表内关系。

①第16列＝第1列＋4列＋7列＋10列＋13列。

②第18列＝第2列＋5列＋8列＋11列＋14列。

③第20列＝第3列＋6列＋9列＋12列＋15列。

④第1行＝第2行＋3行＋4行＋…＋7行。

⑤第9行＝第10行＋12行。

（2）表间关系。

①第1行第18列＝表A105080第1行第7列。

②第1行第2列＝表A105080第2行第7列。

③第1行第5列＝表A105080第3行第7列。

④第1行第8列＝表A105080第4行第7列。

⑤第 1 行第 11 列＝表 A105080 第 5 行第 7 列。

⑥第 1 行第 14 列＝表 A105080 第 6 行第 7 列。

5.25.5　关于固定资产加速折旧、扣除明细表的填写

本次的申报表单独设置了"固定资产加速折旧、扣除明细表"，是专门服务于本次加速折旧事项落实的，但是要注意，这张表可不是为了让纳税人管理好税会差异的处理，而且带来了填写的难度，难度就在于取数不是以税会差异来确认的，而是为了统计之后，看企业享受了多少加速折旧，不知未来这张表会不会变化，至少这样的统计功能，作为申报表的附表，有点混淆。

5.25.5.1　如何选择最优的加速折旧方案

是否是最优，得看企业的需求，如果单从越早扣除方面考虑，我们可以参照如下的方式（见图 5-1），看哪种选择最有利。

这里要提示一句，加速折旧有选择权，时间、事项、方法都有选择的方式，上面的图表示了一个基本的逻辑判断方式：

（1）看所有的资产，如果是单位价值（原值）不高于 5 000 元的，可以一次性折旧处理。如果不是，则再来看 2014 年新购固定资产的情形；

（2）2014 年 1 月 1 日后购买，如果没有，则继续平均年限折旧，如果有，则再来看是否符合六大行业；

（3）六大行业，不符合的，就直接看是否满足专门用于研发的，如有，就看仪器、设备单位价值，单位价值不超过 100 万元的，可以一次性在计算应纳税所得额时扣除；单位价值超过 100 万元的，允许按不低于企业所得税法规定折旧年限的 60％缩短折旧年限，或选择采取双倍余额递减法或年数总和法进行加速折旧；如果没有研发专用的仪器、设备，则继续平均年限折旧；再来看六大行业中满足小微企业的情形；

（4）六大行业的小微企业，如果符合，研发和生产经营共用的仪器、设备可执行第（3）项研发专用仪器、设备的折旧处理；如果不符合，则直接可以全部加速折旧处理。

在上述事项中，我们还面临着缩短折旧年限、年数总和法和双倍余额递减法的方式，这三个加速折旧的方法也是可以选择的，如下的案例会说明之间的比较（见表 5-32）：

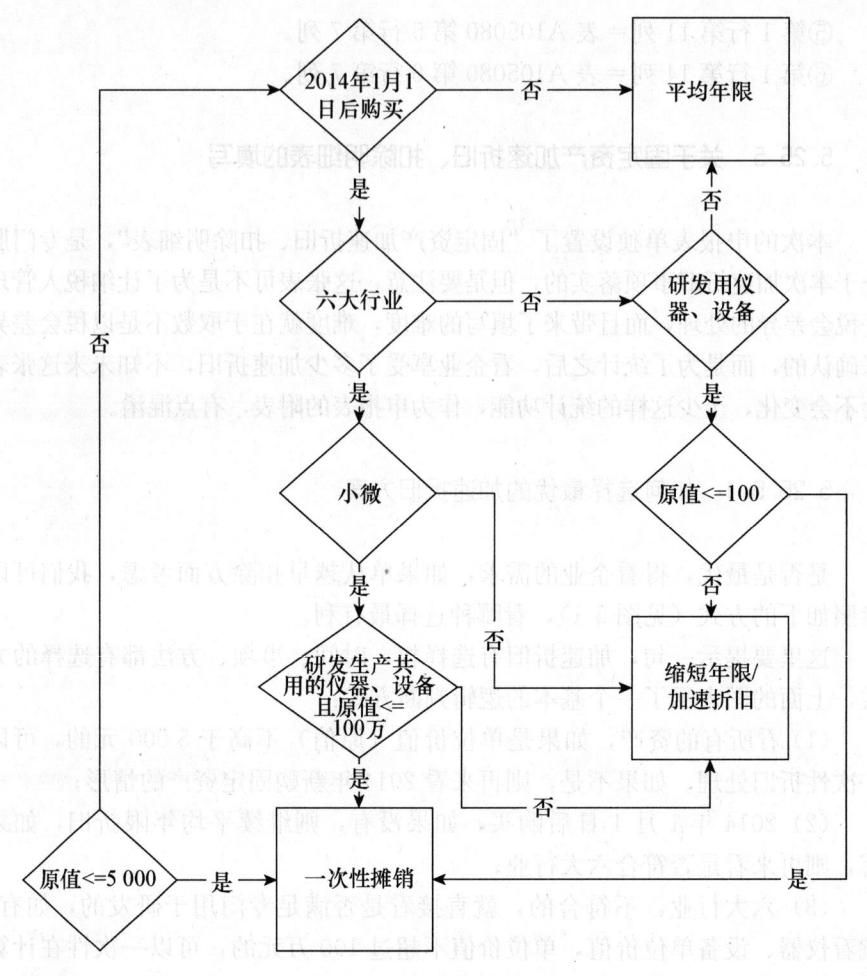

图 5-1

表 5-32

原值	6 000 000					
摊销年限	5 年					
年度	2014	2015	2016	2017	2018	小计
(1) 直线法	1 200 000	1 200 000	1 200 000	1 200 000	1 200 000	6 000 000
(2) 缩短折旧年限60%	2 000 000	2 000 000	2 000 000	0	0	6 000 000
(3) 双倍余额递减法	2 400 000	1 440 000	864 000	648 000	648 000	6 000 000

续表

	原值	6 000 000					
（4）年数总和法	2 000 000	1 60 000	1 200 000	80 000	40 000	6 000 000

估计通常大家会选择缩短折旧年限，前三年就折旧完了。其余的还会继续到当前会计折旧年限结束时。因此需要大家评估后选择。

5.25.5.2　如何追溯 2014 年 1 月 1 日调整

现在文件规定从 2014 年 1 月 1 日起施行，基本上纳税人 2014 年第 4 季度或第 12 月不会操作太多，现在是 2015 年，要做 2014 年度汇算清缴了，就需要进行纳税调整处理，进行"清账"了。虽然 2014 年预缴时没有操作，应该不阻碍企业享受年度汇算清缴时的纳税调整处理，如何调整，是个注意的事项。

如果企业在 2014 年底选择与税收加速折旧一样的方法，那就不需要进行差异调整，企业在最后的预缴中就体现了调账增加折旧的结果。但是如果会计上与税收上采取的方法不一致，通常是如下两种情形：

对于 2014 年 1 月 1 日之后购进，实行加速折旧方法计算的，就按照加速折旧的方法计算出 2014 年度税收折旧 X，再与企业 2014 年账上计提的折旧 Y 进行比较，注意这里仍有一个折旧计入损益与资产的问题，我们理解即按全口径统计，看计提总数来计算，其间的比较 X－Y 即为 2014 年度纳税调减的金额，一次性扣除的也同样适用上述计算方法。2015 年继续进行预缴的计算。

对于 2013 年 12 月 31 日之前持有的不高于 5 000 元的固定资产，是可以一次性计入当期应纳税所得额扣除的，一次性折旧的金额假设为 X（可保留残值，也可以不保留残值），2014 年账上计提的折旧为 Y，则纳税调减的金额为 X－Y，比如某设备 2014 年年初净值是 800 元（无残值），分 8 个月就折旧完了，则 2014 年账上计提了折旧 800 元，依税法可以一次性计算扣除 800 元，此时 800－800＝0，即因为 2014 年都计提完折旧了，所以一次性扣除的任务也完成了。再如年初净值是 1 500 元，当年会计计提了 1 200 元折旧，1 500 元允许一次性计入扣除，则 2014 年度汇算清缴时纳税调减金额为：1 500－1 200＝300（元）。

5.25.5.3 固定资产加速折旧、扣除明细表的填写举例

首先我们要知道：

（1）A105081 这张表的填写与汇算清缴没有太大关系，主要是用于统计企业享受的加速折旧优惠的量度有多大，因此更多称之为统计功能的报表。

（2）《国家税务总局关于企业固定资产加速折旧所得税处理有关问题的通知》（国税发〔2009〕81 号）规定的固定资产加速折旧，不填报本表。

（3）这张表中的不高于 5 000 元一次性扣除的固定资产，限于当年度新购买的，不包括 2013 年 12 月 31 日之前持有的。

（4）这张表是个有始无终的报表，为何这样说呢，原因如表 5-33 所示：

表 5-33

会计处理	税务处理	要不要填本表
正常折旧方法	缩短年限方法	税法规定折旧完毕后，该项固定资产不再填写本表
正常折旧方法	年数总和法、双倍余额递减法方法	税法规定折旧金额小于按会计处理折旧金额时（月或季[1]）起，该项固定资产不再填写本表
加速折旧方法	加速折旧方法	税法规定折旧金额小于"正常折旧额"[2]时（月或季）起，该项固定资产不再填写本表

所以这张表有些费时费力，下面我们通过举例来说明如何填写。

［例 5-14］ 某电信企业 2014 年 1 月购入办公设备，金额 1 200 万元，会计按 10 年折旧，符合加速折旧条件，企业选择了缩短折旧年限的处理，即按最低折旧年限 10 年的 60% 计算，按 6 年计算税前扣除折旧，会计折旧的金额是：1 200/10/12×11＝110（万元）（从 2 月计算折旧），但按加速折旧计算是：1 200/6/12×11＝183.33（万元）。

同时该企业 2014 年 1 月新购入传真机一台，价值 4 800 元，会计上按 5 年进行折旧，税法上一次性计入税前扣除，会计上当年折旧为：4 800/5/12×11＝880（元）。

---

[1] 我们理解也建议按年度来填写，而不是月或季度，根据填表说明，其中的表述前后也未一致，可能是基于月或季度申报的说明中，内容直接复制过来所致表达了月或季度的概念。

[2] 这里的正常折旧额，并非会计上的折旧额，是虚拟计算出来的。会计处理、税法规定均采取加速折旧方法的，合计栏项下"正常折旧额"，按该类固定资产税法最低折旧年限和直线法估算"正常折旧额"。会计上采取年数总和法、双倍余额递减的，按照直线法换算的折旧额填报。

如果从纳税调整的角度看，2014年及未来几年的税会差异如表5-34、表5-35所示，这也是每年需要进行纳税调整的结果。

表5-34　　　　　　　　　　办公设备的税会差异　　　　　　　　单位：万元

事项	2014年	2015年	2016年	2017年	2018年	2019年	2020年	2021年	2022年	2023年	2024年	合计
会计	110	120	120	120	120	120	120	120	120	120	10	1 200
税务	183.33	200	200	200	200	200	16.67					1 200

表5-35　　　　　　　　　　传真机的税会差异　　　　　　　　单位：元

事项	2014年	2015年	2016年	2017年	2018年	2019年	合计
会计	880	960	960	960	960	80	4 800
税务	4 800						4 800

以上会计的折旧金额为：110＋0.088＝110.088（万元），税务上的折旧金额为：183.33＋0.48＝183.81（万元）。当期纳税调减：183.81－110.088＝73.722（万元），这与表A105080的2014年度纳税调整数一致。以后每年都需保持税会差异的结果。具体见表5-36的举例填写。

对于一次性扣除的事项，在填写"正常折旧额"时，是填写一年的880元还是填写一个月的折旧额80元，填报说明中没有明确，如果只看加速折旧的效果，理论上可以解释为填80元，但从年度来看，又可以填写880元，不过好在是一个统计表，因此无关大碍，但是这种造成年度数据与月底逻辑比较大小来截止数据的填写方法，带来的困惑是一方面，更多是一种工作量。

在此我们需要解释一下填表说明中的一个内容：

第17列、19列"正常折旧额"：会计上未采取加速折旧方法的，按照会计账册反映的折旧额填报。

会计上采取缩短年限法的，按照不短于税法上该类固定资产最低折旧年限和直线法计算的折旧额填报；会计上采取年数总和法、双倍余额递减法的，按照直线法换算的折旧额填报。当会计折旧额小于税法加速折旧额时，该类固定资产不再填报本表。

这里是说，会计上采用加速折旧的，要虚拟计算"正常折旧额"，来与加速折旧进行比较，此时加速折旧会计与税法上是一致的，只是看这样与理论的正常折旧额比较企业获得多少优惠。但是最后一句"当会计折旧额小于税法加速折旧额时，该类固定资产不再填报本表。"这里的会计折旧额，应是指虚拟计算的"正常折旧额"，但是"小于"的描述不对，应是"大于"时，该类固定资产不再填报本表。

表 5-36

固定资产加速折旧、扣除明细表

A105081

行次	项目	房屋、建筑物 原值	房屋、建筑物 本期折旧(扣除)额	房屋、建筑物 累计折旧(扣除)额	飞机、火车、轮船、机器、机械和其他生产设备 原值	本期折旧(扣除)额	累计折旧(扣除)额	与生产经营活动有关的器具、工具、家具 原值	本期折旧(扣除)额	累计折旧(扣除)额	飞机、火车、轮船以外的运输工具 原值	本期折旧(扣除)额	累计折旧(扣除)额	电子设备 原值	本期折旧(扣除)额	累计折旧(扣除)额	合计 原值	合计 本期折旧(扣除)额 正常折旧额	合计 本期折旧(扣除)额 加速折旧额	累计折旧(扣除)额 正常折旧额	累计折旧(扣除)额 加速折旧额
		1	2	3	4	5	6	7	8	9	10	11	12	13	14	15	16	17	18	19	20
1	一、六大行业固定资产	—	—	—	1 200.00	183.33	183.33	—			—	—	—	—			1 200.00	110.00	183.33	110.00	183.33
2	(一)生物药品制造业																—	—	—	—	—
3	(二)专用设备制造业																—	—	—	—	—
4	(三)铁路、船舶、航空航天和其他运输设备制造业																—	—	—	—	—
5	(四)计算机、通信和其他电子设备制造业																—	—	—	—	—
6	(五)仪器仪表制造业																—	—	—	—	—

项目	行次	房屋、建筑物			飞机、火车、轮船、机器、机械和其他生产设备			与生产经营活动有关的器具、工具、家具			飞机、火车、轮船以外的运输工具			电子设备			合计				
																	原值	本期折旧（扣除）额		累计折旧（扣除）额	
		原值	本期折旧（扣除）额	累计折旧（扣除）额	原值	本期折旧（扣除）额	累计折旧（扣除）额	原值	本期折旧（扣除）额	累计折旧（扣除）额	原值	本期折旧（扣除）额	累计折旧（扣除）额	原值	本期折旧（扣除）额	累计折旧（扣除）额		正常折旧额	加速折旧额	正常折旧额	加速折旧额
		1	2	3	4	5	6	7	8	9	10	11	12	13	14	15	16	17	18	19	20
（六）信息传输、软件和信息技术服务业	7				1 200.00	183.33	183.33										1 200.00	110.00	183.33	183.33	20
（七）其他行业	8			—	—	—	—			—			—			—	—	—	—	—	—
二、允许一次性扣除的固定资产	9	—		—	—		—			—			—	0.48	0.48	0.48	0.48	0.088	0.48	0.088	0.48
（一）单位价值不超过100万元的研发仪器、设备	10				—					—			—								
其中：六大行业小型微利企业研发和生产经营共用的仪器、设备	11				—					—			—								
（二）单位价值不超过5 000元的固定资产	12													0.48	0.48	0.48	0.48	0.088	0.48	0.088	0.48
总计	13	—	—	—	1 200.00	183.33	110.00	—	—	—	—	—	—	0.48	0.48	0.48	1 200.48	110.09	183.81	110.09	113.81

5.25.5.4 资产折旧、摊销情况及纳税调整明细表

这张表填写时，与往年不同之处是增加了加速折旧的因素，但有如下几个事项，我们要先说明一下：

第1列"资产账载金额"：填报纳税人会计处理计提折旧、摊销的资产原值（或历史成本）的金额。第4列"资产计税基础"：填报纳税人按照税法规定据以计算折旧、摊销的资产原值（或历史成本）的金额。这里的资产账载金额，如果年度内资产有增、减，如何进行填写，理论上是只要计提过折旧，哪怕一个月的，也要填进来，不过其间的变动如果还要补充进来，有工作难度，也不一定准确，还有的单位按年初与年末的平均数来填写，也是没有逻辑性的。由于这个数字不影响调整额，或许只能作风险的评估测试之用，可以考虑直接使用年末的资产原值来填写。

关于固定资产的分类，新申报表多了一个"其他"，原来的申报表参照所得税法的规定，分了如下五类：

(1) 房屋、建筑物；

(2) 飞机、火车、轮船、机器、机械和其他生产设备；

(3) 与生产经营活动有关的器具、工具、家具等；

(4) 飞机、火车、轮船以外的运输工具；

(5) 电子设备。

因此新申报表的这个"其他"，只能视企业的实际情形来填写。

承上例，我们假设企业之前年度没有固定资产，继续来看这个主表的数据如何填写（见表5-37）。

5.25.6 关于无形资产与长期待摊费用的摊销

新申报表在长期待摊费用中加了一个"开办费"，无形资产进行了分类拆分，这样越明细的填写要求，对数据要求越严格。

关于这两项的填写，期限应是关注的焦点，如关于装修费的摊销年限、软件的摊销年限等处理，这些事项基于企业之前年度的模式考虑延续使用。

表 5-37

资产折旧、摊销情况及纳税调整明细表

行次	项目	账载金额			税收金额					纳税调整	
		资产账载金额	本年折旧、摊销额	累计折旧、摊销额	资产计税基础	按税收一般规定计算的本年折旧、摊销额	本年加速折旧额	其中：2014年及以后年度新增固定资产加速折旧额（填写A105081）	累计折旧、摊销额	金额	调整原因
		1	2	3	4	5	6	7	8	9(2-5-6)	10
1	一、固定资产(2+3+4+5+6+7)	1 200.48	110.088	110.088	1 200.48	110.088	73.722	183.33	183.81	-73.722	10
2	（一）房屋、建筑物									—	
3	（二）飞机、火车、轮船、机器、机械和其他生产设备	1 200.00	110.00	110.00	1 200.00	110.00	73.33	183.33	183.33	-73.33	A
4	（三）与生产经营活动有关的工具、器具等							—		—	

续表

行次	项目	账载金额			税收金额					纳税调整	
		资产账载金额	本年折旧、摊销额	累计折旧、摊销额	资产计税基础	按税收规定计算的本年折旧、摊销额	本年加速折旧额	其中：2014年及以后年度新增固定资产加速折旧额（填写A105081）	累计折旧、摊销额	金额	调整原因
		1	2	3	4	5	6	7	8	9(2−5−6)	10
5	（四）火车、飞机、轮船以外的运输工具									—	
6	（五）电子设备	0.48	0.088	0.088	0.48	0.088	0.392	—	0.48	−0.392	A
7	（六）其他	—	—	—	—	—	—	—		—	
8	二、生产性生物资产（9+10）	—	—	—	—	—	—	—		—	
9	（一）林木类	—	—	—	—	—	*	*		—	
10	（二）畜类	—	—	—	—	—	*	*		—	
11	三、无形资产（12＋13＋14＋15＋16＋17＋18）	—	—	—	—	—	*	*		—	
12	（一）专利权	—	—	—	—	—	—	—		—	

续表

行次	项目	账载金额			税收金额					纳税调整	
		资产账载金额	本年折旧、摊销额	累计折旧、摊销额	资产计税基础	按税收一般规定计算的本年折旧、摊销额	本年加速折旧额	其中：2014年及以后年度新增固定资产加速折旧额（填写A105081）	累计折旧、摊销额	金额	调整原因
		1	2	3	4	5	6	7	8	9(2-5-6)	10
13	（二）商标权						*	*		—	
14	（三）著作权					—	*	*		—	
15	（四）土地使用权						*	*		—	
16	（五）非专利技术						*	*	—	—	
17	（六）特许权使用费						*	*		—	
18	（七）其他						*	*		—	
19	四、长期待摊费用（20+21+22+23+24）	—		—	—	—	*		—	—	
20	（一）已足额提取折旧的固定资产的改建支出						*	*		—	

续表

行次	项目	账载金额			税收金额					纳税调整	
		资产账载金额	本年折旧、摊销额	累计折旧、摊销额	资产计税基础	按税收一般规定计算的本年折旧、摊销额	本年加速折旧额	其中：2014年及以后年度新增固定资产加速折旧额（填写A105081）	累计折旧、摊销额	金额	调整原因
		1	2	3	4	5	6	7	8	9(2-5-6)	10
21	（二）租入固定资产的改建支出						*	*		—	
22	（三）固定资产的大修理支出						*	*		—	
23	（四）开办费						*	*		—	
24	（五）其他						*	*		—	
25	五、油气勘探投资						*	*		—	
26	六、油气开发投资						*	*		—	
27	合计（1+8+11+19+25+26）	1 200.48	110.088	110.088	1 200.48	110.088	73.72	183.33	183.81	-73.722	*

如果某机器设备中有相应的软件支持，此时我们理解，软件也是机器功能的一个组成，而不是将其中的软件单独拿出来作为无形资产，按不低于 10 年摊销，如汽车，其中的软件控制着交互的运行控制，并非简单的机械功能，这个软件肯定是不需要单独作为固定资产管理的。还有的企业将土地含在房屋建筑物中管理，没有单独作为无形资产管理，我们也是参照一些地方税务机关的理解口径，仍按房屋建筑物的折旧年限进行处理。

5. 26　资产减值准备金

根据填报说明，填报坏账准备、存货跌价准备、理赔费用准备金等不允许税前扣除的各类资产减值准备金纳税调整情况。第 1 列"账载金额"填报纳税人会计核算计入当期损益的资产减值准备金金额（因价值恢复等原因转回的资产减值准备金应予以冲回）；第 1 列，若≥0，填入第 3 列"调增金额"；若<0，将绝对值填入第 4 列"调减金额"。

这些内容是特殊行业准备金之外的准备金调整事项，基本上这些准备金都是不允许税前扣除的，因此如果是正数扣除额，就纳税调增，如果是负数，就纳税调减。

例如，某企业当年度计提坏账准备 1 000 万元，那么，无论记入利润表哪个科目，都需要进行纳税调增处理。如果第二年认为计提的多了，又冲回 800 万元，则此 800 万元相当于第二年虚增的利润，此时要作纳税调减处理，这个结果直接填写在表 A105000 中即可。

另外，如某公司 2013 年度计提坏账准备 200 万元，2014 年冲减了 150 万元，但是这 150 万元并不是冲减在 2014 年的利润表中，那么，企业调整"以前年度损益调整"，更新的是 2013 年的利润表。

那企业可能会说，2013 年度纳税调增多了，调增了 200 万元，现在冲回了 150 万元，应该调增 50 万元才对，要不要进行退税处理？

其实这里是一个"伪命题"，即没有考虑 2013 年度调整后利润表的利润总额也是随着变化的，如没有扣除减值准备时的利润总额是 1 000 万元，1 000－200＝800（万元），如没有其他纳税调整事项，纳税调增 200 万元，应纳税所得额是 1 000 万元。此时冲回了 150 万元，利润总额是：1 000－50＝950（万元），纳税调增 50 万元，应纳税所得额是 1 000 万元，究其结果都是视为税前扣除未发生的，税前扣除多少就调增多少，所以结果是一致的。

5.27 资产损失

现在的资产损失都必须进行清单申报或专项申报，且须为取得回执或确认的金额，因此这一项就是为完成申报事项及最终完成纳税调整处理的。至于这个申报表能不能代替现在工作中的申报程序，特别是清单申报，还有待观察。

5.27.1 资产及资产损失的理解

5.27.1.1 资产的范围

资产是指企业拥有或者控制的、用于经营管理活动相关的资产，包括现金、银行存款、应收及预付款项（包括应收票据、各类垫款、企业之间往来款项）等货币性资产，存货、固定资产、无形资产、在建工程、生产性生物资产等非货币性资产，以及债权性投资和股权（权益）性投资。从会计习惯来看，资产涵盖了财产、债权和其他资产，因此资产损失这一术语相对于原来的财产损失也更加贴切。

国家税务总局 2011 年第 25 号公告[1]（以下简称 25 号公告）所增加或进一步明确的无形资产、各类垫款与企业之间的往来款项，是原规定下没有明确而企业实际又发生的，税务机关未主动认定其可以作为损失扣除的资产类型，一定程度上增强了纳税人权利的保护。

但是 25 号公告是基于资产有形存在、可确认非费用化的资产，没有对递延资产、长期待摊费用等费用化资产损失的描述，但是否认为资产就是大口径资产的范畴，各地或许会有不同的解释。当然由此也产生了税务与会计处理的差异。

5.27.1.2 资产损失的类型

25 号公告提出了实际资产损失与法定资产损失的概念，这在旧法中其实已经存在。准予在企业所得税税前扣除的资产损失，是指企业在实际处置、

---

[1] 国家税务总局公告 2011 年第 25 号，即《国家税务总局关于发布〈企业资产损失所得税税前主管论办法〉的公告》。

转让上述资产过程中发生的合理损失（简称实际资产损失），以及企业虽未实际处置、转让上述资产，但符合财税〔2009〕57 号[1] 和规定条件计算确认的损失（简称法定资产损失）。

5.27.1.3　损失确认的年度

企业发生的实际资产损失，应当在其实际发生且会计上已作损失处理的年度申报扣除；法定资产损失，应当在企业向主管税务机关提供证据资料证明该项资产已符合法定资产损失确认条件，且会计上已在损失处理的年度申报扣除。

由于实际发生的资产损失的确认与已经在会计层面确认损失并列的条件，很多情形之下并非一个年度内同时达到两个条件，因此需要进行关注（详见表 5-38）：

表 5-38　　　　　　　　　　资产损失确认应关注的事项

类型	是否达到当年度确认条件	损失年度（以 2014 年为基准）	备注
会计计提减值准备，未实际处置	否	之后年度	未实际发生时税法不认可会计计提虚列支损失
会计进行报废处理，但资产未实际处置	否	之后年度	此处虽未达到确认条件，但各地多认可损失申报，并进行回收价值的预估，这不符合 25 号公告的原则，如北京国税的口径是在进行处置的年度扣除
进行实际处置，但未进行会计处理	否	会计进行处理的年度	此处可能存在争议，比如应追溯到损失实际发生年度扣除
进行实际处置，同时进行会计处理	是	2014 年度	个别情形之下未体现传统的会计处理，计入"营业外支出"，如减值准备的转回

5.27.2　资产损失的税务与会计差异

资产损失的金额是以资产的计税基础而不是会计上的净值作为基准进行

---

[1]　财税〔2009〕57 号，即《财政部、国家税务局关于企业资产损失税前扣除政策的通知》。

计算的，但 25 号公告的条款中如下的规定，其实很容易带来误解：

第二十七条　存货报废、毁损或变质损失，为其计税成本扣除残值及责任人赔偿后的余额，……

第二十八条　存货被盗损失，为其计税成本扣除保险理赔以及责任人赔偿后的余额，……

第二十九条　固定资产盘亏、丢失损失，为其账面净值扣除责任人赔偿后的余额，……

第三十条　固定资产报废、毁损损失，为其账面净值扣除残值和责任人赔偿后的余额，……

第三十一条　固定资产被盗损失，为其账面净值扣除责任人赔偿后的余额，……

第三十二条　在建工程停建、报废损失，为其工程项目投资账面价值扣除残值后的余额，……

……

第三十四条　生产性生物资产盘亏损失，为其账面净值扣除责任人赔偿后的余额，……

……

第三十七条　企业由于未能按期赎回抵押资产，使抵押资产被拍卖或变卖，其账面净值大于变卖价值的差额，可认定为资产损失，……

从税法适用的历史成本的计税成本来分析，上述表述的内容，理解上仍全部定性为计税基础，因此涉及固定资产、在建工程、生产性生物资产及抵押资产等的损失，不能简单套用会计上的账面净值，在发生会计上计提减值准备、税务与会计对折旧的政策适用不一致时，必须分析其适用性，并按税法上的规定认定其损失的价值基础。

5.27.3　清单申报与专项申报

通常将损失归类为正常损失即为清单申报，若为不正常损失即为专项申报，发生损失的主体需分类适用。

其中，属于清单申报的资产损失，企业可按会计核算科目进行归类、汇总，然后再将汇总清单报送税务机关，有关会计核算资料和纳税资料留存备查；属于专项申报的资产损失，企业应逐项（或逐笔）报送申请报告，同时附送会计核算资料及其他相关的纳税资料。

下列资产损失，应以清单申报的方式向税务机关申报扣除：

（1）企业在正常经营管理活动中，按照公允价格销售、转让、变卖非货币资产的损失[1]；

（2）企业各项存货发生的正常损耗；

（3）企业固定资产达到或超过使用年限而正常报废清理的损失；

（4）企业生产性生物资产达到或超过使用年限而正常死亡发生的资产损失；

（5）企业按照市场公平交易原则，通过各种交易场所、市场等买卖债券、股票、期货、基金以及金融衍生产品等发生的损失。

国家税务总局公告 2014 年第 3 号[2]有了新的突破，商业零售企业存货因零星失窃、报废、废弃、过期、破损、腐败、鼠咬、顾客退换货等正常因素形成的损失，为存货正常损失，准予按会计科目进行归类、汇总，然后再将汇总数据以清单的形式进行企业所得税纳税申报，同时出具损失情况分析报告。但商业零售企业存货因风、火、雷、震等自然灾害，仓储、运输失事，重大案件等非正常因素形成的损失，为存货非正常损失，应当以专项申报形式进行企业所得税纳税申报。存货单笔（单项）损失超过 500 万元的，无论何种因素形成的，均应以专项申报方式进行企业所得税纳税申报。

除上述描述清单申报外的资产损失，应以专项申报的方式向税务机关申报扣除。企业无法准确判断是否属于清单申报扣除的资产损失，可以采取专项申报的形式申报扣除。对于追补损失的情形，同样按专项申报进行。属于专项申报的资产损失，企业因特殊原因不能在规定的时限内报送相关资料的，可以向主管税务机关提出申请，经主管税务机关同意后，可适当延期申报。

5.27.4　不同情形下资产损失的确认

5.27.4.1　损失追溯调整的期限

企业以前年度实际发生的资产损失未能在当年税前扣除的，可以按照 25

---

[1]　原国税发〔2009〕88 号文件规定为企业在正常经营管理活动中因销售、转让、变卖固定资产、生产性生物资产、存货发生的资产损失，25 号公告对该范围进行了适用资产的扩展。

[2]　国家税务总局公告 2014 年第 3 号，即《国家税务总局关于商业零售企业存货损失税前扣除问题的公告》。

号公告的规定，向税务机关说明并进行专项申报扣除。其中，属于实际资产损失的，准予追补至该项损失发生年度扣除，其追补确认期限一般不得超过五年，但因计划经济体制转轨过程中遗留的资产损失、企业重组上市过程中因权属不清出现争议而未能及时扣除的资产损失、因承担国家政策性任务而形成的资产损失以及政策定性不明确而形成资产损失等特殊原因形成的资产损失，其追补确认期限经国家税务总局批准后可适当延长。属于法定资产损失的，应在申报年度扣除。

企业因以前年度实际资产损失未在税前扣除而多缴的企业所得税税款，可在追补确认年度企业所得税应纳税款中予以抵扣，不足抵扣的，在以后年度递延抵扣。企业实际资产损失发生年度扣除追补确认的损失后出现亏损的，应先调整资产损失发生年度的亏损额，再按弥补亏损的原则计算以后年度多缴的企业所得税税款，并按前述办法进行税务处理。

这里的五年，公告未规定推算的起始点，但是由于是汇算清缴内的处理事项，理解上应是在 2015 年汇算清缴期内，从 2014 年开始往前追溯，即 2014、2013、2012、2011、2010 五年。

5.27.4.2　无偿划拨资产形成损失的处理

在中翰的服务案例中，屡有国有企业涉及划拨资产损失，相关资产是重组过程中集团内资产无偿划拨形成的情形。由此，税务机关在审核过程中认为企业取得的上述资产是无偿取得的，没有确认应税所得，不能税前扣除，最终一直延滞或直接拒绝申请。我们理解，无偿划拨是一种非常规的重组方式，但是如果不了解无偿划拨的形成过程，只简单地理解为无对价取得，是对税法形式上而非实质上的理解。

对于无偿划拨的资产，要区分如下几种情形进行处理：

（1）重组过程中资产是从其他分支机构划拨过来的。

这种情形比较容易应对，因为分公司间无视同销售的规定，以资产的使用权作为判断的归属是应予认可的，同时发票在另一个分支机构也不影响法人所得税。这种情形下，需要提供当初划拨资产的凭据及文件作支持。

（2）重组过程中资产是从其他子公司或母公司划拨过来的。

这是一种投资结构的调整，是相关主体进行的一项投资，尽管没有通过法定的验资程序，只是在金额上有非公允计量的问题。但此时需要看当初重组是否有国务院财政、税务部门的文件，应提供这种划拨的文件支持，从而得到认可。

如果没有相关文件支持，则需要从资产的单一性上考虑，即相关资产损失的发生是真实的，在其中任何一方都应认可这种真实性。此时可以从平衡的原则进行考虑，当然这可能会导致主管税务机关工作人员理解困难。

这里有一个技术上的问题，即划拨资产是以账面价值体现的，不是以计税基础延续的，因此有可能一方计提了减值准备，税前并未得到扣除，划拨给另一方后，会计上的资产价值可能是 0，再进行处置，往往存在巨大的收益，而取得资产的计税基础往往也被认为是 0，需要就此收益纳税，从集团层面来看，是有利益损失的。

这种情形将随着国家税务总局 2014 年第 29 号公告及财税〔2014〕109 号[1]文件的实施发生对纳税人有利的改变。

5.27.4.3　对逾期三年或一年应收款项的理解

25 号公告第二十三条规定，企业逾期三年以上的应收款项在会计上已作为损失处理的，可以作为坏账损失，但应说明情况，并出具专项报告。第二十四条规定，企业逾期一年以上，单笔数额不超过五万或者不超过企业年度收入总额万分之一的应收款项，会计上已经作为损失处理的，可以作为坏账损失，但应说明情况，并出具专项报告。

这里的一年，是泛指的一年以上，对于三年以上，只要单笔数额不超过五万或者不超过企业年度收入总额万分之一的应收款项，会计上已经作为损失处理的，即通常所说的小额损失，如果超过三年以上，有的税务机关要求提供对方不能清偿的证明，即理解为三年以上大额的损失，这是两者的分类。

5.27.4.4　对单笔数据不超过企业年度收入总额万分之一的理解

企业的收入在损益表上的列示最为直观，但是损益表上的收入总额有时

---

[1]　财税〔2014〕109 号，即《财政部、国家税务总局关于促进企业重组有关企业所得税处理问题的通知》。

是净额的概念，如融资租赁公司，应收的款项包括本金与利息，但在损益表上只体现利息，因此如果只以利息作为收入总额的基数，显然不合理。这里的收入总额是指损失发生当年度的收入总额，这个应该不会有太多的争议。但是对于以净额反映收入的企业来说，应该允许其以毛收入作为收入总额并以此为基数计算。

5.27.4.5　银行卡透支坏账损失核销

25 号公告对国税发〔2009〕88 号对于"银行卡透支坏账损失"核销相关的政策进行了调整。国税发〔2009〕88 号文件第三十五条第五款规定，金融企业银行卡透支款项坏账余额在 2 万元以下（含 2 万元），经追索 2 年以上仍无法收回的，可提交追索记录（包括电话追索、信件追索和上门追索等原始记录）并由经办人员和负责人签章确认后予以税前扣除；而 25 号公告却并没有这样"宽松"的确认方式。对银行而言，考虑到该类业务单笔金额小、违约债务人多且存在诉讼流程复杂的情形，依 25 号公告的相关规定，上述损失很有可能得不到税前扣除。

5.27.4.6　境外损失税前扣除

25 号公告没有明确境外损失的确认标准，在北京国家税务局 2012 年度的汇算清缴政策解答中解释为经向国家税务总局请示，鉴于因债务人或被投资企业在境外发生损失的情形复杂，涉及的证据不易判定，国家税务总局需做进一步研究，因此在国家税务总局未明确前暂不予受理。

5.27.4.7　出版、发行企业呆滞出版物

财税〔2009〕31 号[1]文件明确，出版、发行企业库存呆滞出版物，纸质图书超过五年（包括出版当年，下同）、音像制品、电子出版物和投影片

---

[1]　财税〔2009〕31 号，即《财政部、国家税务总局关于支持文化企业发展若干税收政策问题的通知》。

（含缩微制品）超过两年、纸质期刊和挂历年画等超过一年的，可以作为财产损失在税前据实扣除。已作为财产损失税前扣除的呆滞出版物，以后年度处置的，其处置收入应纳入处置当年的应税收入。

5.27.4.8　关于搬迁损失的处理

国家税务总局 2011 年第 40 号公告[2]规定，对于政策性搬迁过程中企业由于搬迁而报废的资产，如无转让价值，其净值作为企业的资产处置支出。由于该公告并未要求搬迁支出处理作为损失发生当年度的税前扣除事项，因此理解上是搬迁收入减去搬迁支出后计算最终是否存在搬迁损失。这种情形不属于 25 号公告进行申报扣除的事项，应一并在搬迁完成年度提交《企业政策性搬迁清算损益表》。

5.27.4.9　关于变卖收入与发生的清理费用的处理

在日常的会计核算中，如对于固定资产发生的损失，往往是通过"固定资产清理"科目进行归集，包括缴纳的税金、发生的清理费用、变卖的收入、保险赔偿等，最终如果为借方余额，则形成营业外支出，如果为贷方余额，则形成营业外收入。

25 号公告关注了赔偿及变卖残值的冲减，但并没有提及清理费用的处理。理论上讲，清理费用不应构成损失的一部分，应属正常费用的事项，如处置过程中的交通费等支出。但为了与营业外支出的口径一致，纳税人也可以选择全部包含上述事项的金额进行申报。

如果纳税人变卖的收入计入了营业外收入，如批量处置情形下的变卖收入，这时建议将变卖收入进行分配，如同时发生清单申报与专项申报，或者没有产生损失的事项，这决定了性质的选择。如果不考虑变卖收入，直接以营业外支出进行申报，显然并非 25 号公告的初衷。新申报表也要求填报变卖收入的事项。在我们接触的事例中，纳税人进行合理的收入分配，可以让收购方进行协助分配。

---

[2]　国家税务总局公告 2011 年第 40 号，即《国家税务总局关于发布〈企业政策性搬迁所得税管理办法〉的公告》

5.27.4.10　计提存货跌价准备的存货领用如何进行纳税处理

计提存货跌价准备的存货，在发生价值回升转回时，如果是合并冲减的资产减值损失，年末一并处理会体现出调减的结果。如果当年度直接领用，则不能体现最终调减的结果。

[例5-15]　某企业存货采购金额为100万元，2013年计提存货跌价准备10万元，2014年度生产直接领用，试分析2014年度如何进行纳税调整。

上述的跌价准备10万元在2013年度作纳税调增处理，2014年度会计处理为（单位：万元）：

借：生产成本　　　　　　　　　　　　　　　　　　　90

　　存货跌价准备　　　　　　　　　　　　　　　　　10

　贷：库存商品　　　　　　　　　　　　　　　　　100

上述的存货跌价准备不能通过资产减值损失的损益科目转回，如果不转回，那企业税前扣除只为90万元，计税基础100万元没有得到完全扣除。仍需要通过"其他"等方式转回作调减处理，或冲减当期准备金少调增点或直接调减。

5.27.4.11　关于不同分支机构损失金额合并的问题

损失的金额应以实际发生为前提，如有的分支机构发生损失，有的分支机构未发生损失，此时就需分类确认损失，不能冲减有收入的分支机构的金额。这种情形主要在三级分支机构合并由二级分支机构向税务机关申报之时发生。

5.27.4.12　关于资产报废暂估变卖收入的问题

从25号公告实际发生损失的原则来理解，损失应是实际发生，只有在实际处置之后才能精确计算，但是部分税务机关仍遵照旧法下的原则，不允许报废的资产按净值暂估5%的收入作为损失当年度扣除。

从税法合规性上分析，这种处理有一定的风险性，但从经济发生的情形分析，损失已表现在账务处理上，如果税务机关接受，则予以认可也具有一定的合理性。

但上述暂估的 5%，在实际处置时，可能多于 5%，也可能小于 5%。如果多于 5%，由于收入通常全额计入处置当年的营业外收入，因此抵消了原来多扣的大于 5% 的部分；如果小于 5%，则申报损失的金额没有充分扣除，当年度仍需补差调减。由于这种情况很难准确划分，因此实践中有的企业直接将 5% 在第二年自行作了损失扣除，理想地认为收入在第二年已全部体现在损益表中，已得到了配比调整的处理。这种处理方式逻辑上是合理的，但不具有普遍适用性。如果企业不处理变卖收入小于 5% 的差异部分，其利益也会受到损害。

5.27.4.13　管理不善带来的进项税额转出作为损失金额的认定

增值税进项税额的转出，在 2009 年增值税暂行条例修订之前，具有外延性，但修订之后，非常清楚地明确为只有管理不善造成被盗、丢失及霉烂变质才需要作转出，如药品、食品到期的报废，理论上不再需要作进项税额转出处理。

当然不排除有的税务机关不认可转出的合理性，从纳税人的角度，转出对纳税人的利益更是不利，因此在考虑是否转出时，必须关注适用的情形。一些企业人员在谨慎的处理中，通常"喜欢"作转出，其实往往是"出力不讨好"。

5.27.4.14　正常经营管理活动中，按照公允价格销售、转让、变卖非货币资产的损失

25 号公告规定，在正常损失的适用类型中，对于正常经营管理活动，按照公允价格销售、转让、变卖非货币资产的损失，也需要进行清单申报。市场经济中，促销、销售模式的多样性、电商的竞争，使某些商品出现损失的情形非常普遍，如果这些损失都需要一一进行清单申报统计，一是没有必要，二是税务机关作为征税机关，不可能关注市场运营结果。当然纳税人要关注税务机关对此口径的理解，如果不申报，避免落入被动的局面。

5.27.4.15　盘盈与盘亏的分立处理

存货的盘盈与盘亏，在很多的制造企业是非常普遍的，如化工类的企

业, 其原料或产成品本身有正常损耗的部分, 那此部分形成清单申报的组成部分, 但何为正常损耗, 没有一个税法上提及的量化款, 只能是借鉴行业的指标来适用了。

还有一些电子的元器件, 其本身的错发、错用非常普遍, 在半年或年度盘点时, 发现有的多, 有的少, 这样就产生了盘盈与盘亏, 企业是依其差额作为营业外收入或支出处理的, 但是我们的税法如何界定这个损失呢? 首先对于某一项存货来讲, 损失是发生的, 而有的是盘盈的, 那盈是盈, 亏是亏, 亏的要单独作为资产损失处理, 这个有的时候企业或税务的同志会混淆处理, 其实是要分别进行税务对待处理的。

5.27.4.16 违约金支出并不是损失

实践当中经常会有误区, 如有的企业发生的经济纠纷需要赔付对方的损失, 因此在营业外支出中列支一项支出, 如 100 万元, 此时可能有的中介机构会提出, 这个也是一种损失, 需要向税务机关申报。

其实这个理解是有问题的, 所谓损失, 一定是有资产在先, 如应收款项、存货等, 发生了收不回来、丢失等, 才算是形成了损失, 例如, 违约金是交易中形成的支出, 原来并没有标的存在, 因此这自然不是损失, 而是正常可以列支的费用, 并且多数情形下还不需要发票即可以列支。

5.27.4.17 填写注意事项及举例

在填写表 A105091 时, 其行次应是可以增加的, 每一笔每一项地填报具体资产损失明细, 如果企业有 2000 项资产损失, 是很是费力气的事, 而且可能也没有多大的效力。比如对于股权投资处置事项, 当年度发生了两笔, 一笔税收上是不亏损的, 一笔税收上是亏损的, 不亏损的那笔在收入的 "投资收益" 表已作纳税调整填写, 亏的这笔就要填写在表 A105091 中, 而不是两笔合并填写, 这里只填写亏损的事项。

如某银行当期报废未到折旧期的电脑 100 台, 账面净值是 20 万元, 变卖了 1.03 万元, 另有未到折旧期办公家具一批, 账面净值为 5 万元, 直接报废处理, 没有变卖收入。上述均无税会折旧差异, 则此时如何填写资产损失表呢?

变卖电脑，是清单申报，变卖收入的增值税为：10 300÷(1+3％)×2％＝200（元），附加税费是：200×12％＝24（元），则变卖净收入为：10 300－200－24＝10 076（元），此时损失金额为：200 000－10 076＝189 924（元），则填写清单申报的明细表如表 5-39 所示。

表 5-39　　　　　　　资产损失税前扣除及纳税调整明细表

行次	项目	账载金额	税收金额	纳税调整金额
		1	2	3（1－2）
1	一、清单申报资产损失（2＋3＋4＋5＋6＋7＋8）	189 924.00	189 924.00	－
2	（一）正常经营管理活动中，按照公允价格销售、转让、变卖非货币资产的损失	189 924.00	189 924.00	－
14	合计（1＋9）	189 924.00	189 924.00	－

报废未到折旧期的办公家具，损失为 50 000 元，则填写专项申报的明细表（见表 5-40）：

表 5-40　　　资产损失（专项申报）税前扣除及纳税调整明细表

行次	项目	账载金额	处置收入	赔偿收入	计税基础	税收金额	纳税调整金额
		1	2	3	4	5	6(5－3－4)	7(2－6)
6	一、货币资产损失（7＋8＋9＋10）	50 000.00	－	－	50 000.00	50 000.00	－
7	固定资产	50 000.00	－	－	50 000.00	50 000.00	－
8						－	－
9						－	－
10						－	－
20	合计（1＋6＋11＋16）	50 000.00	－	－	50 000.00	50 000.00	－

项目列中，虽然要求每项具体填写，但是如果这里报废的有上百条，实务当中可以考虑汇总的方式填写，从这张表的逻辑上看，如果企业清理过程中发生的拆除、搬运等费用，可能是含在营业外支出下损失的金额中，但由于第三至第五列无法体现清算费用，因此理解上清算费用是企业正常的支出，并非是企业在有资产前提之下发生的损失，这是发生的费用，自然不需要非作为损失金额填写，与营业外支出的金额完全一样。

如下我们再举一个关于股权转让的损失情形，如某企业2014年发生两笔股权转让事项，如下没有税会原值差异，一笔原值900万元，转让价800万元，另一笔原值200万元，转让价500万元，则此时我们如何来填写申报表呢，这里就需要跨越了。形成税收损失的一笔填在这儿，因为这是真正的损失。（见表5-41）

表5-41　　　资产损失（专项申报）税前扣除及纳税调整明细表

行次	项目	账载金额	处置收入	赔偿收入	计税基础	税收金额	纳税调整金额
		1	2	3	4	5	6(5－3－4)	7(2－6)
11	三、货币资产损失（2+3+4+5）	1 000 000.00	8 000 000.00	—	9 000 000.00	1 000 000.00	—
12	××子公司	1 000 000.00	8 000 000.00		9 000 000.00	1 000 000.00	—
13						—	—
14						—	—
15						—	—
20	合计（1＋6＋11＋16）	1 000 000.00	8 000 000.00	—	9 000 000.00	1 000 000.00	—

而没有形成损失的一笔，填在A105030投资收益的表中（见表5-42）。

表 5-42

行次	项目	处置收益						纳税调整金额
		会计确认的处置收入 4	税收计算的处置收入 5	处置投资的账面价值 6	处置投资的计税基础 7	会计确认的处置所得或损失 8(4-6)	税收计算的处置所得 9(5-7)	11(3+10)
1	一、交易性金融资产					—	—	—
2	二、可供出售金融资产					—	—	—
3	三、持有至到期投资					—	—	—
4	四、衍生工具					—	—	—
5	五、交易性金融负债					—	—	—
6	六、长期股权投资	5 000 000.00	5 000 000.00	2 000 000.00	2 000 000.00	3 000 000.00	3 000 000.00	—
7	七、短期投资					—	—	—
8	八、长期债券投资					—	—	—
9	九、其他					—	—	—
10	合计（1＋2＋3＋4＋5＋6＋7＋8＋9）	5 000 000.00	5 000 000.00	2 000 000.00	2 000 000.00	3 000 000.00	3 000 000.00	—

5.27.5 《资产损失税前扣除及纳税调整明细表》（A105090）表样及其填报说明

《资产损失税前扣除及纳税调整明细表》（A105090）表样如表 5-43 所示。

表 5-43

A105090   资产损失税前扣除及纳税调整明细表

行次	项目	账载金额	税收金额	纳税调整金额
		1	2	3（1－2）
1	一、清单申报资产损失（2＋3＋4＋5＋6＋7＋8）	—	—	—
2	（一）正常经营管理活动中，按照公允价格销售、转让、变卖非货币资产的损失			—
3	（二）存货发生的正常损耗			—
4	（三）固定资产达到或超过使用年限而正常报废清理的损失			—
5	（四）生产性生物资产达到或超过使用年限而正常死亡发生的资产损失			—
6	（五）按照市场公平交易原则，通过各种交易场所、市场等买卖债券、股票、期货、基金以及金融衍生产品等发生的损失			—
7	（六）分支机构上报的资产损失			—
8	（七）其他			
9	二、专项申报资产损失（填写 A105091）	—	—	—
10	（一）货币资产损失（填写 A105091）	—	—	—
11	（二）非货币资产损失（填写 A105091）	—	—	—
12	（三）投资损失（填写 A105091）	—	—	—
13	（四）其他（填写 A105091）	—	—	—
14	合计（1＋9）	—	—	—

　　本表适用于发生资产损失税前扣除项目及纳税调整项目的纳税人填报。纳税人根据税法、《财政部、国家税务总局关于企业资产损失税前扣除政策的通知》（财税〔2009〕57号）、《国家税务总局关于发布〈企业资产损失所得税税前扣除管理办法〉的公告》（国家税务总局公告2011年第25号）等相关规定，及国家统一企业会计制度，填报资产损失的会计处理、税法规定，以及纳税调整情况。

5.27.5.1　有关项目填报说明

　　1. 第1行"一、清单申报资产损失"：填报以清单申报的方式向税务机关申报扣除的资产损失项目账载金额、税收金额以及纳税调整金额。填报第2行至第8行的合计数。

　　2. 第2行至第8行，分别填报相应资产损失类型的会计处理、税法规定及纳税调整情况。第1列"账载金额"填报纳税人会计核算计入当期损益的资产损失金额，已经计入存货成本的正常损耗除外；第2列"税收金额"填报根据税法规定允许税前扣除的资产损失金额；第3列"纳税调整金额"为第1—2列的余额。

　　3. 第9行"二、专项申报资产损失"：填报以专项申报的方式向税务机关申报扣除的资产损失项目的账载金额、税收金额以及纳税调整金额。本行根据《资产损失（专项申报）税前扣除及纳税调整明细表》（A105091）填报，第1列"账载金额"为表A105091第20行第2列金额；第2列"税收金额"为表A105091第20行第6列金额；第3列"纳税调整金额"为表A105091第20行第7列金额。

　　4. 第10行"（一）货币资产损失"：填报企业当年发生的货币资产损失（包括现金损失、银行存款损失和应收及预付款项损失等）的账载金额、税收金额以及纳税调整金额，根据《资产损失（专项申报）税前扣除及纳税调整明细表》（A105091）第1行相应数据列填报。

　　5. 第11行"（二）非货币资产损失"：填报非货币资产损失的账载金额、税收金额以及纳税调整金额，根据《资产损失（专项申报）税前扣除及纳税调整明细表》（A105091）第6行相应数据列填报。

　　6. 第12行"（三）投资损失"：填报应进行专项申报扣除的投资损失账载金额、税收金额以及纳税调整金额，根据《资产损失（专项申报）税前扣除及纳税调整明细表》（A105091）第11行相应数据列填报。

7. 第13行"（四）其他"：填报应进行专项申报扣除的其他资产损失情况，根据《资产损失（专项申报）税前扣除及纳税调整明细表》（A105091）第16行相应数据列填报。

8. 第14行"合计"：填报第1+9行的金额。

5.27.5.2　表内、表间关系

1. 表内关系。

（1）第3列＝第1-2列。

（2）第1行＝第2+3+…+8行。

（3）第14行＝第1+9行。

2. 表间关系。

（1）第14行第1列＝表A105000第33行第1列。

（2）第14行第2列＝表A105000第33行第2列。

（3）第14行第3列，若≥0，填入表A105000第33行第3列；若＜0，将绝对值填入表A105000第33行第4列。

（4）第9行第1列＝表A105091第20行第2列。

（5）第9行第2列＝表A105091第20行第6列。

（6）第9行第3列＝表A105091第20行第7列。

（7）第10行第1列＝表A105091第1行第2列。

（8）第10行第2列＝表A105091第1行第6列。

（9）第10行第3列＝表A105091第1行第7列。

（10）第11行第1列＝表A105091第6行第2列。

（11）第11行第2列＝表A105091第6行第6列。

（12）第11行第3列＝表A105091第6行第7列。

（13）第12行第1列＝表A105091第11行第2列。

（14）第12行第2列＝表A105091第11行第6列。

（15）第12行第3列＝表A105091第11行第7列。

（16）第13行第1列＝表A105091第16行第2列。

（17）第13行第2列＝表A105091第16行第6列。

（18）第13行第3列＝表A105091第16行第7列。

5.27.6 《资产损失（专项申报）税前扣除及纳税调整明细表》（A105091）表样及其填报说明

《资产损失（专项申报）税前扣除及纳税调整明细表》（A105091）表样如表 5-44 所示。

表 5-44

A105091　　　资产损失（专项申报）税前扣除及纳税调整明细表

行次	项目	账载金额	处置收入	赔偿收入	计税基础	税收金额	纳税调整金额
	1	2	3	4	5	6(5−3−4)	7(2−6)
1	一、货币资产损失（2+3+4+5）	—	—	—	—	—	—
2						—	—
3						—	—
4						—	—
5						—	—
6	二、非货币资产损失（7+8+9+10）	—	—	—	—	—	—
7						—	—
8						—	—
9						—	—
10						—	—
11	三、投资损失（12+13+14+15）	—	—	—	—	—	—
12						—	—
13						—	—
14						—	—
15						—	—
16	四、其他（17+18+19）	—	—	—	—	—	—

续表

行次	项目	账载金额	处置收入	赔偿收入	计税基础	税收金额	纳税调整金额
	1	2	3	4	5	6(5-3-4)	7(2-6)
17						—	—
18						—	—
19						—	—
20	合计（1+6+11+16）		—	—	—	—	—

本表适用于发生资产损失税前扣除专项申报事项的纳税人填报。纳税人根据税法、《财政部、国家税务总局关于企业资产损失税前扣除政策的通知》（财税〔2009〕57号）、《国家税务总局关于发布〈企业资产损失所得税税前扣除管理办法〉的公告》（国家税务总局公告2011年第25号）等相关规定，及国家统一企业会计制度，填报纳税人资产损失会计、税法处理以及纳税调整情况。

5.27.6.1 有关项目填报说明

1. 第1列"项目"：填报纳税人发生资产损失的具体项目名称，应逐笔逐项填报具体资产损失明细。

2. 第2列"账载金额"：填报纳税人会计核算计入本年损益的资产损失金额。

3. 第3列"处置收入"：填报纳税人处置发生损失的资产可收回的残值或处置收益。

4. 第4列"赔偿收入"：填报纳税人发生的资产损失，取得的相关责任人、保险公司赔偿的金额。

5. 第5列"计税基础"：填报按税法规定计算的发生损失时资产的计税基础，含损失资产涉及的不得抵扣增值税进项税额。

6. 第6列"税收金额"：填报按税法规定确定的允许当期税前扣除的资产损失金额，为第5-3-4列的余额。

7. 第8列"纳税调整金额"：填报第2-6列的余额。

5.27.6.2　表内、表间关系

1. 表内关系。

(1) 第 1 行＝第 2＋3＋4＋5 行。

(2) 第 6 行＝第 7＋8＋9＋10 行。

(3) 第 11 行＝第 12＋13＋14＋15 行。

(4) 第 16 行＝第 17＋18＋19 行。

(5) 第 20 行＝第 1＋6＋11＋16 行。

(6) 第 6 列＝第 5－3－4 列。

(7) 第 7 列＝第 2－6 列。

2. 表间关系。

(1) 第 1 行第 2 列＝表 A105090 第 10 行第 1 列。

(2) 第 1 行第 6 列＝表 A105090 第 10 行第 2 列。

(3) 第 1 行第 7 列＝表 A105090 第 10 行第 3 列。

(4) 第 6 行第 2 列＝表 A105090 第 11 行第 1 列。

(5) 第 6 行第 6 列＝表 A105090 第 11 行第 2 列。

(6) 第 6 行第 7 列＝表 A105090 第 11 行第 3 列。

(7) 第 11 行第 2 列＝表 A105090 第 12 行第 1 列。

(8) 第 11 行第 6 列＝表 A105090 第 12 行第 2 列。

(9) 第 11 行第 7 列＝表 A105090 第 12 行第 3 列。

(10) 第 16 行第 2 列＝表 A105090 第 13 行第 1 列。

(11) 第 16 行第 6 列＝表 A105090 第 13 行第 2 列。

(12) 第 16 行第 7 列＝表 A105090 第 13 行第 3 列。

(13) 第 20 行第 2 列＝表 A105090 第 9 行第 1 列。

(14) 第 20 行第 6 列＝表 A105090 第 9 行第 2 列。

(15) 第 20 行第 7 列＝表 A105090 第 9 行第 3 列。

5.28　特殊事项调整项目

由于这些特殊事项具有个案性质，因此我们只作简单的介绍，如果遇到调整事项，需要根据相应的法规进行查阅确定。

5.28.1 **企业重组**

首先我们要知道哪些事项需要在《企业重组纳税调整明细表》中填列，旧申报表是在纳税调整表中直接填列账载与税收金额进行调整的，新申报表分了情形要求进行填报。当然，填报的保障是要对在税收上按一般性税务处理计税与会计处理的调整，税收上按特殊性税务处理计税与会计处理的调整，一是基于存在税会处理的差异，二是基于纳税人选择特殊性税务处理，可以享受延迟纳税等的利益，进行的调整。

这个表主要基于财税〔2009〕59号[1]文件的规定情形进行的，主要包括债务重组、股权收购、资产收购、合并、分立情形，还有就是基于财税〔2013〕91号[2]文件，及2014年末颁布的财税〔2014〕116号[3]文件、财税〔2014〕109号[4]文件，这些事项也影响着此表的填写。

关于重组的争议及案例非常多样，本节我们将重点分析一下选择特殊性税务处理的几个事项，从而了解调整的方式。

5.28.1.1 债务重组特殊性税务处理

依据财税〔2009〕59号文件的规定，债务重组，是指在债务人发生财务困难的情况下，债权人按照其与债务人达成的书面协议或者法院裁定书，就其债务人的债务作出让步的事项。

企业债务重组确认的应纳税所得额占该企业当年应纳税所得额50%以上，可以在5个纳税年度的期间内，均匀计入各年度的应纳税所得额。这项规定，其实有争议，却通常认为是一般性税务处理的债务重组所得，可以考虑上述条款，并不限于股份支付，因此这一点需要当地政策的确认。

如上述政策没有影响，假设当期少付现金的债务重组所得相应的应纳税

---

[1] 财税〔2009〕59号，即《财政部、国家税务总局关于企业重组业务企业所得税处理若干问题的通知》。

[2] 财税〔2013〕91号，即《财政部、国家税务总局关于中国（上海）自由贸易试验区内企业以非货币性资产对外投资等资产重组行为有关企业所得税政策问题的通知》。

[3] 财税〔2014〕116号，即《财政部、国家税务总局关于非货币性资产投资企业所得税政策问题的通知》。

[4] 财税〔2014〕109号，即《财政部、国家税务总局关于促进企业重组有关企业所得税处理问题的通知》。

所得额是 800 万元，合计应纳税所得额是 1 000 万元，超过 50％，按照 5 年递延纳税，则 2014 年度的填列内容如表 5-45 所示：

表 5-45　　　　　　　　企业重组纳税调整明细表

行次	项目	一般性税务处理			特殊性税务处理			纳税调整金额
		账载金额	税收金额	纳税调整金额	账载金额	税收金额	纳税调整金额	
		1	2	3(2－1)	4	5	6(5－4)	7(3＋6)
1	一、债务重组			—	800.00	160.00	－640.00	－640.00
2	其中：以非货币性资产清偿债务			—			—	—
3	债转股			—			—	—

如果以非货币性资产清偿债务，规定中出现的"企业债务重组确认的应纳税所得额"，里面可能是包括两部分，即资产公允价值高于计税基础部分，及重组所得，这两个口径是有争议的，保守期间是就重组所得来看是否达到 50％，当然这也是税务机关需要关注的地方。

5.28.1.2　非货币性资产对外投资的特殊性税务处理

非货币性资产对外投资的相关规定如表 5-46 所示。

表 5-46

文　件	内　容
财税〔2013〕91 号	注册在试验区内的企业，因非货币性资产对外投资等资产重组行为产生资产评估增值，据此确认的非货币性资产转让所得，可在不超过 5 年期限内，分期均匀计入相应年度的应纳税所得额，按规定计算缴纳企业所得税。
财税〔2014〕116 号	居民企业以非货币性资产对外投资确认的非货币性资产转让所得，可在不超过 5 年期限内，分期均匀计入相应年度的应纳税所得额，按规定计算缴纳企业所得税。

非货币性资产对外投资，可以实行递延纳税，这主要是对于按一般性税务处理计算的税法上的转让所得部分延期纳税。如果是适用财税〔2009〕59 号、财税〔2014〕109 号文件特殊性税务处理的，仍可以不确认上述的所得的。

非货币性资产对外投资，尽管准则方面没有对应明确的解释，但如果会计上确认了重组收益的，税收上需要按公允价值确认的资产转让所得，那需要在本表中填写。如存货投资，企业在会计核算上收入，那此收入部分应可以分为五年进行递延纳税。如存货收入为 5 000 万元，成本为 4 000 万元，则增值税税额为 1 000 万元：（见表 5-47）

表 5-47　　　　　　　　　企业重组纳税调整明细表

行次	项目	一般性税务处理			特殊性税务处理			纳税调整金额
		账载金额	税收金额	纳税调整金额	账载金额	税收金额	纳税调整金额	
		1	2	3(2-1)	4	5	6(5-4)	7(3+6)
12	六、其他			—	1 000.00	200.00	-800.00	-800.00
13	其中：以非货币性资产对外投资				1 000.00	200.00	-800.00	-800.00
14	合计（1+4+6+8+11+12）			—	1 000.00	200.00	-800.00	-800.00

如果企业在账上根本没有核算收益，而是直接按账面价值计算的长期股权投资的入账金额，则此时我们要在《视同销售和房地产开发企业特定业务纳税调整明细表》中进行视同销售处理，即有了公允价值收入与计税基础，差额为可递延收入，这个差额收入再在这个表中填写在"账载金额"下，此时就不是简单的一定有账载金额了，所以这个表也是设计时并未考虑企业各种各样情形的结果，因此需要从调整结果的角度来考虑报表的填写。

5.28.1.3　《企业重组纳税调整明细表》（A105100）表样及其填报说明

《企业重组纳税调整明细表》（A105100）表样如表 5-48 所示。

表 5-48

A105100　　　　　　　　　企业重组纳税调整明细表

行次	项目	一般性税务处理			特殊性税务处理			纳税调整金额
		账载金额	税收金额	纳税调整金额	账载金额	税收金额	纳税调整金额	
		1	2	3(2-1)	4	5	6(5-4)	7(3+6)
1	一、债务重组			—			—	

续表

行次	项目	一般性税务处理			特殊性税务处理			纳税调整金额
		账载金额	税收金额	纳税调整金额	账载金额	税收金额	纳税调整金额	
		1	2	3（2-1）	4	5	6（5-4）	7（3+6）
2	其中：以非货币性资产清偿债务			—			—	—
3	债转股			—			—	—
4	二、股权收购			—			—	—
5	其中：涉及跨境重组的股权收购			—			—	—
6	三、资产收购			—			—	—
7	其中：涉及跨境重组的资产收购			—			—	—
8	四、企业合并（9+10）	—	—	—			—	—
9	其中：同一控制下企业合并			—			—	—
10	非同一控制下企业合并			—			—	—
11	五、企业分立			—			—	—
12	六、其他							
13	其中：以非货币性资产对外投资			—			—	—
14	合计（1+4+6+8+11+12）	—	—	—	—	—	—	—

　　本表适用于发生企业重组纳税调整项目的纳税人，在企业重组日所属纳税年度分析填报。纳税人根据税法、《财政部、国家税务总局关于企业重组业务企业所得税处理若干问题的通知》（财税〔2009〕59 号）、《国家税务总局关于发布〈企业重组业务企业所得税管理办法〉的公告》（国家税务总局公告 2010 年第 4 号）、《财政部、国家税务总局关于中国（上海）自由贸易试验区内企业以非货币性资产对外投资等资产重组行为有关企业所得税政策问题的通知》（财税〔2013〕91 号）等相关规定，以及国家统一企业会计制度，填报企业重组的会计核算及税法规定，以及纳税调整情况。对于发生债

务重组业务且选择特殊性税务处理（即债务重组所得可以在 5 个纳税年度均匀计入应纳税所得额）的纳税人，重组日所属纳税年度的以后纳税年度，也在本表进行债务重组的纳税调整。除上述债务重组所得可以分期确认应纳税所得额的企业重组外，其他涉及资产计税基础与会计核算成本差异调整的企业重组，本表不作调整，在《资产折旧、摊销情况及纳税调整明细表》（A105080）进行纳税调整。

1. 有关项目填报说明。

本表数据栏设置"一般性税务处理"、"特殊性税务处理"两大栏次，纳税人应根据企业重组所适用的税务处理办法，分别按照企业重组类型进行累计填报。

（1）第 1 列"一般性税务处理——账载金额"：填报企业重组适用一般性税务处理的纳税人会计核算确认的企业重组损益金额。

（2）第 2 列"一般性税务处理——税收金额"：填报企业重组适用一般性税务处理的纳税人按税法规定确认的所得（或损失）金额。

（3）第 3 列"一般性税务处理——纳税调整金额"：填报企业重组适用一般性税务处理的纳税人，按税法规定确认的所得（或损失）与会计核算确认的损益金额的差。为第 2－1 列的余额。

（4）第 4 列"特殊性税务处理——账载金额"：填报企业重组适用特殊性税务处理的纳税人，会计核算确认的企业重组损益金额。

（5）第 5 列"特殊性税务处理——税收金额"：填报企业重组适用特殊性税务处理的纳税人，按税法规定确认的所得（或损失）。

（6）第 6 列"特殊性税务处理——纳税调整金额"：填报企业重组适用特殊性税务处理的纳税人，按税法规定确认的所得（或损失）与会计核算确认的损益金额的差额。为第 5－4 列的余额。

（7）第 7 列"纳税调整金额"：填报第 3＋6 列的金额。

2. 表内、表间关系。

（1）表内关系。

①第 8 行＝第 9＋10 行。

②第 14 行＝第 1＋4＋6＋8＋11＋12 行。

③第 3 列＝第 2－1 列。

④第 6 列＝第 5－4 列。

⑤第 7 列＝第 3＋6 列。

（2）表间关系。

①第 14 行第 1＋4 列＝表 A105000 第 36 行第 1 列。

②第 14 行第 2＋5 列＝表 A105000 第 36 行第 2 列。

③第 14 行第 7 列金额，若≥0，填入表 A105000 第 36 行第 3 列；若＜0，将绝对值填入表 A105000 第 36 行第 4 列。

5.28.2　《政策性搬迁纳税调整明细表》（A105110）表样及其填报说明

《政策性搬迁纳税调整明细表》（A105110）表样如表 5-49 所示。

表 5-49

A105110　　　　　　　　　政策性搬迁纳税调整明细表

行次	项目	金额
1	一、搬迁收入（2＋8）	—
2	（一）搬迁补偿收入（3＋4＋5＋6＋7）	—
3	1. 对被征用资产价值的补偿	
4	2. 因搬迁、安置而给予的补偿	
5	3. 对停产停业形成的损失而给予的补偿	
6	4. 资产搬迁过程中遭到毁损而取得的保险赔款	
7	5. 其他补偿收入	
8	（二）搬迁资产处置收入	
9	二、搬迁支出（10＋16）	—
10	（一）搬迁费用支出（11＋12＋13＋14＋15）	—
11	1. 安置职工实际发生的费用	
12	2. 停工期间支付给职工的工资及福利费	
13	3. 临时存放搬迁资产而发生的费用	
14	4. 各类资产搬迁安装费用	
15	5. 其他与搬迁相关的费用	

续表

行次	项目	金额
16	（二）搬迁资产处置支出	
17	三、搬迁所得或损失（1－9）	—
18	四、应计入本年应纳税所得额的搬迁所得或损失（19＋20＋21）	—
19	其中：搬迁所得	
20	搬迁损失一次性扣除	
21	搬迁损失分期扣除	
22	五、计入当期损益的搬迁收益或损失	
23	六、以前年度搬迁损失当期扣除金额	
24	七、纳税调整金额（18－22－23）	—

本表适用于发生政策性搬迁纳税调整项目的纳税人在完成搬迁年度及以后进行损失分期扣除的年度填报。纳税人根据税法、《国家税务总局关于发布〈企业政策性搬迁所得税管理办法〉的公告》（国家税务总局公告 2012 年第 40 号）、《国家税务总局关于企业政策性搬迁所得税有关问题的公告》（国家税务总局公告 2013 年第 11 号）等相关规定，以及国家统一企业会计制度，填报企业政策性搬迁项目的相关会计处理、税法规定及纳税调整情况。

5.28.2.1　有关项目填报说明

本表第 1 行"一、搬迁收入"至第 22 行"五、计入当期损益的搬迁所得或损失"的金额，按照税法规定确认的政策性搬迁清算累计数填报。

1. 第 1 行"一、搬迁收入"：填报第 2＋8 行的合计数。

2. 第 2 行"（一）搬迁补偿收入"：填报按税法规定确认的，纳税人从本企业以外取得的搬迁补偿收入金额，此行为第 3 行至第 7 行的合计金额。

3. 第 3 行"1. 对被征用资产价值的补偿"：填报按税法规定确认的，纳税人被征用资产价值补偿收入累计金额。

4. 第 4 行"2. 因搬迁、安置而给予的补偿"：填报按税法规定确认的，纳税人因搬迁、安置而取得的补偿收入累计金额。

5. 第 5 行 "3. 对停产停业形成的损失而给予的补偿"：填报按税法规定确认的，纳税人停产停业形成损失而取得的补偿收入累计金额。

6. 第 6 行 "4. 资产搬迁过程中遭到毁损而取得的保险赔款"：填报按税法规定确认，纳税人资产搬迁过程中遭到毁损而取得的保险赔款收入累计金额。

7. 第 7 行 "5. 其他补偿收入"：填报按税收规定确认，纳税人其他补偿收入累计金额。

8. 第 8 行 "（二）搬迁资产处置收入"：填报按税法规定确认，纳税人由于搬迁而处置各类资产所取得的收入累计金额。

9. 第 9 行 "二、搬迁支出"：填报第 10＋16 行的金额。

10. 第 10 行 "（一）搬迁费用支出"：填报按税法规定确认，纳税人搬迁过程中发生的费用支出累计金额，为第 11 行至 15 行的合计金额。

11. 第 11 行 "1. 安置职工实际发生的费用"：填报按税法规定确认，纳税人安置职工实际发生费用支出的累计金额。

12. 第 12 行 "2. 停工期间支付给职工的工资及福利费"：填报按税法规定确认，纳税人因停工支付给职工的工资及福利费支出累计金额。

13. 第 13 行 "3. 临时存放搬迁资产而发生的费用"：填报按税法规定确认，纳税人临时存放搬迁资产发生的费用支出累计金额。

14. 第 14 行 "4. 各类资产搬迁安装费用"：填报按税法规定确认，纳税人各类资产搬迁安装费用支出累计金额。

15. 第 15 行 "5. 其他与搬迁相关的费用"：填报按税法规定确认，纳税人其他与搬迁相关的费用支出累计金额。

16. 第 16 行 "（二）搬迁资产处置支出"：填报按税法规定确认的，纳税人搬迁资产处置支出累计金额。符合《国家税务总局关于企业政策性搬迁所得税有关问题的公告》（国家税务总局公告 2013 年第 11 号）规定的资产购置支出，填报在本行。

17. 第 17 行 "三、搬迁所得或损失"：填报政策性搬迁所得或损失，填报第 1－9 行的余额。

18. 第 18 行 "四、应计入本年应纳税所得额的搬迁所得或损失"：填报政策性搬迁所得或损失按照税法规定计入本年应纳税所得额的金额，填报第 19 行至 21 行的合计金额。

19. 第 19 行 "其中：搬迁所得"：填报按税法相关规定，搬迁完成年度政策性搬迁所得的金额。

20. 第20行"搬迁损失一次性扣除"：由选择一次性扣除搬迁损失的纳税人填报，填报搬迁完成年度按照税法规定计算的搬迁损失金额，损失以负数填报。

21. 第21行"搬迁损失分期扣除"：由选择分期扣除搬迁损失的纳税人填报，填报搬迁完成年度按照税法规定计算的搬迁损失在本年扣除的金额，损失以负数填报。

22. 第22行"五、计入当期损益的搬迁收益或损失"：填报政策性搬迁项目会计核算计入当期损益的金额，损失以负数填报。

23. 第23行"六、以前年度搬迁损失当期扣除金额"：以前年度完成搬迁形成的损失，按照税法规定在当期扣除的金额。

24. 第24行"七、纳税调整金额"：填报第18－22－23行的余额。

5.28.2.2 表内、表间关系

1. 表内关系。
(1) 第1行＝第2＋8行。
(2) 第2行＝第3＋4＋…＋7行。
(3) 第9行＝第10＋16行。
(4) 第10行＝第11＋12＋…＋15行。
(5) 第17行＝第1－9行。
(6) 第18行＝第19＋20＋21行。
(7) 第24行＝第18－22－23行。

2. 表间关系。
第24行，若≥0，填入表A105000第37行第3列；若<0，将绝对值填入表A105000第37行第4列。

5.28.3 《特殊行业准备金纳税调整明细表》(A105120) 表样及其填报说明

这个表的填写内容，较之前有所明细化，但由于是直接填数，因此准确性可能受到一些影响。特别是金融业，涉农和中小企业贷款准备金和一般准备金的并列享受存在争议，相关政策估计也会延续。对于熟悉行业的纳税人而言，重要的是要审阅利润表的数据及税法确认的扣除限额，计算过程就需

要多重的内部审阅。

关于贷款损失准备金的扣除需要关注 2015 年的后续政策。由于本表是直接填写账载与税收金额，估计仍难认可会计提的少，税收按 1‰ 提的多，此时出现纳税调减情形，可能仍是要求按税收金额 1‰ 与账载金额孰小确定。

关于金融企业准备金及贷款损失的关系，这里也有必要说明一下。金融企业发生的贷款损失，虽然理论上我们要填写在资产损失的明细表下，但是仍有"税务爱好者"对于金融企业计提贷款损失准备金的事项，提出很有意思的解读。

财税〔2012〕5 号[1]文件规定：金融企业发生的符合条件的贷款损失，应先冲减已在税前扣除的贷款损失准备金，不足冲减部分可据实在计算当年应纳税所得额时扣除。

于是，这个解读认为，如果是 2014 年的损失，则只能使用 2014 年底税收上计提的准备金余额，而不得单独税前扣除资产损失，除非准备金不够。

如某银行 2013 年底税收上的准备金余额是 100 亿元，当年按文件计算可以扣除 20 亿元，这样 2014 年底税前扣除的准备金累积余额是 120 亿元，当年度发生贷账核销，经过申报确认的损失是 30 亿元，那依上面的解读，30 亿元是冲 120 亿元，不让税前在 2014 年度税前扣除，待 2015 年度计算准备金时，视 2014 年底的准备金余额为 90 亿元，这样 2015 年底算扣除年初数时，按 90 亿元作减数而不是 120 亿元作减数，又补偿了回来。我们倒认为这个解读过于追求文字层面的理论。在合理性方面，损失是损失，准备金是准备金，不要用未来的准备金补偿。

《特殊行业准备金纳税调整明细表》（A105120）表样如表 5-50 所示。

表 5-50

A105120　　　　　　　　　**特殊行业准备金纳税调整明细表**

行次	项目	账载金额	税收金额	纳税调整金额
		1	2	3（1−2）
1	一、保险公司（2+3+6+7+8+9+10）	—	—	—

---

[1]　财税〔2012〕5 号，即《财政部、国家税务总局关于金融企业贷款损失准备金企业所得税税前扣除政策的通知》。自 2011 年 1 月 1 日起至 2013 年 12 月 31 日止执行。

续表

行次	项目	账载金额	税收金额	纳税调整金额
		1	2	3（1－2）
2	（一）未到期责任准备金			—
3	（二）未决赔款准备金（4＋5）	—	—	—
4	其中：已发生已报案未决赔款准备金			—
5	已发生未报案未决赔款准备金			—
6	（三）巨灾风险准备金			
7	（四）寿险责任准备金			
8	（五）长期健康险责任准备金			
9	（六）保险保障基金			
10	（七）其他			
11	二、证券行业（12＋13＋14＋15）	—	—	—
12	（一）证券交易所风险基金			—
13	（二）证券结算风险基金			—
14	（三）证券投资者保护基金			—
15	（四）其他			
16	三、期货行业（17＋18＋19＋20）	—	—	—
17	（一）期货交易所风险准备金			—
18	（二）期货公司风险准备金			—
19	（三）期货投资者保障基金			—
20	（四）其他			
21	四、金融企业（22＋23＋24）	—	—	—
22	（一）涉农和中小企业贷款损失准备金			
23	（二）贷款损失准备金			—
24	（三）其他			
25	五、中小企业信用担保机构（26＋27＋28）	—	—	—
26	（一）担保赔偿准备			
27	（二）未到期责任准备			

续表

行次	项目	账载金额	税收金额	纳税调整金额
		1	2	3（1－2）
28	（三）其他			—
29	六、其他			—
30	合计（1＋11＋16＋21＋25＋29）	—	—	—

5.28.3.1 有关项目填报说明

1. 第1行"一、保险公司"：填报第2＋3＋6＋7＋8＋9＋10行的金额。

2. 第2行"（一）未到期责任准备金"：第1列"账载金额"填报会计核算计入当期损益的金额；第2列"税收金额"填报按税法规定允许税前扣除的金额；第3列为第1－2列的余额。

3. 第3行"（二）未决赔款准备金"：填报第4＋5行的金额。本表调整的未决赔款准备金为已发生已报案未决赔款准备金、已发生未报案未决赔款准备金，不包括理赔费用准备金。

4. 第4行"其中：已发生已报案未决赔款准备金"：填报未决赔款准备金中已发生已报案准备金的纳税调整情况。填列方法同第2行。

5. 第5行"已发生未报案未决赔款准备金"：填报未决赔款准备金中已发生未报案准备金的纳税调整情况。填列方法同第2行。

6. 第6行"（三）巨灾风险准备金"：填报巨灾风险准备金的纳税调整情况。填列方法同第2行。

7. 第7行"（四）寿险责任准备金"：填报寿险责任准备金的纳税调整情况。填列方法同第2行。

8. 第8行"（五）长期健康险责任准备金"：填报长期健康险责任准备金的纳税调整情况。填列方法同第2行。

9. 第9行"（六）保险保障基金"：填报保险保障基金的纳税调整情况。填列方法同第2行。

10. 第10行"（七）其他"：填报除第2行至第9行以外的允许税前扣除的保险公司准备金的纳税调整情况。填列方法同第2行。

11. 第11行"二、证券行业"：填报第12＋13＋14＋15行的金额。

12. 第12行"（一）证券交易所风险基金"：填报证券交易所风险基金

的纳税调整情况。填列方法同第2行。

13. 第13行"（二）证券结算风险基金"：填报证券结算风险基金的纳税调整情况。填列方法同第2行。

14. 第14行"（三）证券投资者保护基金"：填报证券投资者保护基金的纳税调整情况。填列方法同第2行。

15. 第15行"（四）其他"：填报除第12至14行以外的允许税前扣除的证券行业准备金的纳税调整情况。填列方法同第2行。

16. 第16行"三、期货行业"：填报第17＋18＋19＋20行的金额。

17. 第17行"（一）期货交易所风险准备金"：填报期货交易所风险准备金的纳税调整情况。填列方法同第2行。

18. 第18行"（二）期货公司风险准备金"：填报期货公司风险准备金的纳税调整情况。填列方法同第2行。

19. 第19行"（三）期货投资者保障基金"：填报期货投资者保障基金的纳税调整情况。填列方法同第2行。

20. 第20行"（四）其他"：填报除第17至19行以外的允许税前扣除的期货行业准备金的纳税调整情况。填列方法同第2行。

21. 第21行"四、金融企业"：本行根据第22＋23＋24行的合计数。

22. 第22行"（一）涉农和中小企业贷款损失准备金"：填报涉农和中小企业贷款损失准备金的纳税调整情况。填列方法同第2行。

23. 第23行"（二）贷款损失准备金"：填报贷款损失准备金的纳税调整情况。填列方法同第2行。

24. 第24行"（三）其他"：填报除第22至23行以外的允许税前扣除的金融企业准备金的纳税调整情况。填列方法同第2行。

25. 第25行"五、中小企业信用担保机构"：填报第26＋27＋28行的金额。

26. 第26行"（一）担保赔偿准备"：填报担保赔偿准备金的纳税调整情况。填列方法同第2行。

27. 第27行"（二）未到期责任准备"：填报未到期责任准备金的纳税调整情况。填列方法同第2行。

28. 第28行"（三）其他"：填报除第26、27行以外的允许税前扣除的中小企业信用担保机构准备金的纳税调整情况。填列方法同第2行。

29. 第29行"六、其他"：填报除保险公司、证券行业、期货行业、金融企业、中小企业信用担保机构以外的允许税前扣除的特殊行业准备金的纳税调整情况。填列方法同第2行。

30．第 30 行"合计"：填报第 1＋11＋16＋21＋25＋29 行的金额。

5.28.3.2　表内、表间关系

1．表内关系。

（1）第 3 列＝第 1－2 列。

（2）第 1 行＝第 2＋3＋6＋7＋8＋9＋10 行。

（3）第 3 行＝第 4＋5 行。

（4）第 11 行＝第 12＋13＋14＋15 行。

（5）第 16 行＝第 17＋18＋19＋20 行。

（6）第 21 行＝第 22＋23＋24 行。

（7）第 25 行＝第 26＋27＋28 行。

（8）第 30 行＝第 1＋11＋16＋21＋25＋29 行。

2．表间关系。

（1）第 30 行第 1 列＝表 A105000 第 38 行第 1 列。

（2）第 30 行第 2 列＝表 A105000 第 38 行第 2 列。

（3）第 30 行第 3 列，若≥0，填入表 A105000 第 38 行第 3 列；若＜0，将绝对值填入表 A105000 第 38 行第 4 列。

5.28.4　房地产开发企业特定业务纳税调整

5.28.4.1　案例说明

案例一、销售未完工开发产品

××市阳光房地产开发有限公司（以下简称"阳光房地产公司"）2014年取得 A 项目商品房预售许可证，并取得销售未完工开发产品的收入 6 000 万元计入"预收账款"，其中：普通住宅 3 000 万元，非普通住宅 2 000 万元，非住宅 1 000 万元。缴纳营业税金及附加 336 万元，预缴土地增值税 215 万元，均未计入当期损益；该公司销售未完工开发产品的预计毛利率为 18％。

2014 年企业所得税年度申报表房地产开发企业特定业务填列如下：

1．销售未完工产品的收入（一般取自"预收账款"本年贷方发生额）。

根据国税发〔2009〕31 号第六条的规定，企业通过正式签订《房地产销

售合同》或《房地产预售合同》所取得的收入，应确认为销售收入的实现。

$$\text{销售未完工产品的收入} = 3\,000\,万元 + 2\,000\,万元 + 1\,000\,万元$$

$$= 6\,000\,万元（填入表\,A105010\,第\,23\,行第\,1\,列，见表\,5\text{-}51）$$

表 5-51

A105010　　　视同销售和房地产开发企业特定业务纳税调整明细表

行次	项目	税收金额	纳税调整金额
		1	2
21	三、房地产开发企业特定业务计算的纳税调整额（22—26）	—	—
22	（一）房地产企业销售未完工开发产品特定业务计算的纳税调整额（24—25）	—	—
23	1. 销售未完工产品的收入	60 000 000.00	*
24	2. 销售未完工产品预计毛利额		
25	3. 实际发生的营业税金及附加、土地增值税		
26	（二）房地产企业销售的未完工产品转完工产品特定业务计算的纳税调整额（28—29）	—	—
27	1. 销售未完工产品转完工产品确认的销售收入		*
28	2. 转回的销售未完工产品预计毛利额		
29	3. 转回实际发生的营业税金及附加、土地增值税		

2. 销售未完工产品预计毛利额。

根据国税发〔2009〕31 号第九条的规定，企业销售未完工开发产品取得的收入，应先按预计计税毛利率分季（或月）计算出预计毛利额，计入当期应纳税所得额。

$$\text{销售未完工产品预计毛利额} = 6\,000\,万元 \times 18\%$$

$$= 1\,080\,万元（填入表\,A105010\,第\,24\,行第\,1\,列、第\,2\,列，见表\,5\text{-}52）$$

表 5-52

A105010　　视同销售和房地产开发企业特定业务纳税调整明细表

行次	项目	税收金额	纳税调整金额
		1	2
21	三、房地产开发企业特定业务计算的纳税调整额（22—26）	—	—
22	（一）房地产企业销售未完工开发产品特定业务计算的纳税调整额（24—25）	—	—
23	1. 销售未完工产品的收入	60 000 000.00	*
24	2. 销售未完工产品预计毛利额	10 800 000.00	10 800 000.00
25	3. 实际发生的营业税金及附加、土地增值税		
26	（二）房地产企业销售的未完工产品转完工产品特定业务计算的纳税调整额（28—29）	—	—
27	1. 销售未完工产品转完工产品确认的销售收入		*
28	2. 转回的销售未完工产品预计毛利额		
29	3. 转回实际发生的营业税金及附加、土地增值税		

3. 实际发生的营业税金及附加、土地增值税（一般取自"应缴税费"相关明细科目的本年2月至次年1月的借方发生额）。

阳光房地产公司 2014 年缴纳营业税金及附加 336 万元未计入当期损益，其中：营业税 300 万元（6 000×5%），城市维护建设税 21 万元（300×7%），教育费附加 9 万元（300×3%），地方教育费附加 6 万元（300×2%）。

预缴土地增值税 215 万元未计入当期损益，其中：普通住宅 60 万元（3 000×2%），非普通住宅 90 万元（2 000×4.5%），非住宅 65 万元（1 000×6.5%）。

实际发生的营业税金及附加、土地增值税＝336 万元＋215 万元

＝551 万元（填入表 A105010 第 25 行第 1 列、第 2 列，见表 5-53）

表 5-53

A105010　　　　　**视同销售和房地产开发企业特定业务纳税调整明细表**

行次	项目	税收金额	纳税调整金额
		1	2
21	三、房地产开发企业特定业务计算的纳税调整额（22－26）	—	—
22	（一）房地产企业销售未完工开发产品特定业务计算的纳税调整额（24－25）	—	—
23	1. 销售未完工产品的收入	60 000 000.00	＊
24	2. 销售未完工产品预计毛利额	10 800 000.00	10 800 000.00
25	3. 实际发生的营业税金及附加、土地增值税	5 510 000.00	5 510 000.00
26	（二）房地产企业销售的未完工产品转完工产品特定业务计算的纳税调整额（28－29）	—	—
27	1. 销售未完工产品转完工产品确认的销售收入		＊
28	2. 转回的销售未完工产品预计毛利额		
29	3. 转回实际发生的营业税金及附加、土地增值税		

4. 完成上述步骤，表 A105010 第 22 行"（一）房地产企业销售未完工开发产品特定业务计算的纳税调整额（24－25）"第 1 列和第 2 列、第 21 行"三、房地产开发企业特定业务计算的纳税调整额（22－26）"第 1 列和第 2 列自动填列如表 5-54 所示：

表 5-54

A105010　　　　　**视同销售和房地产开发企业特定业务纳税调整明细表**

行次	项目	税收金额	纳税调整金额
		1	2
21	三、房地产开发企业特定业务计算的纳税调整额（22－26）	5 290 000.00	5 290 000.00
22	（一）房地产企业销售未完工开发产品特定业务计算的纳税调整额（24－25）	5 290 000.00	5 290 000.00
23	1. 销售未完工产品的收入	60 000 000.00	＊

续表

行次	项目	税收金额	纳税调整金额
		1	2
24	2. 销售未完工产品预计毛利额	10 800 000.00	10 800 000.00
25	3. 实际发生的营业税金及附加、土地增值税	5 510 000.00	5 510 000.00
26	（二）房地产企业销售的未完工产品转完工产品特定业务计算的纳税调整额（28－29）	—	—
27	1. 销售未完工产品转完工产品确认的销售收入		*
28	2. 转回的销售未完工产品预计毛利额		
29	3. 转回实际发生的营业税金及附加、土地增值税		

5. 表 A105010 填写完成后，表 A105000 第 39 行自动填列如下（见表 5-55）：

表 5-55

A105000　　　　　　　　　　　　**纳税调整项目明细表**

行次	项目	账载金额	税收金额	调增金额	调减金额
		1	2	3	4
35	四、特殊事项调整项目（36＋37＋38＋39＋40）	*	*	5 290 000.00	
36	（一）企业重组（填写 A105100）				
37	（二）政策性搬迁（填写 A105110）	*	*		
38	（三）特殊行业准备金（填写 A105120）				
39	（四）房地产开发企业特定业务计算的纳税调整额（填写 A105010）	*	5 290 000.00	5 290 000.00	
40	（五）其他	*	*		

6. 其他特殊事项：以销售（营业）收入作为计算扣除基数的调整项目。2014 年度，阳光房地产公司发生三项期间费用共计 800 万元，其中：广

告及业务宣传费 60 万元，招待费 30 万元。

根据国税发〔2009〕31 号第六条的规定，企业通过正式签订《房地产销售合同》或《房地产预售合同》所取得的收入，应确认为销售收入的实现。该房地产企业销售未完工产品的收入作为计算业务招待费、广告费和业务宣传费的销售（营业）收入基数。2014 年度所得税汇算清缴时，业务招待费的计税基础为 30×60％＝18（万元）与 6 000×0.5％＝30（万元）中的较小者18 万元，则应纳税调增金额为 12 万元；广告费和业务宣传费的计税基础为6 000×15％＝900（万元），无需进行纳税调整。

假定除此之外，无其他纳税调整事项。

阳光房地产公司 2014 年经调整后应纳税所得额为－259 万元（6 000×18％－336－215－800＋12），无需缴纳企业所得税，期间费用、业务招待费纳税调增等其他项目的填列，请参照相关章节，这里不再赘述。

案例二、销售的未完工产品转完工产品

续上例：201×年，阳光房地产 A 项目进行竣工决算，取得建设工程竣工规划验收合格证，并与业主办理房屋交接。当年利润表中营业收入为12 500 万元，其中 4 500 万元由预收账款转入（即未完工产品转完工产品确认销售收入，该销售收入又细分为普通住宅 2 500 万元、非普通住宅 1 300万元和非住宅 700 万元）。阳光房地产公司本年期间费用共计 950 万元，利润总额 2 700 万元。

201×年企业所得税年度申报表房地产开发企业特定业务填列如下：

1. 销售未完工产品转完工产品确认的销售收入（一般取自"预收账款"本年借方发生额）。

根据国税发〔2009〕31 号第九条的规定，企业销售未完工开发产品取得的收入，应先按预计计税毛利率分季（或月）计算出预计毛利额，计入当期应纳税所得额。开发产品完工后，企业应及时结算其计税成本并计算此前销售收入的实际毛利额，同时将其实际毛利额与其对应的预计毛利额之间的差额，计入当年度企业本项目与其他项目合并计算的应纳税所得额。

$$\text{销售未完工产品转完工产品确认的销售收入} = 2\,500\,\text{万元} + 1\,300\,\text{万元} + 700\,\text{万元}$$

$$= 4\,500\,\text{万元}（填入表 A105010 第 27 行第 1 列，见表 5-56）$$

表 5-56

A105010　　　　　视同销售和房地产开发企业特定业务纳税调整明细表

行次	项目	税收金额	纳税调整金额
		1	2
21	三、房地产开发企业特定业务计算的纳税调整额（22－26）		
22	（一）房地产企业销售未完工开发产品特定业务计算的纳税调整额（24－25）		
23	1. 销售未完工产品的收入		＊
24	2. 销售未完工产品预计毛利额		
25	3. 实际发生的营业税金及附加、土地增值税		
26	（二）房地产企业销售的未完工产品转完工产品特定业务计算的纳税调整额（28－29）		
27	1. 销售未完工产品转完工产品确认的销售收入	45 000 000.00	＊
28	2. 转回的销售未完工产品预计毛利额		
29	3. 转回实际发生的营业税金及附加、土地增值税		

2. 转回的销售未完工产品预计毛利额。

数据来源：与"1. 销售未完工产品转完工产品确认的销售收入"对应，计算得出且以前年度填列在表 A105010 第 24 行第 1 列的数据、第 2 列的数据。

$$转回的销售未完工产品预计毛利额 = 4\ 500\ 万元 \times 18\%$$

$$= 810\ 万元（填入表 A105010 第 28 行第 1 列、第 2 列，见表 5-57）$$

表 5-57

A105010　　　　　　　视同销售和房地产开发企业特定业务纳税调整明细表

行次	项目	税收金额	纳税调整金额
		1	2
21	三、房地产开发企业特定业务计算的纳税调整额（22－26）		
22	（一）房地产企业销售未完工开发产品特定业务计算的纳税调整额（24－25）		
23	1. 销售未完工产品的收入		＊
24	2. 销售未完工产品预计毛利额		
25	3. 实际发生的营业税金及附加、土地增值税		
26	（二）房地产企业销售的未完工产品转完工产品特定业务计算的纳税调整额（28－29）		
27	1. 销售未完工产品转完工产品确认的销售收入	45 000 000.00	＊
28	2. 转回的销售未完工产品预计毛利额	8 100 000.00	8 100 000.00
29	3. 转回实际发生的营业税金及附加、土地增值税		

3. 转回实际发生的营业税金及附加、土地增值税。

数据来源：与"1. 销售未完工产品转完工产品确认的销售收入"对应，已缴纳且以前年度填列在表 A105010 第 25 行第 1 列的数据、第 2 列的数据。

$$\text{转回实际发生的营业税金及附加} = 4\,500\,\text{万元} \times 5\% \times (1 + 7\% + 3\% + 2\%)$$

$$= 252\,\text{万元}$$

$$\text{转回实际发生的土地增值税} = 2\,500\,\text{万元} \times 2\% + 1\,300\,\text{万元} \times 4.5\%$$

$$+ 700\,\text{万元} \times 6.5\% = 154\,\text{万元}$$

$$\text{转回实际发生的营业税金及附加、土地增值税} = 252\,\text{万元} + 154\,\text{万元}$$

$$= 406\,\text{万元（填入表 A105010 第 29 行}$$

第 1 列、第 2 列，见表 5-58）

表 5-58

A105010　　　　　　　视同销售和房地产开发企业特定业务纳税调整明细表

行次	项目	税收金额	纳税调整金额
		1	2
21	三、房地产开发企业特定业务计算的纳税调整额（22－26）		
22	（一）房地产企业销售未完工开发产品特定业务计算的纳税调整额（24－25）		
23	1. 销售未完工产品的收入		*
24	2. 销售未完工产品预计毛利额		
25	3. 实际发生的营业税金及附加、土地增值税		
26	（二）房地产企业销售的未完工产品转完工产品特定业务计算的纳税调整额（28－29）		
27	1. 销售未完工产品转完工产品确认的销售收入	45 000 000.00	*
28	2. 转回的销售未完工产品预计毛利额	8 100 000.00	8 100 000.00
29	3. 转回实际发生的营业税金及附加、土地增值税	4 060 000.00	4 060 000.00

4. 完成上述步骤，表 A105010 第 26 行"（二）房地产企业销售的未完工产品转完工产品特定业务计算的纳税调整额（28－29）"第 1 列和第 2 列、第 21 行"三、房地产开发企业特定业务计算的纳税调整额（22－26）"第 1 列和第 2 列自动填列如下（见表 5-59）：

表 5-59

A105010　　　　　　　视同销售和房地产开发企业特定业务纳税调整明细表

行次	项目	税收金额	纳税调整金额
		1	2
21	三、房地产开发企业特定业务计算的纳税调整额（22－26）	－4 040 000.00	－4 040 000.00
22	（一）房地产企业销售未完工开发产品特定业务计算的纳税调整额（24－25）		

续表

行次	项目	税收金额 1	纳税调整金额 2
23	1. 销售未完工产品的收入		*
24	2. 销售未完工产品预计毛利额		
25	3. 实际发生的营业税金及附加、土地增值税		
26	（二）房地产企业销售的未完工产品转完工产品特定业务计算的纳税调整额（28－29）	4 040 000.00	4 040 000.00
27	1. 销售未完工产品转完工产品确认的销售收入	45 000 000.00	*
28	2. 转回的销售未完工产品预计毛利额	8 100 000.00	8 100 000.00
29	3. 转回实际发生的营业税金及附加、土地增值税	4 060 000.00	4 060 000.00

5. 表 A105010 填写完成后，表 A105000 第 39 行自动填列如下（见表 5-60）：

表 5-60

A105000　　　　　　　　　　　纳税调整项目明细表

行次	项目	账载金额 1	税收金额 2	调增金额 3	调减金额 4
35	四、特殊事项调整项目（36＋37＋38＋39＋40）	*	*	—	4 040 000.00
36	（一）企业重组（填写 A105100）				
37	（二）政策性搬迁（填写 A105110）	*	*		
38	（三）特殊行业准备金（填写 A105120）				
39	（四）房地产开发企业特定业务计算的纳税调整额（填写 A105010）	*	－4 040 000.00	4 040 000.00	
40	（五）其他	*	*		

6. 其他特殊事项：以销售（营业）收入作为计算扣除基数的调整项目。

201×年度，阳光房地产公司三项期间费用共计 950 万元，其中：广告费和业务宣传费 40 万元，业务招待费 60 万元。利润总额 2 700 万元。

计算广告费和业务宣传费、业务招待费扣除基数的销售（营业）收入＝营业收入－销售未完工产品转完工产品确认的销售收入＝8 000 万元（12 500－4 500）。

则业务招待费的计税基础为 60×60％＝36（万元）与 12 500×0.5％＝62.5（万元）中的较小者 36 万元，则应纳税调增金额为 24 万元；广告费和业务宣传费的计税基础为：12 500×15％＝1 875（万元），无需进行纳税调整。

假定除此之外，无其他纳税调整事项。阳光房地产公司 201×年经调整后应纳税所得额为 2 320 万元（2 700－404＋24），应纳所得税额 580 万元。

相关申报表的填列，请参照相关章节。

5.28.4.2 《视同销售和房地产开发企业特定业务纳税调整明细表》（A105010）

《视同销售和房地产开发企业特定业务纳税调整明细表》（A105010）表样如表 5-61 所示。

表 5-61

A105010　视同销售和房地产开发企业特定业务纳税调整明细表（摘录部分）

行次	项目	税收金额	纳税调整金额
		1	2
21	三、房地产开发企业特定业务计算的纳税调整额（22—26）	—	—
22	（一）房地产企业销售未完工开发产品特定业务计算的纳税调整额（24—25）	—	—
23	1. 销售未完工产品的收入		*
24	2. 销售未完工产品预计毛利额		

续表

行次	项目	税收金额	纳税调整金额
		1	2
25	3. 实际发生的营业税金及附加、土地增值税		
26	（二）房地产企业销售的未完工产品转完工产品特定业务计算的纳税调整额（28−29）	—	—
27	1. 销售未完工产品转完工产品确认的销售收入		*
28	2. 转回的销售未完工产品预计毛利额		
29	3. 转回实际发生的营业税金及附加、土地增值税		

在理解这个表的填写要求时，预售的收入减去结转的收入是可以作为营业收入的基数的，如业务招待费、广告费和业务宣传费等，同时要注意这里提出的"实际发生的营业税金及附加、土地增值税"，实际发生时，理解上不包括计提但是没有清算的土地增值税，只有预缴和预征的部分才允许税前扣除，至少这代表了一种实际的明确。这里的税费，仅是挂账上的缴纳额，如果已进入利润表中，是不能够再减重的，即这里就不能再填写扣除了。

这个表看似简单，但对于结转完工的收入，如何及时的确认，恐怕是监管当中一个现实的清查问题。

06

第6章

企业所得税弥补亏损

企业纳税年度发生的亏损，准予向以后年度结转，用以后年度的所得弥补，但结转年限最长不得超过五年。这里的五年，不需要考虑最长，就是五年，即2009年度的亏损，可以在2010、2011、2012、2013、2014五年内弥补，哪年弥补完成哪年结束。

但对于符合政策性搬迁，由于停止生产经营无所得的，从搬迁次年起，至完成搬迁年度前一年度止，从法定亏损弥补年限中扣除，边搬迁，边生产的，亏损结转年度应连续计算。

所以2014年度如果有所得时，则可以在这张表弥补以前年度亏损，弥补之后才缴纳所得税。弥补可从最早的2009年延续往后弥补，离2014年越近的亏损，2014年之后可以继续弥补，但是2014年度是2009年的亏损唯一的弥补机会。因此一定程度上，弥补亏损也是可以"筹划"的。

这里填写的"纳税调整后所得"，是指税法上纳税调整后的所得概念，并不是利润表中的净利润数据，一般按之前年度纳税申报的结果来填写，是连续的，但被税务机关检查又进行纳税调整的单位，则必须同步修订原来的"纳税调整后所得"。

注意本表可不填写包括境外分支机构的数据，那部分数据在境外所得明细表中填写，这个了解就好。

6.1 2014年版纳税调整后所得的新解读

2014年度纳税申报表如表6-1所示。

表6-1 2014年度纳税申报表

行次	类别	项　　目	金　额
1	利润总额计算	一、营业收入（填写A101010\101020\103000）	
2		减：营业成本（填写A102010\102020\103000）	
3		营业税金及附加	
4		销售费用（填写A104000）	
5		管理费用（填写A104000）	
6		财务费用（填写A104000）	
7		资产减值损失	
8		加：公允价值变动收益	
9		投资收益	
10		二、营业利润（1-2-3-4-5-6-7+8+9）	
11		加：营业外收入（填写A101010\101020\103000）	
12		减：营业外支出（填写A102010\102020\103000）	
13		三、利润总额（10+11-12）	

续表

行次	类别	项　目	金　额
14	应纳税所得额计算	减：境外所得（填写 A108010）	
15		加：纳税调整增加额（填写 A105000）	
16		减：纳税调整减少额（填写 A105000）	
17		减：免税、减计收入及加计扣除（填写 A107010）	
18		加：境外应税所得抵减境内亏损（填写 A108000）	
19		四、纳税调整后所得（13－14＋15－16－17＋18）	
20		减：所得减免（填写 A107020）	
21		减：抵扣应纳税所得额（填写 A107030）	
22		减：弥补以前年度亏损（填写 A106000）	
23		五、应纳税所得额（19－20－21－22）	

上表中的第 19 行纳税调整后所得，与 A106000 弥补亏损表是否一样呢？因为下面增加了"减：所得减免、抵扣应纳税所得额"，看填表说明，估计会犯晕，但这只涉及 2014 年度的规则修订，之前年度的该如何填还按原来的规则计算，不动结果，只要看 2014 年"纳税调整后所得"如何填写即可，我们来看填报说明：

A106000 表中第 2 列"纳税调整后所得"第 6 行按以下情形填写（见表 6-2）：

表 6-2

表 A100000 第 19 行"纳税调整后所得"＞0	第 20 行"所得减免"＞0，则本表第 2 列第 6 行＝本年度表 A100000 第 19－20－21 行，且减至 0 止。 第 20 行"所得减免"＜0，填报此处时，以 0 计算。
表 A100000 第 19 行"纳税调整后所得"＜0	则本表第 2 列第 6 行＝本年度表 A100000 第 19 行。

我们可以结合举例填报来分析，如表 6-3、表 6-4 所示。

表 6-3

表 A100000 第 19 行"纳税调整后所得"(1)	1 000	1 000	1 000
减：所得减免（2）	800	1 200	−500
减：抵扣应纳税所得额（3）	100	100	100
计算结果（4）＝（1）−（2）−（3）	100	−300	1 400
弥补亏损表的 2014 年"纳税调整后所得"	100	0	900

表 6-4

表 A100000 第 19 行"纳税调整后所得"(1)	−1 000	−1 000	−1 000
减：所得减免（2）	800	−1 200	−500
减：抵扣应纳税所得额（3）	100	100	100
计算结果（4）＝（1）−（2）−（3）	−1 900	100	400
弥补亏损表的 2014 年"纳税调整后所得"	−1 000	−1 000	−1 000

所以，如果有了上面的因素影响，我们就会看得比较迷糊，那这种变化相较于旧申报表的逻辑，是对还是不对呢？原来所得减免与抵扣应纳税所得额都在纳税调减项下，现在的逻辑改变了，一是认为所得减免不独立于应税计算之外，二是抵扣是在弥补亏损之后确定抵扣数额，实际上是对计税方式的改变，不单纯是申报表样子的改变，或有利或不利的变化都存在，估计这些事项还将有争议与处理方式上的修订建议。

6.2 合并、分立转入（转出）可弥补亏损额

填报按照企业重组特殊性税务处理规定因企业被合并、分立而允许转入可弥补亏损额，以及因企业分立转出的可弥补亏损额（转入亏损以"−"号表示，转出亏损以正数表示）。

关于弥补亏损的事项，举例说明如表 6-5 所示。

表 6-5

A106000

企业所得税弥补亏损明细表

行次	项目	年度	纳税调整后所得	合并、分立转入(转出)可弥补的亏损额	当年可弥补的亏损额	以前年度亏损已弥补额					本年度实际弥补的以前年度亏损额	可结转以后年度弥补的亏损额
						前四年度	前三年度	前二年度	前一年度	合计		
		1	2	3	4	5	6	7	8	9	10	11
1	前五年度	2009	-900.00		-900.00	800.00	100.00			900.00		*
2	前四年度	2010	800.00		—	*				—		
3	前三年度	2011	1 000.00		—	*	*			—		
4	前二年度	2012	-5 000.00		-5 000.00	*	*	*		*	5 000.00	
5	前一年度	2013	-500.00		-500.00	*	*	*	*	*	500.00	
6	本年度	2014	8 000.00		—	*	*	*	*	*	5 500.00	
7	可结转以后年度弥补的亏损额合计											—

《企业所得税弥补亏损明细表》（A106000）填报说明如下：

本表填报纳税人根据税法，在本纳税年度及本纳税年度前5年度的纳税调整后所得、合并、分立转入（转出）可弥补的亏损额、当年可弥补的亏损额、以前年度亏损已弥补额、本年度实际弥补的以前年度亏损额、可结转以后年度弥补的亏损额。

6.2.1 有关项目填报说明

1. 第1列"年度"：填报公历年度。纳税人应首先填报第6行本年度，再依次从第5行往第1行倒推填报以前年度。纳税人发生政策性搬迁事项，如停止生产经营活动年度可以从法定亏损结转弥补年限中减除，则按可弥补亏损年度进行填报。

2. 第2列"纳税调整后所得"，第6行按以下情形填写：

(1) 表A100000第19行"纳税调整后所得"＞0，第20行"所得减免"＞0，则本表第2列第6行＝本年度表A100000第19－20－21行，且减至0止。

第20行"所得减免"＜0，填报此处时，以0计算。

(2) 表A100000第19行"纳税调整后所得"＜0，则本表第2列第6行＝本年度表A100000第19行。

第1行至第5行填报以前年度主表第23行（2013纳税年度前）或表A100000第19行（2014纳税年度后）"纳税调整后所得"的金额（亏损额以"－"号表示）。发生查补以前年度应纳税所得额的、追补以前年度未能税前扣除的实际资产损失等情况，该行需按修改后的"纳税调整后所得"金额进行填报。

3. 第3列"合并、分立转入（转出）可弥补亏损额"：填报按照企业重组特殊性税务处理规定因企业被合并、分立而允许转入可弥补亏损额，以及因企业分立转出的可弥补亏损额（转入亏损以"－"号表示，转出亏损以正数表示）。

4. 第4列"当年可弥补的亏损额"：当第2列小于零时金额等于第2＋3列，否则等于第3列（亏损以"－"号表示）。

5. "以前年度亏损已弥补额"：填报以前年度盈利已弥补金额，其中：前四年度、前三年度、前二年度、前一年度与"项目"列中的前四年度、前三年度、前二年度、前一年度相对应。

6. 第 10 列"本年度实际弥补的以前年度亏损额"第 1 至 5 行：填报本年度盈利时，用第 6 行第 2 列本年度"纳税调整后所得"依次弥补前 5 年度尚未弥补完的亏损额。

7. 第 10 列"本年度实际弥补的以前年度亏损额"第 6 行：金额等于第 10 列第 1 至 5 行的合计数，该数据填入本年度表 A100000 第 22 行。

8. 第 11 列"可结转以后年度弥补的亏损额"第 2 至 6 行：填报本年度前 4 年度尚未弥补完的亏损额，以及本年度的亏损额。

9. 第 11 列"可结转以后年度弥补的亏损额合计"第 7 行：填报第 11 列第 2 至 6 行的合计数。

6.2.2 表内、表间关系

1. 表内关系。

（1）若第 2 列＜0，第 4 列＝第 2＋3 列，否则第 4 列＝第 3 列。

（2）若第 3 列＞0 且第 2 列＜0，第 3 列＜第 2 列的绝对值。

（3）第 9 列＝第 5＋6＋7＋8 列。

（4）若第 2 列第 6 行＞0，第 10 列第 1 至 5 行同一行次≤第 4 列 1 至 5 行同一行次的绝对值－第 9 列 1 至 5 行同一行次；若第 2 列第 6 行＜0，第 10 列第 1 行至第 5 行＝0。

（5）若第 2 列第 6 行＞0，第 10 列第 6 行＝第 10 列第 1＋2＋3＋4＋5 行且≤第 2 列第 6 行；若第 2 列第 6 行＜0，第 10 列第 6 行＝0。

（6）第 4 列为负数的行次，第 11 列同一行次＝第 4 列该行的绝对值－第 9 列该行－第 10 列该行。否则第 11 列同一行次填"0"。

（7）第 11 列第 7 行＝第 11 列第 2＋3＋4＋5＋6 行。

2. 表间关系。

（1）第 6 行第 2 列＝表 A100000 第 19 行。

（2）第 6 行第 10 列＝表 A100000 第 22 行。

07

第7章

免税、减计收入及加计扣除

税收优惠的报表非常多，这也是纳税人非常希望得到的，因为它们直接影响税款的扣减，所以税务机关也非常谨慎，包括现在做的备案、审批、申报等程序，有很多都是为办理税务优惠服务的。下面我们先来看一下纳税申报表进行税收优惠政策填报是如何要求的。

7.1 基本内容介绍

免税、减计收入及加计扣除的基本内容如图 7-1 所示

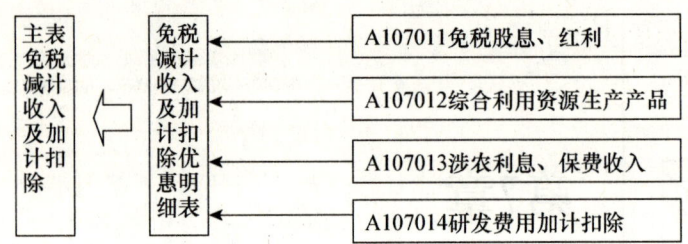

图 7-1 免税、减计收入及加计扣除的基本内容

表 A107010 的内容主要包括三部分：免税收入、减计收入和加计扣除，填写上没有什么困难之处，只是在如何确定金额上有些工作必须明确。其中，前两项是如果纳税人有收入，直接核减符合条件的收入额，其对应的成本费用等一概不需要考虑配比调增之类，这与不征税收入是有差异的，不征税收入虽不征税，但是相应的支出也不允许扣除，相当于仅仅是节省了资金的价值作用，但是免税收入是真正的减少应纳税所得额，这是真正的税收优惠。

7.2 免税收入

7.2.1 国债利息收入

关于国债利息收入免税，首先企业要了解购买的债券是不是国债，如果是企业债券、金融债券，那根本不需要考虑。如是地方政府债券，则找其他相应优惠。如果企业有国债投资，则可能面临着两种情形：

（1）期间取得利息，如在持有期间取得利息，该利息计入投资收益，在利润表中一般是含着的，所以直接统计为免税收入填写在这张表中。

（2）如果购买的国债，其中转手交易了，这其间的利息如何计算？也就

是说，在持有期间应计的利息也应算为免税的利息收入，这个收入是从转让价中剔除出来，单独作为免税收入的。

国家税务总局 2011 年第 36 号公告[1]对此明确如下：

企业到期前转让国债、或者从非发行者投资购买的国债，其持有期间尚未兑付的国债利息收入，按以下公式计算确定：

$$国债利息收入＝国债金额×（适用年利率÷365）×持有天数$$

上述公式中的"国债金额"，按国债发行面值或发行价格确定；"适用年利率"按国债票面年利率或折合年收益率确定；如企业不同时间多次购买同一品种国债的，"持有天数"可按平均持有天数计算确定。

所以这个利息是算出来的，如五年的国债，到期付息，A 持有一年，转让给 B，B 持有四年，则 A 按一年计算利息的免税收入 50 万元，B 按四年计算免税收入，虽然 B 最终得到的利息兑现是五年的。若成本为 1 000 万元，利率为 5%，不考虑手续费处理。则 A 的账务处理如下（单位：万元）：

　　借：交易性金融资产——成本　　　　　　　　　　　　　1 000
　　　　贷：银行存款　　　　　　　　　　　　　　　　　　1 000
　　借：银行存款　　　　　　　　　　　　　　　　　　　　1 050
　　　　贷：交易性金融资产——成本　　　　　　　　　　　1 000
　　　　　　投资收益　　　　　　　　　　　　　　　　　　　50

上面的情形如果跨年度，则会有公允价值变动的事项，需要参照其规定调整。但是这里没有提及的手续费，按照国家税务总局 2011 年第 36 号公告的规定，通过支付现金方式取得的国债，以买入价和支付的相关税费为成本，但实际上企业往往将相关税费直接计入当期损益了，理论上这个与交易性金融资产期初投资额调整是一样的，也要进行调整，只是企业大多也不会去调整，而且也没有必要大动干戈，会计上也不支持，重新来计算一遍，有理论可能，但实践上不易操作。

7.2.2　符合条件的居民企业之间的股息、红利等权益性投资收益

这项内容是需要填写附表的，即表 A107011，表 A107011 其实较原来的

---

[1]　国家税务总局公告 2011 年第 36 号，即《国家税务总局公告 2011 年关于企业国债投资业务企业所得税处理问题的公告》。

旧申报表——附表11简单多了，没有税会差异比较，却更容易犯错，因此我们需要延续好老传统，进行调整并核对。

本表适用于享受符合条件的居民企业之间的股息、红利等权益性投资收益优惠的纳税人填报。不包括连续持有居民企业公开发行并上市流通的股票不足12个月取得的投资收益。

根据规定，我们要注意如下的事项：

1. 免税的股息、红利，限于居民企业间，如果居民企业取得中国香港或其他境外公司的股息、红利，是不能享受免税优惠的，在境外缴不缴税，缴了多少等问题，只能通过后面的抵免过程来计算。

2. 如果实际管理机构在境内，但在境外注册的企业，根据税务机关的程序认定为居民企业的，其之间的股息红利也属于免税的范围。

3. 在股票市场上购买交易的股票，其持有期不到12个月取得的股息红利，不得享受免税，这里有两个问题：

（1）如何确定持有期。

证券公司等频繁买卖股票，如何理解《企业所得税法实施条例》中规定的不得享受免税优惠的股息红利政策："不包括连续持有居民企业公开发行并上市流通的股票不足12个月取得的投资收益"？由于具有较大的投机成份，因而不在优惠范围之内。

经咨询相关税务机关人士与专业人士，多认为应按先进先出处理，理由是参照存货的规定。

[例7-1]　如股票信息跨12个月，期间频繁买卖，最低时持有50股，在持有80股的时点进行了分红，如图7-2所示：

图 7-2

"先进先出"的概念主要是计算成本的概念，咨询中借鉴存货有"盗名"之嫌，本例探讨的是股东身份是否延续，而非看股票是几时购买的，因此证明股东身份是关键。

中间减持，最低时持有50股，说明年底持有的80股中，有50股是可以从一年前延续下来的，这个身份并没有因为中间的买卖而变化过，即50

股不是投机成份，这决定了持有一年的身份不因股票买卖有新旧的变化。案例中，80 股中的 50 股，在一年前的 100 股之内，超过 12 个月，可以享受税收优惠。

（2）如果超过 12 个月，原来 12 个月内的股息红利能否继续得到补充减免。

在持有期间不到 12 个月时，以"炒股"为由，不允许享受这个优惠，但企业持续持有了 12 个月，而且也不宜控制上市公司派息的时间，所以理论上超过 12 个月，就应给企业这个优惠补充，但如果非要把 12 个月内的剔除，也没有办法，至少有的税务机关对这块有松口的解释。

4. 如果企业投资合伙企业，其间有合伙企业投资的公司的股息红利，虽然合伙企业不缴纳企业所得税，但目前也无法"穿透"到合伙企业的股东企业去享受免税，政策规定不到位。

5. 对代持股，税法基本不予认可，因为其突破了法律形式，税务机关如何敢相信一纸合同的约定呢。

6. 国税发〔2009〕31 号[1]文件第三十六条规定，企业以本企业为主体联合其他企业、单位、个人合作或合资开发房地产项目，且该项目未成立独立法人公司的，按下列规定进行处理：

（一）凡开发合同或协议中约定向投资各方（即合作、合资方，下同）分配开发产品的，企业在首次分配开发产品时，如该项目已经结算计税成本，其应分配给投资方开发产品的计税成本与其投资额之间的差额计入当期应纳税所得额；如未结算计税成本，则将投资方的投资额视同销售收入进行相关的税务处理。

（二）凡开发合同或协议中约定分配项目利润的，应按以下规定进行处理：1. 企业应将该项目形成的营业利润额并入当期应纳税所得额统一申报缴纳企业所得税，不得在税前分配该项目的利润。同时不能因接受投资方投资额而在成本中摊销或在税前扣除相关的利息支出。2. 投资方取得该项目的营业利润应视同股息、红利进行相关的税务处理。

---

[1]　国税发〔2009〕31 号，即《国家税务总局关于印发〈房地产开发经营业务企业所得税处理办法〉的通知》。

但无论是旧申报表还是新申报表对这块基本是忽略的，显然在这张表中是无法填写的，没有决议分红的程序，因此如果行得通，就得通过优惠表的"其他"进行调整。因此需要多多确认权利的保护。

7. 关于决议分配的几个事项的解读（见表7-1）。

表7-1　　　　　　　　　　关于决议分配的几个事项的解读

事项	描述	风险点
股息红利确认收入时点	分红决议的时点就在纳税申报年度，如2014年5月，那就要在2014年度处理。	如果分红决议是2013年或2015年的，那串位到2014年会计处理作投资收益的，可以不予认可当年度处理。
分红超过持股比例	依照填表说明，是要纳税人按照投资比例计算的归属于本公司的股息、红利等权益性投资收益金额，如果企业在章程中约定不按这个比例分红（除外商投资企业，公司法规定是允许的），多分红的股东企业是不是不认可？填表说明有无限制？	有人认为公司法是公司法的事，税法就应按股权比例，如果站在更高的角度，少分红的企业也没有享受免税，虽有人认为有漏洞人为调整，分红不违法，税法没有限制必须如何分，有的说！
权益法核算长期股权投资的分红如何填写本表	前面我们在讲A105030投资收益表时，对于股权投资的持有收益，会计上冲减股权投资，税收金额要填写，如1000万元，在表中进行了纳税调增处理；这1000万元在这个表中要填回来，享受免税优惠，纳税调减处理不能只根据投资收益来填数。	如果这种情形没有备案，还是应允许企业备案享受的，虽然结果是0，有点瞎忙活的感觉，但是不做就有风险了。
留存收益转股	税法上视同分红，在此填写，同时增加长期股权投资的计税基础。	成本法下的股权投资会计上是否增加原值没有规定，要视企业情形而定，如果没有做，未来转让千万别漏记了计税基础的差异。权益法因原来有损益调整之类，记在账上还是可以接受的。
非溢价的资本公积转股	理论上视同分红，但能否享受免税优惠，我们理解要看被投资企业是否缴纳过所得税。	会计处理参照留存收益转股事项。

续表

事项	描述	风险点
分红是否必须是投资后产生的利润部分才能享受免税	有人认为投资后的分红才能享受免税，这个有点伪命题的感觉，谁能分清有多少是投资后，而且分红就是税后的结果，无论投资前或后。	建议参照会计处理的规定，以投资收益，且没有造成国家税款的损失为前提。
预分红	年中先预分红，这个形式上还是很难满足享受优惠的条件的，难以享受免税待遇。	

8. 关于清算确认免税股息红利的处理。

要看懂清算所得中的股息红利如何填写，必须了解其税收政策的规定。财税〔2009〕60号[1]文件规定，被清算企业的股东分得的剩余资产的金额，其中相当于被清算企业累计未分配利润和累计盈余公积中按该股东所占股份比例计算的部分，应确认为股息所得；剩余资产减除股息所得后的余额，超过或低于股东投资成本的部分，应确认为股东的投资转让所得或损失。

[例7-2]　如果当初A投资B1000万元，100%控股，清算时B的未分配利润为500万元，盈余公积为100万元，收回剩余资产（注意是公允价值）共800万元。

首先，股息所得为600万元，800－600＝200（万元），200－1000＝－800（万元），800万元为投资损失，600万元为股息红利。账载金额中投出去1000万元，收回800万元，则损失200万元。表A107011的填写如表7-2所示。

表7-2　　　　　　　　　　　　　　　　　　　　　　　　　　金额单位：万元

行次	被投资企业	投资性质	投资成本	投资比例	被投资企业清算确认金额		
					分得的被投资企业清算剩余资产	被清算企业累计未分配利润和累计盈余公积应享有部分	应确认的股息所得
	1	2	3	4	7	8	9(7与8孰小)
1	B	直接投资	1 000.00	100%	800.00	600.00	600.00

[1]　财税〔2009〕60号，即《财政部、国家税务总局关于企业清算业务企业所得税处理若干问题的通知》。

续表

行次	被投资企业	投资性质	投资成本	投资比例	被投资企业清算确认金额		应确认的股息所得
					分得的被投资企业清算剩余资产	被清算企业累计未分配利润和累计盈余公积应享有部分	
	1	2	3	4	7	8	9(7与8孰小)
2							—
3							
4							—
10	合计	*	*	*	*	*	600.00

600 万元免税纳税调减处理，损失的 800 万元如何填写呢，我们得找到资产损失的表，由于会计损失已有 200 万元，处置收入是扣除股息红利之后的数据，因此企业要按 800 万元申报资产损失处理，纳税调减 600 万元，具体详见表 7-3。相当于共纳税调减 600＋600＝1 200（万元）。

表 7-3   单位：万元

行次	项目	账载金额	处置收入	赔偿收入	计税基础	税收金额	纳税调整金额
	1	2	3	4	5	6(5−3−4)	7(2−6)
11	三、投资损失(12＋13＋14＋15)	200.00	200.00	—	1 000.00	800.00	−600.00
12	B	200.00	200.00		1 000.00	800.00	−600.00
13						—	—
20	合计(1＋6＋11＋16)	200.00	200.00	—	1 000.00	800.00	−600.00

关于清算，我们可以得出如下的结论，即分回来的资产是按公允价值计量的，并非对方公司的账面价值，同时要先看有没有股息红利对应的部分，有则先扣除作免税待遇处理，余下的与原计税基础比较，看是否存在损失，如此这样处理。

9. 关于投资收回的股息红利的处理。

同样，我们要确认一下法规的规定，国家税务总局 2011 年第 34 号公告[1]规定：投资企业从被投资企业撤回或减少投资，其取得的资产中，相当于初始投资的部分，应确认为投资收回；相当于被投资企业累计未分配利润和累计盈余公积按减少实收资本比例计算的部分，应确认为股息所得；其余部分确认为投资资产转让所得[2]。

被投资企业发生的经营亏损，由被投资企业按规定结转弥补；投资企业不得调整减低其投资成本，也不得将其确认为投资损失。

这个问题我们举例说明。

[例 7-3] A 投资 B 1 000 万元，占对方 40% 股份，现在撤回来 20%，理想的状态我们认为是最少按股权减资，即最少收回 500 万元，如果再有收回来的，相当于其留存收益 400 万元的部分，按 20% 计算有没有股息红利 80 万元，如有，则享受股息免税，余下的确认有无应税所得。若收回 600 万元，则 600－500＝100（万元），100 万元中有 80 万元为股息红利，余下 20 万元为应税所得（见表 7-4）。

表 7-4   金额单位：万元

行次	被投资企业	投资性质	投资成本	投资比例	撤回或减少投资确认金额						合计
					从被投资企业撤回或减少投资取得的资产	减少投资比例	收回初始投资成本	取得资产中超过收回初始投资成本部分	撤回或减少投资应享有被投资企业累计未分配利润和累计盈余公积	应确认的股息所得	
	1	2	3	4	10	11	12 (3×11)	13 (10－12)	14	15 (13 与 14 孰小)	16 (6+9+15)
1	B	直接投资	1 000.00	40%	600.00	50%	500.00	100.00	80.00	80.00	80.00

[1] 国家税务总局公告 2011 年第 34 号，即《国家税务总局关于企业所得税若干问题的公告》。

[2] 注意，这里并没有损失的规定，即潜在少分的损失不得转嫁减资产处理。

如果收回来的是 400 万元呢？本来按理论应收回 500 万元，现在收回 400 万元，有这样的事吗？可能现实当中会有，那么就是损失？此时要先比较投资成本，本来就是收回投资，当然先与投资成本比较，这与清算所得的逻辑不一样。理解上，收回 400 万元，冲减长期股权投资 500 万元，确认投资损失 100 万元，相当于将亏损抵冲股本收回的价值，因此我们还是赞同不予认可资产损失，因为收回投资至少也得保本吧，否则就清算得了。

另外这一项中的"减少投资比例"填报纳税人撤回或减少的投资额占被投资企业的股权比例。如上例中，填 20％肯定是不对的，这里要填的是占投资方投资成本的比例，20％/40％＝50％，所以要注意一下描述上的问题。

10. 关于港股通的免税优惠。

《财政部、国家税务总局关于沪港股票市场交易互联互通机制试点有关税收政策的通知》（财税〔2014〕81 号）规定：

内地企业投资者通过沪港通投资香港联交所上市股票的股息红利所得税：

1. 对内地企业投资者通过沪港通投资香港联交所上市股票取得的股息红利所得，计入其收入总额，依法计征企业所得税。其中，内地居民企业连续持有 H 股满 12 个月取得的股息红利所得，依法免征企业所得税。

2. 香港联交所上市 H 股公司应向中国结算提出申请，由中国结算向 H 股公司提供内地企业投资者名册，H 股公司对内地企业投资者不代扣股息红利所得税款，应纳税款由企业自行申报缴纳。

3. 内地企业投资者自行申报缴纳企业所得税时，对香港联交所非 H 股上市公司已代扣代缴的股息红利所得税，可依法申请税收抵免。

注意，这个文件自 2014 年 11 月 17 日起执行，因此对于上述的事项是否只要在该日期之后发生都能享受，还要关注一下。

11. 优先股。

《国务院关于开展优先股试点的指导意见》（国发〔2013〕46 号）对此进行了推动，但目前没有专门对优先股明确的税收政策。

（一）优先股的含义。优先股是指依照公司法，在一般规定的普通种类股份之外，另行规定的其他种类股份，其股份持有人优先于普通股股东分配公司利润和剩余财产，但参与公司决策管理等权利受到限制。

除本指导意见另有规定以外，优先股股东的权利、义务以及优先股股份的管理应当符合公司法的规定。试点期间不允许发行在股息分配和剩余财产分配上具有不同优先顺序的优先股，但允许发行在其他条款上具有不同设置的优先股。

（二）优先分配利润。优先股股东按照约定的票面股息率，优先于普通股股东分配公司利润。公司应当以现金的形式向优先股股东支付股息，在完全支付约定的股息之前，不得向普通股股东分配利润。

......

（十六）完善配套政策。优先股相关会计处理和财务报告，应当遵循财政部发布的企业会计准则及其他相关会计标准。企业投资优先股获得的股息、红利等投资收益，符合税法规定条件的，可以作为企业所得税免税收入。

所以如果有优先股而得到的股息、红利，如符合税法条件，也是免税收入。

优先股需要与"永续债"有所区别，实际上目前还没有真正没有条件的永续债，所以对其的处理是按照国家税务总局 2013 年第 41 号公告的规定，判断是否是利息性质，虽是税后利润支付，但仍可以税前扣除纳税调减，不过此时另一方是无法享受股息、红利的免税待遇的。

7.2.3 其他优惠

符合条件的非营利组织的收入及其他优惠，需要根据情形来填写。我们就几个特殊事项进行说明。

7.2.3.1 证券投资基金投资者获得的分配收入

这个优惠的起源是财税〔2008〕1 号[1]文件的规定：对投资者从证券投资基金分配中取得的收入，暂不征收企业所得税。

之前有人讨论"暂不征收"是不征税的意思，此次申报表直接放在免税收入中，可见，至少实践中认为这是免税，既然是免税，那就有了避税空间。网上流转了很多基本避税的方案，那么如何来识别风险呢？

税务从业人士与经济人士仍持有不同的认识，例如基金避税，税务专业

---

[1] 财税〔2008〕1 号，即《财政部、国家税务总局关于企业所得税若干优惠政策的通知》。

人士多认为钻空子、避税、不正常。从专业的角度来理解，无论未来政策如何，了解其中的风险所在才是双方所需要的。

以下案例摘自百度文库。

[例7-4] 5月13日我们推荐的高比例分红兴全全球视野股票型证券投资基金（340006），我公司淄博某机构客户于5月14日（权益登记日前一天）申购该基金510万元，买入价格按照5月14日基金公司公布的净值2.393 2元计。该基金于5月15日完成分红除权，每份红利0.686元于5月16日发放。且该基金5月15日净值增长0.16%，5月15日基金公司公布的除权后基金净值为1.711 1元。该客户今日（5月16日）可以选择赎回该基金，并享受本次的基金分红。假设基金净值5月16日保持不变，客户单次申购该基金510万元，节省税款37.3万元，客户现金流增加33.3万元（见表7-5）。

表7-5
金额单位：元

项目	金额	备注
总申购款	5 100 000	
净申购款	5 069 583	
申购费用	30 417	100万～1 000万元申购费率为0.6%
申购日基金净值	2.393 2	
申购基金份额	2 118 328	5 069 583÷2.3932
每份额分红	0.686 0	
红利所得	1 453 173	免税
赎回日基金净值	1.711 1	若5月16日赎回，且赎回日基金净值与15日一致
总赎回款	3 624 671	
赎回费用	18 123	持有不满一年赎回费0.5%
净赎回款	3 606 548	
投资损失	−1 493 452	抵税，扣除成本与申购费用，转化为分红单独入账了
客户节省税款	−373 363	设所得税税率25%
客户现金流（净利润）增加	333 084	

对此，几种税务观点如下：

（1）不予认可损失扣除，直接纳税调整，即可以免税（税法规定不征收的概念），但是损失不允许税前扣除。

（2）根据财税〔2008〕1 号文件，对投资者从证券投资基金分配中取得的收入，暂不征收企业所得税。由此认为收入是不征税收入，因此不能税前扣除损失。

（3）只将超过投资成本多出来的部分，算作不征收企业所得税的收入，这样金额将变得很小。

首先还是把目光转向所得税法规，所得税法释义对不征税收入定义为："不征税收入"是我国企业所得税法中新创设的一个概念，是指从企业所得税原理上讲应永久不列入征税范围的收入范畴。我国税法规定不征税收入，其主要目的是对非经营活动或非营利活动带来的经济利益流入从应税总收入中排除。目前，我国组织形式多样，除企业外，有的以半政府机构（比如事业单位）的形式存在，有的以公益慈善组织形式存在，还有其他复杂的社会团体和民办非企业单位，等等。这些机构严格讲是不以营利活动为目的的，其收入的形式主要靠财政拨款以及为承担行政性职能所收取的行政事业性收费，等等，对这类组织取得的非营利性收入征税没有实际意义。税法中规定的"不征税收入"概念，不属于税收优惠的范畴，这些收入不属于营利性活动带来的经济利益，是专门从事特定目的的收入，这些收入从企业所得税原理上讲应永久不列为征税范围的收入范畴。

基于所得税法规对于不征税收入的规定情形可知，一是财政拨款性质以及社保基金从证券市场取得的收益应列为不征税收入。按财税〔2008〕1 号文件的规定，企业从市场交易中取得的分红，暂不征收企业所得税，就是不征税收入？我们认为不宜武断决定。二是一律不允许企业税前扣除损失，假若如此，有多少证券公司要调整呢？这里说的证券公司并不都是这样操作的，公司可能 5 月买入，7 月确权分红，随后卖了基金产生损失，这种非刻意避税是不是都要调整呢？

这是净值核算基金的一种特殊操作方式引起的，税法本身可能并没有考虑得这么清楚。对于货币市场基金，净值永远保持 1 元，就没有这种问题。净值核算的基金将投资成本中的一部分，转化到分红当中，那投资成本允许作分红吗？

根据基金管理规定，基金管理公司必须以现金形式分配至少 90％的基金净收益，并且每年至少一次。净值中包括累计实现的收益，该企业投资实际上是花钱购买了基金面值与累计实现的收益，基金一分红，相当于将成本中的一部分又分回来转化成收益了。如某基金净值1.5元，购入1000份，投资1500元，赶上分红500元，企业计入投资收益，再赎回投资损失形成500元。从这个道理上看，买入的收益暂不征税，也能得到认可，毕竟基金收益在全国的大盘子中享受到了整体的减免税优惠。如果企业又等了一年，净值变为2元，赎回收益是500元，这500元就享受不到免税了；如果净值是1.4元，赎回损失100元，还允许扣除吗？注意这里的核算上的损失，并不是真正的损失，整体还是盈利的（1 400－1 500＋500＝400）。

所以简单地不予认可损失，从税务机关的角度倒是能较合理地解释，即投资成本的回收不能享受税收优惠！

从不征税的角度来理解，不是一个好的解决方案，而不予认可税前扣除损失，又不符合市场风险运作的结果。但基金投资的特殊性和会计核算的特殊性，造成了理论上的核算损失，不是拿着投资的1 500元从0开始投资，如果要达到征税的效果，建议用新的方法来讲道理，先让企业享受优惠，赎回时再将分红的部分从成本中扣除。不过前提是，将财税〔2008〕1号文件相应的条款修订清楚，不然在当前的法规、会计处理之下，不宜一棍子打死。

7.2.3.2　取得的地方政府债券利息所得或收入

这里用"所得或收入"，而其他的都是用的收入是有原因的，且看如下的演变历程。

财税〔2011〕76号[1]文件规定，对企业和个人取得的2009年、2010年和2011年发行的地方政府债券利息所得，免征企业所得税和个人所得税。

财税〔2013〕5号[2]文件规定，对企业和个人取得的2012年及以后年度发行的地方政府债券利息收入，免征企业所得税和个人所得税。

一个所得，一个收入，收入是有利的，所得是不利且计算麻烦。如利息

---

[1]　财税〔2011〕76号，即《财政部、国家税务总局关于地方政府债券利息所得免征所得税问题的通知》。

[2]　财税〔2013〕5号，即《财政部、国家税务总局关于地方政府债券利息免征所得税问题的通知》。

收入 100 元，手续费 2 元，所得是 98 元，免税，由此从收入中纳税调减，现在是 100 元纳税调减，纳税调减的金额大了，所以现在的政策规定是收入，不然会有调整的问题。

7.2.3.3　取得的中国铁路建设债券利息收入

根据财税〔2014〕2 号[1]文件的规定，对企业持有 2014 年和 2015 年发行的中国铁路建设债券取得的利息收入，减半征收企业所得税。

7.2.4　研究开发费用加计扣除

加计扣除重在研究开发费用的加计扣除，这部分利益得失重大。我们要从整体上了解，高新技术企业认定中的研究开发费用与加计扣除的研究开发费用并不等同，各有其规定，因此有此重复情形的企业要加以关注。

7.2.4.1　可以加计扣除的费用

可以加计扣除的费用如表 7-6 所示。

表 7-6　　　　　　　　　可以加计扣除的费用

全国普遍适用		特定地区适用	说明
财税〔2013〕70 号[2]	国税发〔2008〕116 号[3]	财税〔2013〕13 号[4]	
*	新产品设计费、新工艺规程制定费以及与研发活动直接相关的技术图书资料费、资料翻译费	新产品设计费、新工艺规程制定费以及与研发活动直接相关的技术图书资料费、资料翻译费	两者一致

[1]　财税〔2014〕2 号，即《财政部、国家税务总局关于 2014、2015 年铁路建设债券利息收入企业所得税政策的通知》。

[2]　财税〔2013〕70 号，即《财政部、国家税务总局关于研究开发费用税前扣除有关政策问题的通知》。

[3]　国税发〔2008〕116 号，即《国家税务总局关于印发〈企业研究开发费用税前扣除管理办法（试行）〉的通知》。

[4]　财税〔2013〕13 号，即《财政部、国家税务总局关于中关村、东湖、长江国家自主创新试点地区和合芜蚌自主创新综合试验区有关研究开发费用加计扣除试点政策的通知》。

续表

全国普遍适用		特定地区适用	说明
财税〔2013〕70 号	国税发〔2008〕116 号	财税〔2013〕13 号	
*	从事研发活动直接消耗的材料、燃料和动力费用	从事研发活动直接消耗的材料、燃料和动力费用	两者一致
企业依照国务院有关主管部门或者省级人民政府规定的范围和标准为在职直接从事研发活动人员缴纳的基本养老保险费、基本医疗保险费、失业保险费、工伤保险费、生育保险费和住房公积金	在职直接从事研发活动人员的工资、薪金、奖金、津贴、补贴	在职直接从事研发活动人员的工资、薪金、奖金、津贴、补贴，以及依照国务院有关主管部门或者其所在省级人民政府规定的范围和标准为在职直接从事研发活动人员缴纳的基本养老保险费、基本医疗保险费、失业保险费、工伤保险费、生育保险费和住房公积金	1. 两者均适用于在职直接从事研发活动的人员 2. 此前 116 号文仅适用于工资薪金，70 号文扩大到包括五险一金，实现了两者一致
专门用于研发活动的仪器、设备的运行维护、调整、检验、维修等费用	专门用于研发活动的仪器、设备的折旧费或租赁费	专门用于研发活动的仪器、设备的折旧费或租赁费以及运行维护、调整、检验、维修等费用	通过 70 号文补充实现两者一致
*	专门用于研发活动的软件、专利权、非专利技术等无形资产的摊销费用	专门用于研发活动的软件、专利权、非专利技术等无形资产的摊销费用	两者一致
不构成固定资产的样品、样机及一般测试手段购置费	专门用于中间试验和产品试制的模具、工艺装备开发及制造费	专门用于中间试验和产品试制的不构成固定资产的模具、工艺装备开发及制造费，以及不构成固定资产的样品、样机及一般测试手段购置费	通过 70 号文补充实现两者一致
新药研制的临床试验费	勘探开发技术的现场试验费	勘探开发技术的现场试验费，新药研制的临床试验费	通过 70 号文补充实现两者一致
研发成果的鉴定费用	研发成果的论证、评审、验收费用	研发成果的论证、鉴定、评审、验收费用	通过 70 号文补充实现两者一致
2013 年 1 月 1 日起施行	2008 年 1 月 1 日起施行	自 2012 年 1 月 1 日起至 2014 年 12 月 31 日止执行	

其中，在职直接从事研发活动人员是否包括劳务派遣人员可能存在争议，虽然国家税务总局 2012 年第 15 号公告将其视为工资薪金支出，但在理解"在职"的意思时，我们理解包括在内还是有些问题的，所以这部分也是我们税务机关需要好好关注的。

7.2.4.2 委托研究开发的加计扣除

这块比较明确，由委托方进行加计扣除，并由受托方提供加计扣除的费用发生明细，即花钱的人来享受税收利益，动脑子开发的人，是不允许加计扣除的。

但是委托方凭受托方提供的加计扣除的支出明细加计扣除，其间的利润是否允许加计扣除，可能存在争议。既然允许委托方加计扣除，那就得以委托方的支出作为基数，而不是受托方，如果受托方还有工作由第三方完成呢？所以这里存在理论的误区。而且受托方也不大可能将原始支出告诉委托方。

7.2.4.3 作为不征税收入处理的财政性资金用于研发的部分

这是今年新出现的一个事项，实际上 2013 年度北京等就已在申报表中这样描述了，前面我们讨论过，不征税收入有资金时间价值的好处，但是在这个利益面前，企业可能宁愿不要不征税收入的待遇。

如果选择放弃不征税收入且相关支出是用于研究开发的事项，那么加计扣除会带来什么样的结果呢（见表 7-7）：

表 7-7

收到款项	2 000	作为应税收入
支出	2 000	用于研发支出
加计扣除	1 000	加计扣除 50%
应纳税所得额	−1 000	对应纳税所得额的影响

这样的结果，明显地白加计了，不花钱有利益，这正是加计扣除的看点与争议点，当然这里的加计扣除的"手脚"也特别多。所以很多地方引入了科委的认定，但估计仍是防不胜防。

但也有人反对，认为政府给钱研发，不能再享受国家的税收避税空间了，这也有一定的道理，实践当中纳税人应结合自己所在地的理解进行填报。

7.2.4.4　形成无形资产的加计摊销

如果研发形成的结果是无形资产，那就按无形资产进行150％的摊销，而不是像费用一样当期一次性加计扣除，是按符合税法的规定年限进行的。

加计扣除是直接形成扣除项作纳税调减，而且一直按弥补亏损的年限走，因此利益也是延续的。如亏损100万元，加计扣除50万元，没有其他调整事项，当期的纳税调整后所得就是－150万元。

费用的加计扣除，是看哪年发生，就在哪年加计，不像无形资产，待到形成无形资产的年份摊销时进行，同理，备案也是这样管理的，对应着加计扣除开始的这一年度。

如此，在资产折旧、摊销表中，无形资产税收金额不考虑加计摊销的50％，对年限进行纳税调整即可，所有加计扣除都在表A107014完成。这张表要求将当年全部发生的符合加计的研究开发费用，全填写，再分为费用化与资本化，如资本化当年不摊销，则后续年度再延续记录在表中。

7.2.4.5　软件企业增值税的即征即退税款

对于软件公司来讲，这一事项是比较多见的，毕竟有利益驱动，取得的可能性也比较大，虽然有有时拖几个月不给，后来再补退的情形。

根据财税〔2012〕27号[1]文件的规定，符合条件的软件企业按照《财政部、国家税务总局关于软件产品增值税政策的通知》（财税〔2011〕100号）规定取得的即征即退增值税款，由企业专项用于软件产品研发和扩大再生产并单独进行核算，可以作为不征税收入，在计算应纳税所得额时从收入总额中减除。

---

[1]　财税〔2012〕27号，即《财政部、国家税务总局关于进一步鼓励软件产业和集成电路产业发展企业所得税政策的通知》。

这个税款通常是要求作为不征税收入核算的，而且部分地方要求研究开发费用必须先使用退的款项，先用自有资金，享受加计，将来不征税收入未使用完再作收入等，是不允许的。所以此项争议会较多。

7.2.5　残疾人员工资加计扣除

填报纳税人根据《财政部、国家税务总局关于安置残疾人员就业有关企业所得税优惠政策问题的通知》（财税〔2009〕70 号）等相关税收政策规定的，安置残疾人员的，在支付给残疾职工工资据实扣除的基础上，按照支付给残疾职工工资的 100％加计扣除的金额。

财税〔2009〕70 号文件规定：

一、企业安置残疾人员的，在按照支付给残疾职工工资据实扣除的基础上，可以在计算应纳税所得额时按照支付给残疾职工工资的 100％加计扣除。

企业就支付给残疾职工的工资，在进行企业所得税预缴申报时，允许据实计算扣除；在年度终了进行企业所得税年度申报和汇算清缴时，再依照本条第一款的规定计算加计扣除。

二、残疾人员的范围适用《中华人民共和国残疾人保障法》的有关规定。

三、企业享受安置残疾职工工资 100％加计扣除应同时具备如下条件：

（一）依法与安置的每位残疾人签订了 1 年以上（含 1 年）的劳动合同或服务协议，并且安置的每位残疾人在企业实际上岗工作。

（二）为安置的每位残疾人按月足额缴纳了企业所在区县人民政府根据国家政策规定的基本养老保险、基本医疗保险、失业保险和工伤保险等社会保险。

（三）定期通过银行等金融机构向安置的每位残疾人实际支付了不低于企业所在区县适用的经省级人民政府批准的最低工资标准的工资。

（四）具备安置残疾人上岗工作的基本设施。

四、企业应在年度终了进行企业所得税年度申报和汇算清缴时，向主管税务机关报送本通知第四条规定的相关资料、已安置残疾职工名单及其《中华人民共和国残疾人证》或《中华人民共和国残疾军人证（1 至 8 级)》复印件和主管税务机关要求提供的其他资料，办理享受企业所得税加计扣除优惠的备案手续。

注意，这里的工资是实发工资的口径，且该工资是包含社会保障性支出、个人所得税、住房公积金在内的支出，因为这些是工资的组成部分，这一块有的纳税人可能会搞混淆。

7.2.6 表样及填报说明

7.2.6.1 《免税、减计收入及加计扣除优惠明细表》（A107010）表样及其填报说明

《免税、减计收入及加计扣除优惠明细表》（A107010）表样如表 7-8 所示。

表 7-8

A107010 免税、减计收入及加计扣除优惠明细表

行次	项　　目	金额
1	一、免税收入（2＋3＋4＋5）	—
2	（一）国债利息收入	
3	（二）符合条件的居民企业之间的股息、红利等权益性投资收益（填写 A107011）	—
4	（三）符合条件的非营利组织的收入	
5	（四）其他专项优惠（6＋7＋8＋9＋10＋11＋12＋13＋14）	—
6	1. 中国清洁发展机制基金取得的收入	
7	2. 证券投资基金从证券市场取得的收入	
8	3. 证券投资基金投资者获得的分配收入	
9	4. 证券投资基金管理人运用基金买卖股票、债券的差价收入	
10	5. 取得的地方政府债券利息所得或收入	
11	6. 受灾地区企业取得的救灾和灾后恢复重建款项等收入	
12	7. 中国期货保证金监控中心有限责任公司取得的银行存款利息等收入	
13	8. 中国保险保障基金有限责任公司取得的保险保障基金等收入	
14	9. 其他	
15	二、减计收入（16＋17）	—
16	（一）综合利用资源生产产品取得的收入（填写 A107012）	—
17	（二）其他专项优惠（18＋19＋20）	—
18	1.金融、保险等机构取得的涉农利息、保费收入（填写 A107013）	—

续表

行次	项　　目	金额
19	2. 取得的中国铁路建设债券利息收入	
20	3. 其他	
21	三、加计扣除（22＋23＋26）	—
22	（一）开发新技术、新产品、新工艺发生的研究开发费用加计扣除（填写 A107014）	—
23	（二）安置残疾人员及国家鼓励安置的其他就业人员所支付的工资加计扣除（24＋25）	—
24	1. 支付残疾人员工资加计扣除	
25	2. 国家鼓励的其他就业人员工资加计扣除	
26	（三）其他专项优惠	
27	合计（1＋15＋21）	—

本表适用于享受免税收入、减计收入和加计扣除优惠的纳税人填报。纳税人根据税法及相关税收政策规定，填报本年发生的免税收入、减计收入和加计扣除优惠情况。

1. 有关项目填报说明。

（1）第1行"一、免税收入"：填报第2＋3＋4＋5行的金额。

（2）第2行"（一）国债利息收入"：填报纳税人根据《国家税务总局关于企业国债投资业务企业所得税处理问题的公告》（国家税务总局公告2011年第36号）等相关税收政策规定的，持有国务院财政部门发行的国债取得的利息收入。

（3）第3行"（二）符合条件的居民企业之间的股息、红利等权益性投资收益"：填报《符合条件的居民企业之间的股息、红利等权益性投资收益情况明细表》（A107011）第10行第16列金额。

（4）第4行"（三）符合条件的非营利组织的收入"：填报纳税人根据《财政部、国家税务总局关于非营利组织企业所得税免税收入问题的通知》（财税〔2009〕122号）、《财政部、国家税务总局关于非营利组织免税资格认定管理有关问题的通知》（财税〔2014〕13号）等相关税收政策规定的，同时符合条件并依法履行登记手续的非营利组织，取得的捐赠收入等免税收入，不包括从事营利性活动所取得的收入。

（5）第5行"（四）其他专项优惠"：填报第6＋7＋…＋14行的金额。

（6）第 6 行"1. 中国清洁发展机制基金取得的收入"：填报纳税人根据《财政部、国家税务总局关于中国清洁发展机制基金及清洁发展机制项目实施企业有关企业所得税政策问题的通知》（财税〔2009〕30 号）等相关税收政策规定的，中国清洁发展机制基金取得的 CDM 项目温室气体减排量转让收入上缴国家的部分，国际金融组织赠款收入，基金资金的存款利息收入、购买国债的利息收入，国内外机构、组织和个人的捐赠收入。

（7）第 7 行"2. 证券投资基金从证券市场取得的收入"：填报纳税人根据《财政部、国家税务总局关于企业所得税若干优惠政策的通知》（财税〔2008〕1 号）第二条第一款等相关税收政策的规定，证券投资基金从证券市场中取得的收入，包括买卖股票、债券的差价收入，股权的股息、红利收入，债券的利息收入及其他收入。

（8）第 8 行"3. 证券投资基金投资者获得的分配收入"：填报纳税人根据《财政部、国家税务总局关于企业所得税若干优惠政策的通知》（财税〔2008〕1 号）第二条第二款等相关税收政策规定的，投资者从证券投资基金分配中取得的收入。

（9）第 9 行"4. 证券投资基金管理人运用基金买卖股票、债券的差价收入"：填报纳税人根据《财政部、国家税务总局关于企业所得税若干优惠政策的通知》（财税〔2008〕1 号）第二条第三款等相关税收政策规定的，证券投资基金管理人运用基金买卖股票、债券的差价收入。

（10）第 10 行"5. 取得的地方政府债券利息所得或收入"：填报纳税人根据《财政部、国家税务总局关于地方政府债券利息所得免征所得税问题的通知》（财税〔2011〕76 号）、《财政部、国家税务总局关于地方政府债券利息免征所得税问题的通知》（财税〔2013〕5 号）等相关税收政策规定的，取得的 2009 年、2010 年和 2011 年发行的地方政府债券利息所得，2012 年及以后年度发行的地方政府债券利息收入。

（11）第 11 行"6. 受灾地区企业取得的救灾和灾后恢复重建款项等收入"：填报芦山受灾地区企业根据《财政部、海关总署、国家税务总局关于支持芦山地震灾后恢复重建有关税收政策问题的通知》（财税〔2013〕58 号）等相关税收政策规定的，通过公益性社会团体、县级以上人民政府及其部门取得的抗震救灾和灾后恢复重建款项和物资，以及税收法律、法规和国务院批准的减免税金及附加收入。

（12）第 12 行"7. 中国期货保证金监控中心有限责任公司取得的银行存款利息等收入"：填报中国期货保证金监控中心有限责任公司根据《财政

部、国家税务总局关于期货投资者保障基金有关税收政策继续执行的通知》（财税〔2013〕80号）等相关税收政策规定的，取得的银行存款利息收入、购买国债、中央银行和中央级金融机构发行债券的利息收入，以及证监会和财政部批准的其他资金运用取得的收入。

（13）第13行"8. 中国保险保障基金有限责任公司取得的保险保障基金等收入"：填报中国保险保障基金有限责任公司根据《财政部、国家税务总局关于保险保障基金有关税收政策继续执行的通知》（财税〔2013〕81号）等相关税收政策规定的，根据《保险保障基金管理办法》取得的境内保险公司依法缴纳的保险保障基金；依法从撤销或破产保险公司清算财产中获得的受偿收入和向有关责任方追偿所得，以及依法从保险公司风险处置中获得的财产转让所得；捐赠所得；银行存款利息收入；购买政府债券、中央银行、中央企业和中央级金融机构发行债券的利息收入；国务院批准的其他资金运用取得的收入。

（14）第14行"9. 其他"：填报纳税人享受的其他免税收入金额。

（15）第15行"二、减计收入"：填报第16＋17行的金额。

（16）第16行"（一）综合利用资源生产产品取得的收入"：填报《综合利用资源生产产品取得的收入优惠明细表》（A107012）第10行第10列的金额。

（17）第17行"（二）其他专项优惠"：填报第18＋19＋20行的金额。

（18）第18行"1. 金融、保险等机构取得的涉农利息、保费收入"：填报《金融、保险等机构取得的涉农利息、保费收入优惠明细表》（A107013）第13行的金额。

（19）第19行"2. 取得的中国铁路建设债券利息收入"：填报纳税人根据《财政部、国家税务总局关于铁路建设债券利息收入企业所得税政策的通知》（财税〔2011〕99号）、《财政部、国家税务总局关于2014 2015年铁路建设债券利息收入企业所得税政策的通知》（财税〔2014〕2号）等相关税收政策规定的，对企业持有发行的中国铁路建设债券取得的利息收入，减半征收企业所得税。本行填报政策规定减计50%收入的金额。

（20）第20行"3. 其他"：填报纳税人享受的其他减计收入金额。

（21）第21行"三、加计扣除"：填报第22＋23＋26行的金额。

（22）第22行"（一）开发新技术、新产品、新工艺发生的研究开发费用加计扣除"：填报《研发费用加计扣除优惠明细表》（A107014）第10行第19列的金额。

（23）第23行"（二）安置残疾人员及国家鼓励安置的其他就业人员所

支付的工资加计扣除"：填报第 24＋25 行的金额。

（24）第 24 行"1. 支付残疾人员工资加计扣除"：填报纳税人根据《财政部、国家税务总局关于安置残疾人员就业有关企业所得税优惠政策问题的通知》（财税〔2009〕70 号）等相关税收政策规定的，安置残疾人员的，在支付给残疾职工工资据实扣除的基础上，按照支付给残疾职工工资的 100％加计扣除的金额。

（25）第 25 行"2. 国家鼓励的其他就业人员工资加计扣除"：填报享受企业向其他就业人员支付工资加计扣除金额。

（26）第 26 行"（三）其他专项优惠"：填报纳税人享受的其他加计扣除的金额。

（27）第 27 行"合计"：填报第 1＋15＋21 行的金额。

2. 表内、表间关系。

（1）表内关系。

①第 1 行＝第 2＋3＋4＋5 行。

②第 5 行＝第 6＋7＋…＋14 行。

③第 15 行＝第 16＋17 行。

④第 17 行＝第 18＋19＋20 行。

⑤第 21 行＝第 22＋23＋26 行。

⑥第 23 行＝第 24＋25 行。

⑦第 27 行＝第 1＋15＋21 行。

（2）表间关系。

①第 27 行＝表 A100000 第 17 行。

②第 3 行＝表 A107011 第 10 行第 16 列。

③第 16 行＝表 107012 第 10 行第 10 列。

④第 18 行＝表 A107013 第 13 行。

⑤第 22 行＝表 A107014 第 10 行第 19 列。

7.2.6.2 《符合条件的居民企业之间的股息、红利等权益性投资收益优惠明细表》（A107011）表样及其填报说明

《符合条件的居民企业之间的股息、红利等权益性投资收益优惠明细表》（A107011）表样如表 7-9 所示。

表7-9

A107011

符合条件的居民企业之间的股息、红利等权益性投资收益优惠明细表

行次	被投资企业	投资性质	投资成本	投资比例	被投资企业利润分配确认金额		被投资企业清算确认金额			撤回或减少投资确认金额						合计
					被投资企业做出利润分配或转股决定时间	依决定归属于本公司的股息、红利等权益性投资收益金额	分得的被投资企业清算剩余资产	被清算企业累计未分配利润和累计盈余公积应享有部分	应确认的股息所得	从被投资企业撤回或减少投资取得的资产	减少投资比例	收回初始投资成本	取得资产中超过初始投资成本部分	撤回或减少投资应享有被投资企业累计未分配利润和累计盈余公积	应确认的股息所得	
	1	2	3	4	5	6	7	8	9 (7与8孰小)	10	11	12 (3×11)	13 (10-12)	14	15 (13与14孰小)	16 (6+9+15)
1		*	*	*	*				—			—			—	—
2									—			—			—	—
3									—			—			—	—
4									—			—			—	—
5									—			—			—	—
6									—			—			—	—
7									—			—			—	—
8									—			—			—	—
9									—			—			—	—
10 合计	*	*	*	*	*		*	*	—	*	*	*	*	*	—	—

本表适用于享受符合条件的居民企业之间的股息、红利等权益性投资收益优惠的纳税人填报。纳税人根据税法、《财政部、国家税务总局关于企业清算业务企业所得税处理若干问题的通知》（财税〔2009〕60号）、《财政部、国家税务总局关于执行企业所得税优惠政策若干问题的通知》（财税〔2009〕69号）、《国家税务总局关于贯彻落实企业所得税法若干税收问题的通知》（国税函〔2010〕79号）、《国家税务总局关于企业所得税若干问题的公告》（国家税务总局公告2011年第34号）等相关税收政策规定，填报本年发生的符合条件的居民企业之间的股息、红利等权益性投资收益优惠情况，不包括连续持有居民企业公开发行并上市流通的股票不足12个月取得的投资收益。

1. 有关项目填报说明。

（1）行次按不同的被投资企业分别填报。

（2）第1列"被投资企业"：填报被投资企业名称。

（3）第2列"投资性质"：填报直接投资或股票投资。

（4）第3列"投资成本"：填报纳税人投资于被投资企业的计税成本。

（5）第4列"投资比例"：填报纳税人投资于被投资企业的股权比例；若购买公开发行股票的，此列可不填报。

（6）第5列"被投资企业做出利润分配或转股决定时间"：填报被投资企业做出利润分配或转股决定的时间。

（7）第6列"依决定归属于本公司的股息、红利等权益性投资收益金额"：填报纳税人按照投资比例计算的归属于本公司的股息、红利等权益性投资收益金额。若被投资企业将股权（票）溢价所形成的资本公积转为股本的，不作为投资方企业的股息、红利收入，投资方企业也不得增加该项长期投资的计税基础。

（8）第7列"分得的被投资企业清算剩余资产"：填报纳税人分得的被投资企业清算后的剩余资产。

（9）第8列"被清算企业累计未分配利润和累计盈余公积应享有部分"：填报被清算企业累计未分配利润和累计盈余公积中本企业应享有的金额。

（10）第9列"应确认的股息所得"：填报第7列与第8列孰小数。

（11）第10列"从被投资企业撤回或减少投资取得的资产"：填报纳税人从被投资企业撤回或减少投资时取得的资产。

（12）第11列"减少投资比例"：填报纳税人撤回或减少的投资额占被投资企业的股权比例。

（13）第 12 列"收回初始投资成本"：填报第 3×11 列的金额。

（14）第 13 列"取得资产中超过收回初始投资成本部分"：填报第 10－12 列的金额。

（15）第 14 列"撤回或减少投资应享有被投资企业累计未分配利润和累计盈余公积"：填报被投资企业累计未分配利润和累计盈余公积按减少实收资本比例计算的部分。

（16）第 15 列"应确认的股息所得"：填报第 13 列与第 14 列孰小数。

（17）第 17 列"合计"：填报第 6＋9＋15 列的金额。

（18）第 10 行"合计"：填报第 1＋2＋…＋9 行的金额。

2. 表内、表间关系。

（1）表内关系。

①第 12 列＝第 3×11 列。

②第 13 列＝第 10－12 列。

③第 16 列＝第 6＋9＋15 列。

④第 9 列：第 7 列与第 8 列孰小数。

⑤第 15 列：第 13 列与第 14 列孰小数。

⑥第 10 行＝第 1＋2＋…＋9 行。

（2）表间关系。

第 10 行第 16 列＝表 A107010 第 3 行。

7.2.6.3　《综合利用资源生产产品取得的收入优惠明细表》（A107012）表样及其填报说明

《综合利用资源生产产品取得的收入优惠明细表》（A107012）表样如表 7-10 所示。

本表适用于享受综合利用资源生产产品取得的收入优惠的纳税人填报。纳税人根据税法、《国家发展改革委、财政部、国家税务总局关于印发〈国家鼓励的资源综合利用认定管理办法〉的通知》（发改环资〔2006〕1864号）、《财政部、国家税务总局关于执行资源综合利用企业所得税优惠目录有关问题的通知》（财税〔2008〕47 号）、《财政部、国家税务总局、国家发展改革委关于公布资源综合利用企业所得税优惠目录（2008 年版）的通知》（财税〔2008〕117 号）、《国家税务总局关于资源综合利用企业所得税优惠管

表 7-10
A107012

综合利用资源生产产品取得的收入优惠明细表

行次	生产的产品名称	资源综合利用认定证书基本情况			属于《资源综合利用企业所得税优惠目录》类别	综合利用的资源	综合利用的资源占生产产品材料的比例	《资源综合利用企业所得税优惠目录》规定的标准	符合条件的综合利用资源生产产品取得的收入总额	综合利用资源减计收入
		《资源综合利用认定证书》取得时间	《资源综合利用认定证书》有效期	《资源综合利用认定证书》编号						
	1	2	3	4	5	6	7	8	9	10 (9×10%)
1										
2										—
3										—
4										—
5										—
6										—
7										—
8										—
9										—
10	合计	*	*	*	*	*	*	*	*	—

理问题的通知》（国税函〔2009〕185号）等相关税收政策规定，填报本年发生的综合利用资源生产产品取得的收入优惠情况。

1. 有关项目填报说明。

（1）行次按纳税人综合利用资源生产的不同产品名称分别填报。

（2）第1列"生产的产品名称"：填报纳税人综合利用资源生产的产品名称。

（3）第2列"《资源综合利用认定证书》取得时间"：填报纳税人取得《资源综合利用认定证书》的时间。

（4）第3列"《资源综合利用认定证书》有效期"：填报证书有效期。

（5）第4列"《资源综合利用认定证书》编号"：填报纳税人取得的《资源综合利用认定证书》编号。

（6）第5列"属于《资源综合利用企业所得税优惠目录》类别"：填报纳税人生产产品综合利用的资源属于《资源综合利用企业所得税优惠目录》的类别，如共生、伴生矿产资源，废水（液）、废气、废渣或再生资源。

（7）第6列"综合利用的资源"：填报纳税人生产产品综合利用的资源名称，根据《资源综合利用企业所得税优惠目录》中综合利用的资源名称填报。

（8）第7列"综合利用的资源占生产产品材料的比例"：填报纳税人实际综合利用的资源占生产产品材料的比例。

（9）第8列"《资源综合利用企业所得税优惠目录》规定的标准"：填报纳税人综合利用资源生产产品在《资源综合利用企业所得税优惠目录》中规定的技术标准。

（10）第9列"符合条件的综合利用资源生产产品取得的收入总额"：填报纳税人综合利用资源生产产品取得的收入总额。

（11）第10列"综合利用资源减计收入"：填报第9列×10％的金额。

（12）第10行第10列"合计"：填报第10列第1＋2＋…＋9行的金额。

2. 表内、表间关系。

（1）表内关系。

①第10列＝第9列×10％。

②第10行第10列＝第10列第1＋2＋…＋9行。

（2）表间关系。

第10行第10列＝表A107010第16行。

7.2.6.4 《金融、保险等机构取得的涉农利息、保费收入
优惠明细表》(A107013) 表样及其填报说明

《金融、保险等机构取得的涉农利息、保费收入优惠明细表》(A107013)
表样如表 7-11 所示。

表 7-11

A107013　　　　金融、保险等机构取得的涉农利息、保费收入优惠明细表

行次	项　目	金额
1	一、金融机构农户小额贷款的利息收入	*
2	（一）金融机构取得农户小额贷款利息收入总额	
3	（二）金融机构取得农户小额贷款利息减计收入（2×10%）	—
4	二、保险公司为种植业、养殖业提供保险业务取得的保费收入	*
5	（一）保险公司为种植业、养殖业提供保险业务取得的保费收入总额（6+7−8）	—
6	1. 原保费收入	
7	2. 分保费收入	
8	3. 分出保费收入	
9	（二）保险公司为种植业、养殖业提供保险业务取得的保费减计收入（5×10%）	—
10	三、其他符合条件的机构农户小额贷款的利息收入	*
11	（一）其他符合条件的机构取得农户小额贷款利息收入总额	
12	（二）其他符合条件的机构取得农户小额贷款利息减计收入（11×10%）	
13	合计（3+9+12）	—

本表适用于享受金融、保险等机构取得的涉农利息、保费收入优惠的
纳税人填报。纳税人根据税法、《财政部、国家税务总局关于农村金融有

关税收政策的通知》(财税〔2010〕4 号)[1]、《财政部、国家税务总局关于中国扶贫基金会小额信贷试点项目税收政策的通知》(财税〔2010〕35号)、《财政部、国家税务总局关于中国扶贫基金会所属小额贷款公司享受有关税收优惠政策的通知》(财税〔2012〕33 号)等相关税收政策规定，填报本年发生的金融、保险等机构取得的涉农利息、保费收入优惠情况。(财税〔2010〕4 号政策执行期限至 2013 年 12 月 31 日，若无延期停止执行)

1. 有关项目填报说明。

(1) 第 2 行"(一) 金融机构取得农户小额贷款利息收入总额"：填报纳税人取得农户小额贷款利息收入总额。

(2) 第 3 行"(二) 金融机构取得农户小额贷款利息减计收入"：填报第 2 行×10%的金额。

(3) 第 5 行"(一) 保险公司为种植业、养殖业提供保险业务取得的保费收入总额"：填报第 6+7-8 行的金额。

(4) 第 6 行"1. 原保费收入"：填报纳税人为种植业、养殖业提供保险业务取得的原保费收入。

(5) 第 7 行"2. 分保费收入"：填报纳税人为种植业、养殖业提供保险业务取得的分保费收入。

(6) 第 8 行"3. 分出保费收入"：填报纳税人为种植业、养殖业提供保险业务分出的保费收入。

(7) 第 9 行"(二) 保险公司为种植业、养殖业提供保险业务取得的保费减计收入"：填报第 5 行×10%的金额。

(8) 第 11 行"(一) 其他符合条件的机构取得农户小额贷款利息收入总额"：填报中和农信项目管理有限公司和中国扶贫基金会举办的农户自立服务社(中心)、小额贷款公司从事农户小额贷款取得的利息收入总额。

(9) 第 12 行"(二) 其他符合条件的机构取得农户小额贷款利息减计收入"：填报第 11 行×10%的金额。

(10) 第 13 行"合计"：填报第 3+9+12 行的金额。

---

[1] 该文件政策主体延续，即财税〔2014〕102 号，《财政部、国家税务总局关于延续并完善支持农村金融发展有关税收政策的通知》。

2. 表内、表间关系。

(1) 表内关系。

①第 3 行＝第 2 行×10%。

②第 5 行＝第 6＋7－8 行。

③第 9 行＝第 5 行×10%。

④第 12 行＝第 11 行×10%。

⑤第 13 行＝第 3＋9＋12 行。

(2) 表间关系。

第 13 行＝表 A107010 第 18 行。

7.2.6.5 《研发费用加计扣除优惠明细表》(A107014) 表样及其填报说明

《研发费用加计扣除优惠明细表》(A107014) 表样如表 7-12 所示。

本表适用于享受研发费用加计扣除优惠的纳税人填报。纳税人根据税法、《国家税务总局关于印发〈企业研究开发费用税前扣除管理办法（试行)〉的通知》（国税发〔2008〕116 号）、《财政部、海关总署、国家税务总局关于支持文化企业发展若干税收政策问题的通知》（财税〔2009〕31 号）、《财政部、国家税务总局关于研究开发费用税前加计扣除有关政策问题的通知》（财税〔2013〕70 号）等相关税收政策规定，填报本年发生的研发费用加计扣除优惠情况。

1. 有关项目填报说明。

(1) 第 1 列 "研发项目"：填报纳税人研发项目名称。

(2) 第 2 列 "研发活动直接消耗的材料、燃料和动力费用"：填报纳税人从事研发活动直接消耗的材料、燃料和动力费用。

(3) 第 3 列 "直接从事研发活动的本企业在职人员费用"：填报纳税人在职直接从事研发活动人员的工资、薪金、奖金、津贴、补贴，及纳税人依照国务院有关主管部门或者省级人民政府规定的范围和标准为在职直接从事研发活动人员缴纳的基本养老保险费、基本医疗保险费、失业保险费、工伤保险费、生育保险费和住房公积金。

(4) 第 4 列 "专门用于研发活动的有关折旧费、租赁费、运行维护费"：填报纳税人专门用于研发活动的仪器、设备的折旧费，租赁费及运行维护、

表 7-12

研发费用加计扣除优惠明细表

A107014

| 研发项目 行次 | 本年研发费用明细 | | | | | | | | | | 减：作为不征税收入处理的财政性资金用于研发的部分 | 可加计扣除的研发费用合计的部分 | 费用化部分 | | 资本化部分 | | | | 本年研发费用加计扣除额合计 |
	研发活动直接消耗的材料、燃料和动力费用	直接从事研发活动的本企业在职人员费用和人力费用	专门用于研发活动的有关折旧费、旧费、本企业人员费用运行维护费	专门用于研发活动的有关无形资产摊销费、租赁费、运行维护费	中间试验和产品试制的有关无形资产摊销费、一般销售费	研发成果的有关费用、样机及一般测试手段购置费	勘探开发技术的现场试验费、评审、验收、鉴定费用	设计、制定、资料和翻译费用	年度研发费用合计				计入本年损益的金额	计入本年研发费用加计扣除额	本年形成无形资产的金额	本年形成无形资产加计摊销额	以前年度形成无形资产本年加计摊销额	无形资产本年加计摊销额	
	1	2	3	4	5	6	7	8	9	10(2+3+4+5+6+7+8+9)	11	12(10－11)	13	14(13×50%)	15	16	17	18(16+17)	19(14+18)
1	—	—	—	—	—	—	—	—	—	—	—	—	—	—	—	—	—	—	—
2	—	—	—	—	—	—	—	—	—	—	—	—	—	—	—	—	—	—	—
3	—	—	—	—	—	—	—	—	—	—	—	—	—	—	—	—	—	—	—
4	—	—	—	—	—	—	—	—	—	—	—	—	—	—	—	—	—	—	—
5	—	—	—	—	—	—	—	—	—	—	—	—	—	—	—	—	—	—	—
6	—	—	—	—	—	—	—	—	—	—	—	—	—	—	—	—	—	—	—
7	—	—	—	—	—	—	—	—	—	—	—	—	—	—	—	—	—	—	—
8	—	—	—	—	—	—	—	—	—	—	—	—	—	—	—	—	—	—	—
9	—	—	—	—	—	—	—	—	—	—	—	—	—	—	—	—	—	—	—
10 合计	—	—	—	—	—	—	—	—	—	—	—	—	—	—	—	—	—	—	—

调整、检验、维修等费用。

（5）第5列"专门用于研发活动的有关无形资产摊销费"：填报纳税人专门用于研发活动的软件、专利权、非专利技术等无形资产的摊销费用。

（6）第6列"中间试验和产品试制的有关费用，样品、样机及一般测试手段购置费"：填报纳税人专门用于中间试验和产品试制的模具、工艺装备开发及制造费，不构成固定资产的样品、样机及一般测试手段购置费。

（7）第7列"研发成果论证、评审、验收、鉴定费用"：填报纳税人研发成果的论证、评审、验收、鉴定费用。

（8）第8列"勘探开发技术的现场试验费，新药研制的临床试验费"：填报纳税人勘探开发技术的现场试验费，及新药研制的临床试验费。

（9）第9列"设计、制定、资料和翻译费用"：填报纳税人新产品设计费、新工艺规程制定费以及与研发活动直接相关的技术图书资料费、资料翻译费。

（10）第10列"年度研发费用合计"：填报第2＋3＋…＋9列的金额。

（11）第11列"减：作为不征税收入处理的财政性资金用于研发的部分"：填报纳税人研究开发费用中作为不征税收入处理的财政性资金用于研发的部分。

（12）第12列"可加计扣除的研发费用合计"：填报第10－11列的金额。

（13）第13列"计入本年损益的金额"：填报纳税人未形成无形资产计入本年损益的研发费用金额，本列金额≤第12列。

（14）第14列"计入本年研发费用加计扣除额"：填报第13列×50％的金额。

（15）第15列"本年形成无形资产的金额"：填报纳税人本年按照国家统一会计制度核算的形成无形资产的金额，包括以前年度研发费用资本化本年结转无形资产金额和本年研发费用资本化本年结转无形资产金额。

（16）第16列"本年形成无形资产加计摊销额"：填报纳税人本年形成的无形资产计算的本年加计摊销额。

（17）第17列"以前年度形成无形资产本年加计摊销额"：填报纳税人以前年度形成的无形资产计算的本年加计摊销额。

（18）第18列"无形资产本年加计摊销额"：填报第16＋17列的金额。

（19）第19列"本年研发费用加计扣除额合计"：填报第14＋18列的金额。

（20）第 10 行"合计"：填报第 1＋2＋…＋9 行的金额。

2. 表内、表间关系。

（1）表内关系。

①第 10 列＝第 2＋3＋…＋9 列。

②第 12 列＝第 10－11 列。

③第 13 列≤第 12 列。

④第 14 列＝第 13 列×50％。

⑤第 18 列＝第 16＋17 列。

⑥第 19 列＝第 14＋18 列。

⑦第 10 行＝第 1＋2＋…＋9 行。

（2）表间关系。

第 10 行第 19 列＝表 A107010 第 22 行。

08

第8章

所得减免

相较于我们第 7 章介绍的收入减免、加计扣除，往往是对于某一项收入或支出直接进行的调整，所得减免是对与这个项目相关的所有的收入、支出进行核算纳税调整后计算减免税，相当于一个分公司独立核算的概念。

我们知道，所得税是法人整体的概念，但一个法人内部应税所得与减免税所得是分开单独计算的。基于此，如应税所得 100 万元，免税所得 50 万元，计算扣除免税所得之后缴税没有任何的争议，但是如果应税所得 100 万元，免税所得－50 万元，如何缴税？传统的处理是两条线各算各的，各计各的税，实际上这突破了法人所得税的概念。本次新纳税申报表对此也费用了一番脑筋，同时废除了国税函〔2010〕148 号文件[1]对此类事项两条线的观念理解，但是仍没有彻底解决所得减免在填写过程中出现的特殊情形之下的逻辑问题。因此这一问题仍有待财税部门进一步的明确及是否调整填表说明。

8.1 《企业所得税法》及其实施条例等的规定

《企业所得税法》第二十五条规定，国家对重点扶持和鼓励发展的产业和项目，给予企业所得税优惠。

《企业所得税法》第二十七条规定，企业的下列所得，可以免征、减征企业所得税：

（一）从事农、林、牧、渔业项目的所得；

实施条例进一步解读：

企业所得税法第二十七条第（一）项规定的企业从事农、林、牧、渔业项目的所得，可以免征、减征企业所得税，是指：

（一）企业从事下列项目的所得，免征企业所得税：

1. 蔬菜、谷物、薯类、油料、豆类、棉花、麻类、糖料、水果、坚果的种植；

2. 农作物新品种的选育；

3. 中药材的种植；

4. 林木的培育和种植；

---

[1] 对企业取得的免税收入、减计收入以及减征、免征所得额项目，不得弥补当期及以前年度应税项目亏损；当期形成亏损的减征、免征所得额项目，也不得用当期和以后纳税年度应税项目所得抵补。

5. 牲畜、家禽的饲养；

6. 林产品的采集；

7. 灌溉、农产品初加工、兽医、农技推广、农机作业和维修等农、林、牧、渔服务业项目；

8. 远洋捕捞。

（二）企业从事下列项目的所得，减半征收企业所得税：

1. 花卉、茶以及其他饮料作物和香料作物的种植；

2. 海水养殖、内陆养殖。

企业从事国家限制和禁止发展的项目，不得享受本条规定的企业所得税优惠。

（二）从事国家重点扶持的公共基础设施项目投资经营的所得；

实施条例进一步解读为：

企业所得税法第二十七条第（二）项所称国家重点扶持的公共基础设施项目，是指《公共基础设施项目企业所得税优惠目录》规定的港口码头、机场、铁路、公路、城市公共交通、电力、水利等项目。

企业从事前款规定的国家重点扶持的公共基础设施项目的投资经营的所得，自项目取得第一笔生产经营收入所属纳税年度起，第一年至第三年免征企业所得税，第四年至第六年减半征收企业所得税。

企业承包经营、承包建设和内部自建自用本条规定的项目，不得享受本条规定的企业所得税优惠。

（三）从事符合条件的环境保护、节能节水项目的所得；

实施条例进一步解读为：

企业所得税法第二十七条第（三）项所称符合条件的环境保护、节能节水项目，包括公共污水处理、公共垃圾处理、沼气综合开发利用、节能减排技术改造、海水淡化等。项目的具体条件和范围由国务院财政、税务主管部门商国务院有关部门制订，报国务院批准后公布施行。

企业从事前款规定的符合条件的环境保护、节能节水项目的所得，自项目取得第一笔生产经营收入所属纳税年度起，第一年至第三年免征企业所得税，第四年至第六年减半征收企业所得税。

（四）符合条件的技术转让所得；

实施条例进一步解读为：

企业所得税法第二十七条第（四）项所称符合条件的技术转让所得免征、减征企业所得税，是指一个纳税年度内，居民企业技术转让所得不超过500万元的部分，免征企业所得税；超过500万元的部分，减半征收企业所得税。

（五）本法第三条第三款规定的所得。

财税〔2014〕55号[1]文件对于项目的划分采取了有利的处理方式：

企业投资经营符合《公共基础设施项目企业所得税优惠目录》规定条件和标准的公共基础设施项目，采用一次核准、分批次（如码头、泊位、航站楼、跑道、路段、发电机组等）建设的，凡同时符合以下条件的，可按每一批次为单位计算所得，并享受企业所得税"三免三减半"优惠：

（一）不同批次在空间上相互独立；

（二）每一批次自身具备取得收入的功能；

（三）以每一批次为单位进行会计核算，单独计算所得，并合理分摊期间费用。

8.2 所得优惠的计算方式

《企业所得税法实施条例》规定企业同时从事适用不同企业所得税待遇的项目的，其优惠项目应当单独计算所得，并合理分摊企业的期间费用；没有单独计算的，不得享受企业所得税优惠。

《企业所得税法实施条例》释义进一步解释，单独进行核算是指对该优惠项目有关的收入、成本、费用应单独核算，向税务机关提供单独的生产、财务核算资料，并计算相应的应纳税所得额和应纳税额，而对于不享受企业所得税优惠的项目，则另行计算其应纳税所得额。如果企业没有单独计算的，很难区分哪些收入和支出属于优惠项目，为了防止企业滥用税收优惠规定，在此规定不得享受企业所得税优惠。

释义从两条线上进行了说明，各算各的应纳税所得额但各算各的应纳税所得额并不能代表打破了法人所得税的框架，我们来看一下如下情形（见表8-1）：

---

[1] 财税〔2014〕55号，即《财政部、国家税务总局关于公共基础设施项目享受企业所得税优惠政策问题的补充通知》。

表 8-1

			情形 1	情形 2	情形 3	情形 4	情形 5	情形 6
应税项目	a	应纳税所得额	1 000	−1 000	1 000	−1 000	1 000	−1 000
免税项目	b	应纳税所得额	−500	1 500	500	−500	−1 500	500
	a+b	合计	500	500	1 500	−1 500	−500	−500

由此我们理解，基于法人税，只有合计数是正数，才有免税所得的前提，至于免税多少，要看两者的大小比较，但是显然这一版本的主表计算公式还有待考验，因为如果以法人所得税解释，结果如表 8-2 所示：

表 8-2

			情形 1	情形 2	情形 3	情形 4	情形 5	情形 6
应税项目	a	应税所得额	1 000	−1 000	1 000	−1 000	1 000	−1 000
免税项目	b	免税所得额	−500	1 500	500	−500	−1 500	500
	a+b	合计	500	500	1 500	−1 500	−500	−500
		应纳税所得额	500	0	1 000	0	0	0

但是我们来看纳税申报表主表的说明：第 20 行"所得减免"填报属于税法规定所得减免金额。本行通过《所得减免优惠明细表》（A107020）填报，本行＜0 时，填写负数。调整结果如表 8-3 所示。

表 8-3

			情形 1	情形 2	情形 3	情形 4	情形 5	情形 6
填表说明	a+b	合计	500	500	1 500	−1 500	−500	−500
	c	减：免税所得 Y	−500	1 500	500	−500	−1 500	500
	a+b−c	计算后	1 000	−1 000	1 000	−1 000	1 000	−1 000
		应纳税所得额	1 000	0	1 000	0	1 000	0

表 8-3 的计算结果说明免税项目的亏损不能抵减应税项目的盈利，这也是法人所得税的差异之处。如果按照网络上传言的，亏损时填写"0"是否就解决了这个问题呢？（见表 8-4）

表 8-4

			情形 1	情形 2	情形 3	情形 4	情形 5	情形 6
测算方式	a+b	合计	500	500	1 500	−1 500	−500	−500
	c	减：免税所得 Y	0	1 500	500	0	0	500
	a+b−c	计算后	500	−1 000	1 000	−1 500	−500	−1 000
		应纳税所得额	500	0	1 000	0	0	0

这样的计算结果与法人所得税是一样的，但是延伸到弥补亏损明细表中，其纳税调整后所得仍然突破了法人所得税的常规理解。

8.3 所得优惠的计算逻辑

本表的逻辑是：项目收入－项目成本－相关税费－应分摊的期间费用＋纳税调整额＝项目所得额。

第1列"项目收入"：填报享受所得减免企业所得税优惠的企业，该项目取得的收入总额。

第2列"项目成本"：填报享受所得减免企业所得税优惠的企业，该项目发生的成本总额。

第3列"相关税费"：填报享受所得减免企业所得税优惠的企业，该项目实际发生的有关税费，包括除企业所得税和允许抵扣的增值税以外的各项税金及其附加、合同签订费用、律师费等相关费用及其他支出。

第4列"应分摊期间费用"：填报享受所得减免企业所得税优惠的企业，该项目合理分摊的期间费用。合理分摊比例可以按照投资额、销售收入、资产额、人员工资等参数确定。上述比例一经确定，不得随意变更。

第5列"纳税调整额"：填报纳税人按照税法规定需要调整减免税项目收入、成本、费用的金额，调整减少的金额以负数填报。

第6列"项目所得额"：填报第1－2－3－4＋5列的金额。

我们知道，这个享受减免所得计算的过程，其实就是一个汇算清缴的调整过程。计算公式如下：

收入－成本－税费－应分摊期间费用＝利润总额
利润总额＋纳税调整额＝项目所得额

所以这个所得额并不是会计上的所得额，而是税务上的所得额，我们通过一个例子来说明调整的过程。

[例8-1]（1）根据申报表的逻辑，首先是整体的纳税调整过程，这通过之前的明细表已经进行了处理，是包括减免所得的项目在内一起调整的。

如甲公司2014年度利润总额1 000万元，当期纳税调增200万元，纳税调减300万元，则当期的纳税调整后所得为：1 000＋200－300＝900（万元）。

（2）现在单独计算免税所得，如收入500万元，成本400万元，税费20万元，分摊的期间费用50万元，按照我们所得税政策规则，纳税调整

20 万元（调增 40－调减 20），则免税所得为：$500-400-20-50+20=$
50（万元）。

于是 $900-50=850$（万元），则用 850 万元计算所得税。

减免税报表的填写如表 8-5 所示（单位：万元）。

表 8-5 　　　　　　　　　　　　所得减免优惠明细表

行次	项　　目	项目收入	项目成本	相关税费	应分摊期间费用	纳税调整额	项目所得额	减免所得额
		1	2	3	4	5	6 (1－2－3－4＋5)	7
17	二、国家重点扶持的公共基础设施项目（18＋19＋20＋21＋22＋23＋24＋25）	500.00	400.00	20.00	50.00	20.00	50.00	50.00
23	（六）电力项目	500.00	400.00	20.00	50.00	20.00	50.00	50.00

如果是减半的优惠期，则第 7 列的减免所得额填写 25 万元。具体的政策方面请参照填表说明的法规条文。

8.4 《所得减免优惠明细表》（A107020）表样及其填报说明

《所得减免优惠明细表》（A107020）表样如表 8-6 所示。

表 8-6

A107020 　　　　　　　　　　　　所得减免优惠明细表

行次	项　　目	项目收入	项目成本	相关税费	应分摊期间费用	纳税调整额	项目所得额	减免所得额
		1	2	3	4	5	6 (1－2－3－4＋5)	7
1	一、农、林、牧、渔业项目（2＋13）	—	—	—	—	—	—	—
2	（一）免税项目（3＋4＋5＋6＋7＋8＋9＋11＋12）	—	—	—	—	—	—	—

行次	项 目	项目收入	项目成本	相关税费	应分摊期间费用	纳税调整额	项目所得额	减免所得额
		1	2	3	4	5	6 (1-2-3 -4+5)	7
3	1. 蔬菜、谷物、薯类、油料、豆类、棉花、麻类、糖料、水果、坚果的种植						—	
4	2. 农作物新品种的选育						—	
5	3. 中药材的种植						—	
6	4. 林木的培育和种植						—	
7	5. 牲畜、家禽的饲养						—	
8	6. 林产品的采集						—	
9	7. 灌溉、农产品初加工、兽医、农技推广、农机作业和维修等农、林、牧、渔服务业项目						—	
10	其中：农产品初加工						—	
11	8. 远洋捕捞						—	
12	9. 其他						—	
13	(二) 减半征税项目 (14+15+16)	—	—	—	—	—	—	—
14	1. 花卉、茶以及其他饮料作物和香料作物的种植						—	
15	2. 海水养殖、内陆养殖						—	
16	3. 其他						—	

续表

行次	项 目	项目收入	项目成本	相关税费	应分摊期间费用	纳税调整额	项目所得额	减免所得额
		1	2	3	4	5	6 (1-2-3-4+5)	7
17	二、国家重点扶持的公共基础设施项目(18+19+20+21+22+23+24+25)	—	—	—	—	—		
18	（一）港口码头项目						—	
19	（二）机场项目						—	
20	（三）铁路项目						—	
21	（四）公路项目						—	
22	（五）城市公共交通项目						—	
23	（六）电力项目						—	
24	（七）水利项目						—	
25	（八）其他项目						—	
26	三、符合条件的环境保护、节能节水项目(27+28+29+30+31+32)	—	—	—	—	—		
27	（一）公共污水处理项目					*	—	
28	（二）公共垃圾处理项目						—	
29	（三）沼气综合开发利用项目						—	
30	（四）节能减排技术改造项目						—	
31	（五）海水淡化项目						—	
32	（六）其他项目						—	
33	四、符合条件的技术转让项目(34+35)					*	—	—

续表

行次	项 目	项目收入	项目成本	相关税费	应分摊期间费用	纳税调整额	项目所得额	减免所得额
		1	2	3	4	5	6 (1−2−3−4+5)	7
34	（一）技术转让所得不超过 500 万元部分	＊	＊	＊	＊	＊	＊	
35	（二）技术转让所得超过 500 万元部分	＊	＊	＊	＊	＊		
36	五、其他专项优惠项目（37＋38＋39）	—	—	—	—	—	—	
37	（一）实施清洁发展机制项目						—	
38	（二）符合条件的节能服务公司实施合同能源管理项目						—	
39	（三）其他						—	
40	合计 (1＋17＋26＋33＋36)	—	—	—	—	—	—	—

本表适用于享受所得减免优惠的纳税人填报。纳税人根据税法及相关税收政策规定，填报本年发生的减免所得额优惠情况。

8.4.1 有关项目填报说明

1. 第 1 行"一、农、林、牧、渔业项目"：填报纳税人根据《财政部、国家税务总局关于发布享受企业所得税优惠政策的农产品初加工范围（试行）的通知》（财税〔2008〕149 号）、《国家税务总局关于黑龙江垦区国有农场土地承包费缴纳企业所得税问题的批复》（国税函〔2009〕779 号）、《国家税务总局关于"公司＋农户"经营模式企业所得税优惠问题的公告》（国家税务总局公告 2010 年第 2 号）、《财政部、国家税务总局关于享受企业所得税优惠的农产品初加工有关范围的补充通知》（财税〔2011〕26 号）、《国家税务总局关于实施农林牧渔业项目企业所得税优惠问题的公告》（国家税务总局公告 2011 年第 48 号）等相关税收政策规定的，本纳税年度发生的减征、免征企业所得税项目的所得额。本行填报第 2＋13 行的金额。

2. 第 2 行"（一）免税项目"：填报第 3＋4＋…＋9＋11＋12 行的金额。

3. 第 3 行"1. 蔬菜、谷物、薯类、油料、豆类、棉花、麻类、糖料、水果、坚果的种植"：填报纳税人种植蔬菜、谷物、薯类、油料、豆类、棉花、麻类、糖料、水果、坚果取得的免征企业所得税项目的所得额。

4. 第 4 行"2. 农作物新品种的选育"：填报纳税人从事农作物新品种的选育免征企业所得税项目的所得额。

5. 第 5 行"3. 中药材的种植"：填报纳税人从事中药材的种植免征企业所得税项目的所得额。

6. 第 6 行"4. 林木的培育和种植"：填报纳税人从事林木的培育和种植免征企业所得税项目的所得额。

7. 第 7 行"5. 牲畜、家禽的饲养"：填报纳税人从事牲畜、家禽的饲养免征企业所得税项目的所得额。

8. 第 8 行"6. 林产品的采集"：填报纳税人从事采集林产品免征企业所得税项目的所得额。

9. 第 9 行"7. 灌溉、农产品初加工、兽医、农技推广、农机作业和维修等农、林、牧、渔服务业项目"：填报纳税人从事灌溉、农产品初加工、兽医、农技推广、农机作业和维修等农、林、牧、渔服务业免征企业所得税项目的所得额。

10. 第 10 行"其中：农产品初加工"：填报纳税人从事农产品初加工免征企业所得税项目的所得额。

11. 第 11 行"8. 远洋捕捞"：填报纳税人从事远洋捕捞免征企业所得税的所得额。

12. 第 12 行"9. 其他"：填报纳税人享受的其他免税所得优惠政策。

13. 第 13 行"（二）减半征税项目"：填报第 14＋15＋16 行的金额。

14. 第 14 行"1. 花卉、茶以及其他饮料作物和香料作物的种植"：填报纳税人从事花卉、茶以及其他饮料作物和香料作物种植减半征收企业所得税项目的所得额。

15. 第 15 行"2. 海水养殖、内陆养殖"：填报纳税人从事海水养殖、内陆养殖减半征收企业所得税项目的所得额。

16. 第 16 行"3. 其他"：填报国务院根据税法授权制定的其他减税所得税收优惠政策。

17. 第 17 行"二、国家重点扶持的公共基础设施项目"：填报纳税人根据《财政部、国家税务总局关于执行公共基础设施项目企业所得税优惠目录有关问题的通知》（财税〔2008〕46号）、《财政部、国家税务总局、国家发展改革委关于公布公共基础设施项目企业所得税优惠目录（2008年版）的通知》（财税〔2008〕116号）、《国家税务总局关于实施国家重点扶持的公共基础设施项目企业所得税优惠问题的通知》（国税发〔2009〕80号）、《财政部、国家税务总局关于公共基础设施项目和环境保护 节能节水项目企业所得税优惠政策问题的通知》（财税〔2012〕10号）、《财政部、国家税务总局关于支持农村饮水安全工程建设运营税收政策的通知》（财税〔2012〕30号）第五条、《国家税务总局关于电网企业电网新建项目享受所得税优惠政策问题的公告》（国家税务总局公告2013年第26号）等相关税收政策规定的，从事《公共基础设施项目企业所得税优惠目录》规定的港口码头、机场、铁路、公路、城市公共交通、电力、水利等项目的投资经营的所得，自项目取得第一笔生产经营收入所属纳税年度起，第一年至第三年免征企业所得税，第四年至第六年减半征收企业所得税。不包括企业承包经营、承包建设和内部自建自用该项目的所得。本行填报第18+19+…+25行的金额。

18. 第18行"（一）港口码头项目"：填报纳税人从事《公共基础设施项目企业所得税优惠目录》规定的港口码头项目的投资经营的减免所得额。

19. 第19行"（二）机场项目"：填报纳税人从事《公共基础设施项目企业所得税优惠目录》规定的机场项目的投资经营的减免所得额。

20. 第20行"（三）铁路项目"：填报纳税人从事《公共基础设施项目企业所得税优惠目录》规定的铁路项目的投资经营的减免所得额。

21. 第21行"（四）公路项目"：填报纳税人从事《公共基础设施项目企业所得税优惠目录》规定的公路项目的投资经营的减免所得额。

22. 第22行"（五）城市公共交通项目"：填报纳税人从事《公共基础设施项目企业所得税优惠目录》规定的城市公共交通项目的投资经营的减免所得额。

23. 第23行"（六）电力项目"：填报纳税人从事《公共基础设施项目企业所得税优惠目录》规定的电力项目的投资经营的减免所得额。

24. 第24行"（七）水利项目"：填报纳税人从事《公共基础设施项目企业所得税优惠目录》规定的水利项目的投资经营的减免所得额。

25. 第25行"（八）其他项目"：填报纳税人从事《公共基础设施项目企业所得税优惠目录》规定的其他项目的投资经营的减免所得额。

26. 第26行"三、符合条件的环境保护、节能节水项目"：填报纳税人根据《财政部、国家税务总局、国家发展改革委关于公布环境保护节能节水项目企业所得税优惠目录（试行）的通知》（财税〔2009〕166 号）、《财政部、国家税务总局关于公共基础设施项目和环境保护、节能节水项目企业所得税优惠政策问题的通知》（财税〔2012〕10 号）等相关税收政策规定的，从事符合条件的公共污水处理、公共垃圾处理、沼气综合开发利用、节能减排技术改造、海水淡化等环境保护、节能节水项目的所得，自项目取得第一笔生产经营收入所属纳税年度起，第一年至第三年免征企业所得税，第四年至第六年减半征收企业所得税。本行填报第 27＋28＋…＋32 行的金额。

27. 第 27 行"（一）公共污水处理项目"：填报纳税人从事符合条件的公共污水处理项目的减免所得额。

28. 第 28 行"（二）公共垃圾处理项目"：填报纳税人从事符合条件的公共垃圾处理项目的减免所得额。

29. 第 29 行"（三）沼气综合开发利用项目"：填报纳税人从事符合条件的沼气综合开发利用项目的减免所得额。

30. 第 30 行"（四）节能减排技术改造项目"：填报纳税人从事符合条件的节能减排技术改造项目的减免所得额。

31. 第 31 行"（五）海水淡化项目"：填报纳税人从事符合条件的海水淡化项目的减免所得额。

32. 第 32 行"（六）其他项目"：填报纳税人从事符合条件的其他项目的减免所得额。

33. 第 33 行"四、符合条件的技术转让项目"：填报纳税人根据《国家税务总局关于技术转让所得减免企业所得税有关问题的通知》（国税函〔2009〕212 号）、《财政部、国家税务总局关于居民企业技术转让有关企业所得税政策问题的通知》（财税〔2010〕111 号）、《国家税务总局关于技术转让所得减免企业所得税有关问题的公告》（国家税务总局公告 2013 年第 62 号）等相关税收政策规定的，一个纳税年度内，居民企业将其拥有的专利技术、计算机软件著作权、集成电路布图设计权、植物新品种、生物医药新品种，以及财政部和国家税务总局确定的其他技术的所有权或 5 年以上（含 5 年）全球独占许可使用权转让取得的所得，不超过 500 万元的部分，免征企业所得税；超过 500 万元的部分，减半征收企业所得税。居民企业从直接或间接持有股权之和达到 100％的关联方取得的技术转让所得，不享受技术转让减免企业所得税优惠政策。本行第 1 至 6 列分别填报，第 7 列填报第 34 行＋35 行的金额。

34. 第34行"(一)技术转让所得不超过500万元部分":填报纳税人符合条件的技术转让所得不超过500万元的部分,免征企业所得税。

35. 第35行"(二)技术转让所得超过500万元部分":填报纳税人符合条件的技术转让所得超过500万元的部分,减半征收企业所得税。

36. 第36行"五、其他专项优惠项目":填报第37+38+39行的金额。

37. 第37行"(一)实施清洁发展机制项目":填报纳税人根据《财政部、国家税务总局关于中国清洁发展机制基金及清洁发展机制项目实施企业有关企业所得税政策问题的通知》(财税〔2009〕30号)等相关税收政策规定的,对企业实施的将温室气体减排量转让收入的65%上缴给国家的 HFC 和 PFC 类 CDM 项目,以及将温室气体减排量转让收入的30%上缴给国家的 N2O 类 CDM 项目,其实施该类 CDM 项目的所得,自项目取得第一笔减排量转让收入所属纳税年度起,第一年至第三年免征企业所得税,第四年至第六年减半征收企业所得税。

38. 第38行"(二)符合条件的节能服务公司实施合同能源管理项目":填报纳税人根据《财政部、国家税务总局关于促进节能服务产业发展增值税营业税和企业所得税政策问题的通知》(财税〔2010〕110号)、《国家税务总局、国家发展改革委关于落实节能服务企业合同能源管理项目企业所得税优惠政策有关征收管理问题的公告》(国家税务总局、国家发展改革委公告2013年第77号)等相关税收政策规定的,对符合条件的节能服务公司实施合同能源管理项目,符合企业所得税税法有关规定的,自项目取得第一笔生产经营收入所属纳税年度起,第一年至第三年免征企业所得税,第四年至第六年按照25%的法定税率减半征收企业所得税。

39. 第39行"(三)其他":填报纳税人享受的其他专项减免应纳税所得额。

40. 第40行"合计":填报第1+17+26+33+36行的金额。

41. 第1列"项目收入":填报享受所得减免企业所得税优惠的企业,该项目取得的收入总额。

42. 第2列"项目成本":填报享受所得减免企业所得税优惠的企业,该项目发生的成本总额。

43. 第3列"相关税费":填报享受所得减免企业所得税优惠的企业,该项目实际发生的有关税费,包括除企业所得税和允许抵扣的增值税以外的各项税金及其附加、合同签订费用、律师费等相关费用及其他支出。

44. 第4列"应分摊期间费用":填报享受所得减免企业所得税优惠的

企业,该项目合理分摊的期间费用。合理分摊比例可以按照投资额、销售收入、资产额、人员工资等参数确定。上述比例一经确定,不得随意变更。

45.第 5 列"纳税调整额":填报纳税人按照税法规定需要调整减免税项目收入、成本、费用的金额,调整减少的金额以负数填报。

46.第 6 列"项目所得额":填报第 1－2－3－4＋5 列的金额。

47.第 7 列"减免所得额":填报享受所得减免企业所得税优惠的企业,该项目按照税法规定实际可以享受免征、减征的所得额。本行<0 的,填写负数。

8.4.2　表内、表间关系

1.表内关系。

(1)第 1 行＝第 2＋13 行。

(2)第 2 行＝第 3＋4＋…9＋11＋12 行。

(3)第 13 行＝第 14＋15＋16 行。

(4)第 17 行＝第 18＋19＋…＋25 行。

(5)第 26 行＝第 27＋28＋…＋32 行。

(6)第 33 行第 7 列＝第 34 行第 7 列＋第 35 行第 7 列。

(7)第 36 行＝第 37＋38＋39 行。

(8)第 40 行＝第 1＋17＋26＋33＋36 行。

(9)第 6 列＝第 1－2－3－4＋5 列。

2.表间关系。

第 40 行第 7 列＝表 A100000 第 20 行。

09

第9章

抵扣应纳税所得额

投资额抵减应纳税所得额相当于收回投资一样的优惠，所以我们在理解这一抵扣政策时，需要关注抵扣的认定条件及被抵扣额的计算。

9.1 基本法规的规定

我们先来了解一下关于何为抵扣应纳税所得额的几个主要的法规条款：

●《企业所得税法》

创业投资企业从事国家需要重点扶持和鼓励的创业投资，可以按投资额的一定比例抵扣应纳税所得额。

●《企业所得税法实施条例》

抵扣应纳税所得额，是指创业投资企业采取股权投资方式投资于未上市的中小高新技术企业 2 年以上的，可以按照其投资额的 70% 在股权持有满 2 年的当年抵扣该创业投资企业的应纳税所得额；当年不足抵扣的，可以在以后纳税年度结转抵扣。

●《国家税务总局关于实施创业投资企业所得税优惠问题的通知》（国税发〔2009〕87 号）。

一、创业投资企业是指依照《创业投资企业管理暂行办法》（国家发展和改革委员会等 10 部委令 2005 年第 39 号，以下简称《暂行办法》）和《外商投资创业投资企业管理规定》（商务部等 5 部委令 2003 年第 2 号）在中华人民共和国境内设立的专门从事创业投资活动的企业或其他经济组织。

二、创业投资企业采取股权投资方式投资于未上市的中小高新技术企业 2 年（24 个月）以上，凡符合以下条件的，可以按照其对中小高新技术企业投资额的 70%，在股权持有满 2 年的当年抵扣该创业投资企业的应纳税所得额；当年不足抵扣的，可以在以后纳税年度结转抵扣。

（一）经营范围符合《暂行办法》规定，且工商登记为"创业投资有限责任公司"、"创业投资股份有限公司"等专业性法人创业投资企业。

（二）按照《暂行办法》规定的条件和程序完成备案，经备案管理部门年度检查核实，投资运作符合《暂行办法》的有关规定。

（三）创业投资企业投资的中小高新技术企业，除应按照科技部、财政部、国家税务总局《关于印发〈高新技术企业认定管理办法〉的通知》（国科发火〔2008〕172 号）和《关于印发〈高新技术企业认定管理工作指引〉的通知》（国科发火〔2008〕362 号）的规定，通过高新技术企业认定以外，还应符合职工人数不超过 500 人，年销售（营业）额不超过 2 亿元，资产总额不超过 2 亿元的条件。

2007 年底前按原有规定取得高新技术企业资格的中小高新技术企业，且在 2008 年继续符合新的高新技术企业标准的，向其投资满 24 个月的计算，可自创业投资企业实际向其投资的时间起计算。

（四）财政部、国家税务总局规定的其他条件。

三、中小企业接受创业投资之后，经认定符合高新技术企业标准的，应自其被认定为高新技术企业的年度起，计算创业投资企业的投资期限。该期限内中小企业接受创业投资后，企业规模超过中小企业标准，但仍符合高新技术企业标准的，不影响创业投资企业享受有关税收优惠。

四、创业投资企业申请享受投资抵扣应纳税所得额，应在其报送申请投资抵扣应纳税所得额年度纳税申报表以前，向主管税务机关报送以下资料备案：

（一）经备案管理部门核实后出具的年检合格通知书（副本）；

（二）关于创业投资企业投资运作情况的说明；

（三）中小高新技术企业投资合同或章程的复印件、实际所投资金验资报告等相关材料；

（四）中小高新技术企业基本情况（包括企业职工人数、年销售（营业）额、资产总额等）说明；

（五）由省、自治区、直辖市和计划单列市高新技术企业认定管理机构出具的中小高新技术企业有效的高新技术企业证书（复印件）。

● 《财政部、国家税务总局关于执行企业所得税优惠政策若干问题的通知》（财税〔2009〕69 号）。

实施条例第九十七条所称投资于未上市的中小高新技术企业 2 年以上的，包括发生在 2008 年 1 月 1 日以前满 2 年的投资；所称中小高新技术企业是指按照《高新技术企业认定管理办法》（国科发火〔2008〕172 号）和《高新技术企业认定管理工作指引》（国科发火〔2008〕362 号）取得高新技术企业资格，且年销售额和资产总额均不超过 2 亿元、从业人员不超过 500 人的企业，其中 2007 年底前已取得高新技术企业资格的，在其规定有效期内不需重新认定。

9.2 抵扣的政策理解

根据上面的政策规定，我们可以发现，投资额的70％可以在投资满2年的所在年度内，抵扣该创业投资企业的应纳税所得额，不足抵扣的，在以后年度结转抵扣，这是没有年限限制的，永续抵扣，但并不是通过像旧申报表一样的纳税调减方式，更明确有利了。

例如，某创投企业发生上述投资行为，2年前投资金额1 000万元，本年纳税调整后所得3 000万元，减免所得为1 500万元，以前年度亏损为500万元。则填表的数据显示如下（见表9-1、表9-2）：

表9-1

四、纳税调整后所得（13－14＋15－16－17＋18）	3 000
减：所得减免（填写 A107020）	1 500
减：抵扣应纳税所得额（填写 A107030）	
减：弥补以前年度亏损（填写 A106000）	500
五、应纳税所得额（19－20－21－22）	—

依说明中计算公式，本年可抵扣的应纳税所得额额度为：3 000－1 500－500＝1 000（万元）。

表9-2

行次	项目	金额
1	本年新增的符合条件的股权投资额	1 000
2	税收规定的抵扣率	70％
3	本年新增的可抵扣的股权投资额（1×2）	700
4	以前年度结转的尚未抵扣的股权投资余额	
5	本年可抵扣的股权投资额（3＋4）	700
6	本年可用于抵扣的应纳税所得额	1 000
7	本年实际抵扣应纳税所得额（5≤6，本行＝5行；5＞6，本行＝6行）	700
8	结转以后年度抵扣的股权投资余额（5＞6，本行＝5－7行；5≤6，本行＝0）	0

所以这张表还是比较好填写的，只是要注意，2 年的期限是从中小企业被认定为高新技术企业时开始计算的。如投资时是 2011 年 1 月，认定为高新技术企业时是 2012 年 1 月，则 2 年是从 2012 年 1 月起计算 24 个月，即 2014 年才能享受抵免。如果其间发生股权转让、减资的部分，则不能享受，如果未达到 24 个月时被取消高新技术企业，也不能享受抵扣。但是若达到了 24 个月，创业投资企业也抵扣了，又被取消高新技术企业资格的，理论上要看当时取得时是否有违规的行为，如果是因后来发生的事项而达不到标准才被取消的，我们理解，并不违背抵扣当时的条件。

另外，本年新增的符合条件的投资额并不是当年度发生的投资额，而是达到 2 年相应条件的投资额，所以对此不要引起误解。而且这个投资额是分笔计量的，即每笔投资都有对应关系。特别是分期投资情形发生时。

在确定投资额时，投资额是实际发生的金额，并没有之后投资成本调整之类的事项，其间当然有调控的空间，如某单位以技术出资等、非货币性资产出资等，都具有评估的空间。这也是我们税务机关要双向关注的事项。

同时，如果企业享受抵扣后，发生股权转让的当前无相关文件对此提出追溯不得抵扣处理，也不影响其后续继续抵扣的权利和利益。但可能存在管理漏洞。

9.3 抵扣对计税基础的影响

抵扣是优惠政策，投资额的 70% 允许抵扣应纳税所得额，这是计税中的一项优惠，而并非认为是投资者先行收回投资，即未来转让股权、收回投资，其投资成本是不变化的，避免认为是对投资成本的冲减。

9.4 合伙企业投资其企业合伙人的特殊抵扣穿透优惠

上面我们提到的政策优惠适用直接股权投资的情形，但是对于合伙企业投资，其合伙企业作为透明体能否"穿透"，由其法人合伙人享受上述优惠情形是怎样的呢？目前在特定地区是允许的，即一是苏州工业园区，其政策优惠期是自 2012 年 1 月 1 日至 2013 年 12 月 31 日，目前还要看后续政策是否承上延续推动；二是中关村国家自主创新示范区，其优惠政策自 2013 年 1 月 1 日至 2015 年 12 月 31 日执行。

如中关村国家自主创新示范区的政策规定如下：

一、注册在示范区内的有限合伙制创业投资企业采取股权投资方式投资于未上市的中小高新技术企业2年（24个月）以上，该有限合伙制创业投资企业的法人合伙人，可在有限合伙制创业投资企业持有未上市中小高新技术企业股权满2年的当年，按照该法人合伙人对该未上市中小高新技术企业投资额的70%，抵扣该法人合伙人从该有限合伙制创业投资企业分得的应纳税所得额，当年不足抵扣的，可以在以后纳税年度结转抵扣。

二、有限合伙制创业投资企业的法人合伙人对未上市中小高新技术企业的投资额，按照有限合伙制创业投资企业对中小高新技术企业的投资额和合伙协议约定的法人合伙人占有限合伙制创业投资企业的出资比例计算确定。

三、本通知所称有限合伙制创业投资企业是指依照《中华人民共和国合伙企业法》和《创业投资企业管理暂行办法》（国家发展和改革委员会令第39号），在示范区内设立的专门从事创业投资活动的有限合伙企业。

上面的规定中，抵扣额是按合伙企业对外投资的70%，再分摊于该法人合伙人约定的出资比例计算确定。

9.5 《抵扣应纳税所得额明细表》（A107030）填报说明

本表适用于享受创业投资企业抵扣应纳税所得额优惠的纳税人填报。纳税人根据税法、《国家税务总局关于实施创业投资企业所得税优惠问题的通知》（国税发〔2009〕87号）、《财政部、国家税务总局关于执行企业所得税优惠政策若干问题的通知》（财税〔2009〕69号）、《财政部、国家税务总局关于苏州工业园区有限合伙制创业投资企业法人合伙人企业所得税试点政策的通知》（财税〔2012〕67号）、《国家税务总局关于苏州工业园区有限合伙制创业投资企业法人合伙人企业所得税政策试点有关征收管理问题的公告》（国家税务总局公告2013年第25号）、《财政部、国家税务总局关于中关村国家自主创新示范区有限合伙制创业投资企业法人合伙人企业所得税试点政策的通知》（财税〔2013〕71号）等相关税收政策规定，填报本年发生的创业投资企业抵扣应纳税所得额优惠情况（财税〔2012〕67号政策执行期限至2013年12月31日，若无延期停止执行）。

9.5.1　有关项目填报说明

1. 第 1 行 "本年新增的符合条件的股权投资额"：填报创业投资企业采取股权投资方式投资于未上市的中小高新技术企业 2 年以上的，本年新增的符合条件的股权投资额。

2. 第 3 行 "本年新增的可抵扣的股权投资额"：本行填报第 1×2 行的金额。

3. 第 4 行 "以前年度结转的尚未抵扣的股权投资余额"：填报以前年度符合条件的尚未抵扣的股权投资余额。

4. 第 5 行 "本年可抵扣的股权投资额"：本行填报第 3+4 行的金额。

5. 第 6 行 "本年可用于抵扣的应纳税所得额"：本行填报表 A100000 第 19 行－20 行－22 行的金额，若金额小于 0，则填报 0。

6. 第 7 行 "本年实际抵扣应纳税所得额"：若第 5 行≤第 6 行，则本行＝第 5 行；第 5 行＞第 6 行，则本行＝第 6 行。

7. 第 8 行 "结转以后年度抵扣的股权投资余额"：第 5 行＞第 6 行，则本行＝第 5－7 行；第 5 行≤第 6 行，则本行＝0。

9.5.2　表内、表间关系

1. 表内关系。

（1）第 3 行＝第 1×2 行。

（2）第 5 行＝第 3+4 行。

（3）第 7 行：若第 5 行≤第 6 行，则本行＝第 5 行；第 5 行＞第 6 行，则本行＝第 6 行。

（4）第 8 行：第 5 行＞第 6 行，则本行＝第 5－7 行；第 5 行≤第 6 行，则本行＝0。

2. 表间关系。

（1）第 6 行＝表 A100000 第 19－20－22 行，若小于 0，则填报 0。

（2）第 7 行＝表 A100000 第 21 行。

10

第10章

减免所得税

前面的优惠更多是从对应纳税所得额的影响来考虑的，现在我们要来看看减免所得税，这个力度将比应纳税所得额来得更痛快，当然或许对纳税人来讲也更具"诱惑"。

由于纳税申报表主表中的税率是固定设置为 25%，因此基于税率优惠的部分，必须要找到填写的地方，所以这张非常明细的适用项目的减免所得税优惠就出现了，省得之前很多内容挤在"其他"中，都不知道填的是什么。

10.1　《减免所得税优惠明细表》（A107040）表样及其填报说明

《减免所得税优惠明细表》（A107040）表样如表 10-1 所示。

表 10-1

A107040　　　　　　　　　　　减免所得税优惠明细表

行次	项　　目	金额
1	一、符合条件的小型微利企业	
2	二、国家需要重点扶持的高新技术企业（填写 A107041）	—
3	三、减免地方分享所得税的民族自治地方企业	
4	四、其他专项优惠（5＋6＋7＋8＋9＋10＋11＋12＋13＋14＋15＋16＋17＋18＋19＋20＋21＋22＋23＋24＋25＋26＋27）	—
5	（一）经济特区和上海浦东新区新设立的高新技术企业	
6	（二）经营性文化事业单位转制企业	
7	（三）动漫企业	
8	（四）受灾地区损失严重的企业	
9	（五）受灾地区农村信用社	
10	（六）受灾地区的促进就业企业	
11	（七）技术先进型服务企业	
12	（八）新疆困难地区新办企业	
13	（九）新疆喀什、霍尔果斯特殊经济开发区新办企业	
14	（十）支持和促进重点群体创业就业企业	
15	（十一）集成电路线宽小于 0.8 微米（含）的集成电路生产企业	
16	（十二）集成电路线宽小于 0.25 微米的集成电路生产企业	
17	（十三）投资额超过 80 亿元人民币的集成电路生产企业	
18	（十四）新办集成电路设计企业（填写 A107042）	—
19	（十五）国家规划布局内重点集成电路设计企业	
20	（十六）符合条件的软件企业（填写 A107042）	—

续表

行次	项　目	金额
21	（十七）国家规划布局内重点软件企业	
22	（十八）设在西部地区的鼓励类产业企业	
23	（十九）符合条件的生产和装配伤残人员专门用品企业	
24	（二十）中关村国家自主创新示范区从事文化产业支撑技术等领域的高新技术企业	
25	（二十一）享受过渡期税收优惠企业	
26	（二十二）横琴新区、平潭综合实验区和前海深港现代化服务业合作区企业	
27	（二十三）其他	
28	五、减：项目所得额按法定税率减半征收企业所得税叠加享受减免税优惠	
29	合计（1＋2＋3＋4－28）	—

本表适用于享受减免所得税优惠的纳税人填报。纳税人根据税法及相关税收政策规定，填报本年发生的减免所得税优惠情况。

10.1.1　有关项目填报说明

1. 第 1 行"一、符合条件的小型微利企业"：填报纳税人根据《财政部、国家税务总局关于执行企业所得税优惠政策若干问题的通知》（财税〔2009〕69 号）、《财政部、国家税务总局关于小型微利企业所得税优惠政策有关问题的通知》（财税〔2014〕34 号）、《国家税务总局关于扩大小型微利企业减半征收企业所得税范围有关问题的公告》（国家税务总局公告 2014 年第 23 号）等相关税收政策规定的，从事国家非限制和禁止行业的企业，并符合工业企业，年度应纳税所得额不超过 30 万元，从业人数不超过 100 人，资产总额不超过 3000 万元；其他企业，年度应纳税所得额不超过 30 万元，从业人数不超过 80 人，资产总额不超过 1000 万元条件的，减按 20％的税率征收企业所得税。本行填报根据《中华人民共和国企业所得税年度纳税申报表（A 类）》（A100000）第 23 行应纳税所得额计算的减征 5％企业所得税金额。其中对年应纳税所得额低于 10 万元（含 10 万元）的小型微利企业，其所得减按 50％计入应纳税所得额，按 20％的税率缴纳企业所得税，其减按 50％部分换算税款填入本行。

2. 第 2 行"二、国家需要重点扶持的高新技术企业"：填报《高新技术企业优惠情况及明细表》（A107041）第 29 行的金额。

3. 第 3 行"三、减免地方分享所得税的民族自治地方企业"：填报纳税人经民族自治地方所在省、自治区、直辖市人民政府批准，减征或者免征民族自治地方的企业缴纳的企业所得税中属于地方分享的企业所得税金额。

4. 第4行"四、其他专项优惠"：填报第5＋6＋⋯27行的金额。

5. 第5行"（一）经济特区和上海浦东新区新设立的高新技术企业"：填报纳税人根据《国务院关于经济特区和上海浦东新区新设立高新技术企业实行过渡性税收优惠的通知》（国发〔2007〕40号）、《财政部、国家税务总局关于贯彻落实国务院关于实施企业所得税过渡优惠政策有关问题的通知》（财税〔2008〕21号）、《国家税务总局关于实施高新技术企业所得税优惠有关问题的通知》（国税函〔2009〕203号）等相关税收政策规定的，经济特区和上海浦东新区内，在2008年1月1日（含）之后完成登记注册的国家需要重点扶持的高新技术企业，在经济特区和上海浦东新区内取得的所得，自取得第一笔生产经营收入所属纳税年度起，第一年至第二年免征企业所得税，第三年至第五年按照25％的法定税率减半征收企业所得税。本行填报根据表A100000第23行应纳税所得额计算的免征、减征企业所得税金额。

6. 第6行"（二）经营性文化事业单位转制企业"：填报纳税人根据《财政部、国家税务总局关于文化体制改革中经营性文化事业单位转制为企业的若干税收优惠政策的通知》（财税〔2009〕34号）、《财政部、国家税务总局 中宣部关于转制文化企业名单及认定问题的通知》（财税〔2009〕105号）等相关税收政策规定的，从事新闻出版、广播影视和文化艺术的经营性文化事业单位转制为企业，转制注册之日起免征企业所得税。本行填报根据表A100000第23行应纳税所得额计算的免征企业所得税金额（财税〔2009〕34号、财税〔2009〕105号政策执行期限至2013年12月31日，若无延期停止执行）。

7. 第7行"（三）动漫企业"：填报纳税人根据《文化部、财政部、国家税务总局关于印发〈动漫企业认定管理办法（试行）〉的通知》（文市发〔2008〕51号）、《文化部、财政部、国家税务总局关于实施〈动漫企业认定管理办法（试行）〉有关问题的通知》（文产发〔2009〕18号）、《财政部、国家税务总局关于扶持动漫产业发展有关税收政策问题的通知》（财税〔2009〕65号）等相关税收政策规定的，经认定的动漫企业自主开发、生产动漫产品，可申请享受国家现行鼓励软件产业发展的所得税优惠政策。即在2017年12月31日前自获利年度起，第一年至第二年免征企业所得税，第三年至第五年按照25％的法定税率减半征收企业所得税，并享受至期满为止。本行填报根据表A100000第23行应纳税所得额计算的免征、减征企业所得税金额。

8. 第 8 行"（四）受灾地区损失严重的企业"：填报纳税人根据《财政部、海关总署、国家税务总局关于支持芦山地震灾后恢复重建有关税收政策问题的通知》（财税〔2013〕58 号）第一条第一款等相关税收政策规定的，对芦山受灾地区损失严重的企业，免征企业所得税。本行填报根据表 A100000 第 23 行应纳税所得额计算的免征企业所得税金额。

9. 第 9 行"（五）受灾地区农村信用社"：填报纳税人根据《财政部、国家税务总局关于汶川地震灾区农村信用社企业所得税有关问题的通知》（财税〔2010〕3 号）、《财政部、海关总署、国家税务总局关于支持玉树地震灾后恢复重建有关税收政策问题的通知》（财税〔2010〕59 号）第一条第三款、《财政部、海关总署、国家税务总局关于支持舟曲灾后恢复重建有关税收政策问题的通知》（财税〔2010〕107 号）第一条第三款、《财政部、海关总署、国家税务总局关于支持芦山地震灾后恢复重建有关税收政策问题的通知》（财税〔2013〕58 号）第一条第三款等相关税收政策规定的，对汶川地震灾区、玉树受灾地区、舟曲灾区、芦山受灾地区农村信用社免征企业所得税。本行填报根据表 A100000 第 23 行应纳税所得额计算的免征企业所得税金额。

10. 第 10 行"（六）受灾地区的促进就业企业"：填报纳税人根据《财政部、海关总署、国家税务总局关于支持芦山地震灾后恢复重建有关税收政策问题的通知》（财税〔2013〕58 号）第五条第一款等相关税收政策规定的，芦山受灾地区的商贸企业、服务型企业（除广告业、房屋中介、典当、桑拿、按摩、氧吧外）、劳动就业服务企业中的加工型企业和街道社区具有加工性质的小型企业实体在新增加的就业岗位中，招用当地因地震灾害失去工作的人员，与其签订 1 年以上期限劳动合同并依法缴纳社会保险费的，经县级人力资源和社会保障部门认定，按实际招用人数和实际工作时间予以定额依次扣减增值税、营业税、城市维护建设税、教育费附加和企业所得税。定额标准为每人每年 4000 元，可上下浮动 20％，由四川省人民政府根据当地实际情况具体确定。按上述标准计算的税收抵扣额应在企业当年实际应缴纳的增值税、营业税、城市维护建设税、教育费附加和企业所得税税额中扣减，当年扣减不足的，不得结转下年使用。本行填报根据表 A100000 第 23 行应纳税所得额计算的减征企业所得税金额。

11. 第 11 行"（七）技术先进型服务企业"：填报纳税人根据《财政部、国家税务总局、商务部、科技部、国家发展改革委关于技术先进型服务企业有关企业所得税政策问题的通知》（财税〔2010〕65 号）等相关税收政策规定的，对经认定的技术先进型服务企业，减按 15％的税率征收企业所得税。

本行填报根据表 A100000 第 23 行应纳税所得额计算的减征 10％企业所得税金额。（财税〔2010〕65 号政策执行期限至 2013 年 12 月 31 日，若无延期停止执行。）

12. 第 12 行"（八）新疆困难地区新办企业"：填报纳税人根据《财政部、国家税务总局关于新疆困难地区新办企业所得税优惠政策的通知》（财税〔2011〕53 号）、《财政部、国家税务总局、国家发展改革委、工业和信息化部关于公布新疆困难地区重点鼓励发展产业企业所得税优惠目录（试行）的通知》（财税〔2011〕60 号）等相关税收政策规定的，对在新疆困难地区新办的属于《新疆困难地区重点鼓励发展产业企业所得税优惠目录》范围内的企业，自取得第一笔生产经营收入所属纳税年度起，第一年至第二年免征企业所得税，第三年至第五年减半征收企业所得税。本行填报根据表 A100000 第 23 行应纳税所得额计算的免征、减征企业所得税金额。

13. 第 13 行"（九）新疆喀什、霍尔果斯特殊经济开发区新办企业"：填报纳税人根据《财政部、国家税务总局、国家发展改革委、工业和信息化部关于公布新疆困难地区重点鼓励发展产业企业所得税优惠目录（试行）的通知》（财税〔2011〕60 号）、《财政部、国家税务总局关于新疆喀什、霍尔果斯两个特殊经济开发区企业所得税优惠政策的通知》（财税〔2011〕112 号）等相关税收政策规定的，对在新疆喀什、霍尔果斯两个特殊经济开发区内新办的属于《新疆困难地区重点鼓励发展产业企业所得税优惠目录》范围内的企业，自取得第一笔生产经营收入所属纳税年度起，五年内免征企业所得税。本行填报根据表 A100000 第 23 行应纳税所得额计算的免征企业所得税金额。

14. 第 14 行"（十）支持和促进重点群体创业就业企业"：填报纳税人根据《财政部、国家税务总局关于支持和促进就业有关税收政策的通知》（财税〔2010〕84 号）、《财政部、国家税务总局、人力资源社会保障部关于继续实施支持和促进重点群体就业有关税收政策的通知》（财税〔2014〕39 号）、《财政部、国家税务总局、民政部关于调整完善扶持自主就业退役士兵创业就业有关税收政策的通知》（财税〔2014〕42 号）等相关税收政策规定的，可在当年扣减的企业所得税税额。本行填报政策规定减征企业所得税金额。

15. 第 15 行"（十一）集成电路线宽小于 0.8 微米（含）的集成电路生产企业"：填报纳税人根据《财政部、国家税务总局关于企业所得税若干优惠政策的通知》（财税〔2008〕1 号）、《财政部、国家税务总局关于进一步鼓励软件产业和集成电路产业发展企业所得税政策的通知》（财税〔2012〕27

号）、《国家税务总局关于软件和集成电路企业认定管理有关问题的公告》（国家税务总局公告 2012 年第 19 号）、《国家税务总局关于执行软件企业所得税优惠政策有关问题的公告》（国家税务总局公告 2013 年第 43 号）等相关税收政策规定的，集成电路线宽小于 0.8 微米（含）的集成电路生产企业，经认定后，在 2017 年 12 月 31 日前自获利年度起计算优惠期，第一年至第二年免征企业所得税，第三年至第五年按照 25％的法定税率减半征收企业所得税，并享受至期满为止。本行填报根据表 A100000 第 23 行应纳税所得额计算的免征、减征企业所得税金额。

16．第 16 行“（十二）集成电路线宽小于 0.25 微米的集成电路生产企业”：填报纳税人根据《财政部、国家税务总局关于企业所得税若干优惠政策的通知》（财税〔2008〕1 号）、《财政部、国家税务总局关于进一步鼓励软件产业和集成电路产业发展企业所得税政策的通知》（财税〔2012〕27 号）、《国家税务总局关于软件和集成电路企业认定管理有关问题的公告》（国家税务总局公告 2012 年第 19 号）、《国家税务总局关于执行软件企业所得税优惠政策有关问题的公告》（国家税务总局公告 2013 年第 43 号）等相关税收政策规定的，集成电路线宽小于 0.25 微米的集成电路生产企业，经认定后，减按 15％的税率征收企业所得税，其中经营期在 15 年以上的，在 2017 年 12 月 31 日前自获利年度起计算优惠期，第一年至第五年免征企业所得税，第六年至第十年按照 25％的法定税率减半征收企业所得税，并享受至期满为止。本行填报根据表 A100000 第 23 行应纳税所得额计算的免征、减征企业所得税部分。

17．第 17 行“（十三）投资额超过 80 亿元人民币的集成电路生产企业”：填报纳税人根据《财政部、国家税务总局关于企业所得税若干优惠政策的通知》（财税〔2008〕1 号）、《财政部、国家税务总局关于进一步鼓励软件产业和集成电路产业发展企业所得税政策的通知》（财税〔2012〕27 号）、《国家税务总局关于软件和集成电路企业认定管理有关问题的公告》（国家税务总局公告 2012 年第 19 号）、《国家税务总局关于执行软件企业所得税优惠政策有关问题的公告》（国家税务总局公告 2013 年第 43 号）等相关税收政策规定的，投资额超过 80 亿元的集成电路生产企业，经认定后，减按 15％的税率征收企业所得税，其中经营期在 15 年以上的，在 2017 年 12 月 31 日前自获利年度起计算优惠期，第一年至第五年免征企业所得税，第六年至第十年按照 25％的法定税率减半征收企业所得税，并享受至期满为止。本行填报根据表 A100000 第 23 行应纳税所得额计算的免征、减征企业所得税金额。

18. 第18行"（十四）新办集成电路设计企业"：填报《软件、集成电路企业优惠情况及明细表》（A107042）第41行的金额。

19. 第19行"（十五）国家规划布局内重点集成电路设计企业"：填报纳税人根据《财政部、国家税务总局关于进一步鼓励软件产业和集成电路产业发展企业所得税政策的通知》（财税〔2012〕27号）、《国家税务总局关于软件和集成电路企业认定管理有关问题的公告》（国家税务总局公告2012年第19号）、《国家发改委、工业和信息化部、财政部、商务部、国家税务总局关于印发〈国家规划布局内重点软件企业和集成电路设计企业认定管理试行办法〉的通知》（发改高技〔2012〕2413号）、《国家税务总局关于执行软件企业所得税优惠政策有关问题的公告》（国家税务总局公告2013年第43号）、《工业和信息化部、国家发展和改革委员会、财政部、国家税务总局关于印发〈软件企业认定管理办法〉的通知》（工信部联软〔2013〕64号）、《工业和信息化部、国家发展和改革委员会、财政部、国家税务总局关于印发〈集成电路设计企业认定管理办法〉的通知》（工信部联电子〔2013〕487号）等相关税收政策规定的，国家规划布局内的重点集成电路设计企业，如当年未享受免税优惠的，可减按10%的税率征收企业所得税。本行填报根据表A100000第23行应纳税所得额计算的减征15%企业所得税金额。

20. 第20行"（十六）符合条件的软件企业"：填报《软件、集成电路企业优惠情况及明细表》（A107042）第41行的金额。

21. 第21行"（十七）国家规划布局内重点软件企业"：填报纳税人根据《财政部、国家税务总局关于进一步鼓励软件产业和集成电路产业发展企业所得税政策的通知》（财税〔2012〕27号）、《国家税务总局关于软件和集成电路企业认定管理有关问题的公告》（国家税务总局公告2012年第19号）、《国家发改委、工业和信息化部、财政部、商务部、国家税务总局关于印发〈国家规划布局内重点软件企业和集成电路设计企业认定管理试行办法〉的通知》（发改高技〔2012〕2413号）、《国家税务总局关于执行软件企业所得税优惠政策有关问题的公告》（国家税务总局公告2013年第43号）、《工业和信息化部、国家发展和改革委员会、财政部、国家税务总局关于印发〈软件企业认定管理办法〉的通知》（工信部联软〔2013〕64号）、《工业和信息化部、国家发展和改革委员会、财政部、国家税务总局关于印发〈集成电路设计企业认定管理办法〉的通知》（工信部联电子〔2013〕487号）等相关税收政策规定的，国家规划布局内的重点软件企业，如当年未享受免税优惠的，可减按10%的税率征收企业所得税。本行填报根据表A100000第

23 行应纳税所得额计算的减征 15％企业所得税金额。

22. 第 22 行"（十八）设在西部地区的鼓励类产业企业"：填报纳税人根据《财政部、海关总署、国家税务总局关于深入实施西部大开发战略有关税收政策问题的通知》（财税〔2011〕58 号）、《国家税务总局关于深入实施西部大开发战略有关企业所得税问题的公告》（国家税务总局公告 2012 第 12 号）、《财政部、海关总署、国家税务总局关于赣州市执行西部大开发税收政策问题的通知》（财税〔2013〕4 号）等相关税收政策规定的，对设在西部地区的鼓励类产业企业减按 15％的税率征收企业所得税；对设在赣州市的鼓励类产业的内资企业和外商投资企业减按 15％的税率征收企业所得税。本行填报根据表 A100000 第 23 行应纳税所得额计算的减征 10％企业所得税金额。

23. 第 23 行"（十九）符合条件的生产和装配伤残人员专门用品企业"：填报纳税人根据《财政部、国家税务总局、民政部关于生产和装配伤残人员专门用品企业免征企业所得税的通知》（财税〔2011〕81 号）等相关税收政策规定的，符合条件的生产和装配伤残人员专门用品的企业免征企业所得税。本行填报根据表 A100000 第 23 行应纳税所得额计算的免征企业所得税金额。

24. 第 24 行"（二十）中关村国家自主创新示范区从事文化产业支撑技术等领域的高新技术企业"：填报纳税人根据《科技部、财政部、国家税务总局关于印发〈高新技术企业认定管理办法〉的通知》（国科发火〔2008〕172 号）、《科学技术部、财政部、国家税务总局关于印发〈高新技术企业认定管理工作指引〉的通知》（国科发火〔2008〕362 号）、《财政部、海关总署、国家税务总局关于支持文化企业发展若干税收政策问题的通知》（财税〔2009〕31 号）、《科技部、财政部、税务总局关于在中关村国家自主创新示范区开展高新技术企业认定中文化产业支撑技术等领域范围试点的通知》（国科发高〔2013〕595 号）、《科技部、财政部、国家税务总局关于在中关村国家自主创新示范区完善高新技术企业认定中文化产业支撑技术等领域范围的通知》（国科发火〔2014〕20 号）等相关税收政策规定的，中关村国家自主创新示范区从事文化产业支撑技术等领域的企业，按规定认定为高新技术企业的，减按 15％税率征收企业所得税。本行填报根据表 A100000 第 23 行应纳税所得额计算的减征 10％企业所得税金额。

25. 第 25 行"（二十一）享受过渡期税收优惠企业"：填报纳税人符合国务院规定以及经国务院批准给予过渡期税收优惠政策。本行填报根据表

A100000 第 23 行应纳税所得额计算的免征、减征企业所得税金额。

26. 第 26 行"（二十二）横琴新区、平潭综合实验区和前海深港现代化服务业合作区企业"：填报纳税人根据《财政部、国家税务总局关于广东横琴新区、福建平潭综合实验区、深圳前海深港现代化服务业合作区企业所得税优惠政策及优惠目录的通知》（财税〔2014〕26 号）等相关税收政策规定的，设在横琴新区、平潭综合实验区和前海深港现代化服务业合作区的鼓励类产业企业减按 15％的税率征收企业所得税。本行填报根据表 A100000 第 23 行应纳税所得额计算的减征 10％企业所得税金额。

27. 第 27 行"（二十三）其他"：填报国务院根据税法授权制定的其他税收优惠政策。

28. 第 28 行"五、减：项目所得额按法定税率减半征收企业所得税叠加享受减免税优惠"：填报纳税人从事农林牧渔业项目、国家重点扶持的公共基础设施项目、符合条件的环境保护、节能节水项目、符合条件的技术转让、其他专项优惠等所得额应按法定税率 25％减半征收，且同时为符合条件的小型微利企业、国家需要重点扶持的高新技术企业、技术先进型服务企业、集成电路线宽小于 0.25 微米或投资额超过 80 亿元人民币的集成电路生产企业、国家规划布局内重点软件企业和集成电路设计企业、设在西部地区的鼓励类产业企业、中关村国家自主创新示范区从事文化产业支撑技术等领域的高新技术企业等可享受税率优惠的企业，由于申报表填报顺序，按优惠税率 15％减半叠加享受减免税优惠部分，应在本行对该部分金额进行调整。

29. 第 29 行"合计"：金额等于第 1＋2＋3＋4－28 行。

10.1.2 表内、表间关系

1. 表内关系。

(1) 第 4 行＝第 5＋6＋…27 行。

(2) 第 29 行＝第 1＋2＋3＋4－28 行。

2. 表间关系。

(1) 第 2 行＝表 A107041 第 29 行。

(2) 第 18 行＝表 A107042 第 41 行。

(3) 第 20 行＝表 A107042 第 41 行。

(4) 第 29 行＝表 A100000 第 26 行。

10.2　符合条件的小型微利企业

这个政策还是非常受欢迎的，总理明确要求严格落实到位，所以原来设置的审核备案之类的统统被"收权"了，而且要作为一项政治工作来做，真的值得称赞，也别让我们的税务同志总是操心太多。

10.2.1　什么是小型微利企业

小型微利企业指从事国家非限制和禁止行业，并符合下列条件的企业：

（1）工业企业，年度应纳税所得额不超过 30 万元，从业人数不超过 100 人，资产总额不超过 3 000 万元；

（2）其他企业，年度应纳税所得额不超过 30 万元，从业人数不超过 80 人，资产总额不超过 1 000 万元。

在基本信息中，我们已提及，这个从业人数不仅仅是从业人数，是指与企业建立劳动关系的职工人数和企业接受的劳务派遣用工人数之和；从业人数指标按企业全年月平均值确定，具体计算公式如下：

月平均值＝（月初值＋月末值）÷2

全年月平均值＝全年各月平均值之和÷12

年度中间开业或者终止经营活动的，以其实际经营期作为一个纳税年度确定上述相关指标。

注意，这里的小型微利企业与流转税现在对小微企业的免税优惠，其界定标准是不一样的，对于增值税小规模纳税人和营业税纳税人来说，只看销售额，只要月销售额或营业额不超过 3 万元即可免征（季度销售额合计不超过 9 万元）。由于增值税有不含税销售额核算的要求，而营业税的收入是含税的，所以从这方面讲，营改增是个好事，因为享受的概念增加了。

10.2.2　如何享受税收优惠政策

《企业所得税法》规定，符合条件的小型微利企业减按 20% 的税率征收企业所得税。

财税〔2014〕34号[1]文件规定，自2014年1月1日至2016年12月31日，对年应纳税所得额低于10万元（含10万元）的小型微利企业，其所得减按50%计入应纳税所得额，按20%的税率缴纳企业所得税。

国家税务总局2014年第23号公告[2]进一步明确为：符合规定条件的小型微利企业（包括采取查账征收和核定征收方式的企业），均可按照规定享受小型微利企业所得税优惠政策。小型微利企业所得税优惠政策，包括企业所得税减按20%征收（以下简称减低税率政策），以及财税〔2014〕34号文件规定的优惠政策（以下简称减半征税政策）。符合规定条件的小型微利企业，在预缴和年度汇算清缴企业所得税时，可以按照规定自行享受小型微利企业所得税优惠政策，无需税务机关审核批准，但在报送年度企业所得税纳税申报表时，应同时将企业从业人员、资产总额情况报税务机关备案。

因此，在填写减免税表时，需要将上面的减低税率5%的优惠与年应纳税所得额不高于10万元享受的减半征税优惠合计在一起填写。

例如，某工业企业平均计算后的从业人数是99人，资产总额2 900万元，应纳税所得额为25万元，则可以享受20%的税率优惠。由此25×5%=1.25（万元），则填表结果如下（见表10-2）：

表10-2

行次	项　目	金　额
1	一、符合条件的小型微利企业	12 500.00

承上例，如果应纳税所得额为8万元，则除20%税率计算外，其所得还要按50%折算。于是所得税为：8×50%×20%=8×10%=0.8（万元），相当于降低税率15%，即这里要填写8×15%=1.2（万元）。（见表10-3）

表10-3

行次	项　目	金　额
1	一、符合条件的小型微利企业	12 000.00

---

[1] 财税〔2014〕34号，即《财政部、国家税务总局关于小型微利企业所得税优惠政策有关问题的通知》。

[2] 国家税务总局公告2014年第23号，即《国家税务总局关于扩大小型微利企业减半征收企业所得税范围有关问题的公告》。

10.2.3　享受流转税优惠的小微企业的会计处理

由于所得税的处理以会计处理为基础，因此我们将流转税优惠政策的会计处理规定列示如下，进行提示。

财会〔2013〕24 号[1]文件规定，小微企业在取得销售收入时，应当按照税法的规定计算应交增值税，并确认为应交税费，在达到《通知》规定的免征增值税条件时，将有关应交增值税转入当期营业外收入。小微企业满足《通知》规定的免征营业税条件的，所免征的营业税不作相关会计处理。

[例 10-1]　某增值税小规模纳税人，当月收入 20 000 元，折为不含税收入为：20 000/1.03＝19 417.48（元），增值税税额为 582.52 元，这里要不要计提附加税费呢，如果从免增值税的角度看，附加税费根本没有必要计提，因为它是根据实际缴纳的增值税计算的，所以计提了也没有意义。当然可能当月或当季开始时不确定是否满足条件，所以也有可能计提了，但期末如果满足了相关条件，需要冲减回来，而不是一并转入营业外收入处理。但增值税不需要缴纳，于是要求作营业外收入。会计处理如下：

借：银行存款　　　　　　　　　　　　　　　20 000
　贷：主营业务收入　　　　　　　　　　　19 417.48
　　　应交税费——应交增值税　　　　　　　582.52
免征时：
借：应交税费——应交增值税　　　　　　　　582.52
　贷：营业外收入　　　　　　　　　　　　　582.52

在所得税上，做不做上面的分录，一点也不影响当期的所得税计算，只不过是从科目发生额上看国家给了多少优惠比较明显了。所以这个营业外收入对企业来讲，是更好地将收入与增值税应税收入进行了配比，因此建议还是做一下为好。

10.2.4　小型微利企业的空间

虽然我们的读者较多来自大中型企业，但是小企业面临着更多的税负、生存环境与金融成本的压力，因此对于小企业，利用好税收政策也是一种挣钱的方式。

---

[1]　财会〔2013〕24 号，即《财政部印发〈关于小微企业免征增值税和营业税的会计处理规定〉的通知》。

相信大家对于指标已有所了解，但是对于达到这些指标的条件，却是根据企业实际发生的结果来判断的，这些行为却并不是税务机关强迫或者法规规定必须如何做。因此企业要做的就是适应这些数据的限制性标准，比如有时业务人员为了一单业务得到奖励，非要年末做下来，开具发票，结果企业当年的应纳税所得额刚好 30.001 万元，多挣的这点钱比做这个业务还有利益就真说不定了。

因此，也有较多的从事增值税应税服务的小规模纳税人，为了享受 3%简易征收率，不达到一般纳税人的标准，拆分为分公司等形式，这也是一种经营的"策略"。当然未来都纳入营改增后，因专用发票的需求，估计会有更多的需求压力要求这些单位成为一般纳税人，满足其需要专用发票的要求。

10.3 高新技术企业税收优惠

这一优惠可是所谓成功企业的主流优惠享受模式，税率为 15%，直接从25%降了 10%，何乐而不为呢。这种涉税需求是很强的，而且高新技术企业认定是多部门共同管理，却又存在不管地带，并且存在功利性的需求，因此一方面大批量地认定，一方面高喊着打击虚假高新的检查，由此也带来高新认定服务领域的很多潜规则与中介式的服务包装。

2014 年版的纳税申报表对此特别增加了一张独立的表格，即《高新技术企业优惠情况及明细表》（A107041），这张表是从税收口径来界定企业当年度能否享受高新技术企业税收优惠，我们了解，高新技术企业认定一般是一认三年，但即使是高新技术企业，也并不一定享受高新技术企业税收优惠。

10.3.1 对《高新技术企业优惠情况及明细表》（A107041）的解读

10.3.1.1 关于基本信息的解读

关于高新技术企业证书取得时间，如某市在 2014 年 12 月份公示高新技术企业初步认定的企业名单，但是等企业拿到证书，已经是 2015 年了，不过好在证书日期仍写着 2014 年 12 月份中的日期，这种情况下 2014 年度能否享受高新技术企业税收优惠呢？表 A107041 的表样如表 10-14 所示。

表 10-4

A107041　　　　　　　　　　　　**高新技术企业优惠情况及明细表**

行次	基本信息			
1	高新技术企业证书编号		高新技术企业证书取得时间	
2	产品（服务）属于《国家重点支持的高新技术领域》规定的范围（填写具体范围名称）		是否发生重大安全、质量事故	是□　否□
3	是否有环境等违法、违规行为，受到有关部门处罚的	是□　否□	是否发生偷骗税行为	是□　否□
4	关键指标情况			
5	收入指标	一、本年高新技术产品（服务）收入（6＋7）		
6		其中：产品（服务）收入		
7		技术性收入		
8		二、本年企业总收入		
9		三、本年高新技术产品（服务）收入占企业总收入的比例（5÷8）	60%以上比例标准	
10	人员指标	四、本年具有大学专科以上学历的科技人员数		
11		五、本年研发人员数		
12		六、本年职工总数		
13		七、本年具有大学专科以上学历的科技人员占企业当年职工总数的比例（10÷12）	30%以上比例标准	
14		八、本年研发人员占企业当年职工总数的比例（11÷12）	10%以上比例标准	
15	研究开发费用指标	九、本年归集的高新研发费用金额（16＋25）		
16		（一）内部研究开发投入（17＋18＋19＋20＋21＋22＋24）		
17		1. 人员人工		
18		2. 直接投入		
19		3. 折旧费用与长期费用摊销		
20		4. 设计费用		
21		5. 装备调试费		
22		6. 无形资产摊销		
23		7. 其他费用		
24		其中：可计入研发费用的其他费用		
25		（二）委托外部研究开发费用（26＋27）		
26		1. 境内的外部研发费		
27		2. 境外的外部研发费		
28		十、本年研发费占销售（营业）收入比例	视年度收入额而定	
29	减免税金额			

国税函〔2009〕203号[1]文件规定，认定（复审）合格的高新技术企业，自认定（复审）批准的有效期当年开始，可申请享受企业所得税优惠。企业取得省、自治区、直辖市、计划单列市高新技术企业认定管理机构颁发的高新技术企业证书后，可持"高新技术企业证书"及其复印件和有关资料，向主管税务机关申请办理减免税手续。手续办理完毕后，高新技术企业可按15％的税率进行所得税预缴申报或享受过渡性税收优惠。

所以即使证件日期是12月31日，也是可以从当年度开始享受高新技术企业税收优惠的。

已认定的高新技术企业有下列情况之一的，应取消其资格：（1）在申请认定过程中提供虚假信息的；（2）有偷、骗税等行为的；（3）发生重大安全、质量事故的；（4）有环境等违法、违规行为，受到有关部门处罚的。被取消高新技术企业资格的企业，认定机构在5年内不再受理该企业的认定申请。

因此如果资格取消了，就得从头补税，而且这种案例还屡有发生，如外商投资企业的高新资格，由于受境外公司的限制，一般不愿意将成熟的技术转由境内研究开发，而且管理费用高，并且有的外商投资企业可能做的商品贸易销售还比较多，因此这种高新资格明显存在让人质疑的地方。当然民营的企业由于存在资金的压力，谁愿意一刻不停地研发呢，在现有的政策标准认定下，持续的研发往往是都快研发成熟了，才享受的高新，之前的研发也享受不到优惠，研发成熟之后没有个三五年，谁又能够推倒重来很快再研发呢。这些事实决定了高新的水份可能并不乐观。

10.3.1.2 关键指标

依据高新技术企业的认定标准，要满足高新技术企业的前提包括如下条件：

（一）在中国境内（不含港、澳、台地区）注册的企业，近三年内通过自主研发、受让、受赠、并购等方式，或通过5年以上的独占许可方式，对其主要产品（服务）的核心技术拥有自主知识产权；

（二）产品（服务）属于《国家重点支持的高新技术领域》规定的范围；

---

[1] 国税函〔2009〕203号，即《国家税务总局关于实施高新技术企业所得税优惠有关问题的通知》。

（三）具有大学专科以上学历的科技人员占企业当年职工总数的 30％以上，其中研发人员占企业当年职工总数的 10％以上；

（四）企业为获得科学技术（不包括人文、社会科学）新知识，创造性运用科学技术新知识，或实质性改进技术、产品（服务）而持续进行了研究开发活动，且近三个会计年度的研究开发费用总额占销售收入总额的比例符合如下要求：

1. 最近一年销售收入小于 5 000 万元的企业，比例不低于 6％；

2. 最近一年销售收入在 5 000 万元至 20 000 万元的企业，比例不低于 4％；

3. 最近一年销售收入在 20 000 万元以上的企业，比例不低于 3％。

其中，企业在中国境内发生的研究开发费用总额占全部研究开发费用总额的比例不低于 60％。企业注册成立时间不足三年的，按实际经营年限计算；

（五）高新技术产品（服务）收入占企业当年总收入的 60％ 以上；

（六）企业研究开发组织管理水平、科技成果转化能力、自主知识产权数量、销售与总资产成长性等指标符合《高新技术企业认定管理工作指引》（另行制定）的要求。

可是，我们不得不面对如下的结果：

一是高新技术企业认定的收入、支出是基于会计核算基础进行的，但恰恰这一点 2014 年版的说明中对收入进行了如下的规定：

本年企业总收入：填报纳税人本年以货币形式和非货币形式从各种来源取得的收入，为税法第六条规定的收入总额。包括：销售货物收入，提供劳务收入，转让财产收入，股息、红利等权益性投资收益，利息收入，租金收入，特许权使用费收入，接受捐赠收入，其他收入。

也就是说，税法上要以所得税的收入总额来确定收入基数，这可是一个原则性的改变，而不是税会差异的调整。如企业销售商品分期收款，会计一次性确认了 500 万元，会计上分期确认收入，当年税法上确认如 100 万元，分母变小了，要调整，还有如股息红利，权益核算的分红，冲减的是投资成本，税法上认为应确认所得税收入，股权（票）转让收益要分为收入与成本，这些是税会差异的调整。

更可怕的是视同销售收入，这个虽然上面的规定没有提出来，但也是所得税上的收入，如果高新技术企业为了促销，经常赠送小礼物之类的，税法上作为视同销售收入，企业本来想是发生的费用，税法上作为收入、成本调整归位，可能一下子就影响了企业高新技术的资格。我们理解，视同销售收入不是简单的调整收入，是收入、成本对应调整，说白了就是调整视同销售的利润，但是分解为收入、成本，这就影响了企业的高新基数，如何是好呢？

如此，高新技术企业资格认定的标准就否定了会计基础而采用税法基准，那还认定那么多会计师事务所出审核报告，都没有到税收优惠，如何能保障认定的企业就能享受优惠呢？这才是企业最想要的，并不是只要一个牌子。同样，对于费用的归集，如果次年 5 月 31 日没有取得发票，工资薪金没有及时发出去，都不认可此类归集的研究开发费用，这又是一种错位的处理。我们在此并非认为不对，而是两者确实需要协调，从而保障高新技术企业的税收利益。否则企业按会计口径不达标，按税收口径达标，还能向科委申请高新证书吗？

二是研究开发费用的归集，这也是一个非常重要的指标，我们要关注以下事项（见表 10-5）：

表 10-5

事项	描述	分析
人员人工	从事研究开发活动人员（也称研发人员）全年工资薪金，包括基本工资、奖金、津贴、补贴、年终加薪、加班工资以及与其任职或者受雇有关的其他支出。	这里理解上是不包括劳务派遣人员的，因此需要关注口径的理解。
直接投入	企业为实施研究开发项目而购买的原材料等相关支出。如水和燃料（包括煤气和电）使用费等；用于中间试验和产品试制达不到固定资产标准的模具、样品、样机及一般测试手段购置费、试制产品的检验费等；用于研究开发活动的仪器设备的简单维护费；以经营租赁方式租入的固定资产发生的租赁费等。	
折旧费用与长期待摊费用	包括为执行研究开发活动而购置的仪器和设备以及研究开发项目在用建筑物的折旧费用，包括研发设施改建、改装、装修和修理过程中发生的长期待摊费用。	
设计费用	为新产品和新工艺的构思、开发和制造，进行工序、技术规范、操作特性方面的设计等发生的费用。	
装备调试费	主要包括工装准备过程中研究开发活动所发生的费用（如研制生产机器、模具和工具，改变生产和质量控制程序，或制定新方法及标准等）。为大规模批量化和商业化生产所进行的常规性工装准备和工业工程发生的费用不能计入。	

续表

事项	描述	分析
无形资产摊销	因研究开发活动需要购入的专有技术（包括专利、非专利发明、许可证、专有技术、设计和计算方法等）所发生的费用摊销。	
其他费用	为研究开发活动所发生的其他费用，如办公费、通讯费、专利申请维护费、高新科技研发保险费等。此项费用一般不得超过研究开发总费用的 10%，另有规定的除外。	
境内的外部研发费	填报纳税人委托境内的企业、大学、转制院所、研究机构、技术专业服务机构等进行的研究开发活动所支出的费用，按照委托外部研究开发费用发生额的 80% 计入研发费用总额。	企业在中国境内发生的研究开发费用总额占全部研究开发费用总额的比例不低于 60%。
境外的外部研发费	填报纳税人委托境外机构完成的研究开发活动所发生的费用，按照委托外部研究开发费用发生额的 80% 计入研发费用总额。	

上面的研究开发费用的归集就是为了计算本年研发费用占销售（营业）收入比例：填报纳税人本年研发费用占销售（营业）收入的比例。注意，我们的理解是，这个销售（营业）收入不是上面提到的"企业总收入"的口径，而是指企业会计上核算的收入。同样，这个当年度的研究开发费用比例有用吗？高新技术企业资格认定却是这样规定的：

近三个会计年度的研究开发费用总额占销售收入总额的比例符合如下要求：（1）最近一年销售收入小于 5 000 万元的企业，比例不低于 6%；（2）最近一年销售收入在 5 000 万元至 20 000 万元的企业，比例不低于 4%；（3）最近一年销售收入在 20 000 万元以上的企业，比例不低于 3%。企业注册成立时间不足三年的，按实际经营年限计算。

所以，我们来看，理论上这是以三年为基准来算的，因此本次申报表中使用的比例还有待于明确其判断标准效力。

10.3.1.3 高新技术企业资格认定中的研究开发费用与享受加计扣除的研究开发费用口径不同

无疑这带来了困惑，也有操作上的困难，但是研究开发费用加计扣除是正列举的事项，高新技术企业资格认定的研发加计却可以宽泛理解，这是两者的区别。因此就当两个事项来做即可。

10.3.1.4 高新技术企业优惠是法人整体的优惠

如果满足了高新技术企业的条件，则无论该企业是从事股票买卖的盈利，还是其他非高新领域事项的收益，都将按 15％计税，并没有说要将高新相关的收益分离出来，单独适用 15％的税率。不同的人可能产生理解上的差异，我们的纳税人可不能含糊其词。这个事项对于适用税率优惠的纳税人来讲，同样要借鉴考虑。同样，软件企业的"二免三减半"也是如此。

10.3.2 《高新技术企业优惠情况及明细表》（A107041）填报说明

本表适用于享受高新技术企业优惠的纳税人填报。纳税人根据税法、《科技部、财政部、国家税务总局关于印发〈高新技术企业认定管理办法〉的通知》（国科发火〔2008〕172 号）、《科学技术部、财政部、国家税务总局关于印发〈高新技术企业认定管理工作指引〉的通知》（国科发火〔2008〕362 号）、《国家税务总局关于实施高新技术企业所得税优惠有关问题的通知》（国税函〔2009〕203 号）等相关税收政策规定，填报本年发生的高新技术企业优惠情况。

10.3.2.1 有关项目填报说明

1. 第 1 行"高新技术企业证书编号"：填报纳税人高新技术企业证书上的编号；"高新技术企业证书取得时间"：填报纳税人高新技术企业证书上的取得时间。

2. 第 2 行"产品（服务）属于《国家重点支持的高新技术领域》规定的范围"：填报纳税人产品（服务）属于《国家重点支持的高新技术领域》中的具体范围名称，填报至三级明细；"是否发生重大安全、质量事故"：纳税人按实际情况选择"是"或者"否"。

3. 第 3 行"是否有环境等违法、违规行为，受到有关部门处罚的"、"是否发生偷骗税行为"：纳税人按实际情况选择"是"或者"否"。

4. 第 5 行"一、本年高新技术产品（服务）收入"：填报第 6＋7 行的金额。

5. 第 6 行"其中：产品（服务）收入"：填报纳税人本年符合《国家重点支持的高新技术领域》要求的产品（服务）收入。

6. 第 7 行"技术性收入"：填报纳税人本年符合《国家重点支持的高新技术领域》要求的技术性收入的总和。

7. 第 8 行"二、本年企业总收入"：填报纳税人本年以货币形式和非货币形式从各种来源取得的收入，为税法第六条规定的收入总额。包括：销售货物收入，提供劳务收入，转让财产收入，股息、红利等权益性投资收益，利息收入，租金收入，特许权使用费收入，接受捐赠收入，其他收入。

8. 第 9 行"三、本年高新技术产品（服务）收入占企业总收入的比例"：填报第 5÷8 行的比例。

9. 第 10 行"四、本年具有大学专科以上学历的科技人员数"：填报纳税人具有大学专科以上学历的，且在企业从事研发活动和其他技术活动的，本年累计实际工作时间在 183 天以上的人员数。包括：直接科技人员及科技辅助人员。

10. 第 11 行"五、本年研发人员数"：填报纳税人本年研究人员、技术人员和辅助人员三类人员合计数，具体包括企业内主要从事研究开发项目的专业人员；具有工程技术、自然科学和生命科学中一个或一个以上领域的技术知识和经验，在研究人员指导下参与部分工作（包括关键资料的收集整理、编制计算机程序、进行实验、测试和分析、为实验、测试和分析准备材料和设备、记录测量数据、进行计算和编制图表、从事统计调查等）的人员；参与研究开发活动的熟练技工。

11. 第 12 行"六、本年职工总数"：填报纳税人本年职工总数。

12. 第 13 行"七、本年具有大学专科以上学历的科技人员占企业当年职工总数的比例"：填报第 10÷12 行的比例。

13. 第 14 行"八、本年研发人员占企业当年职工总数的比例"：填报第 11÷12 行的比例。

14. 第 15 行"九、本年归集的高新研发费用金额"：填报第 16＋25 行的金额。

15. 第 16 行"（一）内部研究开发投入"：填报第 17＋18＋19＋20＋21＋22＋24 行的金额。

16. 第 17 行"1. 人员人工"：填报纳税人从事研究开发活动人员（也称研发人员）全年工资薪金，包括基本工资、奖金、津贴、补贴、年终加薪、加班工资以及与其任职或者受雇有关的其他支出。

17. 第 18 行"2. 直接投入"：填报纳税人为实施研究开发项目而购买的原材料等相关支出。如：水和燃料（包括煤气和电）使用费等；用于中间试验和产品试制达不到固定资产标准的模具、样品、样机及一般测试手段购置费、试制产品的检验费等；用于研究开发活动的仪器设备的简单维护费；以经营租赁方式租入的固定资产发生的租赁费等。

18. 第19行"3. 折旧费用与长期待摊费用"：填报纳税人为执行研究开发活动而购置的仪器和设备以及研究开发项目在用建筑物的折旧费用，包括研发设施改建、改装、装修和修理过程中发生的长期待摊费用。

19. 第20行"4. 设计费用"：填报纳税人为新产品和新工艺的构思、开发和制造，进行工序、技术规范、操作特性方面的设计等发生的费用。

20. 第21行"5. 装备调试费"：填报纳税人工装准备过程中研究开发活动所发生的费用（如研制生产机器、模具和工具，改变生产和质量控制程序，或制定新方法及标准等）。需特别注意的是：为大规模批量化和商业化生产所进行的常规性工装准备和工业工程发生的费用不能计入。

21. 第22行"6. 无形资产摊销"：填报纳税人因研究开发活动需要购入的专有技术（包括专利、非专利发明、许可证、专有技术、设计和计算方法等）所发生的费用摊销。

22. 第23行"7. 其他费用"：填报纳税人为研究开发活动所发生的其他费用，如办公费、通讯费、专利申请维护费、高新科技研发保险费等。

23. 第24行"其中：可计入研发费用的其他费用"：填报纳税人为研究开发活动所发生的其他费用中不超过研究开发总费用的10％的金额。

24. 第25行"（二）委托外部研究开发费用"：填报第26＋27行的金额。

25. 第26行"1. 境内的外部研发费"：填报纳税人委托境内的企业、大学、转制院所、研究机构、技术专业服务机构等进行的研究开发活动所支出的费用，按照委托外部研究开发费用发生额的80％计入研发费用总额。其中，企业在中国境内发生的研究开发费用总额占全部研究开发费用总额的比例不低于60％。

26. 第27行"2. 境外的外部研发费"：填报纳税人委托境外机构完成的研究开发活动所发生的费用，按照委托外部研究开发费用发生额的80％计入研发费用总额。

27. 第28行"十、本年研发费用占销售（营业）收入比例"：填报纳税人本年研发费用占销售（营业）收入的比例。

28. 第29行"减免税金额"：填报按照表A100000第23行应纳税所得额计算的减征10％企业所得税金额。

10.3.2.2　表内、表间关系

1. 表内关系。

（1）第 5 行＝第 6＋7 行。

（2）第 9 行＝第 5÷8 行。

（3）第 13 行＝第 10÷12 行。

（4）第 14 行＝第 11÷12 行。

（5）第 15 行＝第 16＋25 行。

（6）第 16 行＝第 17＋18＋19＋20＋21＋22＋24 行。

（7）第 25 行＝第 26＋27 行。

2. 表间关系。

第 29 行＝表 A107040 第 2 行。

10.4　软件企业和集成电路设计企业

相较于高新技术企业的 15% 税率，软件企业获利之后的"二免三减半"更具有优惠力度，要知道，期间性的优惠更有调剂的空间。比如，如果企业可以享受固定资产加速折旧，但是本来就免税，所以还是不加速更好，这是税收的处理上，本着利益最大化考虑的结果。

10.4.1　表样及风险点分析

《软件、集成电路企业优惠情况及明细表》（A107042）表样如表 10-6 所示。

表 10-6

A107042　　　　　　　　软件、集成电路企业优惠情况及明细表

行次	基本信息			
1	企业成立日期		软件企业证书取得日期	
2	软件企业认定证书编号		软件产品登记证书编号	
3	计算机信息系统集成资质等级认定证书编号		集成电路生产企业认定文号	
4	集成电路设计企业认定证书编号			

续表

行次	基本信息		
5		关键指标情况（2011 年 1 月 1 日以后成立企业填报）	
6	人员指标	一、企业本年月平均职工总人数	
7		其中：签订劳动合同关系且具有大学专科以上学历的职工人数	
8		二、研究开发人员人数	
9		三、签订劳动合同关系且具有大学专科以上学历的职工人数占企业当年月平均职工总人数的比例（7÷6）	
10		四、研究开发人员占企业本年月平均职工总数的比例（8÷6）	
11	收入指标	五、企业收入总额	
12		六、集成电路制造销售（营业）收入	
13		七、集成电路制造销售（营业）收入占企业收入总额的比例（12÷11）	
14		八、集成电路设计销售（营业）收入	
15		其中：集成电路自主设计销售（营业）收入	
16		九、集成电路设计企业的集成电路设计销售（营业）收入占企业收入总额的比例（14÷11）	
17		十、集成电路自主设计销售（营业）收入占企业收入总额的比例（15÷11）	
18		十一、软件产品开发销售（营业）收入	
19		其中：嵌入式软件产品和信息系统集成产品开发销售（营业）收入	
20		十二、软件产品自主开发销售（营业）收入	
21		其中：嵌入式软件产品和信息系统集成产品自主开发销售（营业）收入	
22		十三、软件企业的软件产品开发销售（营业）收入占企业收入总额的比例（18÷11）	
23		十四、嵌入式软件产品和信息系统集成产品开发销售（营业）收入占企业收入总额的比例（19÷11）	
24		十五、软件产品自主开发销售（营业）收入占企业收入总额的比例（20÷11）	
25		十六、嵌入式软件产品和信息系统集成产品自主开发销售（营业）收入占企业收入总额的比例（21÷11）	
26	研究开发费用指标	十七、研究开发费用总额	
27		其中：企业在中国境内发生的研究开发费用金额	
28		十八、研究开发费用总额占企业销售（营业）收入总额的比例	
29		十九、企业在中国境内发生的研究开发费用金额占研究开发费用总额的比例（27÷26）	

续表

行次	基本信息		
30	关键指标情况（2011 年 1 月 1 日以前成立企业填报）		
31	人员指标	二十、企业职工总数	
32		二十一、从事软件产品开发和技术服务的技术人员	
33		二十二、从事软件产品开发和技术服务的技术人员占企业职工总数的比例（32÷31）	
34	收入指标	二十三、企业年总收入	
35		其中：企业年软件销售收入	
36		其中：自产软件销售收入	
37		二十四、软件销售收入占企业年总收入比例（35÷34）	
38		二十五、自产软件收入占软件销售收入比例（36÷35）	
39	研究开发经费指标	二十六、软件技术及产品的研究开发经费	
40		二十七、软件技术及产品的研究开发经费占企业年软件收入比例（39÷35）	
41	减免税金额		

10.4.1.1 软件企业的税收优惠

财税〔2012〕27 号[1]文件规定：我国境内新办的集成电路设计企业和符合条件的软件企业，经认定后，在 2017 年 12 月 31 日前自获利年度起计算优惠期，第一年至第二年免征企业所得税，第三年至第五年按照 25% 的法定税率减半征收企业所得税，并享受至期满为止。

国家税务总局 2013 年第 43 号公告[2]进一步明确：软件企业的获利年度，是指软件企业开始生产经营后，第一个应纳税所得额大于零的纳税年度，包括对企业所得税实行核定征收方式的纳税年度。软件企业享受定期减免税优惠的期限应当连续计算，不得因中间发生亏损或其他原因而间断。

因此软件企业成立后，从其应纳税所得额大于 0 的年度，就要开始计算"二免三减半"了，但减半是指 25% 税率的减半，即按 12.5% 计算其所得税。

---

[1] 财税〔2012〕27 号，即《财政部、国家税务总局关于进一步鼓励软件产业和集成电路产业发展企业所得税政策的通知》。

[2] 国家税务总局公告 2013 年第 43 号，即《国家税务总局关于执行软件企业所得税优惠政策有关问题的公告》。

通常的路径是上述优惠过期之后，企业可以继续以高新技术企业来享受15％的税收优惠，在过期之前，可能既可以适用软件企业优惠，也可以享受高新技术企业优惠，选择适用最优惠的政策。

10.4.1.2 为何要分 2011 年 1 月 1 日（含）之后及 2011 年 1 月 1 日（不含）之前

这主要是由适用的软件企业的认定条件不一样引起的，因此企业要看自己是何时成立的，再看要填写表中的哪一部分，注意不要按严格口径填串了。

2010 年 12 月 31 日以前依法在中国境内成立但尚未认定的软件企业，仍按照《财政部、国家税务总局关于企业所得税若干优惠政策的通知》（财税〔2008〕1 号）第一条的规定以及《软件企业认定标准及管理办法（试行）》（信部联产〔2000〕968 号[1]）的认定条件，办理相关手续，并继续享受到期满为止。优惠期间，也按照信部联产〔2000〕968 号文件的认定条件进行年审。

2011 年 1 月 1 日以后依法在中国境内成立的软件企业认定管理的衔接问题仍按照国家税务总局 2012 年第 19 号公告[2]的规定执行。

两者的主要标准的差异如表 10-7 所示。

---

[1]　2011 年 1 月 1 日前完成认定的软件企业，在享受企业所得税优惠政策期满前，仍按照《软件企业认定标准及管理办法（试行）》（信部联产〔2000〕968 号）的认定条件进行年审，优惠期满后按照本办法重新认定，但不得享受财税〔2012〕27 号文件第三条规定的优惠政策。

[2]　国家税务总局公告 2012 年第 19 号，即《国家税务总局关于软件和集成电路企业认定管理有关问题的公告》，其规定：对 2011 年 1 月 1 日后按照原认定管理办法认定的软件和集成电路企业，在财税〔2012〕27 号文件所称的《集成电路生产企业认定管理办法》、《集成电路设计企业认定管理办法》及《软件企业认定管理办法》公布前，凡符合财税〔2012〕27 号文件规定的优惠政策适用条件的，可依照原认定管理办法申请享受财税〔2012〕27 号文件规定的减免税优惠。在《集成电路生产企业认定管理办法》、《集成电路设计企业认定管理办法》及《软件企业认定管理办法》公布后，按新认定管理办法执行。对已按原认定管理办法享受优惠并进行企业所得税汇算清缴的企业，若不符合新认定管理办法条件的，应在履行相关程序后，重新按照税法规定计算申报纳税。

《工业和信息化部、国家发展和改革委员会、财政部、国家税务总局关于印发〈软件企业认定管理办法〉的通知》（工信部联软〔2013〕64 号）、《工业和信息化部、国家发展和改革委员会、财政部、国家税务总局关于印发〈集成电路设计企业认定管理办法〉的通知》（工信部联电子〔2013〕487 号）已发布。

表 10-7

事项	2011 年 1 月 1 日前	2011 年 1 月 1 日（含）后
单位	在我国境内依法设立的企业法人。	2011 年 1 月 1 日后依法在中国境内成立并经认定取得集成电路设计企业资质或软件企业资质的法人企业。
相应人员要求比例	从事软件产品开发和技术服务的技术人员占企业职工总数的比例不低于 50％。	签订劳动合同关系且具有大学专科以上学历的职工人数占企业当年月平均职工总人数的比例不低于 40％，其中研究开发人员占企业当年月平均职工总数的比例不低于 20％。
研究开发经费投入	软件技术及产品的研究开发经费占企业年软件收入 8％以上。	拥有核心关键技术，并以此为基础开展经营活动，且当年度的研究开发费用总额占企业销售（营业）收入总额的比例不低于 6％；其中，企业在中国境内发生的研究开发费用金额占研究开发费用总额的比例不低于 60％。
软件销售收入比例	以计算机软件开发生产、系统集成、应用服务和其他相应技术服务为其经营业务和主要经营收入；年软件销售收入占企业年总收入的 35％以上。其中，自产软件收入占软件销售收入的 50％以上。	软件企业的软件产品开发销售（营业）收入占企业收入总额的比例一般不低于 50％〔嵌入式软件产品和信息系统集成产品开发销售（营业）收入占企业收入总额的比例不低于 40％〕，其中软件产品自主开发销售（营业）收入占企业收入总额的比例一般不低于 40％〔嵌入式软件产品和信息系统集成产品开发销售（营业）收入占企业收入总额的比例不低于 30％〕。
知识产权	具有一种以上由本企业开发或由本企业拥有知识产权的软件产品，或者提供通过资质等级认证的计算机信息系统集成等技术服务。	主营业务拥有自主知识产权，其中软件产品拥有省级软件产业主管部门认可的软件检测机构出具的检测证明材料和软件产业主管部门颁发的《软件产品登记证书》。
产品的保障	具有软件产品质量和技术服务质量保证的手段与能力。	具有保证设计产品质量的手段和能力，并建立符合集成电路或软件工程要求的质量管理体系并提供有效运行的过程文档记录。
经营场所	具有从事软件开发和相应技术服务等业务所需的技术装备和经营场所。	具有与集成电路设计或者软件开发相适应的生产经营场所、软硬件设施等开发环境（如 EDA 工具、合法的开发工具等），以及与所提供服务相关的技术支撑环境。
其他	企业产权明晰，管理规范，遵纪守法。	

由于 2017 年 12 月 31 日为目前预知的优惠结束期，因此将来优惠延续虽然是可以期待的，但是也要充分利用好当前的"二免三减半"的优惠期。

10.4.1.3 关于指标的理解

如下是在人数上的填写要求：

（1）第 6 行"一、企业本年月平均职工总人数"：填报表《企业基础信息表》（A000000）"104 从业人数"。

（2）第 7 行"其中：签订劳动合同关系且具有大学专科以上学历的职工人数"：填报纳税人本年签订劳动合同关系且具有大学专科以上学历的职工人数。

（3）第 8 行"二、研究开发人员人数"：填报纳税人本年研究开发人员人数。

（4）第 9 行"三、签订劳动合同关系且具有大学专科以上学历的职工人数占企业本年月平均职工总人数的比例"：填报第 7÷6 行的比例。

（5）第 10 行"四、研究开发人员占企业本年月平均职工总数的比例"：填报第 8÷6 行的比例。

这里其实有点逻辑问题，总人数包括劳务派遣人员在内，签订劳动关系且具有大学专科以上的职工人数却不能包括在内，这在一定程度上拉低了通过劳务派遣进行软件开发的企业的享受标准。

（6）企业收入总额：填报纳税人本年以货币形式和非货币形式从各种来源取得的收入，为税法第六条规定的收入总额。包括：销售货物收入，提供劳务收入，转让财产收入，股息、红利等权益性投资收益，利息收入，租金收入，特许权使用费收入，接受捐赠收入，其他收入。这一点与高新技术企业的口径一致。

10.4.1.4 软件企业的认定时点

我们知道，只要高新技术企业证书是所属年度标注日期的，所属年度就可以享受税收优惠。软件企业理解上也是借鉴此类规定，但我们可能会遇到这种情况：证书日期是 2015 年，此时不像高新技术企业资格认定规定得那么明确，可能也有 2014 年度享受优惠得到认可的。而且，依新的认定办法，软件企业的认定通常必须在一年以上才行，而不是原来的不到一年就可能办下证书来。

10.4.1.5　关于获利年度与取得软件企业证书的时点差异的案例

企业取得《软件企业认定证书》并不是从当年开始计算"二免三减半"，而是看企业之前年度是否有税收上应纳税所得额为盈利的年度，如果有，从盈利年度算"二免三减半"；如果企业成立时间比较长，第一年的盈利已过去5年，那软件企业税收优惠这个政策就享受不到了。以安居宝为例，2007年度盈利，因此应从2007年度计算"二免三减半"。

现在有的主管税务机关图省事，往往直接按企业取得证书年度进行办理，如例10—2中的问题，这个责任谁来承担？看来应只有补税而无滞纳金才合理，不过如果软件企业在年度结束后汇算清缴期内取得认定证书，该如何确认那一年度的享受资格呢？实践中，汇算清缴期内取得也认可其所属期，理论上既然让企业追溯盈利年度，就应享受，不过相应指标要以满足税收优惠的条件为前提。

那么，软件企业如何考虑税收优惠的架构设置呢？目前来看，至少不宜用成立已久的公司来考虑，争取用新成立的机构，考虑第一年结束即申报软件企业认定，这样利益才能有最大利用空间。

[**例10-2**]　安居宝的公告内容（摘录）如下：

广东安居宝数码科技股份有限公司关于收到广州市国家税务
局东区稽查局《税务处理决定书》的公告

处理决定书内容：公司2007年为第一个获利年度，2008年取得《软件企业认定证书》，属于新办软件生产企业，公司申报2008至2009年免征企业所得税，2010至2012年减半征收企业所得税的税收优惠，经核查，公司2007年未取得《软件企业认定证书》，公司应从获利年度起计算的优惠期的剩余年限享受相应的定期减免优惠，即2008年免征企业所得税，2009至2011年按照25%的法定税率减半征收企业所得税，公司造成少计2009年和2012年的应纳税所得额。

公司说明：公司于2008年取得《软件企业认定证书》，并于2010年1月26日收到广州经济技术开发区国家税务局出具的减、免税批准通知书（穗开国税减〔2010〕28号），同意公司自2008年1月1日起，第1年至第2年的经营所得免征企业所得税，第3年至第5年减半征收所得税。公司根据该通知书，申报了2008至2009年免征企业所得税，2010至2012年享受

12.5%的所得税优惠税率（即自 2008 年度开始实施两免三减半企业所得税优惠政策）。

广州市国家税务局东区稽查局认为广州经济技术开发区国家税务局出具的减、免税批准通知书（穗开国税减〔2010〕28 号）与财税〔2008〕1 号第一条第（二）项、财税〔2012〕27 号第十七条、第二十一条规定不符，公司应从获利年度起计算的优惠期的剩余年限享受相应的定期减免优惠，即 2008 年免征企业所得税，2009 至 2011 年按照 25%的法定税率减半征收企业所得税。导致公司需按减半征收的所得税税率 12.5%补缴 2009 年度已免征的企业所得税 6 806 552.75 元、按高新技术企业所得税税率 15%与当时减半征收的所得税税率 12.5%之差补缴 2012 年度企业所得税 2 400 053.54 元。

出现上述补税情形，主要是由于广州市国家税务局东区稽查局对穗开国税减〔2010〕28 号减、免税批准通知书做出纠正而造成，公司不存在主观偷漏税的情况。

10.4.2 《软件、集成电路企业优惠情况及明细表》（A107042）填报说明

本表适用于享受软件、集成电路企业优惠的纳税人填报。纳税人根据税法、《财政部、国家税务总局关于进一步鼓励软件产业和集成电路产业发展企业所得税政策的通知》（财税〔2012〕27 号）、《国家税务总局关于软件和集成电路企业认定管理有关问题的公告》（国家税务总局公告 2012 年第 19 号）、《工业和信息化部、国家发展和改革委员会、财政部、国家税务总局关于印发〈软件企业认定管理办法〉的通知》（工信部联软〔2013〕64 号）、《工业和信息化部、国家发展和改革委员会、财政部、国家税务总局关于印发〈集成电路设计企业认定管理办法〉的通知》（工信部联电子〔2013〕487 号）、《国家税务总局关于执行软件企业所得税优惠政策有关问题的公告》（国家税务总局公告 2013 年第 43 号）等相关税收政策规定，填报本年发生的软件、集成电路企业优惠情况。

10.4.2.1 有关项目填报说明

1. 本表"关键指标情况"第 6 至 29 行由 2011 年 1 月 1 日以后成立企业

填报，第 31 至 40 行由 2011 年 1 月 1 日以前成立企业填报，其余行次均需填报。

2. 第 1 行"企业成立日期"：填报纳税人办理工商登记日期；"软件企业证书取得日期"：填报纳税人软件企业证书上的取得日期。

3. 第 2 行"软件企业认定证书编号"：填报纳税人软件企业证书上的软件企业认定编号；"软件产品登记证书编号"：填报纳税人软件产品登记证书上的产品登记证号。

4. 第 3 行"计算机信息系统集成资质等级认定证书编号"：填报纳税人的计算机信息系统集成资质等级认定证号；"集成电路生产企业认定文号"：填报纳税人集成电路生产企业认定的文号。

5. 第 4 行"集成电路设计企业认定证书编号"：填报纳税人集成电路设计企业认定证书编号。

6. 第 6 行"一、企业本年月平均职工总人数"：填报表《企业基础信息表》（A000000）"104 从业人数"。

7. 第 7 行"其中：签订劳动合同关系且具有大学专科以上学历的职工人数"：填报纳税人本年签订劳动合同关系且具有大学专科以上学历的职工人数。

8. 第 8 行"二、研究开发人员人数"：填报纳税人本年研究开发人员人数。

9. 第 9 行"三、签订劳动合同关系且具有大学专科以上学历的职工人数占企业本年月平均职工总人数的比例"：填报第 7÷6 行的比例。

10. 第 10 行"四、研究开发人员占企业本年月平均职工总数的比例"：填报第 8÷6 行的比例。

11. 第 11 行"五、企业收入总额"：填报纳税人本年以货币形式和非货币形式从各种来源取得的收入，为税法第六条规定的收入总额。包括：销售货物收入，提供劳务收入，转让财产收入，股息、红利等权益性投资收益，利息收入，租金收入，特许权使用费收入，接受捐赠收入，其他收入。

12. 第 12 行"六、集成电路制造销售（营业）收入"：填报纳税人本年集成电路企业制造销售（营业）收入。

13. 第 13 行"七、集成电路制造销售（营业）收入占企业收入总额的比例"：填报第 12÷11 行的比例。

14. 第 14 行"八、集成电路设计销售（营业）收入"：填报纳税人本年集成电路设计销售（营业）收入。

15. 第15行"其中：集成电路自主设计销售（营业）收入"：填报纳税人本年集成电路自主设计销售（营业）收入。

16. 第16行"九、集成电路设计企业的集成电路设计销售（营业）收入占企业收入总额的比例"：填报第14÷11行的比例。

17. 第17行"十、集成电路自主设计销售（营业）收入占企业收入总额的比例"：填报第15÷11行的比例。

18. 第18行"十一、软件产品开发销售（营业）收入"：填报纳税人本年软件产品开发销售（营业）收入。

19. 第19行"其中：嵌入式软件产品和信息系统集成产品开发销售（营业）收入"：填报纳税人本年嵌入式软件产品和信息系统集成产品开发销售（营业）收入。

20. 第20行"十二、软件产品自主开发销售（营业）收入"：填报纳税人本年软件产品自主开发销售（营业）收入。

21. 第21行"其中：嵌入式软件产品和信息系统集成产品自主开发销售（营业）收入"：填报纳税人本年嵌入式软件产品和信息系统集成产品自主开发销售（营业）收入。

22. 第22行"十三、软件企业的软件产品开发销售（营业）收入占企业收入总额的比例"：填报第18÷11行的比例。

23. 第23行"十四、嵌入式软件产品和信息系统集成产品开发销售（营业）收入占企业收入总额的比例"：填报第19÷11行的比例。

24. 第24行"十五、软件产品自主开发销售（营业）收入占企业收入总额的比例"：填报第20÷11行的比例。

25. 第25行"十六、嵌入式软件产品和信息系统集成产品自主开发销售（营业）收入占企业收入总额的比例"：填报第21÷11行的比例。

26. 第26行"十七、研究开发费用总额"：填报纳税人本年按照《国家税务总局关于印发〈企业研究开发费用税前扣除管理办法（试行）〉的通知》（国税发〔2008〕116号）归集的研究开发费用总额。

27. 第27行"其中：企业在中国境内发生的研究开发费用金额"：填报纳税人本年在中国境内发生的研究开发费用金额。

28. 第28行"十八、研究开发费用总额占企业销售（营业）收入总额的比例"：填报纳税人本年研究开发费用总额占企业销售（营业）收入总额的比例。

29. 第29行"十九、企业在中国境内发生的研究开发费用金额占研究开发费用总额的比例"：填报第 27÷26 行的比例。

30．第 31 行"二十、企业职工总数"：填报纳税人本年职工总数。

31．第 32 行"二十一、从事软件产品开发和技术服务的技术人员"：填报纳税人本年从事软件产品开发和技术服务的技术人员人数。

32．第 33 行"二十二、从事软件产品开发和技术服务的技术人员占企业职工总数的比例"：填报第 32÷31 行的比例。

33．第 34 行"二十三、企业年总收入"：填报纳税人本年以货币形式和非货币形式从各种来源取得的收入，为税法第六条规定的收入总额。包括：销售货物收入，提供劳务收入，转让财产收入，股息、红利等权益性投资收益，利息收入，租金收入，特许权使用费收入，接受捐赠收入，其他收入。

34．第 35 行"其中：企业年软件销售收入"：填报纳税人本年软件销售收入。

35．第 36 行"其中：自产软件销售收入"：填报纳税人本年销售自主开发软件取得的收入。

36．第 37 行"二十四、软件销售收入占企业年总收入比例"：填报第 35÷34 行的比例。

37．第 38 行"二十五、自产软件收入占软件销售收入比例"：填报第 36÷35 行的比例。

38．第 39 行"二十六、软件技术及产品的研究开发经费"：填报纳税人本年用于软件技术及产品的研究开发经费。

39．第 40 行"二十七、软件技术及产品的研究开发经费占企业年软件收入比例"：填报第 39÷35 行的金额。

40．第 41 行"减免税金额"：填报按照表 A100000 第 23 行应纳税所得额计算的免征、减征企业所得税金额。

10.4.2.2　表内、表间关系

1．表内关系。

（1）第 9 行＝第 7÷6 行。

（2）第 10 行＝第 8÷6 行。

（3）第 13 行＝第 12÷11 行。

（4）第 16 行＝第 14÷11 行。

（5）第 17 行＝第 15÷11 行。

（6）第 22 行＝第 18÷11 行。

（7）第 23 行＝第 19÷11 行。

（8）第 24 行＝第 20÷11 行。

（9）第 25 行＝第 21÷11 行。

（10）第 29 行＝第 27÷26 行。

（11）第 33 行＝第 32÷31 行。

（12）第 37 行＝第 35÷34 行。

（13）第 38 行＝第 36÷35 行。

（14）第 40 行＝第 39÷35 行。

2. 表间关系。

第 41 行＝表 A107040 第 18 行或 20 行。

10.5 西部大开发税收优惠

自 2011 年 1 月 1 日至 2020 年 12 月 31 日，对设在西部地区以《西部地区鼓励类产业目录》中规定的产业项目为主营业务，且其当年度主营业务收入占企业收入总额 70％以上的企业，经企业申请，主管税务机关审核确认后，可减按 15％税率缴纳企业所得税。上述所称收入总额，是指《企业所得税法》第六条规定的收入总额。

当前《西部地区鼓励类产业目录》已经国务院批准发布，自 2014 年 10 月 1 日起施行。在《西部地区鼓励类产业目录》公布前，企业符合《产业结构调整指导目录（2005 年版）》、《产业结构调整指导目录（2011 年版）》、《外商投资产业指导目录（2007 年修订）》和《中西部地区优势产业目录（2008 年修订）》范围的，经税务机关确认后，其企业所得税可按照 15％税率缴纳。《西部地区鼓励类产业目录》公布后，已按 15％税率进行企业所得税汇算清缴的企业，若不符合本公告第一条规定的条件，可在履行相关程序后，按税法规定的适用税率重新计算申报。

西部包括重庆市、四川省、贵州省、云南省、西藏自治区、陕西省、甘肃省、宁夏回族自治区、青海省、新疆维吾尔自治区（新疆生产建设兵团单列）和内蒙古自治区、广西壮族自治区（上述地区以下统称：西部地区）。其他地区的民族自治州（湖南省湘西土家族苗族自治州、湖北省恩施土家族苗族自治州、吉林省延边朝鲜族自治州），在实际工作中比照有关政策措施予以照顾。财税〔2013〕4 号[1]文件规定赣州市执行西部大开发政策。

10.5.1　总机构及部分分支机构在西部大开发地区的情形

总机构设在西部大开发税收优惠地区的企业，仅就设在优惠地区的总机构和分支机构（不含优惠地区外设立的二级分支机构在优惠地区内设立的三级以下分支机构）的所得确定适用 15% 优惠税率。在确定该企业是否符合优惠条件时，以该企业设在优惠地区的总机构和分支机构的主营业务是否符合《西部地区鼓励类产业目录》及其主营业务收入占其收入总额的比重加以确定，不考虑该企业设在优惠地区以外分支机构的因素。

10.5.2　分支机构在西部大开发地区的情形

总机构设在西部大开发税收优惠地区外的企业，其在优惠地区内设立的分支机构（不含仅在优惠地区内设立的三级以下分支机构），仅就该分支机构所得确定适用 15% 优惠税率。在确定该分支机构是否符合优惠条件时，仅以该分支机构的主营业务是否符合《西部地区鼓励类产业目录》及其主营业务收入占其收入总额的比重加以确定。

该分支机构分摊的应纳税所得额根据总分机构的现有政策确定。

10.5.3　如何填写申报表数据

根据填表说明，本表中的第 22 行填报根据表 A100000 第 23 行应纳税所得额计算的减征 10% 企业所得税金额。

因此，这只是整体享受西部大开发优惠政策的计算方式，但实践中，如总机构在北京的企业，其在西部设立的享受西部大开发优惠政策的二级分支机构，如何来计算填写呢？

[例 10-3]　北京某公司，其在西部大开发地区设立了一个分支机构，再无其他分摊的分支机构，总机构税率为 25%，若 2014 年度应纳税所得额

---

[1]　财税〔2013〕4 号，即《财政部、国家税务总局关于赣州市执行西部大开发税收政策问题的通知》。

以法人口径计算是 1 000 万元，按照总分机构分摊各 50％应纳税所得额的方式，计算过程如表 10-8 所示。

表 10-8　　　　　　　　　　　　　　　　　　　　金额单位：万元

步　骤	计　算	备　注
25％整体计算的所得税	1 000×25％＝250	假设没有此税收优惠政策
计算实际的税款	500×25％＝125 500×15％＝75	
计算少缴纳的税款	250－200＝50	亦可直接按 500×10％＝50 计算
填写第 22 行	50	

其实北京总公司原来采用的方式是反算式，即将 50 万元的税款反算影响的应纳税所得额：50/25％＝200（万元），填在旧申报表的附表五中，纳税调减应纳税所得额，1 000－200＝800（万元），则税款为：800×25％＝200（万元），异曲同工，但新版申报表的逻辑应是更清楚。

10.5.4　如何办理享受税收优惠政策

企业应当在年度汇算清缴前向主管税务机关提出书面申请并附送相关资料。第一年须报主管税务机关审核确认，第二年及以后年度实行备案管理。各省、自治区、直辖市和计划单列市税务机关可结合本地实际制定具体审核、备案管理办法，并报国家税务总局（所得税司）备案。

凡对企业主营业务是否属于《西部地区鼓励类产业目录》难以界定的，税务机关应要求企业提供省级（含副省级）政府有关行政主管部门或其授权的下一级行政主管部门出具的证明文件。

企业主营业务属于《西部地区鼓励类产业目录》范围的，经主管税务机关确认，可按照 15％税率预缴企业所得税。年度汇算清缴时，其当年度主营业务收入占企业总收入的比例达不到规定标准的，应按税法规定的税率计算申报并进行汇算清缴。

10.6　技术先进型服务企业

根据填表说明，填报纳税人根据《财政部、国家税务总局、商务部、科技部、国家发展改革委关于技术先进型服务企业有关企业所得税政策问题的通知》（财税〔2010〕65 号）等相关税收政策规定的，对经认定的技术先进型服务企业，减按 15％的税率征收企业所得税。本行填报根据表 A100000 第 23 行应纳税所得额计算的减征 10％企业所得税金额。（财税〔2010〕65 号政策执行期限至 2013 年 12 月 31 日，若无延期停止执行。）

财税〔2014〕59 号[1]文件延续了相应的优惠政策，具体情况如下：

自 2014 年 1 月 1 日起至 2018 年 12 月 31 日止，在北京、天津、上海、重庆、大连、深圳、广州、武汉、哈尔滨、成都、南京、西安、济南、杭州、合肥、南昌、长沙、大庆、苏州、无锡、厦门等 21 个中国服务外包示范城市（以下简称示范城市）继续实行以下企业所得税优惠政策：

1. 对经认定的技术先进型服务企业，减按 15％的税率征收企业所得税。

2. 经认定的技术先进型服务企业发生的职工教育经费支出，不超过工资薪金总额 8％的部分，准予在计算应纳税所得额时扣除；超过部分，准予在以后纳税年度结转扣除。

10.7　横琴新区、平潭综合实验区和前海深港现代化服务业合作区企业

这是 2014 年的热门投资地，因此我们有必要再详细看看这个政策的规定。

自 2014 年 1 月 1 日起至 2020 年 12 月 31 日，对设在横琴新区、平潭综合实验区和前海深港现代服务业合作区的鼓励类产业企业减按 15％的税率征收企业所得税。上述鼓励类产业企业是指以所在区域《企业所得税优惠目录》（见附件）中规定的产业项目为主营业务，且其主营业务收入占企业收入总额 70％以上的企业。上述所称收入总额，是指《中华人民共和国企业所得税法》第六条规定的收入总额。

二、企业在优惠区域内、外分别设有机构的，仅就其设在优惠区域内的机构的所得确定适用 15％的企业所得税优惠税率。在确定区域内机构是否符合优惠条件时，根据设在优惠区域内机构本身的有关指标是否符合本通知第一条规定的条件加以确定，不考虑设在优惠区域外机构的因素。

所以这一政策对于分支机构的处理与西部大开发税收优惠政策是一样的，分支机构一样可以有所作为，就看企业如何分摊所得税了。

---

[1] 财税〔2014〕59 号，即《财政部、国家税务总局、商务部、科技部、国家发展改革委关于完善技术先进型服务企业有关企业所得税政策问题的通知》。

10.8 项目所得额按法定税率减半征收企业所得税叠加
享受减免税优惠

这是 2014 年版一个奇特的填写项，有看明白的，有看不明白的，原来没有，为什么现在又有了呢？

先来看看填表说明：填报纳税人从事农林牧渔业项目、国家重点扶持的公共基础设施项目、符合条件的环境保护、节能节水项目、符合条件的技术转让、其他专项优惠等所得额应按法定税率 25% 减半征收，且同时为符合条件的小型微利企业、国家需要重点扶持的高新技术企业、技术先进型服务企业、集成电路线宽小于 0.25 微米或投资额超过 80 亿元人民币的集成电路生产企业、国家规划布局内重点软件企业和集成电路设计企业、设在西部地区的鼓励类产业企业、中关村国家自主创新示范区从事文化产业支撑技术等领域的高新技术企业等可享受税率优惠的企业，由于申报表填报顺序，按优惠税率 15% 减半叠加享受减免税优惠部分，应在本行对该部分金额进行调整。

起因是新增的表 A107020，其中涉及所得减免作纳税调减处理。如某企业是高新技术企业，其税率是 15%，但是依据政策其享受的优惠是按 25% 税率减半征收，这是两者的差异，接下来我们来看看其如何影响计算过程。

10.8.1 政策规定

纳税申报表的逻辑说明如表 10-9 所示。

表 10-9　　　　　　　　纳税申报表的逻辑说明

项目（部分）	优惠政策规定
减免所得	居民企业取得《中华人民共和国企业所得税法实施条例》第八十六条、第八十七条、第八十八条和第九十条规定可减半征收企业所得税的所得，是指居民企业应就该部分所得单独核算并依照 25% 的法定税率减半缴纳企业所得税
小型微利企业	20% 税率
国家需要重点扶持的高新技术企业	15% 税率
集成电路线宽小于 0.25 微米或投资额超过 80 亿元人民币的集成电路生产企业	15% 税率

续表

项目（部分）	优惠政策规定
国家规划布局内重点软件企业和集成电路设计企业	10％税率
设在西部地区的鼓励类产业企业	15％税率，在涉及定期减免税的减半期内，可以按照企业适用税率计算的应纳税额减半征税
文化产业支撑技术领域高新技术企业	15％税率

如果项目减免所得是 100％减免，这一行次是不需要处理的，只有存在减半期这样的情形时，才需要考虑。

10.8.2　案例分析

[**例 10-4**]　我们知道，项目优惠的减半所得是依据 25％的税率减半计算所得税，即以税率 12.5％计算整体的所得税。如项目应纳税所得额为 2 000 万元，处于减半优惠期，则 $2\,000 \times 25\% \times 50\% = 250$（万元）。

在填写项目减半优惠的申报表时，若是风力发电项目，处于三年减半期，我们是按如下方式填写的（见表 10-10）：

表 10-10　所得减免优惠明细表

行次	项　　目	项目收入	项目成本	相关税费	应分摊期间费用	纳税调整额	项目所得额	减免所得额
		1	2	3	4	5	6 (1−2−3−4+5)	7
23	（六）电力项目	5 000	2 000	500	800	300	2 000	1 000

上表中的减免所得额是 2 000 万元的一半，即 1 000 万元，这是这里的填写规则，余下的 1 000 万元是应税的所得，如果该企业正好是高新技术企业，税率是 15％，那此部分的所得税算下来是 $1\,000 \times 15\% = 150$（万元），与税法规定的计算方式：$2\,000 \times 25\% \times 50\% = 250$（万元）有差异，所以需要对差额 100 万元进行调整。

调整的方式是通过将减免所得税人为扣除 100 万元补偿回来，相当于少享受了税款减免的优惠。减半部分的影响是：$1\,000 \times 10\%$（25％−15％的差异）$=100$（万元），这样可能更容易理解，看填报说明的表述，反而有可能看不懂，其实就是一个逻辑的计算差异（见表 10-11）。

表 10-11

项　目	金额
五、减：项目所得额按法定税率减半征收企业所得税叠加享受减免税优惠	100

11

第11章

税额抵免优惠政策

该表是 2014 年版本新增的内容，根据填报说明可知，本表适用于享受专用设备投资额抵免优惠的纳税人填报。纳税人根据税法、《财政部、国家税务总局关于执行环境保护专用设备企业所得税优惠目录、节能节水专用设备企业所得税优惠目录和安全生产专用设备企业所得税优惠目录有关问题的通知》（财税〔2008〕48 号）、《财政部、国家税务总局、国家发展改革委关于公布节能节水专用设备企业所得税优惠目录（2008 年版）和环境保护专用设备企业所得税优惠目录（2008 年版）的通知》（财税〔2008〕115 号）、《财政部、国家税务总局、安全监管总局关于公布〈安全生产专用设备企业所得税优惠目录（2008 年版）〉的通知》（财税〔2008〕118 号）、《财政部、国家税务总局关于执行企业所得税优惠政策若干问题的通知》（财税〔2009〕69 号）、《国家税务总局关于环境保护、节能节水、安全生产等专用设备投资抵免企业所得税有关问题的通知》（国税函〔2010〕256 号）等相关税收政策规定，填报本年发生的专用设备投资额抵免优惠情况。

11.1 基本政策的理解

本质上我们还要看纳税人享受了哪些优惠政策。

《企业所得税法》规定，企业购置用于环境保护、节能节水、安全生产等专用设备的投资额，可以按一定比例实行税额抵免。

《企业所得税法实施条例》规定，企业所得税法所称税额抵免，是指企业购置并实际使用《环境保护专用设备企业所得税优惠目录》、《节能节水专用设备企业所得税优惠目录》和《安全生产专用设备企业所得税优惠目录》规定的环境保护、节能节水、安全生产等专用设备的，该专用设备的投资额的 10％可以从企业当年的应纳税额中抵免；当年不足抵免的，可以在以后 5 个纳税年度结转抵免。享受前款规定的企业所得税优惠的企业，应当实际购置并自身实际投入使用前款规定的专用设备；企业购置上述专用设备在 5 年内转让、出租的，应当停止享受企业所得税优惠，并补缴已经抵免的企业所得税税款。

根据相关政策，我们可以得出如下的信息参照内容（见表 11-1）：

表 11-1

事　项	描　述
行业有无限制	没有限制，商贸类企业都可适用
专用设备种类	环境保护、节能节水、安全生产类，但当前的目录由于时间较长，面临着修订的问题，在未修订之前，仍需参照目录规定，如果当地认为有更好的专用设备是否可行，需要进一步关注当地财税部门的口径
抵免时间	投资额的 10％可以从企业当年的应纳税额中抵免；当年不足抵免的，可以在以后 5 个纳税年度结转抵免
增值税进项税额	抵扣进项的，不作为抵免，未抵扣的，作为抵免
资金来源	自有资金与银行借款购置的可以抵免，但是财政拨款购置的，不允许抵免，这与存在不征税收入放弃之后加计扣除认可情形是不同的
5 年连续性	专用设备在 5 年内转让、出租的，应当停止享受企业所得税优惠，并补缴已经抵免的企业所得税税款。因此税务机关的同志可以好好关注一下此项内容
是否必须是固定资产	专用设备并未提及固定资产管理才认可，通常认为能够提供固定资产明细之类要求，但此为常识之举

11.2　抵免的经济性考虑

这跟增值税专用发票取得后抵扣与供应商开具普通发票不能抵扣，但是能够降价的情形一样，哪种对企业的利益更好呢？通常来说，抵免的设备是国家鼓励使用的，因为它代表了技术的先进性，但是有些功能对于小企业来说用不上，买个简易但不符合抵扣条件的就可以，那两者比较，利益的平衡点在哪儿？下例为分有抵免与无抵免在利润表影响下的比较，具体参照表 11-2，表 11-3。

表 11-2

	有抵免	无抵免
收入	1 000	1 000
成本	500	500
可抵免设备（一次性税前扣除）	100	90
利润总额	400	410
25％所得税	100	102.5
抵免 10％投资额	10	0
缴纳所得税	90	102.5
税后利润（无递延考虑）	310	307.5

多花10元，设备抵免后是否反而更有利呢？

假设可抵免的设备是不可抵免设备的×倍：

表 11-3

	有抵免	无抵免
收入	1 000	1 000
成本	500	500
可抵免设备（一次性税前扣除）	100x	100
利润总额	500－100x	400
25%所得税	(500－100x)×25%	100
抵免10%投资额	10x	0
缴纳所得税	125－35x	100
税后利润（无递延考虑）	375－65x	300

375－65x＝300 时，x＝1.153 8，则比较图形如图 11-1 所示：

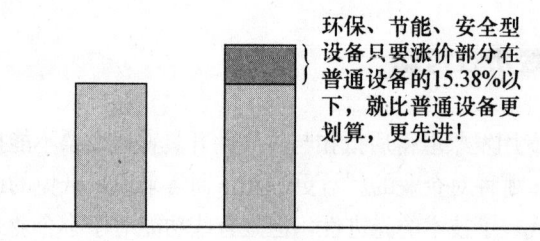

环保、节能、安全型设备只要涨价部分在普通设备的15.38%以下，就比普通设备更划算，更先进！

图 11-1

11.3 《税额抵免优惠明细表》(A107050) 表样及其填报说明

如 2010 年有抵免的事例，但是当年剩余 100 未抵免完，因此延至 2014 年度进行抵免，同时 2014 年度亦有发生抵免。如表 11-4 的填写供参照。

如上的数据转到纳税申报表的主表中，数据如表 11-5 所示：

表 11-5

项　目	金　额
六、应纳所得税额（23×24）	—
减：减免所得税额（填写 A107040）	—
减：抵免所得税额（填写 A107050）	400.00

表 11-4

A107050

税额抵免优惠明细表

行次	项目	年度 (1)	本年抵免前应纳税额合计 (2)	本年允许抵免的专用设备投资额 (3)	本年可抵免税额 4=3×10%	以前年度已抵免额						本年实际抵免的各年度税额 (11)	可结转以后年度抵免的税额 12(4-10-11)
						前五年度 (5)	前四年度 (6)	前三年度 (7)	前二年度 (8)	前一年度 (9)	小计 10(5+6+7+8+9)		
1	前五年度	2009	0	0	—						—		*
2	前四年度	2010	100.00	2 000.00	200.00	*	100.00				100.00	100.00	—
3	前三年度	2011	0	0	—	*	*				—		—
4	前二年度	2012	0	0	—	*	*	*			—		—
5	前一年度	2013	0	0	—	*	*	*	*		—		—
6	本年度	2014	300.00	5 000.00	500.00	*	*	*	*	*	*	300.00	200.00
7	本年实际抵免税额合计											400.00	
8	可结转以后年度抵免的税额合计												200.00
9	专用设备投资情况	本年允许抵免的环境保护专用设备投资额	5 000.00									
10		本年允许抵免的节能节水的专用设备投资额											
11		本年允许抵免的安全生产专用设备投资额											

本年允许抵免的税额合计　　5 000.00

11.3.1 有关项目填报说明

1. 第1列"年度"：填报公历年份。第6行为本年，第5至第1行依次填报。

2. 第2列"本年抵免前应纳税额"：填报纳税人《中华人民共和国企业所得税年度纳税申报表（A类）》（A100000）第25行"应纳所得税额"减第26行"减免所得税额"后的金额。2009－2013年度的"当年抵免前应纳税额"：填报原《企业所得税年度纳税申报表（A类）》第27行"应纳所得税额"减第28行"减免所得税额"后的金额。

3. 第3列"本年允许抵免的专用设备投资额"：填报纳税人本年购置并实际使用《环境保护专用设备企业所得税优惠目录》、《节能节水专用设备企业所得税优惠目录》和《安全生产专用设备企业所得税优惠目录》规定的环境保护、节能节水、安全生产等专用设备的发票价税合计金额，但不包括允许抵扣的增值税进项税额、按有关规定退还的增值税税款以及设备运输、安装和调试等费用。

4. 第4列"本年可抵免税额"：填报第3列×10％的金额。

5. 第5至9列"以前年度已抵免额"：填报纳税人以前年度已抵免税额，其中前五年度、前四年度、前三年度、前二年度、前一年度与"项目"列中的前五年度、前四年度、前三年度、前二年度、前一年度相对应。

6. 第10列"以前年度已抵免额—小计"：填报第5＋6＋7＋8＋9列的金额。

7. 第11列"本年实际抵免的各年度税额"：第1至6行填报纳税人用于依次抵免前5年度及本年尚未抵免的税额，第11列小于等于第4－10列，且第11列第1至6行合计数不得大于第6行第2列的金额。

8. 第12列"可结转以后年度抵免的税额"：填报第4－10－11列的金额。

9. 第7行第11列"本年实际抵免税额合计"：填报第11列第1＋2＋…＋6行的金额。

10. 第8行第12列"可结转以后年度抵免的税额合计"：填报第12列第2＋3＋…＋6行的金额。

11. 第9行"本年允许抵免的环境保护专用设备投资额"：填报纳税人本年购置并实际使用《环境保护专用设备企业所得税优惠目录》规定的环境

保护专用设备的发票价税合计价格，但不包括允许抵扣的增值税进项税额、按有关规定退还的增值税税款以及设备运输、安装和调试等费用。

12. 第 10 行"本年允许抵免节能节水的专用设备投资额"：填报纳税人本年购置并实际使用《节能节水专用设备企业所得税优惠目录》规定的节能节水等专用设备的发票价税合计价格，但不包括允许抵扣的增值税进项税额、按有关规定退还的增值税税款以及设备运输、安装和调试等费用。

13. 第 11 行"本年允许抵免的安全生产专用设备投资额"：填报纳税人本年购置并实际使用《安全生产专用设备企业所得税优惠目录》规定的安全生产等专用设备的发票价税合计价格，但不包括允许抵扣的增值税进项税额、按有关规定退还的增值税税款以及设备运输、安装和调试等费用。

11.3.2 表内、表间关系

1. 表内关系。
（1）第 4 列＝第 3 列×10％。
（2）第 10 列＝第 5＋6＋…＋9 列。
（3）第 11 列≤第 4－10 列。
（4）第 12 列＝第 4－10－11 列。
（5）第 7 行第 11 列＝第 11 列第 1＋2＋…＋6 行。
（6）第 8 行第 12 列＝第 12 列第 2＋3＋…＋6 行。

2. 表间关系。
（1）第 7 行第 11 列≤表 A100000 第 25－26 行。
（2）第 7 行第 11 列＝表 A100000 第 27 行。
（3）第 2 列＝表 A100000 第 25 行－表 A100000 第 26 行。
2009—2013 年度：第 2 列＝原《企业所得税年度纳税申报表（A 类）》第 27－28 行。

12

第12章

境外所得抵免

对于大多数的企业来讲，可能并不涉及境外抵免，没有"走出去"，也没有海外的项目，但是一旦有了，就需要填写这几张表，而且由于不是常规接触的事项，企业往往填得也不是很清楚。

12.1 境外所得的调整规则

无论所得的类型如何，如分支机构的经营所得，股息性质的所得，境内、境外要"分家"，各算各的，境内的纳税调整非常复杂，前面的表项是为境内纳税调整服务的，但是境外的所得调整，却只能由这四张明细表来完成了，因此其调整更多是涉及框架性的，没有一一对应看调整了什么，这也是简化处理的一环，当然也带来调整管理的漏洞。

那纳税申报表是如何实现"分家"的呢？（见表 12-1）

表 12-1

行次	类别	项　　目	金额
13		三、利润总额（10＋11－12）	
14	应纳税所得额计算	减：境外所得（填写 A108010）	
15		加：纳税调整增加额（填写 A105000）	
16		减：纳税调整减少额（填写 A105000）	
17		减：免税、减计收入及加计扣除（填写 A107010）	
18		加：境外应税所得抵减境内亏损（填写 A108000）	
19		四、纳税调整后所得（13－14＋15－16－17＋18）	
20		减：所得减免（填写 A107020）	
21		减：抵扣应纳税所得额（填写 A107030）	
22		减：弥补以前年度亏损（填写 A106000）	
23		五、应纳税所得额（19－20－21－22）	

第 14 行发挥的就是"分家"的作用，因为利润表往往已将境外所得含在其内了，利润总额体现了境外的事项。所以在这儿要将影响结果调整走，根据"减：境外所得"的填表说明：

第 14 行"境外所得"：填报纳税人发生的分国（地区）别取得的境外税后所得计入利润总额的金额。填报《境外所得纳税调整后所得明细表》（A108010）第 14 列减去第 11 列的差额。

例如境外股息分红，所得是 100 万元到账，直接承担的境外所得税为 10 万元，间接承担的所得税是 20 万元，那合计就是 100＋10＋20＝130（万元），在第 14 行中填写 130－20＝110（万元），知道，入账一般是按净所得入境内的账的，因此我们理解这里填报说明应填写 100 万元才合适。但是无论如何，剔除的应是会计账上计入境外的净所得入账的金额，因此需要结合实际情况来分析填列。

同样地，在表 A108010 中，境外所得要完成反算，即反算为税前所得，按照中国税法的规定，重新进行纳税调整，计算按中国税法计算的纳税调整后所得，再依表 A108000 的内容顺序填写即可。

12.2 境内外共同支出的分摊

这即是独立核算的意思，上面我们已进行了境外所得从境内汇总损益表中的分家，但是，由于是走出去的企业，因此境内通常会发生一些为境外服务的事项，这些事项必须从境内的纳税调整项中调到境外计算所得，境内作纳税调增，境外作纳税调减处理。

"境外所得分摊的共同支出"已在纳税调整项目明细表 A105000 中要求作纳税调增处理，从而转到抵免中的《境外所得纳税调整后所得明细表》（A108010）第 10 行第 16＋17 列的金额。

12.3 境外所得抵免的几张表的逻辑关系

A108030：跨年度结转抵免境外所得税明细表，此表是确认境外纳税多时，抵不过中国税法计算的税款，而转为之后五年的抵免滚动情形。

A108020：境外分支机构弥补亏损明细表，此表是确认境外分支机构不同国家、地区的弥补亏损情形。

A108010：境外所得纳税调整后所得明细表，此表是计算境外税前所得，及按中国税法纳税调整的调整后所得计算作用。

A108000：境外所得税收抵免明细表，此表将形成境外所得按中国税法应计的税款，及可以当期抵免的税款。

12.4 境内外彼此盈利亏损的合并情形

这种情形是对于境外分支机构的情形，境外机构如果是子公司的，亏损也无法合并过来，平时只有分红的情形，或者最后清算损失的情形。

《企业所得税法》规定，企业在汇总计算缴纳企业所得税时，其境外营业机构的亏损不得抵减境内营业机构的盈利。也就是说，境外的亏损是由境外机构来完成自己的弥补亏损的，不能沾了国内的"光"。

但是境外盈利却可以弥补境内亏损，对此我们可以来看看纳税申报表的逻辑（见表12-2）：

表 12-2

单位：万元

行次	类别	项　　目	金额
13		三、利润总额（10＋11－12）	1 000
14		减：境外所得（填写 A108010）	2 000
15		加：纳税调整增加额（填写 A105000）	0
16		减：纳税调整减少额（填写 A105000）	0
17	应纳	减：免税、减计收入及加计扣除（填写 A107010）	0
18	税所	加：境外应税所得抵减境内亏损（填写 A108000）	1 000
19	得额	四、纳税调整后所得（13－14＋15－16－17＋18）	0
20	计算	减：所得减免（填写 A107020）	0
21		减：抵扣应纳税所得额（填写 A107030）	0
22		减：弥补以前年度亏损（填写 A106000）	0
23		五、应纳税所得额（19－20－21－22）	0

第8行"境外应税所得抵减境内亏损"：填报纳税人根据税法规定，选择用境外所得抵减境内亏损的数额。第18行＝表 A108000 第10行第6列。（当本表第 13－14＋15－16－17 行≥0 时，本行＝0。）

例如，1 000－2 000＝－1 000（万元），此时可用境外的 1 000 万元来弥补，境外的部分〔如没有纳税调整事项，所得是 2 000－1 000＝1 000（万元）〕后面再单独计算抵免。延伸一步，多有单位想用境外所得弥补之前年度亏损，如果上面的逻辑是第 13－14＋15－16－17 行≥0 时，那这里最多填 0，如果是第 13－14＋15－16－17 行＜0，那这里就可以填数了，至于填多少（如表 12-3 所示），似乎也能够达到弥补的效果，但这是我们常规的理解，法规没有明确之处在于境外所得只能弥补境内当年亏损，却不能弥补之前年度的。但是在没有限制之前，能否弥补呢，至少在填表上有实现的可能。

这里要补充一下，为何境外所得要拿来弥补境内亏损呢？这里还是有文章可做的，比如某企业境外经营所得，按中国税法计算应计所得税 2 000 万元，但境外缴纳的所得税只有 1 500 万元，如果不弥补，须补缴 500 万元的企业所得税，但如果弥补了，就不用补缴所得税了。

表 12-3 单位：万元

行次	类别	项 目	金额
13		三、利润总额（10＋11＋12）	1 000
14	应纳税所得额计算	减：境外所得（填写 A108010）	2 000
15		加：纳税调整增加额（填写 A105000）	0
16		减：纳税调整减少额（填写 A105000）	0
17		减：免税、减计收入及加计扣除（填写 A107010）	0
18		加：境外应税所得抵减境内亏损（填写 A108000）	2 000
19		四、纳税调整后所得（13－14＋15－16－17＋18）	1 000
20		减：所得减免（填写 A107020）	0
21		减：抵扣应纳税所得额（填写 A107030）	0
22		减：弥补以前年度亏损（填写 A106000）	1 000
23		五、应纳税所得额（19－20－21－22）	0

但是，这种弥补的结果是，以前年度的亏损就不能用境内未来的盈利来弥补了，否则就是重复的，所以还要评估一下将来境内会不会盈利来综合考虑。

如果企业境内为亏损，境外盈利分别来自多个国家，则弥补境内亏损时，企业可以自行选择弥补境内亏损的境外所得来源国家（地区）顺序。这里就可以选择境外回来计算需要补税的部分来优先弥补亏损。

12.5 境外亏损自己弥补自己的方式

同上，这也是对于境外分支机构的情形，在汇总计算境外应纳税所得额时，企业在境外同一国家（地区）设立不具有独立纳税地位的分支机构，按照《企业所得税法》及其实施条例的有关规定计算的亏损，不得抵减其境内或他国（地区）的应纳税所得额，但可以用同一国家（地区）其他项目或以后年度的所得按规定弥补。

这里的亏损是按照中国税法的计算标准算出来的亏损，并非其账面的数据。这里还要理清如下两个概念：

1. 非实际亏损额。

企业在同一纳税年度的境内外所得加总为正数的，其境外分支机构发生的亏损，由于上述结转弥补的限制而发生的未予弥补的部分，称为非实际亏损额，今后该分支机构的结转弥补期限不受 5 年期限制。

2. 实际亏损额。

如果企业当期境内外所得盈利额与亏损额加总后和为负数，则以境外分支机构的亏损额超过企业盈利额部分为实际亏损额，按企业所得税法第十八条[1]规定的期限进行亏损弥补。

[例 12-1] 中国居民 A 企业 2008 年度境内外净所得为 160 万元。其中，境内所得的应纳税所得额为 300 万元；设在甲国的分支机构当年度应纳税所得额为 100 万元；设在乙国的分支机构当年度应纳税所得额为－300 万元；A 企业当年度从乙国取得利息所得的应纳税所得额为 60 万元。调整计算该企业当年度境内、境外所得的应纳税所得额如下：

（1）A 企业当年度境内外净所得为 160 万元，但依据境外亏损不得在境内或他国盈利中抵减的规定，其发生在乙国分支机构的当年度亏损额 300 万元，仅可以用从该国取得的利息 60 万元弥补，未能弥补的非实际亏损额 240 万元，不得从当年度企业其他盈利中弥补。因此，相应调整后 A 企业当年境内、境外应纳税所得额为：

境内应纳税所得额＝300 万元；

甲国应纳税所得额＝100 万元；

乙国应纳税所得额＝－240 万元；

A 企业当年度应纳税所得总额＝400 万元。

（2）A 企业当年度境外乙国未弥补的非实际亏损共 240 万元，允许 A 企业以其来自乙国以后年度的所得无限期结转弥补。

12.6 抵免限额

《企业所得税法》规定，企业取得的境外所得已在境外缴纳的所得税税额，可以从其当期应纳税额中抵免，抵免限额为该项所得依照本法规定计算的应纳税额；超过抵免限额的部分，可以在以后五个年度内，用每年度抵免限额抵免当年应抵税额后的余额进行抵补。

如在境外缴纳了 100 万元税款，但按照中国税法计算的税款是 80 万元，则当期境外多缴纳的 20 万元，只能待以后五年年度，继续进行抵免，如未来某年抵免限额是 120 万元，实际缴纳境外税款是 100 万元，则此 20 万元不用

---

[1] 企业纳税年度发生的亏损，准予向以后年度结转，用以后年度的所得弥补，但结转年限最长不得超过五年。

补税，用原来五年内的境外多的 20 万元补差过来就可以了，计算公式如下：

企业应按照企业所得税法及其实施条例和本通知的有关规定分国（地区）别计算境外税额的抵免限额，计算公式如下：

$$\frac{某国（地区）所得税}{抵\ 免\ 限\ 额} = \frac{中国境内、境外所得依照企业所得税法}{及实施条例的规定计算的应纳税总额}$$
$$\times \frac{来源于某国（地区）的应纳税所得额}{中国境内、境外应纳税所得总额}$$

注意，为简便计算，该公式也可以按该境外应纳税所得额直接乘以其实际适用的税率或税收负担率得出抵免限额，但是如果发生境外盈利弥补境内亏损时，则需以实际余下的部分进行简便计算。

据以计算上述公式中"中国境内、境外所得依照企业所得税法及实施条例的规定计算的应纳税总额"的税率[1]，除国务院财政、税务主管部门另有规定外，应为企业所得税法第四条第一款规定的税率。

企业按照企业所得税法及其实施条例和本通知的有关规定计算的当期境内、境外应纳税所得总额小于零的，应以零计算当期境内、境外应纳税所得总额，其当期境外所得税的抵免限额也为零。

12.7　境外税票（凭据）的取得

企业收到某一纳税年度的境外所得已纳税凭证时，凡是迟于次年 5 月 31 日汇算清缴终止日的，可以对该所得境外税额抵免追溯计算。相当于要先缴税后退税方式。

因此首先要及时地取得税票，税务机关也可以明确进行查验。由于境外税款计算的多样性，有时企业是用预缴税单来抵免的，如非洲的国家，可能连税单据都没有，因此，要对"走出去"企业提供一些灵活的处理便利才好。

12.8　股息红利的抵免计算

若取得的境外所得是股息红利等，则与上述提到的经营利润是不同的，

---

[1]　《财政部、国家税务总局关于高新技术企业境外所得适用税率及税收抵免问题的通知》（财税〔2011〕47 号）规定：以境内、境外全部生产经营活动有关的研究开发费用总额、总收入、销售收入总额、高新技术产品（服务）收入等指标申请并经认定的高新技术企业，其来源于境外的所得可以享受高新技术企业所得税优惠政策，即对其来源于境外所得可以按照 15% 的优惠税率缴纳企业所得税，在计算境外抵免限额时，可按照 15% 的优惠税率计算境内外应纳税总额。

两者的差异在于经营利润是计入当期利润表的，而股息红利只有在对方分红时才确定投资收益。这是核算上的差异。

关于股息红利所得，若取得的汇回来的利润是 100 万元，在境外缴纳的预提所得税是 10 万元，子公司适用的税率是 20%，100＋10＝110（万元），110÷（1－20%）＝137.50（万元）。股息红利应对应调整扣除与境外投资业务有关的项目研究、融资成本和管理费用，从境内计算中进行纳税调增，转至境外股息红利项下计算扣除，若费用正好是 37.50 万元，则该笔股息红利的境外所得就是 137.50－37.50＝100（万元）。若当年境内没有亏损，且税率为 25%，没有之前年度影响数据，则相关数据如表 12-4 填写。由此税收抵免表的数据如表 12-5 所示，抵免境外所得税的数据如表 12-6 所示。

12.9 简易办法抵免

这个办法好在不需要对境外所得计算调整计算过程，直接根据固定比例计算抵免限额，这种情形下，相当于一半的工作不用做了。

那有哪些情形可以享受简易办法计算抵免呢？国家税务总局 2010 年第 1 号公告[1]规定：

（一）企业从境外取得营业利润所得以及符合境外税额间接抵免条件的股息所得，虽有所得来源国（地区）政府机关核发的具有纳税性质的凭证或证明，但因客观原因无法真实、准确地确认应当缴纳并已经实际缴纳的境外所得税税额的，除就该所得直接缴纳及间接负担的税额在所得来源国（地区）的实际有效税率低于我国企业所得税法第四条第一款规定税率 50% 以上的外，可按境外应纳税所得额的 12.5% 作为抵免限额，企业按该国（地区）税务机关或政府机关核发具有纳税性质凭证或证明的金额，其不超过抵免限额的部分，准予抵免；超过的部分不得抵免。

属于本款规定以外的股息、利息、租金、特许权使用费、转让财产等投资性所得，均应按本通知的其他规定计算境外税额抵免。

（二）企业从境外取得营业利润所得以及符合境外税额间接抵免条件的股息所得，凡就该所得缴纳及间接负担的税额在所得来源国（地区）的法定

---

[1] 国家税务总局公告 2010 年第 1 号，即《国家税务总局关于发布〈企业境外所得税收抵免操作指南〉的公告》。

表 12-4

A108010

境外所得纳税调整后所得明细表

行次	国家(地区)	境外税后所得								境外所得可抵免的所得税额				境外税前所得	境外分支机构收入与支出纳税调整额	境外分支机构调整分摊扣除的有关成本费用	境外所得对应调整的相关成本费用支出	境外所得纳税调整后所得
		分支机构营业利润所得	股息、红利等权益性投资所得	利息所得	租金所得	特许权使用费所得	财产转让所得	其他所得	小计	直接缴纳的所得税额	间接负担的所得税额	享受税收饶让抵免税额	小计					
		2	3	4	5	6	7	8	9 (2+3+4+5+6+7+8)	10	11	12	13 (10+11+12)	14 (9+10+11)	15	16	17	18 (14+15+16-17)
1	A 国	100							100	10	27.5		37.50	137.50			37.50	100

表 12-5

A108000

境外所得税收抵免明细表

行次	国家(地区)	境外所得纳税调整后所得	境外所得调整前所得	弥补境外以前年度亏损	境外应纳税所得额	抵减境内亏损	抵减境内境外后的境外应纳税所得额	税率	境外所得应纳税额	境外所得可抵免税额	境外所得抵免限额	本年可抵免境外所得税额	未超过境外所得税抵免限额的余额	本年可抵免以前年度未抵免境外所得税额	按简易办法计算				境外所得税抵免所得税额合计
															按抵于12.5%的实际税率计算的抵免额	按12.5%计算的抵免额	按25%计算的抵免额	小计	
		2	3	4	5 (3-4)	6	7 (5-6)	8	9 (7×8)	10	11	12	13(11-12)	14	15	16	17	18(15+16+17)	19(12+14+18)
1	A 国	137.50	100	0	100	0	100	25%	25	37.50	25	25	0	0	0	0	17	17	25

表 12-6

A108030

跨年度结转抵免境外所得税明细表

行次	国家(地区)	前五年境外所得已缴所得税未抵免余额						本年实际抵免以前年度未抵免的境外已缴所得税额						结转以后年度抵免的境外所得已缴所得税额					
		前五年	前四年	前三年	前二年	前一年	小计	前五年	前四年	前三年	前二年	前一年	小计	前四年	前三年	前二年	前一年	本年	小计
		1	2	3	4	5	6	7(2+3+4+5+6)	8	9	10	11	12	13(8+9+10+11+12)	14(3-9)	15(4-10)	16(5-11)	17(6-12)	18	19(14+15+16+17+18)
1	A 国						—						—	—	—	—	—	12.50	12.50

税率[1]且其实际有效税率明显高于我国的，可直接以按本通知规定计算的境外应纳税所得额和我国企业所得税法规定的税率计算的抵免限额作为可抵免的已在境外实际缴纳的企业所得税税额。具体国家（地区）名单见附件。财政部、国家税务总局可根据实际情况适时对名单进行调整。

属于本款规定以外的股息、利息、租金、特许权使用费、转让财产等投资性所得，均应按本通知的其他规定计算境外税额抵免。

12.10 表样及填报说明

12.10.1 《境外所得税收抵免明细表》（A108000）表样及其填报说明

《境外所得税收抵免明细表》（A108000）表样如表 12-7 所示。

本表适用于取得境外所得的纳税人填报。纳税人应根据税法、《财政部、国家税务总局关于企业境外所得税收抵免有关问题的通知》（财税〔2009〕125 号）和《国家税务总局关于发布〈企业境外所得税收抵免操作指南〉的公告》（国家税务总局公告 2010 年第 1 号）规定，填报本年来源于或发生于不同国家、地区的所得按照税收规定计算应缴纳和应抵免的企业所得税。对于我国石油企业在境外从事油（气）资源开采的，其境外应纳税所得额、可抵免境外所得税额和抵免限额按照《财政部 国家税务总局关于我国石油企业从事油（气）资源开采所得税收抵免有关问题的通知》（财税〔2011〕23 号）规定计算填报。

12.10.1.1 有关项目填报说明

1. 第 1 列"国家（地区）"：填报纳税人境外所得来源的国家（地区）名称，来源于同一国家（地区）的境外所得合并到一行填报。

2. 第 2 列"境外税前所得"：填报《境外所得纳税调整后所得明细表》（A108010）第 14 列的金额。

3. 第 3 列"境外所得纳税调整后所得"：填报表 A108010 第 18 列的金额。

---

[1] 法定税率明显高于我国的境外所得来源国（地区）名单：美国、阿根廷、布隆迪、喀麦隆、古巴、法国、日本、摩洛哥、巴基斯坦、赞比亚、科威特、孟加拉国、叙利亚、约旦、老挝。

表 12-7

A108000

境外所得税收抵免明细表

行次	国家（地区）	境外税前所得	境外所得纳税调整后所得	弥补境外以前年度亏损	境外应纳税所得额	抵减境内亏损	抵减境内亏损后的境外应纳税所得额	税率	境外所得应纳税额	境外所得可抵免税额	境外所得抵免限额	本年可抵免境外所得税额	未超过境外所得税抵免限额的余额	本年可抵免以前年度未抵免境外所得税额	按简易办法计算 按低于12.5%的实际税率计算的抵免额	按12.5%计算的抵免额	按25%计算的抵免额	小计	境外所得抵免所得税额合计
	1	2	3	4	5（3-4）	6	7（5-6）	8	9（7×8）	10	11	12	13（11-12）	14	15	16	17	18（15+16+17）	19（12+14+18）
1	—	—	—	—	—	—	—	—	—	—									—
2	—	—	—	—	—	—	—	—	—	—									—
3	—	—	—	—	—	—	—	—	—	—									—
4	—	—	—	—	—	—	—	—	—	—									—
5	—	—	—	—	—	—	—	—	—	—									—
6	—	—	—	—	—	—	—	—	—	—									—
7	—	—	—	—	—	—	—	—	—	—									—
8	—	—	—	—	—	—	—	—	—	—									—
9	—	—	—	—	—	—	—	—	—	—									—
10	合计	—	—	—	—	—	—	*	—										—

4. 第 4 列"弥补境外以前年度亏损"：填报《境外分支机构弥补亏损明细表》（A108020）第 4 列和第 13 列的合计金额。

5. 第 5 列"境外应纳税所得额"：填报第 3－4 列的金额。

6. 第 6 列"抵减境内亏损"：填报纳税人境外所得按照税法规定抵减境内的亏损额。

7. 第 7 列"抵减境内亏损后的境外应纳税所得额"：填报第 5－6 列的金额。

8. 第 8 列"税率"：填报法定税率 25％。符合《财政部、国家税务总局关于高新技术企业境外所得适用税率及税收抵免问题的通知》（财税〔2011〕47 号）第一条规定的高新技术企业填报 15％。

9. 第 9 列"境外所得应纳税额"：填报第 7×8 列的金额。

10. 第 10 列"境外所得可抵免税额"：填报表 A108010 第 13 列的金额。

11. 第 11 列"境外所得抵免限额"：境外所得抵免限额按以下公式计算：

抵免限额＝中国境内、境外所得依照企业所得税法和条例的规定计算的应纳税总额×来源于某国（地区）的应纳税所得额÷中国境内、境外应纳税所得总额。

12. 第 12 列"本年可抵免境外所得税额"：填报纳税人本年来源于境外的所得已缴纳所得税在本年度允许抵免的金额。填报第 10 列、第 11 列孰小的金额。

13. 第 13 列"未超过境外所得税抵免限额的余额"：填报纳税人本年在抵免限额内抵免完境外所得税后有余额的、可用于抵免以前年度结转的待抵免的所得税额。本列填报第 11－12 列的金额。

14. 第 14 列"本年可抵免以前年度未抵免境外所得税额"：填报纳税人本年可抵免以前年度未抵免、结转到本年度抵免的境外所得税额。填报第 13 列、《跨年度结转抵免境外所得税明细表》（A108030）第 7 列孰小的金额。

15. 第 15 列至第 18 列由选择简易办法计算抵免额的纳税人填报。

（1）第 15 列"按低于 12.5％的实际税率计算的抵免额"：纳税人从境外取得营业利润所得以及符合境外税额间接抵免条件的股息所得，所得来源国（地区）的实际有效税率低于 12.5％的，填报按照实际有效税率计算的抵免额。

（2）第 16 列"按 12.5％计算的抵免额"：纳税人从境外取得营业利润所得以及符合境外税额间接抵免条件的股息所得，除第 15 列情形外，填报按照 12.5％计算的抵免额。

（3）第 17 列"按 25％计算的抵免额"：纳税人从境外取得营业利润所得

以及符合境外税额间接抵免条件的股息所得，所得来源国（地区）的实际有效税率高于 25％的，填报按照 25％计算的抵免额。

16. 第 19 列"境外所得抵免所得税额合计"：填报第 12＋14＋18 列的金额。

12.10.1.2 表内、表间关系

1. 表内关系。

(1) 第 5 列＝第 3－4 列。

(2) 第 7 列＝第 5－6 列。

(3) 第 9 列＝第 7×8 列。

(4) 第 12 列＝第 10 列、第 11 列孰小。

(5) 第 13 列＝第 11 列－第 12 列。

(6) 第 14 列≤第 13 列。

(7) 第 18 列＝第 15＋16＋17 列。

(8) 第 19 列＝第 12＋14＋18 列。

2. 表间关系。

(1) 第 2 列各行＝表 A108010 第 14 列相应行次。

(2) 第 2 列合计＝表 A108010 第 14 列合计。

(3) 第 3 列各行＝表 A108010 第 18 列相应行次。

(4) 第 4 列各行＝表 A108020 第 4 列相应行次＋表 A108020 第 13 列相应行次。

(5) 第 6 列合计＝表 A100000 第 18 行。

(6) 第 9 列合计＝表 A100000 第 29 行。

(7) 第 10 列各行＝表 A108010 第 13 列相应行次。

(8) 第 14 列各行＝表 A108030 第 13 列相应行次。

(9) 第 19 列合计＝表 A100000 第 30 行。

12.10.2 《境外所得纳税调整后所得明细表》（A108010） 表样及其填报说明

《境外所得纳税调整后所得明细表》（A108010）表样如表 12-8 所示。

表12-8
A108010

境外所得纳税调整后所得明细表

行次	国家（地区）	境外税后所得								境外所得可抵免的所得税额				境外税前所得	境外分支机构收入与支出纳税调整额	境外分支机构调整分摊扣除的有关成本费用	境外所得对应调整的相关成本费用支出	境外所得纳税调整后所得
		分支机构营业利润所得	股息、红利等权益性投资所得	利息所得	租金所得	特许权使用费所得	财产转让所得	其他所得	小计	直接缴纳的所得税额	间接负担的所得税额	享受税收饶让抵免税额	小计					
	1	2	3	4	5	6	7	8	9 (2+3+4+5+6+7+8)	10	11	12	13 (10+11+12)	14 (9+10+11)	15	16	17	18 (14+15-16-17)
1	—								—				—	—				—
2	—								—				—	—				—
3	—								—				—	—				—
4	—								—				—	—				—
5	—								—				—	—				—
6	—								—				—	—				—
7	—								—				—	—				—
8	—								—				—	—				—
9	—								—				—	—				—
10	合计	—											—	—				—

本表适用于取得境外所得的纳税人填报。纳税人应根据税法、《财政部、国家税务总局关于企业境外所得税收抵免有关问题的通知》（财税〔2009〕125 号）和《国家税务总局关于发布〈企业境外所得税收抵免操作指南〉的公告》（国家税务总局公告 2010 年第 1 号）规定，填报本年来源于或发生于不同国家、地区的所得按照税法规定计算的境外所得纳税调整后所得。

12.10.2.1 有关项目填报说明

1. 第 1 列"国家（地区）"：填报纳税人境外所得来源的国家（地区）名称，来源于同一个国家（地区）的境外所得可合并到一行填报。

2. 第 2 列至第 9 列"境外税后所得"：填报纳税人取得的来源于境外的税后所得，其中：第 2 列股息、红利等权益性投资所得包含通过《受控外国企业信息报告表》（国家税务总局公告 2014 年第 38 号）附件 2 计算的视同分配给企业的股息。

3. 第 10 列"直接缴纳的所得税额"：填报纳税人来源于境外的营业利润所得在境外所缴纳的企业所得税，以及就来源于或发生于境外的股息、红利等权益性投资所得、利息、租金、特许权使用费、财产转让等所得在境外被源泉扣缴的预提所得税。

4. 第 11 列"间接负担的所得税额"：填报纳税人从其直接或者间接控制的外国企业分得的来源于中国境外的股息、红利等权益性投资收益，外国企业在境外实际缴纳的所得税额中属于该项所得负担的部分。

5. 第 12 列"享受税收饶让抵免税额"：填报纳税人从与我国政府订立税收协定（或安排）的国家（地区）取得的所得，按照该国（地区）税收法律享受了免税或减税待遇，且该免税或减税的数额按照税收协定应视同已缴税额的金额。

6. 第 15 列"境外分支机构收入与支出纳税调整额"：填报纳税人境外分支机构收入、支出按照税法规定计算的纳税调整额。

7. 第 16 列"境外分支机构调整分摊扣除的有关成本费用"：填报纳税人境外分支机构应合理分摊的总部管理费等有关成本费用，同时在《纳税调整项目明细表》（A105000）进行纳税调增。

8. 第 17 列"境外所得对应调整的相关成本费用支出"：填报纳税人实际发生与取得境外所得有关但未直接计入境外所得应纳税所得的成本费用支出，同时在《纳税调整项目明细表》（A105000）进行纳税调增。

9. 第 18 列 "境外所得纳税调整后所得"：填报第 14＋15－16－17 列的金额。

12.10.2.2 表内、表间关系

1. 表内关系。
(1) 第 9 列＝第 2＋3＋…＋8 列。
(2) 第 13 列＝第 10＋11＋12 列。
(3) 第 14 列＝第 9＋10＋11 列。
(4) 第 18 列＝第 14＋15－16－17 列。

2. 表间关系。
(1) 第 13 列各行＝表 A108000 第 10 列相应行次。
(2) 第 14 列各行＝表 A108000 第 2 列相应行次。
(3) 第 14 列－第 11 列＝主表 A100000 第 14 行。
(4) 第 16 列合计＋第 17 列合计＝表 A105000 第 28 行第 3 列。
(5) 第 18 列各行＝表 A108000 第 3 列相应各行。

12.10.3 《境外分支机构弥补亏损明细表》(A108020) 表样及其填报说明

《境外分支机构弥补亏损明细表》(A108020) 表样如表 12-9 所示。

本表适用于取得境外所得的纳税人填报。纳税人应根据税法、《财政部、国家税务总局关于企业境外所得税收抵免有关问题的通知》(财税〔2009〕125 号)、《国家税务总局关于发布〈企业境外所得税收抵免操作指南〉的公告》(国家税务总局公告 2010 年第 1 号) 规定，填报境外分支机构本年及以前年度发生的税前尚未弥补的非实际亏损额和实际亏损额、结转以后年度弥补的非实际亏损额和实际亏损额。

12.10.3.1 有关项目填报说明

在汇总计算境外应纳税所得额时，企业在境外同一国家（地区）设立不具有独立纳税地位的分支机构，按照企业所得税法及实施条例的有关规定计算的亏损，不得抵减其境内或他国（地区）的应纳税所得额，但可以用同一

表 12-9

A108020

境外分支机构弥补亏损明细表

国家（地区）	行次	非实际亏损额的弥补					实际亏损额的弥补														
		以前年度结转尚未弥补的非实际亏损额	本年发生的非实际亏损额	本年弥补的以前年度非实际亏损额	结转以后年度弥补的非实际亏损额		以前年度结转尚未弥补的实际亏损额						本年发生的实际亏损额	本年弥补的以前年度实际亏损额	结转以后年度弥补的实际亏损额					
							前五年	前四年	前三年	前二年	前一年	小计			前四年	前三年	前二年	前一年	本年	小计
		1	2	3	4	5(2+3-4)	6	7	8	9	10	11(6+7+8+9+10)	12	13	14	15	16	17	18	19(14+15+16+17+18)
	1				—	—	—				—	—		—		—			—	—	—
	2					—					—	—		—		—			—	—	—
	3				—	—					—	—		—		—			—	—	—
	4					—					—	—		—		—			—	—	—
	5					—					—	—		—		—			—	—	—
	6					—					—	—		—		—			—	—	—
	7					—					—	—		—		—			—	—	—
	8					—					—	—		—		—			—	—	—
	9					—					—	—		—		—			—	—	—
	10					—					—	—		—		—			—	—	—
合计	—	—	—	—	—	—	—	—	—	—	—	—	—	—	—	—	—	—	—	—

国家（地区）其他项目或以后年度的所得按规定弥补。在填报本表时，应按照国家税务总局公告 2010 年第 1 号第 13、14 条有关规定，分析填报企业的境外分支机构发生的实际亏损额和非实际亏损额及其弥补、结转的金额。

1. 第 2 列至第 5 列"非实际亏损额的弥补"：填报纳税人境外分支机构非实际亏损额未弥补金额、本年发生的金额、本年弥补的金额、结转以后年度弥补的金额。

2. 第 6 列至第 19 列"实际亏损额的弥补"：填报纳税人境外分支机构实际亏损额弥补金额。

12.10.3.2 表内、表间关系

1. 表内关系。
(1) 第 5 列＝第 2＋3－4 列。
(2) 第 11 列＝第 6＋7＋…＋10 列。
(3) 第 19 列＝第 14＋15＋…＋18 列。

2. 表间关系。
第 4 列各行＋第 13 列各行＝表 A108000 第 4 列相应行次。

12.10.4 《跨年度结转抵免境外所得税明细表》（A108030）表样及其填报说明

《跨年度结转抵免境外所得税明细表》（A108030）表样如表 12-10 所示。

本表适用于取得境外所得的纳税人填报。纳税人应根据税法、《财政部、国家税务总局关于企业境外所得税收抵免有关问题的通知》（财税〔2009〕125 号）、《国家税务总局关于发布〈企业境外所得税收抵免操作指南〉的公告》（国家税务总局公告 2010 年第 1 号）规定，填报本年发生的来源于不同国家或地区的境外所得按照我国税收法律、法规的规定可以抵免的所得税额。

12.10.4.1 有关项目填报说明

1. 第 2 至 7 列"前五年境外所得已缴所得税未抵免余额"：填报纳税人

表 12-10

跨年度结转抵免境外所得税明细表

A108030

国家（地区）		前五年境外所得已缴所得税未抵免余额						本年实际抵免以前年度的境外已缴所得税额						结转以后年度抵免的境外所得已缴所得税额					
行次		前五年	前四年	前三年	前二年	前一年	小计	前五年	前四年	前三年	前二年	前一年	小计	前四年	前三年	前二年	前一年	本年	小计
	1	2	3	4	5	6	7(2+3+4+5+6)	8	9	10	11	12	13(8+9+10+11+12)	14(3－9)	15(4－10)	16(5－11)	17(6－12)	18	19(14+15+16+17+18)
1														—	—	—	—		—
2							—						—	—	—	—	—		—
3							—						—	—	—	—	—		—
4							—						—	—	—	—	—		—
5							—						—	—	—	—	—		—
6							—						—	—	—	—	—		—
7							—						—	—	—	—	—		—
8							—						—	—	—	—	—		—
9							—						—	—	—	—	—		—
合计	10	—	—	—	—	—	—						—	—	—	—	—		—

前五年境外所得已缴纳的企业所得税尚未抵免的余额。

2. 第 8 至 13 列 "本年实际抵免以前年度未抵免的境外已缴所得税额"：填报纳税人用本年未超过境外所得税款抵免限额的余额抵免以前年度未抵免的境外已缴所得税额。

3. 第 14 至 19 列 "结转以后年度抵免的境外所得已缴所得税额"：填报纳税人以前年度和本年未能抵免并结转以后年度抵免的境外所得已缴所得税额。

12.10.4.2 表内、表间关系

1. 表内关系。

(1) 第 7 列＝第 2＋3＋…＋6 列。

(2) 第 13 列＝第 8＋9＋…＋12 列。

(3) 第 19 列＝第 14＋15＋…＋18 列。

2. 表间关系。

(1) 第 13 列各行＝表 A108000 第 14 列相应行次。

(2) 第 18 列各行＝表 A108000 第 10 列相应行次－表 A108000 第 12 列相应行次（当表 A108000 第 10 列相应行次大于表 A108000 第 12 列相应行次时填报）。

13

第13章

跨地区经营汇总纳税企业年度分摊企业所得税

此表主要是对于执行国家税务总局 2012 年第 57 号公告[1]汇总纳税企业的所得税分摊的信息披露。

13.1 汇总纳税的注意事项

（1）境外所得的抵免限于总机构，分支机构不参与汇算清缴分摊。

虽然没有法规规定的清楚，但是我们从申报表的填写来看，境外所得可能在预缴时是作为会计利润的一部分，并入总机构的口径中，其实也是不参与分摊的。境外分支机构也不参与分摊预缴所得税。

（2）总机构当年分摊的预缴税款核对。

汇算清缴时，至少要复核一下各分支机构分摊的税款是不是都缴纳了，缴纳的是否准确，如有的地方让企业延后缴纳税款，或提前缴纳税款，这些都要关注，特别是延后缴纳的，至少要在汇算清缴前入库，才能便于扣除。

（3）参与分摊的分支机构也需要进行汇算清缴。

其实这并不是要按照分支机构自己的利润表进行纳税调整，而是根据总机构分摊的年度应分数据，与之前各家预缴的数据比对，多退少补。

注意，这里分摊的基数，即按照上年度分支机构的营业收入、职工薪酬和资产总额三个因素计算各分支机构分摊所得税款的比例；三级及以下分支机构，其营业收入、职工薪酬和资产总额统一计入二级分支机构；三因素的权重依次为 0.35、0.35、0.30。计算公式如下：

$$\frac{某分支机构}{分\ 摊\ 比\ 例} = \frac{该分支机构营业收入}{各分支机构营业收入之和} \times 0.35$$

$$+ \frac{该分支机构职工薪酬}{各分支机构职工薪酬之和} \times 0.35$$

$$+ \frac{该分支机构资产总额}{各分支机构资产总额之和} \times 0.30$$

（4）总分机构适用不同税率的情形。

对于按照税收法律、法规和其他规定，总机构和分支机构处于不同税率地区的，先由总机构统一计算全部应纳税所得额，然后按本办法第六条规定

---

[1] 国家税务总局公告 2012 年第 57 号，即《国家税务总局关于印发〈跨地区经营汇总纳税企业所得税征收管理办法〉的公告》。

的比例和按第十五条计算的分摊比例，计算划分不同税率地区机构的应纳税所得额，再分别按各自的适用税率计算应纳税额后加总计算出汇总纳税企业的应纳所得税总额，最后按本办法第六条规定的比例和按第十五条计算的分摊比例，向总机构和分支机构分摊就地缴纳的企业所得税款。

（5）合并纳税企业未考虑其特殊性，不适用于国家税务总局公告 2012年第 57 号。

国有邮政企业（包括中国邮政集团公司及其控股公司和直属单位）、中国工商银行股份有限公司、中国农业银行股份有限公司、中国银行股份有限公司、国家开发银行股份有限公司、中国农业发展银行、中国进出口银行、中国投资有限责任公司、中国建设银行股份有限公司、中国建银投资有限责任公司、中国信达资产管理股份有限公司、中国石油天然气股份有限公司、中国石油化工股份有限公司、海洋石油天然气企业（包括中国海洋石油总公司、中海石油（中国）有限公司、中海油田服务股份有限公司、海洋石油工程股份有限公司）、中国长江电力股份有限公司等企业缴纳的企业所得税（包括滞纳金、罚款）为中央收入，全额上缴中央国库，其企业所得税征收管理不适用本办法。铁路运输企业所得税征收管理不适用本办法。

且对于其二级机构的预缴当地比例的税款，并没有设置相应的申报表格式，一般是通过变通的方式进行了处理。

（6）总机构向其直接管理的建筑项目部所在地预分的所得税额。

填报建筑企业总机构按照规定在预缴纳税申报时，向其直接管理的项目部所在地按照项目收入的 0.2％预分的所得税额。这里要看，是不是项目部，如有的单位外出临时提供建筑安装服务，如提供设备安装服务，向当地地税机关申请开具发票时，被当地强征的所得税不允许扣除，为何，因为征的不对，这实际上是对纳税人利益的损失。

13.2　表样及填报说明

13.2.1　《跨地区经营汇总纳税企业年度分摊企业所得税明细表》（A109000）表样及其填报说明

《跨地区经营汇总纳税企业年度分摊企业所得税明细表》（A109000）表

样如表 13-1 所示。

表 13-1

A109000　　　　跨地区经营汇总纳税企业年度分摊企业所得税明细表

此处应是全体纳税人，不是总机构	行次	项　目	金额
	1	一、总机构实际应纳所得税额	
	2	减：境外所得应纳所得税额	
	3	加：境外所得抵免所得税额	
	4	二、总机构用于分摊的本年实际应纳所得税（1－2＋3）	
	5	三、本年累计已预分、已分摊所得税（6＋7＋8＋9）	
	6	（一）总机构向其直接管理的建筑项目部所在地预分的所得税额	
	7	（二）总机构已分摊所得税额	
	8	（三）财政集中已分配所得税额	
	9	（四）总机构所属分支机构已分摊所得税额	
	10	其中：总机构主体生产经营部门已分摊所得税额	
	11	四、总机构本年度应分摊的应补（退）的所得税（4－5）	
	12	（一）总机构分摊本年应补（退）的所得税额（11×25%）	
	13	（二）财政集中分配本年应补（退）的所得税额（11×25%）	
	14	（三）总机构所属分支机构分摊本年应补（退）的所得税额（11×50%）	
	15	其中：总机构主体生产经营部门分摊本年应补（退）的所得税额	
	16	五、总机构境外所得抵免后的应纳所得税额（2－3）	
	17	六、总机构本年应补（退）的所得税额（12＋13＋15＋16）	

本表适用于跨地区经营汇总纳税的纳税人填报。纳税人应根据税法、《财政部、国家税务总局、中国人民银行关于印发〈跨省市总分机构企业所得税分配及预算管理办法〉的通知》（财预〔2012〕40 号）、《国家税务总局关于印发〈跨地区经营汇总纳税企业所得税征收管理办法〉的公告》（国家税务总局公告 2012 年第 57 号）规定计算总分机构每一纳税年度应缴的企业所得税、总分机构应分摊的企业所得税。

13.2.1.1　有关项目填报说明

1. 第 1 行"总机构实际应纳所得税额"：填报《企业所得税年度纳税申报表》（A100000）第 31 行的金额。

2. 第 2 行"境外所得应纳所得税额"：填报表 A100000 第 29 行的金额。

3. 第 3 行"境外所得抵免所得税额"：填报表 A100000 第 30 行的金额。

4. 第 4 行"总机构用于分摊的本年实际应纳所得税"：填报第 1－2＋3 行的金额。

5. 第 5 行"本年累计已预分、已分摊所得税"：填报总机构按照税收规定计算的跨地区分支机构本年累计已分摊的所得税额、建筑企业总机构直接管理的跨地区项目部本年累计已预分并就地预缴的所得税额。填报第 6＋7＋8＋9 行的金额。

6. 第 6 行"总机构向其直接管理的建筑项目部所在地预分的所得税额"：填报建筑企业总机构按照规定在预缴纳税申报时，向其直接管理的项目部所在地按照项目收入的 0.2％预分的所得税额。

7. 第 7 行"总机构已分摊所得税额"：填报总机构在预缴申报时已按照规定比例计算缴纳的由总机构分摊的所得税额。

8. 第 8 行"财政集中已分配所得税额"：填报总机构在预缴申报时已按照规定比例计算缴纳的由财政集中分配的所得税额。

9. 第 9 行"总机构所属分支机构已分摊所得税额"：填报总机构在预缴申报时已按照规定比例计算缴纳的由所属分支机构分摊的所得税额。

10. 第 10 行"总机构主体生产经营部门已分摊所得税额"：填报总机构在预缴申报时已按照规定比例计算缴纳的由总机构主体生产经营部门分摊的所得税额。

11. 第 11 行"总机构本年度应分摊的应补（退）的所得税"：填报总机构汇总计算本年度应补（退）的所得税额，不包括境外所得应纳所得税额。填报第 4－5 行的金额。

12. 第 12 行"总机构分摊本年应补（退）的所得税额"：填报第 11 行×25％的金额。

13. 第 13 行"财政集中分配本年应补（退）的所得税额"：填报第 11 行×25％的金额。

14. 第 14 行"总机构所属分支机构分摊本年应补（退）的所得税额"：

填报第 11 行×50％的金额。

15. 第 15 行"总机构主体生产经营部门分摊本年应补（退）的所得税额"：填报第 11 行×总机构主体生产经营部门分摊比例的金额。

16. 第 16 行"总机构境外所得抵免后的应纳所得税额"：填报第 2－3 行的金额。

17. 第 17 行"总机构本年应补（退）的所得税额"：填报第 12＋13＋15＋16 行的金额

13.2.1.2　表内、表间关系

1.　表内关系。

（1）第 4 行＝第 1－2＋3 行。

（2）第 5 行＝第 6＋7＋8＋9 行。

（3）第 11 行＝第 4－5 行。

（4）第 12 行＝第 11 行×25％。

（5）第 13 行＝第 11 行×25％。

（6）第 14 行＝第 11 行×50％。

（7）第 15 行＝第 11 行×总机构主体生产经营部门分摊比例。

（8）第 16 行＝第 2－3 行。

（9）第 17 行＝第 12＋13＋15＋16 行。

2.　表间关系。

（1）第 1 行＝表 A10000 第 31 行。

（2）第 2 行＝表 A10000 第 29 行。

（3）第 3 行＝表 A10000 第 30 行。

（4）第 5 行＝表 A10000 第 32 行。

（5）第 12＋16 行＝表 A10000 第 34 行。

（6）第 13 行＝表 A100000 第 35 行。

（7）第 15 行＝表 A10000 第 36 行。

13.2.2　《企业所得税汇总纳税分支机构所得税分配表》（A109010）表样及其填报说明

《企业所得税汇总纳税分支机构所得税分配表》（A109010）表样如表

13-2 所示。

本表适用于跨地区经营汇总纳税的总机构填报。纳税人应根据税法、《财政部、国家税务总局、中国人民银行关于印发〈跨省市总分机构企业所得税分配及预算管理办法〉的通知》(财预〔2012〕40 号)、《国家税务总局关于印发〈跨地区经营汇总纳税企业所得税征收管理办法〉的公告》(国家税务总局公告 2012 年第 57 号)规定计算总分机构每一纳税年度应缴的企业所得税、总分机构应分摊的企业所得税。

表 13-2

A109010　　　　　**企业所得税汇总纳税分支机构所得税分配表**

税款所属期间：2014 年 1 月 1 日至 2014 年 12 月 31 日

总机构名称(盖章)：

金额单位：元
(列至角分)

总机构纳税人识别号		应纳所得税额	总机构分摊所得税额		总机构财政集中分配所得税额		分支机构分摊所得税额
		−400.00					
分支机构情况	分支机构纳税人识别号	分支机构名称	三项因素			分配比例	分配所得税额
			营业收入	职工薪酬	资产总额		
	合计	—				0%	—

13.2.2.1　具体项目填报说明

1. "税款所属时期"：填报公历 1 月 1 日至 12 月 31 日。

2. "总机构名称"、"分支机构名称"：填报税务机关核发的税务登记证记载的纳税人全称。

3. "总机构纳税人识别号"、"分支机构纳税人识别号"：填报税务机关核发的税务登记证件号码（15 位）。

4. "应纳所得税额"：填报总机构按照汇总计算的、且不包括境外所得应纳所得税额的本年应补（退）的所得税额。数据来源于《跨地区经营汇总纳税企业年度分摊企业所得税明细表》（A109000）第 11 行"总机构本年度应分摊的应补（退）的所得税"。

5. "总机构分摊所得税额"：填报总机构统一计算的本年应补（退）的所得税额的 25%。

6. "总机构财政集中分配所得税额"：填报总机构统一计算的本年应补（退）的所得税额的 25%。

7. "分支机构分摊所得税额"：填报总机构根据税务机关确定的分摊方法计算，由各分支机构进行分摊的本年应补（退）的所得税额。

8. "营业收入"：填报上一年度各分支机构销售商品、提供劳务、让渡资产使用权等日常经营活动实现的全部收入的合计额。

9. "职工薪酬"：填报上一年度各分支机构为获得职工提供的服务而给予各种形式的报酬以及其他相关支出的合计额。

10. "资产总额"：填报上一年度各分支机构在经营活动中实际使用的应归属于该分支机构的资产合计额。

11. "分配比例"：填报经总机构所在地主管税务机关审核确认的各分支机构分配比例，分配比例应保留小数点后四位。

12. "分配所得税额"：填报分支机构按照分支机构分摊所得税额乘以相应的分配比例的金额。

13. "合计"：填报上一年度各分支机构的营业收入总额、职工薪酬总额和资产总额三项因素的合计数及本年各分支机构分配比例和分配税额的合计数。

13.2.2.2 表内、表间关系

1. 表内关系。

（1）总机构分摊所得税额＝应纳所得税额×25％。

（2）总机构财政集中分配所得税额＝应纳所得税额×25％。

（3）分支机构分摊所得税额＝应纳所得税额×50％。

（4）分支机构分配比例＝（该分支机构营业收入÷分支机构营业收入合计）×35％＋（该分支机构职工薪酬÷分支机构职工薪酬合计）×35％＋（该分支机构资产总额÷分支机构资产总额）×30％。

（5）分支机构分配所得税额＝该分支机构分配比例×分支机构分摊所得税额。

2. 表间关系。

应纳所得税额＝表 A109000 第 11 行。

14

第14章

汇算清缴风险点观察

关于新启用的纳税申报表，无论是纳税人、企业，还是我们的主管税务机关，以及政策的制定部门，如何来有效实施，并且及时发现其中的风险点，对于彼此的多方都是非常值得思考的，我们也结合自己的理解，粗浅地对申报表相关的风险点进行披露，以利于多方有效履行其职责。

14.1 从报表中发现问题

14.1.1 比较利润总额

确认利润总额的填写数据是否与纳税人提供的审计报告一致，不能仅使用年初未分配利润加上当年的净利润，验证是否等于年末未分配利润，因为有利润分配、增资的因素，所以必须要关注这个逻辑，可能发现有追溯调整之前年度损益事项，遗漏应税所得的事项。

14.1.2 资产减值损失、公允价值变动

确定纳税人的附表 A105000 是否对此进行了相应的纳税调整处理。对于某些行业，其逻辑并不是一定等同的。不过对于减值准备，多有之前年度已扣除的情形，如果当年度冲回，可能还要作纳税调减处理，所以可以关注之前企业的纳税申报表，看看有无相应的减值准备调增处理。

14.1.3 营业外支出

要对每一项营业外支出进行复核，看其是否调整到位，特别是涉及资产损失、捐赠支出是否在后续的明细表中进行相应纳税调整的处理。

14.1.4 营业收入

这个项目可以查阅企业的审计报告（如有），看有无当年收入根据风险未确认的情形，一般情形的小企业，是根据开具发票的收入确认收入，而不是根据所得税的确认标准进行确认的，如有无融资租赁公司利息收入的罚息收入等。

14.1.5　期间费用

其中涉及的对外付汇情形，重点可以复核一下代扣代缴税费的延伸情形，如果是代承担的税费，可以不允许税前扣除。但考虑实际情况其实还是有经济利益关系的。

14.1.6　营业税金及附加

由于没有明细科目，因此需要重点查看房地产企业、建筑安装企业本身计提的土地增值税、营业税金及附加，由于权责发生制只计提，并不缴纳，所以这一部分不扣除。但是由于信息不充分，所以还需要看金额大小之后再进行补充了解。

14.1.7　财务费用

根据其利息收支金额，了解是否有资本化而未资本化的情形，同时验证其有无关联方借款、债资比之类的调整情形。

14.1.8　资本公积

这个科目往往隐藏着风险，如同一集团内的资产划拨、交易，往往不通过公允价值的方式处理，而是直接划拨账面价值，因此对于转出方而言，风险往往在于视同销售的处理，对于转入方而言，目前也是脱节管理的。当然还有一些财政拨款之类的事项包括在内。通过资产负债表的年末年初比较，看有无变化，进而确认有无涉税问题。

当然，我们还可以通过一些指标逻辑的前后期比较、同业比较等方式进行风险筛选，另外，如果当期的应付款项或其他应付款项较年初余额有较大增长，要关注汇算清缴前对方科目的变化（根据预缴申报数据），可能在汇算清缴前有未取得发票的情形。

14.2　纳税调整的风险事项

以往，我们在关注企业的涉税风险时，往往集中于工资薪金及三项经费、业务招待费和捐赠支出、跨期费用等，同时结合发票的真假进行检查，这些更多是表面上易于检查的风险点，另一方面，也需要提示企业在这方面不要有遗漏性的风险，要关注风险度进行管理。纳税调整的风险事项如表14-1所示。

表 14-1 纳税调整的风险事项

事项	注意风险点	处理建议
视同销售	首先确定是否已填列，且填列之后的调整结果如何	企业要充分关注自己的涉税利益，如视同销售价格、利润的处理等
未按权责发生制确认的收入	对于货物及劳务，关注成本的同步调整处理	
投资收益	● 关注填表是否正确，只填投资有所得，而不是有损失的情形，会计上按会计口径对应填写； ● 结合资产损失表，与利润表的投资收益数据验证下相近度	
交易性金融资产初始投资调整	首先可以看看是否有交易性金融资产，如果有，一般都要调整，同时债券投资、股权投资是不是都要关注？	申报表只是对某一而非全部事项的列示，易引起遗漏与误解
不征税收入	作为不征税收入的，要看看能否满足三个条件	
销售折扣、折让和退回	这个一般填写的情形不多	
其他	个税手续费是否继续关注，无法支付的款项、盘盈等事项	
工资薪金	● 当期有纳税调减的，验证原来调增的数据； ● 劳务派遣工，如何认可，看各地的口径再讨论； ● 国家有关部门进行工资限额管理的，注意可以进行验证； ● 股权激励，只认可实际发生的，而不是授予时点的会计数据确认，为子公司员工进行的股权激励支出，如何认可值得关注	
职工福利费	实际发生额进行确认纳税调整	

续表

事项	注意风险点	处理建议
职工教育经费	实际发放金额与 2.5% 和其他比例的比较	
业务招待费	验证收入基数计算，看看有无调增个人所得税（一般情形下是代为承担的），至少看看处理的方式如何，地税的同志也可以看看代扣代缴的情形	如企业同为地税机关的纳税人
捐赠支出	看看公益性机构在不在名单之中	
不征税收入对应的支出	如果有不征税收入，可以查验当期支出及追溯五年（60 个月）看支出是否完整	如形成资产，是通过折旧、摊销表进行调整的
佣金和手续费	受限的佣金和手续费，基数是每笔业务的收入，不是总收入的基数统算	首先界定是不是受限的佣金和手续费归集对象
境外所得分摊的共同支出	如有境外所得，一般是有发生费用的分摊需要	
房地产开发企业特定业务	需要查验企业预售的房产的完工时点	
特定行业准备金	由于缺乏计算过程，只填写结果，需要确认准备金计提的税收标准与会计数据比较，并且需要关注涉农和中小企业贷款是分类适用还是合并适用	银行的准备金分类适用在实践当中存在争议
资产损失	无论何种损失，必须完成申报，否则不予认可	
高新技术、软件和集成电路设计企业	按税收的标准来判断当年度能否享受税收优惠的条件	
资产折旧、摊销	看看加速折旧有无备案，是否符合六大行业的标准	
弥补亏损	之前年度的数据是否是经过申报系统确认的数据	
股息红利免税	如果是股票分红，确认是否超过 12 个月，如果是权益法核算的投资收益分红，要看投资收益明细表中是否已进行了纳税调增处理，否责会造成损益表没数，却多减一次的情形	会计核算造成的涉税处理步骤
境外抵免	以提供境外的完税凭证为前提	
预缴税款书	验证预缴填写数与税单是否一致	

续表

事项	注意风险点	处理建议
重组并购	往往所涉事项重大，单一事项重点关注，包括一般性税务处理及特殊性税务处理	

14.3　填报说明的修订预期

　　纳税申报表的逻辑表达可能与税法的规定有差异化的理解，甚至不一致，此时我们还是要以尊重税法规定为前提进行处理，汇算清缴期间的申报表填报说明也可能会有修订或补充，需要进行同步的关注。

　　比如，目前我们关注的减免所得调整的公式、职工薪酬调整的填报说明等，都有必要进一步细化或明确，以减少流转的误导。

附录

2014年发布的主要税收法规

财政部、国家税务总局关于非货币性资产投资
企业所得税政策问题的通知

（财税〔2014〕116 号　2014 年 12 月 31 日）

各省、自治区、直辖市、计划单列市财政厅（局）、国家税务局、地方税务局，新疆生产建设兵团财务局：

为贯彻落实《国务院关于进一步优化企业兼并重组市场环境的意见》（国发〔2014〕14 号），根据《中华人民共和国企业所得税法》及其实施条例有关规定，现就非货币性资产投资涉及的企业所得税政策问题明确如下：

一、居民企业（以下简称企业）以非货币性资产对外投资确认的非货币性资产转让所得，可在不超过 5 年期限内，分期均匀计入相应年度的应纳税所得额，按规定计算缴纳企业所得税。

二、企业以非货币性资产对外投资，应对非货币性资产进行评估并按评估后的公允价值扣除计税基础后的余额，计算确认非货币性资产转让所得。

企业以非货币性资产对外投资，应于投资协议生效并办理股权登记手续时，确认非货币性资产转让收入的实现。

三、企业以非货币性资产对外投资而取得被投资企业的股权，应以非货币性资产的原计税成本为计税基础，加上每年确认的非货币性资产转让所得，逐年进行调整。

被投资企业取得非货币性资产的计税基础，应按非货币性资产的公允价值确定。

四、企业在对外投资 5 年内转让上述股权或投资收回的，应停止执行递延纳税政策，并就递延期内尚未确认的非货币性资产转让所得，在转让股权或投资收回当年的企业所得税年度汇算清缴时，一次性计算缴纳企业所得税；企业在计算股权转让所得时，可按本通知第三条第一款规定将股权的计税基础一次调整到位。

企业在对外投资 5 年内注销的，应停止执行递延纳税政策，并就递延期内尚未确认的非货币性资产转让所得，在注销当年的企业所得税年度汇算清缴时，一次性计算缴纳企业所得税。

五、本通知所称非货币性资产，是指现金、银行存款、应收账款、应收

票据以及准备持有至到期的债券投资等货币性资产以外的资产。

本通知所称非货币性资产投资,限于以非货币性资产出资设立新的居民企业,或将非货币性资产注入现存的居民企业。

六、企业发生非货币性资产投资,符合《财政部 国家税务总局关于企业重组业务企业所得税处理若干问题的通知》(财税〔2009〕59 号)等文件规定的特殊性税务处理条件的,也可选择按特殊性税务处理规定执行。

七、本通知自 2014 年 1 月 1 日起执行。本通知发布前尚未处理的非货币性资产投资,符合本通知规定的可按本通知执行。

财政部、国家税务总局关于延续并完善支持农村金融发展有关税收政策的通知

(财税〔2014〕102 号 2014 年 12 月 26 日)

各省、自治区、直辖市、计划单列市财政厅(局)、国家税务局、地方税务局,新疆生产建设兵团财务局:

为继续支持农村金融发展,解决农民贷款难问题,经国务院批准,现就农村金融有关税收政策通知如下:

一、自 2014 年 1 月 1 日至 2016 年 12 月 31 日,对金融机构农户小额贷款的利息收入,免征营业税。

二、自 2014 年 1 月 1 日至 2016 年 12 月 31 日,对金融机构农户小额贷款的利息收入,在计算应纳税所得额时,按 90%计入收入总额。

三、自 2014 年 1 月 1 日至 2016 年 12 月 31 日,对保险公司为种植业、养殖业提供保险业务取得的保费收入,在计算应纳税所得额时,按 90%计入收入总额。

四、本通知所称农户,是指长期(一年以上)居住在乡镇(不包括城关镇)行政管理区域内的住户,还包括长期居住在城关镇所辖行政村范围内的住户和户口不在本地而在本地居住一年以上的住户,国有农场的职工和农村个体工商户。位于乡镇(不包括城关镇)行政管理区域内和在城关镇所辖行政村范围内的国有经济的机关、团体、学校、企事业单位的集体户;有本地户口,但举家外出谋生一年以上的住户,无论是否保留承包耕地均不属于农户。农户以户为统计单位,既可以从事农业生产经营,也可以从事非农业生产经营。农户贷款的判定应以贷款发放时的承贷主体是否属于农户为准。

本通知所称小额贷款，是指单笔且该户贷款余额总额在 10 万元（含）以下贷款。

本通知所称保费收入，是指原保险保费收入加上分保费收入减去分出保费后的余额。

五、金融机构应对符合条件的农户小额贷款利息收入进行单独核算，不能单独核算的不得适用本通知第一条、第二条规定的优惠政策。

请遵照执行。

财政部、国家税务总局关于促进企业重组
有关企业所得税处理问题的通知
（财税〔2014〕109 号　2014 年 12 月 25 日）

各省、自治区、直辖市、计划单列市财政厅（局）、国家税务局、地方税务局，新疆生产建设兵团财务局：

为贯彻落实《国务院关于进一步优化企业兼并重组市场环境的意见》（国发〔2014〕14 号），根据《中华人民共和国企业所得税法》及其实施条例有关规定，现就企业重组有关企业所得税处理问题明确如下：

一、关于股权收购

将《财政部 国家税务总局关于企业重组业务企业所得税处理若干问题的通知》（财税〔2009〕59 号）第六条第（二）项中有关"股权收购，收购企业购买的股权不低于被收购企业全部股权的 75%"规定调整为"股权收购，收购企业购买的股权不低于被收购企业全部股权的 50%"。

二、关于资产收购

将财税〔2009〕59 号文件第六条第（三）项中有关"资产收购，受让企业收购的资产不低于转让企业全部资产的 75%"规定调整为"资产收购，受让企业收购的资产不低于转让企业全部资产的 50%"。

三、关于股权、资产划转

对 100%直接控制的居民企业之间，以及受同一或相同多家居民企业 100%直接控制的居民企业之间按账面净值划转股权或资产，凡具有合理商业目的、不以减少、免除或者推迟缴纳税款为主要目的，股权或资产划转后连续 12 个月内不改变被划转股权或资产原来实质性经营活动，且划出方企业和划入方企业均未在会计上确认损益的，可以选择按以下规定进行特殊性

税务处理:

1. 划出方企业和划入方企业均不确认所得。

2. 划入方企业取得被划转股权或资产的计税基础,以被划转股权或资产的原账面净值确定。

3. 划入方企业取得的被划转资产,应按其原账面净值计算折旧扣除。

四、本通知自 2014 年 1 月 1 日起执行。本通知发布前尚未处理的企业重组,符合本通知规定的可按本通知执行。

财政部、国家税务总局关于完善固定资产加速折旧企业所得税政策的通知

(财税〔2014〕75 号 2014 年 10 月 20 日)

各省、自治区、直辖市、计划单列市财政厅(局)、国家税务局、地方税务局,新疆生产建设兵团财务局:

为贯彻落实国务院完善固定资产加速折旧政策精神,现就有关固定资产加速折旧企业所得税政策问题通知如下:

一、对生物药品制造业,专用设备制造业,铁路、船舶、航空航天和其他运输设备制造业,计算机、通信和其他电子设备制造业,仪器仪表制造业,信息传输、软件和信息技术服务业等 6 个行业的企业 2014 年 1 月 1 日后新购进的固定资产,可缩短折旧年限或采取加速折旧的方法。

对上述 6 个行业的小型微利企业 2014 年 1 月 1 日后新购进的研发和生产经营共用的仪器、设备,单位价值不超过 100 万元的,允许一次性计入当期成本费用在计算应纳税所得额时扣除,不再分年度计算折旧;单位价值超过 100 万元的,可缩短折旧年限或采取加速折旧的方法。

二、对所有行业企业 2014 年 1 月 1 日后新购进的专门用于研发的仪器、设备,单位价值不超过 100 万元的,允许一次性计入当期成本费用在计算应纳税所得额时扣除,不再分年度计算折旧;单位价值超过 100 万元的,可缩短折旧年限或采取加速折旧的方法。

三、对所有行业企业持有的单位价值不超过 5000 元的固定资产,允许一次性计入当期成本费用在计算应纳税所得额时扣除,不再分年度计算折旧。

四、企业按本通知第一条、第二条规定缩短折旧年限的，最低折旧年限不得低于企业所得税法实施条例第六十条规定折旧年限的60%；采取加速折旧方法的，可采取双倍余额递减法或者年数总和法。本通知第一至三条规定之外的企业固定资产加速折旧所得税处理问题，继续按照企业所得税法及其实施条例和现行税收政策规定执行。

五、本通知自2014年1月1日起执行。

国家税务总局关于固定资产加速折旧税收政策
有关问题的公告

（国家税务总局公告2014年第64号　2014年11月14日）

为落实国务院完善固定资产加速折旧政策，促进企业技术改造，支持创业创新，根据《中华人民共和国企业所得税法》（以下简称企业所得税法）及其实施条例、《财政部、国家税务总局关于完善固定资产加速折旧企业所得税政策的通知》（财税〔2014〕75号）规定，现就落实完善固定资产加速折旧企业所得税政策有关问题公告如下：

一、对生物药品制造业，专用设备制造业，铁路、船舶、航空航天和其他运输设备制造业，计算机、通信和其他电子设备制造业，仪器仪表制造业，信息传输、软件和信息技术服务业等行业企业（以下简称六大行业），2014年1月1日后购进的固定资产（包括自行建造），允许按不低于企业所得税法规定折旧年限的60%缩短折旧年限，或选择采取双倍余额递减法或年数总和法进行加速折旧。

六大行业按照国家统计局《国民经济行业分类与代码（GB/4754－2011)》确定。今后国家有关部门更新国民经济行业分类与代码，从其规定。

六大行业企业是指以上述行业业务为主营业务，其固定资产投入使用当年主营业务收入占企业收入总额50%（不含）以上的企业。所称收入总额，是指企业所得税法第六条规定的收入总额。

二、企业在2014年1月1日后购进并专门用于研发活动的仪器、设备，单位价值不超过100万元的，可以一次性在计算应纳税所得额时扣除；单位价值超过100万元的，允许按不低于企业所得税法规定折旧年限的60%缩短折旧年限，或选择采取双倍余额递减法或年数总和法进行加速折旧。

用于研发活动的仪器、设备范围口径，按照《国家税务总局关于印发

〈企业研究开发费用税前扣除管理办法〈试行〉〉的通知》（国税发〔2008〕116 号）或《科学技术部财政部国家税务总局关于印发高新技术企业认定管理工作指引）的通知》（国科发火〔2008〕362 号）规定执行。

企业专门用于研发活动的仪器、设备已享受上述优惠政策的，在享受研发费加计扣除时，按照《国家税务总局关于印发〈企业研发费用税前扣除管理办法（试行）〉的通知》（国税发〔2008〕116 号）、《财政部、国家税务总局关于研究开发费用税前加计扣除有关政策问题的通知》（财税〔2013〕70 号）的规定，就已经进行会计处理的折旧、费用等金额进行加计扣除。

六大行业中的小型微利企业研发和生产经营共用的仪器、设备，可以执行本条第一、二款的规定。所称小型微利企业，是指企业所得税法第二十八条规定的小型微利企业。

三、企业持有的固定资产，单位价值不超过 5 000 元的，可以一次性在计算应纳税所得额时扣除。企业在 2013 年 12 月 31 日前持有的单位价值不超过 5 000 元的固定资产，其折余价值部分，2014 年 1 月 1 日以后可以一次性在计算应纳税所得额时扣除。

四、企业采取缩短折旧年限方法的，对其购置的新固定资产，最低折旧年限不得低于企业所得税法实施条例第六十条规定的折旧年限的 60%；企业购置已使用过的固定资产，其最低折旧年限不得低于实施条例规定的最低折旧年限减去已使用年限后剩余年限的 60%，最低折旧年限一经确定，一般不得变更。

五、企业的固定资产采取加速折旧方法的，可以采用双倍余额递减法或者年数总和法。加速折旧方法一经确定，一般不得变更。

所称双倍余额递减法或者年数总和法，按照《国家税务总局关于企业固定资产加速折旧所得税处理有关问题的通知》（国税发〔2009〕81 号）第四条的规定执行。

六、企业的固定资产既符合本公告优惠政策条件，同时又符合《国家税务总局关于企业固定资产加速折旧所得税处理有关问题的通知》（国税发〔2009〕81 号）、《财政部国家税务总局关于进一步鼓励软件产业和集成电路产业发展企业所得税政策的通知》（财税〔2012〕27 号）中相关加速折旧政策条件的，可由企业选择其中最优惠的政策执行，且一经选择，不得改变。

七、企业固定资产采取一次性税前扣除、缩短折旧年限或加速折旧方法的，预缴申报时，须同时报送《固定资产加速折旧（扣除）预缴情况统计表》（见附件1），年度申报时，实行事后备案管理，并按要求报送相关资料。

　　企业应将购进固定资产的发票、记账凭证等有关凭证、凭据（购入已使用过的固定资产，应提供已使用年限的相关说明）等资料留存备查，并应建立台账，准确核算税法与会计差异情况。

　　主管税务机关应对适用本公告规定优惠政策的企业加强后续管理，对预缴申报时享受了优惠政策的企业，年终汇算清缴时应对企业全年主营业务收入占企业收入总额的比例进行重点审核。

　　八、本公告适用于 2014 年及以后纳税年度。

　　特此公告。

附件：

1. 固定资产加速折旧（扣除）预缴情况统计表
2. 《固定资产加速折旧（扣除）预缴情况统计表》填报说明

附件 1

所属时间：
纳税人识别号：
纳税人名称：
所属行业：

固定资产加速折旧（扣除）预缴情况统计表

年 月 日至 年 月 日

行次	项 目	房屋、建筑物			机器设备和其他固定资产			合 计				
		原值	本期折旧（扣除）额	累计折旧（扣除）额	原值	本期折旧（扣除）额	累计折旧（扣除）额	原值	本期折旧（扣除）额		累计折旧（扣除）额	
									正常折旧额	加速折旧额	正常折旧额	加速折旧额
1	一、六大行业固定资产											
2	（一）生物药品制造业											
3	（二）专用设备制造业											
4	（三）铁路、船舶、航空航天和其他运输设备制造业											
5	（四）计算机、通信和其他电子设备制造业											
6	（五）仪器仪表制造业											

续表

行次	项目	房屋、建筑物 原值	房屋、建筑物 本期折旧(扣除)额	房屋、建筑物 累计折旧(扣除)额	机器设备和其他固定资产 原值	机器设备和其他固定资产 本期折旧(扣除)额	机器设备和其他固定资产 累计折旧(扣除)额	合计 本期折旧(扣除)额 正常折旧额	合计 本期折旧(扣除)额 加速折旧额	合计 累计折旧(扣除)额 正常折旧额	合计 累计折旧(扣除)额 加速折旧额
7	(六)信息传输、软件和信息技术服务业										
8	(七)其他行业										
9	二、允许一次性扣除的固定资产										
10	(一)单位价值不超过100万元的研发仪器、设备										
11	其中：六大行业小型微利企业研发和生产经营共用的仪器、设备										
12	(二)单位价值不超过5 000元的固定资产										
13	总　计										

法人代表：(签章)　　　填表人：

附件 2

《固定资产加速折旧（扣除）预缴情况统计表》填报说明

一、本表适用于符合《财政部、国家税务总局关于完善固定资产加速折旧税收政策有关问题的通知》（财税〔2014〕75 号）和本公告规定的企业，填报享受固定资产加速折旧和一次性扣除优惠政策的统计情况，不作为纳税申报表格。企业月（季）度预缴企业所得税时，作为附报资料，随同纳税申报表一并报送。年度申报时，在企业所得税年度纳税申报表中统一填报，不单独填报本表。

企业享受《国家税务总局关于企业固定资产加速折旧所得税处理有关问题的通知》（国税发〔2009〕81 号）规定的固定资产加速折旧优惠政策的，不填报本表。

二、为统计加速折旧（扣除）政策的优惠数据，固定资产填报按以下情况掌握：

（一）会计处理采取正常折旧方法，税法规定采取缩短年限方法的，按税法规定折旧完毕后，该项固定资产不再填写本表；

（二）会计处理采取正常折旧方法，税法规定采取年数总和法、双倍余额递减法方法的，从按税法规定折旧金额小于按会计处理折旧金额的月（季）度起，该项固定资产不再填写本表；

（三）会计处理、税法规定均采取加速折旧方法的，合计栏项下"正常折旧额"，按该类固定资产税法最低折旧年限和直线法估算"正常折旧额"后，与税法规定的"加速折旧额"比较，计算加速折旧金额。

税法规定采取缩短年限方法的，在折旧完毕后，该项固定资产不再填写本表。税法规定采取年数总和法、双倍余额递减法的，加速折旧额小于会计处理折旧额（或正常折旧额）的月份、季度起，该项固定资产不再填写本表。

三、有关项目填报说明

（一）表头项目

1. 所属时间：填报本年度固定资产加速折旧或一次性扣除的起始时间至本月份、季度申报的截止时间。

2. 所属行业：六大行业企业按照本表项目栏纵向对应的实际从事行业填写；六大行业以外的其他行业，不填写。

（二）行次填报

1. 六大行业按照本公告规定确定的六大行业，分别填报本表第2行至第7行。

第8行"其他行业"：由单位价值超过100万元的研发仪器、设备采取缩短折旧年限或加速折旧方法的六大行业之外的其他企业填写。

2. 允许一次性扣除的固定资产，按照单位价值不超过100万元的研发仪器、设备等和单位价值不超过5 000元的情况，分别填写。小微企业研发与经营活动共用的仪器、设备一次扣除，同时填写本表第10行、第11行。

（三）列次填报

1. 原值：填写固定资产实际购置价值。自行建造固定资产，按照会计入账价值确定。

2. 本期折旧（扣除）额：预缴申报时填报当月（季）度税法口径的折旧（扣除）额。

3. 累计折旧（扣除）额：预缴申报时填报本年度1月1日截止当月（季）度税法口径的折旧（扣除）额。

4. 合计栏"本期折旧（扣除）额"中的"加速折旧额"－"正常折旧额"的差额，反映本月、本季度加速折旧或一次性扣除政策导致应纳税所得额减少的金额。

"累计折旧（扣除）额"中的"加速折旧额"－"正常折旧额"的差额，反映本年度1月1日截止当月（季）度，加速折旧或一次性扣除政策导致应纳税所得税额减少的金额。

（1）正常折旧额：会计上未采取加速折旧方法的，按照会计账册反映的折旧额填报。

会计上采取缩短年限法的，按照不短于税法上该类固定资产最低折旧年限和直线法计算的折旧额填报；会计上采取年数总和法、双倍余额递减法的，按照直线法换算的折旧额填报。当会计折旧额小于税法加速折旧额时，该类固定资产不再填报本表。

（2）加速折旧额：填报固定资产缩短折旧年限法、年数总和法、双倍余额递减法、一次性扣除等，在本月、季度实际计入应纳税所得额的数额。

注1：六大行业

代码				类别名称	说　明
门类	大类	中类	小类		
C	27	276	2760	生物药品制造	指利用生物技术生产生物化学药品、基因工程药物的生产活动
C	35			专用设备制造业	
		351		采矿、冶金、建筑专用设备制造	
			3511	矿山机械制造	指用于各种固体矿物及石料的开采和洗选的机械设备及其专门配套设备的制造；包括建井设备，采掘、凿岩设备，矿山提升设备，矿物破碎、粉磨设备，矿物筛分、洗选设备，矿用牵引车及矿车等产品及其专用配套件的制造
			3512	石油钻采专用设备制造	指对陆地和海洋的石油、天然气等专用开采设备的制造；不包括海上石油、天然气勘探开采平台及相关漂浮设备的制造
			3513	建筑工程用机械制造	指建筑施工及市政公共工程用机械的制造
			3514	海洋工程专用设备制造	指海上工程、海底工程、近海工程的专用设备制造，不含港口工程设备以及船舶、潜水、救捞等设备制造
			3515	建筑材料生产专用机械制造	指生产水泥、水泥制品、玻璃及玻璃纤维、建筑陶瓷、砖瓦等建筑材料所使用的各种生产、搅拌成型机械的制造
			3516	冶金专用设备制造	指金属冶炼、锭坯铸造、轧制及其专用配套设备等生产专用设备的制造
		352		化工、木材、非金属加工专用设备制造	
			3521	炼油、化工生产专用设备制造	指炼油、化学工业生产专用设备的制造，但不包括包装机械等通用设备的制造
			3522	橡胶加工专用设备制造	指加工橡胶，或以橡胶为材料生产橡胶制品的专用机械制造

代　码				类别名称	说　明
门类	大类	中类	小类		
			3523	塑料加工专用设备制造	指塑料加工工业中所使用的各类专用机械和装置的制造
			3524	木材加工机械制造	指加工木材、木质板材及木制品的生产专用机械的制造，包括人造板成套设备及非木质人造板成套设备制造、人造板二次加工成套设备制造
			3525	模具制造	指金属铸造用模具、矿物材料用模具、橡胶或塑料用模具及其他用途的模具的制造
			3529	其他非金属加工专用设备制造	
		353		食品、饮料、烟草及饲料生产专用设备制造	
			3531	食品、酒、饮料及茶生产专用设备制造	指主要用于食品、酒、饮料生产及茶制品加工等专用设备的制造
			3532	农副食品加工专用设备制造	指对谷物、干豆类等农作物的筛选、碾磨、储存等专用机械，糖料和油料作物加工机械，畜禽屠宰、水产品加工及盐加工机械的制造
			3533	烟草生产专用设备制造	
			3534	饲料生产专用设备制造	
		354		印刷、制药、日化及日用品生产专用设备制造	
			3541	制浆和造纸专用设备制造	指在制浆、造纸、纸加工及纸制品的生产过程中所用的各类机械和设备的制造
			3542	印刷专用设备制造	指使用印刷或其他方式将图文信息转移到承印物上的专用生产设备的制造
			3543	日用化工专用设备制造	指日用化学工业产品，如洗涤用品、口腔清洁用品、化妆品、香精、香料、动物胶、感光材料及其他日用化学制品专用生产设备的制造
			3544	制药专用设备制造	指化学原料药和药剂、中药饮片及中成药专用生产设备的制造

续表

代码				类别名称	说　明
门类	大类	中类	小类		
			3545	照明器具生产专用设备制造	指用于生产各种电灯泡、荧光灯管等电光源和各种照明器具产品专用生产设备的制造
			3546	玻璃、陶瓷和搪瓷制品生产专用设备制造	指用于生产加工玻璃制品、玻璃器皿等的专用机械，陶瓷器等类似产品的加工机床和生产专用机械，以及搪瓷制品生产设备的制造
			3549	其他日用品生产专用设备制造	指上述未列明的日用品、工艺美术品的生产专用机械设备的制造
		355		纺织、服装和皮革加工专用设备制造	
			3551	纺织专用设备制造	指纺织纤维预处理、纺纱、织造和针织机械的制造
			3552	皮革、毛皮及其制品加工专用设备制造	指在制革、毛皮鞣制及其制品的加工生产过程中所使用的各种专用设备的制造
			3553	缝制机械制造	指用于服装、鞋帽、箱包等制作的专用缝纫机械制造，以及生产加工各种面料服装、鞋帽所包括的铺布、裁剪、整烫、输送管理等机械和羽绒加工设备的制造
			3554	洗涤机械制造	指洗衣店等专业洗衣机械的制造；不包括家用洗衣机的制造
		356		电子和电工机械专用设备制造	
			3561	电工机械专用设备制造	指电机、电线、电缆等电站、电工专用机械及器材的生产设备的制造
			3562	电子工业专用设备制造	指生产半导体器件、集成电路、电子元件、电真空器件专用设备的制造，以及电子设备整机装配专用设备的制造
		357		农、林、牧、渔专用机械制造	
			3571	拖拉机制造	
			3572	机械化农业及园艺机具制造	指用于土壤处理，作物种植或施肥，种植物收割的农业、园艺或其他机械的制造

代　码				类别名称	说　明
门类	大类	中类	小类		
			3573	营林及木竹采伐机械制造	
			3574	畜牧机械制造	指草原建设、管理，畜禽养殖及畜禽产品采集等专用机械的制造
			3575	渔业机械制造	指渔业养殖、渔业捕捞等专用设备的制造
			3576	农林牧渔机械配件制造	指拖拉机配件和其他农林牧渔机械配件的制造
			3577	棉花加工机械制造	指棉花加工专用机械制造，棉花加工成套设备的制造和安装
			3579	其他农、林、牧、渔业机械制造	指用于农产品初加工机械，以及其他未列明的农、林、牧、渔业机械的制造
		358		医疗仪器设备及器械制造	
			3581	医疗诊断、监护及治疗设备制造	指用于内科、外科、眼科、妇产科、中医等医疗专用诊断、监护、治疗等方面的设备制造
			3582	口腔科用设备及器具制造	指用于口腔治疗、修补设备及器械的制造
			3583	医疗实验室及医用消毒设备和器具制造	指医疗实验室或医疗用消毒、灭菌设备及器具的制造
			3584	医疗、外科及兽医用器械制造	指各种手术室、急救室、诊疗室等医疗专用及兽医用手术器械、医疗诊断用品和医疗用具的制造
			3585	机械治疗及病房护理设备制造	指各种治疗设备、病房护理及康复专用设备的制造
			3586	假肢、人工器官及植（介）入器械制造	指外科、牙科等医疗专用及兽医用假肢、人工器官、植入器械的制造，还包括矫形器具的制造
			3589	其他医疗设备及器械制造	指外科、牙科等医疗专用及兽医用家具器械的制造，以及其他未列明的医疗设备及器械的制造
		359		环保、社会公共服务及其他专用设备制造	

续表

代　码				类别名称	说　明
门类	大类	中类	小类		
			3591	环境保护专用设备制造	指环境污染防治、废旧物品加工，以及工业材料回收专用设备的制造
			3592	地质勘查专用设备制造	指地质勘查（勘探）专用设备的制造；不包括通用钻采、挖掘机械的制造
			3593	邮政专用机械及器材制造	
			3594	商业、饮食、服务专用设备制造	
			3595	社会公共安全设备及器材制造	指公安、消防、安全等社会公共安全设备及器材的制造和加工
			3596	交通安全、管制及类似专用设备制造	指除铁路运输以外的道路运输、水上运输及航空运输等有关的管理、安全、控制专用设备的制造；不包括电气照明设备、信号设备的制造
			3597	水资源专用机械制造	指水利工程管理、节水工程及水的生产、供应专用设备的制造
			3599	其他专用设备制造	指上述类别中未列明的其他专用设备的制造，包括同位素设备的制造
C	37			铁路、船舶、航空航天和其他运输设备制造业	
		371		铁路运输设备制造	
			3711	铁路机车车辆及动车组制造	指以外来电源或以蓄电池驱动的，或以压燃式发动机及其他方式驱动的，能够牵引铁路车辆的动力机车、铁路动车组的制造，以及用于运送旅客和用以装运货物的客车、货车及其他铁路专用车辆的制造
			3712	窄轨机车车辆制造	指可用于交通运输的窄轨内燃机车、电力机车和窄轨非机动车的制造
			3713	铁路机车车辆配件制造	指铁道或有轨机车及其拖拽车辆的专用零配件的制造
			3714	铁路专用设备及器材、配件制造	指铁路安全或交通控制设备的制造，以及其他铁路专用设备及器材、配件的制造

代码				类别名称	说　明
门类	大类	中类	小类		
			3719	其他铁路运输设备制造	
		372	3720	城市轨道交通设备制造	
		373		船舶及相关装置制造	
			3731	金属船舶制造	指以钢质、铝质等各种金属为主要材料，为民用或军事部门建造远洋、近海或内陆河湖的金属船舶的制造
			3732	非金属船舶制造	指以各种木材、水泥、玻璃钢等非金属材料，为民用或军事部门建造船舶的活动
			3733	娱乐船和运动船制造	指游艇和用于娱乐或运动的其他船只的制造
			3734	船用配套设备制造	指船用主机、辅机设备的制造
			3735	船舶改装与拆除	
			3739	航标器材及其他相关装置制造	指用于航标的各种器材，以及不以航行为主的船只的制造，不含海上浮动装置的制造
		374		航空、航天器及设备制造	
			3741	飞机制造	指在大气同温层以内飞行的用于运货或载客，用于国防，以及用于体育运动或其他用途的各种飞机及其零件的制造，包括飞机发动机的制造
			3742	航天器制造	
			3743	航空、航天相关设备制造	
			3749	其他航空航天器制造	
		375		摩托车制造	
			3751	摩托车整车制造	指不论是否装有边斗的摩托车制造，包括摩托车发动机的制造
			3752	摩托车零部件及配件制造	
		376		自行车制造	
			3761	脚踏自行车及残疾人座车制造	指未装马达，主要以脚蹬驱动，装有一个或多个轮子的脚踏车辆、残疾人座车及其零件的制造
			3762	助动自行车制造	指主要以蓄电池作为辅助能源，具有两个车轮，能实现人力骑行、电动或电动助力功能的特种自行车及其零件的制造

续表

代 码				类别名称	说　明
门类	大类	中类	小类		
		377	3770	非公路休闲车及零配件制造	指运动休闲车（不含跑车、山地车和越野车）、四轮休闲车、草地车、观光车等的制造
		379		潜水救捞及其他未列明运输设备制造	
			3791	潜水及水下救捞装备制造	指潜水装置及水下作业、救捞装备的制造
			3799	其他未列明运输设备制造	指手推车辆、牲畜牵引车辆的制造，以及上述未列明的交通运输设备的制造
C	39			**计算机、通信和其他电子设备制造业**	
		391		计算机制造	
			3911	计算机整机制造	指将可进行算术或逻辑运算的中央处理器和外围设备集成计算整机的制造，也包括硬件与软件集成计算机系统的制造，还包括来件组装计算机的加工
			3912	计算机零部件制造	指组成电子计算机的内存、板卡、硬盘、电源、机箱、显示器等部件的制造
			3913	计算机外围设备制造	指计算机外围设备及附属设备的制造；包括输入设备、输出设备和外存储设备等的制造
			3919	其他计算机制造	指计算机应用电子设备（以中央处理器为核心，配以专业功能模块、外围设备等构成各行业应用领域专用的电子产品及设备，如金融电子、汽车电子、医疗电子、工业控制计算机及装置、信息采集及识别设备、数字化 3C 产品等）、信息安全设备（用于保护网络和计算机中信息和数据安全的专用设备，包括边界安全、通信安全、身份鉴别与访问控制、数据安全、基础平台、内容安全、评估审计与监控、安全应用设备等），以及其他未列明计算机设备的制造

代 码				类别名称	说 明
门类	大类	中类	小类		
		392		通信设备制造	
			3921	通信系统设备制造	指固定或移动通信接入、传输、交换设备等通信系统建设所需设备的制造
			3922	通信终端设备制造	指固定或移动通信终端设备的制造
		393		广播电视设备制造	
			3931	广播电视节目制作及发射设备制造	指广播电视节目制作、发射设备及器材的制造
			3932	广播电视接收设备及器材制造	指专业广播电视接收设备、专业用录音录像重放、音响设备及其他配套的广播电视设备的制造，但不包括家用广播电视接收设备及装置的制造
			3939	应用电视设备及其他广播电视设备制造	指应用电视设备、其他广播电视设备和器材的制造
		394	3940	雷达及配套设备制造	指雷达整机及雷达配套产品的制造
		395		视听设备制造	
			3951	电视机制造	指非专业用电视机制造
			3952	音响设备制造	指非专业用无线电收音机、收录音机、唱机等音响设备的制造
			3953	影视录放设备制造	指非专业用录像机、摄像机、激光视盘机等影视设备整机及零部件的制造，包括教学用影视设备的制造，但不包括广播电视等专业影视设备的制造
		396		电子器件制造	
			3961	电子真空器件制造	指电子热离子管、冷阴极管或光电阴极管及其他真空电子器件，以及电子管零件的制造
			3962	半导体分立器件制造	
			3963	集成电路制造	指单片集成电路、混合式集成电路的制造
			3969	光电子器件及其他电子器件制造	指光电子器件、显示器件和组件，以及其他未列明的电子器件的制造

代码				类别名称	说　明
门类	大类	中类	小类		
		397		电子元件制造	
			3971	电子元件及组件制造	指组装好的电子模压组件、微型组件或类似组件的制造
			3972	印制电路板制造	指在绝缘板上通过常规或非常规的印刷工艺，使导电元件、触点或电感器件、电阻器和电容器等其他印刷元件组成的电路及专用元件的制造
		399	3990	其他电子设备制造	指电子（气）物理设备及其他未列明的电子设备的制造
C	40			仪器仪表制造业	
		401		通用仪器仪表制造	
			4011	工业自动控制系统装置制造	指用于连续或断续生产制造过程中，测量和控制生产制造过程的温度、压力、流量、物位等变量或者物体位置、倾斜、旋转等参数的工业用计算机控制系统、检测仪表、执行机构和装置的制造
			4012	电工仪器仪表制造	指用于电压、电流、电阻、功率等电磁量的测量、计量、采集、监测、分析、处理、检验与控制用仪器仪表及系统装置的制造
			4013	绘图、计算及测量仪器制造	指供设计、制图、绘图、计算、测量，以及学习或办公、教学等使用的测量和绘图用具、器具、精密天平及量仪的制造
			4014	实验分析仪器制造	指利用物质的物理、化学、电学等性能对物质进行定性、定量分析和结构分析，以及湿度、粘度、质量、比重等性能测定所使用的仪器的制造；用于对各种物体在温度、湿度、光照、辐射等环境变化后适应能力的实验装置的制造；各种物体物化特性参数测量的仪器、实验装置及相关器具的制造

代码				类别名称	说明
门类	大类	中类	小类		
			4015	试验机制造	指测试、评定和研究材料、零部件及其制成品的物理性能、机械（力学）性能、工艺性能、安全性能、舒适性能的实验仪器和设备的制造
			4019	供应用仪表及其他通用仪器制造	指电、气、水、油和热等类似气体或液体的供应过程中使用的计量仪表、自动调节或控制仪器及装置，以及其他未列明的通用仪器仪表和仪表元器件的制造
		402		专用仪器仪表制造	
			4021	环境监测专用仪器仪表制造	指对环境中的污染物、噪声、放射性物质、电磁波等进行监测和监控的专用仪器仪表及系统装置的制造
			4022	运输设备及生产用计数仪表制造	指汽车、船舶及工业生产用转数计、生产计数器、里程记录器及类似仪表的制造
			4023	导航、气象及海洋专用仪器制造	指用于气象、海洋、水文、天文、航海、航空等方面的导航、制导、测量仪器和仪表及类似装置的制造
			4024	农林牧渔专用仪器仪表制造	指农、林、牧、渔生产专用仪器、仪表及类似装置的制造
			4025	地质勘探和地震专用仪器制造	指地质勘探、钻采、地震等地球物理专用仪器、仪表及类似装置的制造
			4026	教学专用仪器制造	指专供教学示范或展览，而无其他用途的专用仪器的制造
			4027	核子及核辐射测量仪器制造	指专门用于核离子射线的测量或检验的仪器、装置，核辐射探测器等核专业用仪器仪表的制造
			4028	电子测量仪器制造	指用电子技术实现对被测对象（电子产品）的电参数定量检测装置的制造
			4029	其他专用仪器制造	指用于纺织、电站热工仪表等其他未列明的专用仪器的制造

续表

门类	大类	中类	小类	类别名称	说　　明
		403	4030	钟表与计时仪器制造	指各种钟、表、钟表机芯、时间记录装置、计时器的制造，还包括装有钟表机芯或同步马达，用以测量、记录或指示时间间隔的装置、定时开关，以及钟表零配件的制造
		404		光学仪器及眼镜制造	
			4041	光学仪器制造	指用玻璃或其他材料（如石英、萤石、塑料或金属）制作的光学配件、装配好的光学元件、组合式光学显微镜，以及军用望远镜等光学仪器的制造
			4042	眼镜制造	指眼镜成镜、眼镜框架和零配件、眼镜镜片、角膜接触镜（隐形眼镜）及护理产品的制造
		409	4090	其他仪器仪表制造业	指上述未列明的仪器、仪表的制造
I				**信息传输、软件和信息技术服务业**	**本门类包括63～65大类**
	63			电信、广播电视和卫星传输服务	
		631		电信	指利用有线、无线的电磁系统或者光电系统，传送、发射或者接收语音、文字、数据、图像以及其他任何形式信息的活动
			6311	固定电信服务	指从事固定通信业务活动
			6312	移动电信服务	指从事移动通信业务活动
			6319	其他电信服务	指除固定电信服务、移动电信服务外，利用固定、移动通信网从事的信息服务
		632		广播电视传输服务	
			6321	有线广播电视传输服务	指有线广播电视网和信号的传输服务
			6322	无线广播电视传输服务	指无线广播电视信号的传输服务
		633	6330	卫星传输服务	指人造卫星的电信传输和广播电视传输服务
	64			互联网和相关服务	

代 码				类别名称	说　明
门类	大类	中类	小类		
		641	6410	互联网接入及相关服务	指除基础电信运营商外，基于基础传输网络为存储数据、数据处理及相关活动，提供接入互联网的有关应用设施的服务
		642	6420	互联网信息服务	指除基础电信运营商外，通过互联网提供在线信息、电子邮箱、数据检索、网络游戏等信息服务
		649	6490	其他互联网服务	指除基础电信运营商服务、互联网接入及相关服务、互联网信息服务以外的其他未列明互联网服务
	65			软件和信息技术服务业	指对信息传输、信息制作、信息提供和信息接收过程中产生的技术问题或技术需求所提供的服务
		651	6510	软件开发	指为用户提供计算机软件、信息系统或者设备中嵌入的软件，或者在系统集成、应用服务等技术服务时提供软件的开发和经营活动；包括基础软件、支撑软件、应用软件、嵌入式软件、信息安全软件、计算机（应用）系统、工业软件以及其他软件的开发和经营活动
		652	6520	信息系统集成服务	指基于需方业务需求进行的信息系统需求分析和系统设计，并通过结构化的综合布缆系统、计算机网络技术和软件技术，将各个分离的设备、功能和信息等集成到相互关联的、统一和协调的系统之中，以及为信息系统的正常运行提供支持的服务；包括信息系统设计、集成实施、运行维护等服务
		653	6530	信息技术咨询服务	指在信息资源开发利用、工程建设、人员培训、管理体系建设、技术支撑等方面向需方提供的管理或技术咨询评估服务；包括信息化规划、信息技术管理咨询、信息系统工程监理、测试评估、信息技术培训等

续表

代　　码				类别名称	说　　明
门类	大类	中类	小类		
		654	6540	数据处理和存储服务	指供方向需方提供的信息和数据的分析、整理、计算、编辑、存储等加工处理服务，以及应用软件、业务运营平台、信息系统基础设施等的租用服务；包括各种数据库活动、网站内容更新、数据备份服务、数据存储服务、在线企业资源规划（ERP）、在线杀毒、电子商务平台、物流信息服务平台、服务器托管、虚拟主机等
		655	6550	集成电路设计	指 IC 设计服务，即企业开展的集成电路功能研发、设计等服务
		659		其他信息技术服务业	
			6591	数字内容服务	指数字内容的加工处理，即将图片、文字、视频、音频等信息内容运用数字化技术进行加工处理并整合应用的服务
			6592	呼叫中心	指受企事业单位委托，利用与公用电话网或因特网连接的呼叫中心系统和数据库技术，经过信息采集、加工、存储等建立信息库，通过固定网、移动网或因特网等公众通信网络向用户提供有关该企事业单位的业务咨询、信息咨询和数据查询等服务
			6599	其他未列明信息技术服务业	

注 2：国家税务总局所得税司有关负责人就完善固定资产加速折旧企业所得税政策答记者问

一、问：完善固定资产加速折旧政策的背景是什么？

答：当前，制约制造业投资的关键问题是企业资金紧张。今年以来，制造业投资增速有所下滑，企业自身投资能力不足、外部融资成本高等因素制约了企业转型升级。在此情况下，需要尽快为制造业注入流动性，促进技术革新、产业升级，向中高端水平迈进。为此，国务院决定，进一步完善固定资产加速折旧政策。通过进一步完善固定资产和研发仪器设备加速折旧政策，减轻企业投资初期的税收负担，改善企业现金流，调动企业提高设备投资、更新改造和科技创新的积极性。这是一项既利当前、更惠长远的重大举措，对于提高传统产业竞争力，增强经济发展后劲和活力，实现提质增效升级和持续稳定增长，促进就业，完善我国支持企业创新的税收政策体系等都具有重要意义。

二、问：完善固定资产加速折旧政策有哪些主要内容？

答：根据《财政部、国家税务总局关于完善固定资产加速折旧企业所得税政策的通知》（财税〔2014〕75 号）的规定，完善固定资产加速折旧企业所得税政策有如下内容：

1. 对生物药品制造业，专用设备制造业，铁路、船舶、航空航天和其他运输设备制造业，计算机、通信和其他电子设备制造业，仪器仪表制造业，信息传输、软件和信息技术服务业等 6 个行业的企业，2014 年 1 月 1 日后新购进的固定资产，可以缩短折旧年限或采取加速折旧的方法。

对上述 6 个行业的小型微利企业 2014 年 1 月 1 日后新购进的研发和生产经营共用的仪器、设备，单位价值不超过 100 万元的，允许一次性计入当期成本费用在计算应纳税所得额时扣除，不再分年度计算折旧；单位价值超过 100 万元的，可以缩短折旧年限或采取加速折旧的方法。

2. 对所有行业企业 2014 年 1 月 1 日后新购进的专门用于研发的仪器、设备，单位价值不超过 100 万元的，允许一次性计入当期成本费用在计算应纳税所得额时扣除，不再分年度计算折旧；单位价值超过 100 万元的，可以缩短折旧年限或采取加速折旧的方法。

3. 对所有企业持有的单位价值不超过 5 000 元的固定资产，允许一次性计入当期成本费用在计算应纳税所得额时扣除，不再分年度计算折旧。

三、问：为贯彻落实国务院完善固定资产加速折旧政策，国家税务总局采取了哪些措施？

答：国务院决定实施完善固定资产加速折旧政策后，为贯彻落实国务院的政策精神，使有关政策内容尽快落地，10 月 20 日，税务总局与财政部联合发布了《财政部、国家税务总局关于完善固定资产加速折旧企业所得税政策的通知》（财税〔2014〕75 号），就有关政策的具体内容作出明确。为解决具体操作管理问题，11 月 14 日，国家税务总局下发了《国家税务总局关于固定资产加速折旧税收政策有关问题的公告》（国家税务总局公告 2014 年第 64 号），就贯彻落实具体征管问题作出了详细规定。在税务总局门户网站及其他媒体对加速折旧政策及管理问题进行了宣传解读。此外，还专门对纳税申报表的相关内容进行了修订。下一步，税务总局还将不断进行宣传、培训，做好后续管理工作，加强各地政策落实督导，确保优惠政策落实到位。

四、问：为何选择六大行业实施完善加速折旧政策？

答：此次的加速折旧政策选择了生物药品制造业、专用设备制造业，铁路、船舶、航空航天和其他运输设备制造业，计算机、通信和其他电子设备制造业，仪器仪表制造业，信息传输、软件和信息技术服务业等 6 个行业，主要是考虑这些行业都是国家鼓励的战略性新兴产业。按照《"十二五"国家战略性新兴产业发展规划》，到 2015 年战略性新兴产业增加值占国内生产总值比重将达到 8％左右，这些行业在国民经济体系中影响大，对产业结构升级、节能减排、提高人民健康水平、增加就业等带动作用明显。通过实施加速折旧政策，能够直接或间接带动固定资产投资的大幅增长，加速产业升级，促进经济平稳增长和产业结构进一步优化。

另外，国家有关部门将根据此项优惠政策实施情况，适时扩大或调整加速折旧企业所得税政策适用的行业范围。

五、问：六大行业按照什么标准进行划分？

答：为增强税收优惠政策的确定性，公告规定，六大行业具体按照国家统计局《国民经济行业分类与代码（GB/4754－2011）》执行。今后国家有关部门更新国民经济行业分类与代码，从其规定。

六、问：六大行业企业享受加速折旧政策的口径是什么？

答：享受加速折旧税收优惠政策的六大行业企业是指以上述行业业务为主营业务，其固定资产投入使用当年主营业务收入占企业收入总额 50％（不含）以上的企业。

为使这项优惠政策真正落实到国家鼓励的行业企业，考虑到企业多业经营的情况，在认定六大行业企业时，使用收入指标来界定。在实际执行中，应注意以下几点：第一，收入口径为收入总额，引用了《企业所得税法》第六条所称的收入总额的概念，避免在计算比例时引发歧义。第二，在计算时应使用固定资产开始用于生产经营当年的数据。第三，企业在生产经营过程中，收入占比可能发生变化，为了简便可行，应以固定资产开始用于生产经营当年的数据为准，以后发生变化的，也不影响企业享受优惠政策。

七、问：六大行业企业享受固定资产加速折旧政策的固定资产范围是什么？

答：此次完善固定资产加速折旧企业所得税政策中"固定资产"的范围，包括以下几项：

1. 房屋、建筑物；

2. 飞机、火车、轮船、机器、机械和其他生产设备；

3. 与生产经营活动有关的器具、工具、家具等；

4. 飞机、火车、轮船以外的运输工具；

5. 电子设备。

八、问：加速折旧政策对小型微利企业有特别优惠吗？

答：有。加速折旧政策中规定的适用于所有企业的优惠政策，小型微利企业只要符合条件都可以享受。此外，考虑到小型微利企业普遍存在研发和生产共用仪器、设备的情况，公告特别规定，对六大行业中的小型微利企业2014 年 1 月 1 日后购进的研发和生产经营共用的仪器、设备，单位价值不超过 100 万元的，允许一次性计入当期成本费用在计算应纳税所得额时扣除，不再分年度计算折旧。单位价值超过 100 万元的，允许按不低于《企业所得税法》规定折旧年限的 60％缩短折旧年限，或选择采取双倍余额递减法或年数总和法进行加速折旧。

九、问：享受加速折旧优惠政策的小型微利企业的标准是什么？

答：此次加速折旧企业所得税优惠政策中的小型微利企业，是指《企业所得税法》第二十八条规定的小型微利企业。即从事国家非限制和禁止行业，并符合下列条件的企业：

1. 工业企业，年度应纳税所得额不超过 30 万元，从业人数不超过 100 人，资产总额不超过 3 000 万元；

2. 其他企业，年度应纳税所得额不超过 30 万元，从业人数不超过 80 人，资产总额不超过 1 000 万元。

十、问：新购进的固定资产如何理解？

答：这里"新购进"中的"新"字，只是区别于原已购进的固定资产，不是规定非要购进全新的固定资产，即包括企业 2014 年以后购进的已使用过的固定资产。固定资产的取得包括外购、自行建造、投资者投入、融资租入等多种方式。公告明确的"购进"是指：以货币购进的固定资产和自行建造的固定资产。考虑到自行建造固定资产所使用的材料实际也是购入的，因此把自行建造的固定资产也看作是"购进"的。

十一、问：新购进固定资产的时间点如何把握？

答：新购进的固定资产，是指 2014 年 1 月 1 日以后购买，并且在此后投入使用。设备购置时间应以设备发票开具时间为准。采取分期付款或赊销方式取得设备的，以设备到货时间为准。

企业自行建造的固定资产，其购置时间点原则上应以建造工程竣工决算的时间点为准。

十二、问：税法规定与会计处理差异问题是否影响企业享受加速折旧优惠政策？

答：《国家税务总局关于企业所得税应纳税所得额若干问题的公告》（国家税务总局公告 2014 年第 29 号）规定，企业按税法规定实行加速折旧的，其按加速折旧办法计算的折旧额可全额在税前扣除。也就是说，企业会计处理上是否采取加速折旧方法，不影响企业享受加速折旧税收优惠政策，企业在享受加速折旧税收优惠政策时，不需要会计上也同时采取与税收上相同的折旧方法。

十三、问：享受加速折旧税收优惠需要税务机关审批吗？

答：为方便纳税人，企业享受此项加速折旧企业所得税优惠不需要税务机关审批，而是实行事后备案管理。总、分机构汇总纳税的企业对所属分支机构享受加速折旧政策的，由其总机构向其所在地主管税务机关备案。

为简化办税手续，在备案时纳税人只需提供相应报表，而发票等原始凭证、记账凭证等无需报送税务机关，留存企业备查即可。同时，为加强管理，企业应建立台账，准确核算税法与会计差异情况。

十四、问：预缴申报时可以享受加速折旧税收优惠吗？

答：为使政策及时落地，企业在预缴时就可以享受加速折旧政策。企业在预缴申报时，由于无法取得主营业务收入占收入总额的比重数据，可以由企业合理预估，先行享受。到年底时如果不符合规定比例，则在汇算清缴时一并进行纳税调整。

为了便于税务机关能够及时准确了解企业享受此项优惠政策的实际情况，要求企业在预缴申报时，应报送《固定资产加速折旧（扣除）预缴情况统计表》。

十五、问：企业享受加速折旧政策是否会对企业应享受的研发费用加计扣除优惠产生影响？

答：企业专门用于研发活动的仪器、设备已享受加速折旧政策的，在享受研发费用加计扣除时，应按照研发费用加计扣除的有关文件，就已经进行会计处理的折旧、费用等金额进行加计扣除。因此，对于开展研发活动的企业来说，意味着在会计上按照公告规定进行加速折旧处理的折旧、费用，若符合加计扣除条件的话，仍可以进行加计扣除，享受双重的优惠。

应注意的是，根据《国家税务总局关于印发〈企业研发费用税前扣除管理办法（试行）的通知〉》（国税发〔2008〕116 号）、《财政部、国家税务总局关于研究开发费用税前加计扣除有关政策问题的通知》（财税〔2013〕70号）的有关规定，小型微利企业研发和生产经营共用的仪器、设备所发生的折旧、费用等金额，不能享受研发费用加计扣除政策。

十六、问：新、旧加速折旧政策能否择优享受？

答：企业的资产如果既符合本公告的规定，又符合国税发〔2009〕81号文件的规定，以及符合《关于进一步鼓励软件产业和集成电路产业发展所得税政策的通知》（财税〔2012〕27号）中相关加速折旧政策条件的，企业可以选择最优的政策执行。需要注意的是，企业一经选择，不得改变。

十七、问：企业在2013年12月31日前持有的单位价值不超过5 000元的固定资产，能否享受新的折旧政策？

答：新政策规定对所有企业持有的单位价值不超过5 000元的固定资产，允许一次性计入当期成本费用在计算应纳税所得额时扣除，不再分年度计算折旧。这里的"5 000元"是指企业固定资产的原始成本，不是折余价值。这里的"持有"，既包括2014年1月1日前已经购进，也包括2014年1月1日后新购进的单位价值不超过5 000元的固定资产。本着有利于企业的原则，对于企业在2013年12月31日前持有的单位价值不超过5 000元的固定资产，税收上已经作为固定资产进行处理的，其折余价值部分可在2014年1月1日以后一次性在计算应纳税所得额时扣除。

国家税务总局关于房地产开发企业成本对象
管理问题的公告
（国家税务总局公告2014年第35号　2014年6月16日）

2014年1月28日，国务院发布《关于取消和下放一批行政审批项目的决定》（国发〔2014〕5号），取消了房地产开发企业开发产品计税成本对象事先备案制度。为做好取消房地产开发企业开发产品计税成本对象事先备案制度的落实和后续管理工作，现将有关问题公告如下：

一、房地产开发企业应依据计税成本对象确定原则确定已完工开发产品的成本对象，并就确定原则、依据，共同成本分配原则、方法，以及开发项目基本情况、开发计划等出具专项报告，在开发产品完工当年企业所得税年度纳税申报时，随同《企业所得税年度纳税申报表》一并报送主管税务机关。

　　房地产开发企业将已确定的成本对象报送主管税务机关后，不得随意调整或相互混淆。如确需调整成本对象的，应就调整的原因、依据和调整前后成本变化情况等出具专项报告，在调整当年企业所得税年度纳税申报时报送主管税务机关。

　　二、房地产开发企业应建立健全成本对象管理制度，合理区分已完工成本对象、在建成本对象和未建成本对象，及时收集、整理、保存成本对象涉及的证据材料，以备税务机关检查。

　　三、各级税务机关要认真清理以前的管理规定，今后不得以任何理由进行变相审批。

　　主管税务机关应对房地产开发企业报送的成本对象确定专项报告做好归档工作，及时进行分析，加强后续管理。对资料不完整、不规范的，应及时通知房地产开发企业补齐、修正；对成本对象确定不合理或共同成本分配方法不合理的，主管税务机关有权进行合理调整；对成本对象确定情况异常的，主管税务机关应进行专项检查；对不如实出具专项报告或不出具专项报告的，应按《中华人民共和国税收征收管理法》的相关规定进行处理。

　　四、本公告自发布之日起 30 日后施行。《国家税务总局关于印发〈房地产开发经营业务企业所得税处理办法〉的通知》（国税发〔2009〕31 号）第二十六条第二款同时废止。本公告施行前房地产开发企业尚未完成开发产品成本对象事先备案的，也按本公告执行。

　　特此公告。

国家税务总局关于企业所得税应纳税所得额
若干问题的公告

（国家税务总局公告 2014 年第 29 号　2014 年 5 月 23 日）

根据《中华人民共和国企业所得税法》及其实施条例（以下简称税法）的规定，现将企业所得税应纳税所得额若干问题公告如下：

　　一、企业接收政府划入资产的企业所得税处理

　　（一）县级以上人民政府（包括政府有关部门，下同）将国有资产明确以股权投资方式投入企业，企业应作为国家资本金（包括资本公积）处理。该项资产如为非货币性资产，应按政府确定的接收价值确定计税基础。

　　（二）县级以上人民政府将国有资产无偿划入企业，凡指定专门用途并

按《财政部、国家税务总局关于专项用途财政性资金企业所得税处理问题的通知》（财税〔2011〕70号）规定进行管理的，企业可作为不征税收入进行企业所得税处理。其中，该项资产属于非货币性资产的，应按政府确定的接收价值计算不征税收入。

县级以上人民政府将国有资产无偿划入企业，属于上述（一）、（二）项以外情形的，应按政府确定的接收价值计入当期收入总额计算缴纳企业所得税。政府没有确定接收价值的，按资产的公允价值计算确定应税收入。

二、企业接收股东划入资产的企业所得税处理

（一）企业接收股东划入资产（包括股东赠予资产、上市公司在股权分置改革过程中接收原非流通股股东和新非流通股股东赠予的资产、股东放弃本企业的股权，下同），凡合同、协议约定作为资本金（包括资本公积）且在会计上已做实际处理的，不计入企业的收入总额，企业应按公允价值确定该项资产的计税基础。

（二）企业接收股东划入资产，凡作为收入处理的，应按公允价值计入收入总额，计算缴纳企业所得税，同时按公允价值确定该项资产的计税基础。

三、保险企业准备金支出的企业所得税处理

根据《财政部、国家税务总局关于保险公司准备金支出企业所得税税前扣除有关政策问题的通知》（财税〔2012〕45号）有关规定，保险企业未到期责任准备金、寿险责任准备金、长期健康险责任准备金、已发生已报告未决赔款准备金和已发生未报告未决赔款准备金应按财政部下发的企业会计有关规定计算扣除。

保险企业在计算扣除上述各项准备金时，凡未执行财政部有关会计规定仍执行中国保险监督管理委员会有关监管规定的，应将两者之间的差额调整当期应纳税所得额。

四、核电厂操纵员培养费的企业所得税处理

核力发电企业为培养核电厂操纵员发生的培养费用，可作为企业的发电成本在税前扣除。企业应将核电厂操纵员培养费与员工的职工教育经费严格区分，单独核算，员工实际发生的职工教育经费支出不得计入核电厂操纵员培养费直接扣除。

五、固定资产折旧的企业所得税处理

（一）企业固定资产会计折旧年限如果短于税法规定的最低折旧年限，其按会计折旧年限计提的折旧高于按税法规定的最低折旧年限计提的折旧部

分，应调增当期应纳税所得额；企业固定资产会计折旧年限已期满且会计折旧已提足，但税法规定的最低折旧年限尚未到期且税收折旧尚未足额扣除，其未足额扣除的部分准予在剩余的税收折旧年限继续按规定扣除。

（二）企业固定资产会计折旧年限如果长于税法规定的最低折旧年限，其折旧应按会计折旧年限计算扣除，税法另有规定除外。

（三）企业按会计规定提取的固定资产减值准备，不得税前扣除，其折旧仍按税法确定的固定资产计税基础计算扣除。

（四）企业按税法规定实行加速折旧的，其按加速折旧办法计算的折旧额可全额在税前扣除。

（五）石油天然气开采企业在计提油气资产折耗（折旧）时，由于会计与税法规定计算方法不同导致的折耗（折旧）差异，应按税法规定进行纳税调整。

六、施行时间

本公告适用于 2013 年度及以后年度企业所得税汇算清缴。

企业 2013 年度汇算清缴前接收政府或股东划入资产，尚未进行企业所得税处理的，可按本公告执行。对于手续不齐全、证据不清的，企业应在 2014 年 12 月 31 日前补充完善。企业凡在 2014 年 12 月 31 日前不能补充完善的，一律作为应税收入或计入收入总额进行企业所得税处理。

特此公告。

财政部、国家税务总局、证监会关于沪港股票市场交易互联互通机制试点有关税收政策的通知

（财税〔2014〕81 号　2014 年 10 月 31 日）

各省、自治区、直辖市、计划单列市财政厅（局）、国家税务局、地方税务局，新疆生产建设兵团财务局，上海、深圳证券交易所，中国证券登记结算公司：

经国务院批准，现就沪港股票市场交易互联互通机制试点涉及的有关税收政策问题明确如下：

一、关于内地投资者通过沪港通投资香港联合交易所有限公司（以下简称香港联交所）上市股票的所得税问题

（一）内地个人投资者通过沪港通投资香港联交所上市股票的转让差价

所得税。

对内地个人投资者通过沪港通投资香港联交所上市股票取得的转让差价所得，自 2014 年 11 月 17 日起至 2017 年 11 月 16 日止，暂免征收个人所得税。

（二）内地企业投资者通过沪港通投资香港联交所上市股票的转让差价所得税。

对内地企业投资者通过沪港通投资香港联交所上市股票取得的转让差价所得，计入其收入总额，依法征收企业所得税。

（三）内地个人投资者通过沪港通投资香港联交所上市股票的股息红利所得税。

对内地个人投资者通过沪港通投资香港联交所上市 H 股取得的股息红利，H 股公司应向中国证券登记结算有限责任公司（以下简称中国结算）提出申请，由中国结算向 H 股公司提供内地个人投资者名册，H 股公司按照 20％的税率代扣个人所得税。内地个人投资者通过沪港通投资香港联交所上市的非 H 股取得的股息红利，由中国结算按照 20％的税率代扣个人所得税。个人投资者在国外已缴纳的预提税，可持有效扣税凭证到中国结算的主管税务机关申请税收抵免。

对内地证券投资基金通过沪港通投资香港联交所上市股票取得的股息红利所得，按照上述规定计征个人所得税。

（四）内地企业投资者通过沪港通投资香港联交所上市股票的股息红利所得税。

1. 对内地企业投资者通过沪港通投资香港联交所上市股票取得的股息红利所得，计入其收入总额，依法计征企业所得税。其中，内地居民企业连续持有 H 股满 12 个月取得的股息红利所得，依法免征企业所得税。

2. 香港联交所上市 H 股公司应向中国结算提出申请，由中国结算向 H 股公司提供内地企业投资者名册，H 股公司对内地企业投资者不代扣股息红利所得税款，应纳税款由企业自行申报缴纳。

3. 内地企业投资者自行申报缴纳企业所得税时，对香港联交所非 H 股上市公司已代扣代缴的股息红利所得税，可依法申请税收抵免。

二、关于香港市场投资者通过沪港通投资上海证券交易所（以下简称上交所）上市 A 股的所得税问题

1. 对香港市场投资者（包括企业和个人）投资上交所上市 A 股取得的转让差价所得，暂免征收所得税。

2. 对香港市场投资者（包括企业和个人）投资上交所上市 A 股取得的股息红利所得，在香港中央结算有限公司（以下简称香港结算）不具备向中国结算提供投资者的身份及持股时间等明细数据的条件之前，暂不执行按持股时间实行差别化征税政策，由上市公司按照 10％ 的税率代扣所得税，并向其主管税务机关办理扣缴申报。对于香港投资者中属于其他国家税收居民且其所在国与中国签订的税收协定规定股息红利所得税率低于 10％ 的，企业或个人可以自行或委托代扣代缴义务人，向上市公司主管税务机关提出享受税收协定待遇的申请，主管税务机关审核后，应按已征税款和根据税收协定税率计算的应纳税款的差额予以退税。

三、关于内地和香港市场投资者通过沪港通买卖股票的营业税问题

1. 对香港市场投资者（包括单位和个人）通过沪港通买卖上交所上市 A 股取得的差价收入，暂免征收营业税。

2. 对内地个人投资者通过沪港通买卖香港联交所上市股票取得的差价收入，按现行政策规定暂免征收营业税。

3. 对内地单位投资者通过沪港通买卖香港联交所上市股票取得的差价收入，按现行政策规定征免营业税。

四、关于内地和香港市场投资者通过沪港通转让股票的证券（股票）交易印花税问题

香港市场投资者通过沪港通买卖、继承、赠与上交所上市 A 股，按照内地现行税制规定缴纳证券（股票）交易印花税。内地投资者通过沪港通买卖、继承、赠与联交所上市股票，按照香港特别行政区现行税法规定缴纳印花税。

中国结算和香港结算可互相代收上述税款。

五、本通知自 2014 年 11 月 17 日起执行。

财政部、国家税务总局关于公共基础设施项目享受企业所得税优惠政策问题的补充通知

（财税〔2014〕55 号 2014 年 7 月 4 日）

各省、自治区、直辖市、计划单列市财政厅（局）、国家税务局、地方税务局新疆生产建设兵团财务局：

根据《中华人民共和国企业所得税法》和《中华人民共和国企业所得税

法实施条例》（国务院令 512 号）的有关规定，现就企业享受公共设施项目企业所得税优惠政策有关问题补充通知如下：

一、企业投资经营符合《公共基础设施项目企业所得税优惠目录》规定条件和标准的公共基础设施项目，采用一次核准、分批次（如码头、泊位、航站楼、跑道、路段、发电机组等）建设的，凡同时符合以下条件的，可按每一批次为单位计算所得，并享受企业所得税"三免三减半"优惠：

（一）不同批次在空间上相互独立；

（二）每一批次自身具备取得收入的功能；

（三）以每一批次为单位进行会计核算，单独计算所得，并合理分摊期间费用。

二、公共基础设施项目企业所得税"三免三减半"优化的其他问题，继续按《财政部、国家税务总局关于执行公共基础设施企业所得税优惠目录有关问题的通知》（财税〔2008〕46 号）、《国家税务总局关于实施国家重点扶持的公共基础设施项目企业所得税优惠问题的通知》（国税发〔2009〕80 号）、《财政部、国家税务总局关于公共基础设施项目和环境保护、节能节水项目企业所得税优惠政策问题的通知》（财税〔2012〕10 号）的规定执行。

请遵照执行。

财政部、国家税务总局、证监会关于 QFII 和 RQFII 取得中国境内的股票等权益性投资资产转让所得暂免征收企业所得税问题的通知

（财税〔2014〕79 号　2014 年 10 月 31 日）

各省、自治区、直辖市、计划单列市财政厅（局）、国家税务局、地方税务局，新疆生产建设兵团财务局，中国证券登记结算公司：

经国务院批准，从 2014 年 11 月 17 日起，对合格境外机构投资者（简称 QFII）、人民币合格境外机构投资者（简称 RQFII）取得来源于中国境内的股票等权益性投资资产转让所得，暂免征收企业所得税。在 2014 年 11 月 17 日之前 QFII 和 RQFII 取得的上述所得应依法征收企业所得税。

本通知适用于在中国境内未设立机构、场所，或者在中国境内虽设立机构、场所，但取得的上述所得与其所设机构、场所没有实际联系的 QFII、RQFII。

编后语

本书在成稿过程中，非常荣幸不断有新成员加入中翰中国税务集团，各地的团队在信息提供、口径理解、实践操作等方面给予了我们莫大的支持，提供了很多精彩的章节，在此表示衷心的感谢。

加入中翰中国税务集团框架下运营的机构有权利与义务使用、维护中翰的标识，以提供客户持续改善的品质服务。所有机构成员怀着正直经营的心念、执着的理想，并且愿意与合作机构、团队分享所收所获。

通过有广度、更有深度的团队与专业组织行动，集各地独立机构之所成，中翰中国税务集团将努力成为中国税务服务的组织典范，成为积极传播技术的引领者。让我们的团队成为幸福的执业人，社会责任的担当者！

我们所称"中翰"、"中翰税务"、"中翰联合"、"中翰中国"等仅代表列名运营机构的联合体，中翰中国税务集团的运营机构名录（截止到2015年1月16日）如下：

中翰联合（北京） 刘晓忠 合伙人 电话：+86（0）10-5822 0672/3 邮箱：tax800@tax800.com	中翰普华（杭州） 吴振宇 合伙人 电话+86（0）571-8735 9276 邮箱：davidwu@tax800.com	中翰鑫金（福州） 陈仁 合伙人 电话+86（0）591-83329326 邮箱：cctacr@126.com
中翰大壮（成都） 王森 合伙人 电话：+86（0）28-85457118 邮箱：tiger7878@vip.sina.com	中翰荣谊（昆明） 刘荣 合伙人 电话：+86（0）871-63348827 转601 邮箱：royliu@tax800.com	中翰博信（襄阳） 曹德志 合伙人 电话：+86（0）710-3255789 邮箱：cdzcpa@163.com
中翰长盛（岳阳） 王琼 合伙人 电话：+86（0）730-8189032 邮箱：yycscta@163.com	中翰海阳（上海） 王蓓 合伙人 电话：+86（0）21-64157546 邮箱：wangbei@cntransferpric-ing.com	中翰秉经（陕西） 陈斌 合伙人 电话：+86（0）29-84217068 邮箱：bjcta@qq.com

中翰裕众（武汉） 王佩 合伙人 电话：+86（0）27-87715228 邮箱：yuzhong@hbyztax.com	中翰天道（石家庄） 王艳华 合伙人 电话：+86（0）21-64157546 邮箱：wyhzuluo@163.com	中翰国兴（福州） 连燕娟 合伙人 电话：+86（0）59183330863 邮箱：fzgxcta@163.com
中翰若水（湛江） 潭绪凤 合伙人 电话：+86 13924402460 邮箱：13924402460@139.com	中翰盛胜（河南） 王占伟 合伙人 电话：+86（0）371-63951820 邮箱：woai．huiren@163.com	中翰中天（银川） 李文贤 合伙人 电话：+86（0）951-7895415 邮箱：66699920@163.com
中翰恒泰（深圳） 梁志刚 合伙人 电话：+86（0）755-82124515 邮箱：13923792109@139.com	中翰锦源（广州） 杨国涛 合伙人 电话：+86（0）20-34050369 邮箱：yangcta@126.com	中翰九略（重庆） 裴华 合伙人 电话：+86（0）23-67638329 邮箱：cqjlsws@163.com
中翰德利信（咸阳）暂定 刘爱菊 合伙人 电话：+86（0）29-33330393 邮箱：411394396@qq.com	中翰双瑞（淄博） 于文清 合伙人 电话：+86（0）533-8170329 邮箱：zbywq@126.com	中翰天永信（济宁） 骆恩新 合伙人 电话：+86（0）537-3502306/09 邮箱：13355176660@163.com
中翰德利信（咸阳）暂定 刘爱菊 合伙人 电话：+86（0）29-33330393 邮箱：411394396@qq.com	中翰双瑞（淄博） 于文清 合伙人 电话：+86（0）533-8170329 邮箱：zbywq@126.com	中翰天永信（济宁） 骆恩新 合伙人 电话：+86（0）537-3502306/09 邮箱：13355176660@163.com
中翰海华（乌鲁木齐） 宗艳 合伙人 电话：+86（0）991-3826602 邮箱：470235674@qq.com	中翰中瑞（廊坊） 王殿梅 合伙人 电话：+86（0）316-2280266 邮箱：lfzr7128@sina.com	中翰地瑞（青岛）暂定 杜建国 合伙人 电话：+86（0532）-86988338 邮箱：qdtax@163.com
中翰通华（南京）暂定 薛行生 合伙人 电话：+86（0）25-87133869 邮箱：18951964978@163.com	中翰英特（天津）暂定 李存周 合伙人 电话：+86（0）22-87380767 邮箱：18802239909@163.com	中翰中正（中山）暂定 甘耀仁 合伙人 电话：+86（0）760-88668899 邮箱：2966211198@qq.com
中翰联合内蒙分所（呼和浩特） 郝顺利 合伙人 电话：+86（0）471-3692768 邮箱：haoshunli@tax800.com	中翰律师团 徐长明 合伙人 电话：+86（0）25-82226685 邮箱：lawyerxucm@163.com	

如您希望获得更多的信息，或者需要我们属地的服务机构进行协助，请您根据需要垂询中翰中国税务集团下属成员机构的联系人。